Klaus Denart

Mr. Globetrotter

Meine Reisen, mein Leben

IRISIANA

FSC
www.fsc.org
MIX
Papier aus verantwortungsvollen Quellen
FSC® C014496

Verlagsgruppe Random House FSC-DEU-0100
Das für dieses Buch verwendete
FSC®-zertifizierte Papier *Munken Premium*
liefert Arctic Paper Munkedals AB, Schweden.

Bildnachweis: Alle Bilder im Innenteil und auf der U1 stammen
von Klaus Denart.
Quellennachweis S. 80: Alex Capus, Munzinger Pascha, © Alex Capus
Beratung: Stefan Linde
Umschlaggestaltung und -konzeption: HildenDesign, München
Satz: Uhl + Massopust, Aalen
Druck und Bindung: GGP Media GmbH, Pößneck
Printed in Germany
ISBN: 978-3-424-15081-0

817 2635 4453 6271

Inhalt

Vorwort

Was treibt manche Menschen hinaus in die Ferne?
Haben sie keine Heimat? Keine Heimat in sich?
Ist ihr Freiheitsdrang ausgeprägter? Und was bedeutet Freiheit eigentlich? Wenn sie getrieben sind, sind sie dann wirklich frei?
Wenn man altersbedingt etwas ruhiger und besinnlicher wird, so schadet es nicht, sich seine Gedanken über die Motive des eigenen Lebensweges zu machen.
Schon als Sechsjähriger bin ich allein stundenlang in der Natur herumgestromert, freute mich, wenn ich mich an Hase oder Reh heranpirschen und sie beobachten konnte. Das waren meine kleinen Abenteuer. Mit elf Jahren fuhr ich mit einem Cousin mit dem Fahrrad von Kiel nach Schweden; mit dreizehn ging's per Anhalter nach Stockholm; mit 15 Jahren in den Sommerferien über Brüssel, Paris, London bis zum nördlichsten Punkt Schottlands.
Das Reisen ließ mich fortan nicht mehr los. Und so wurden es zehn Jahre meines Lebens, die ich herumgereist bin und buchstäblich zum Globetrotter wurde. Das alles in einem Buch zu erzählen, sprengt den stabilsten Bucheinband. Ich berichte daher nur von den Reisen ausführlich, die mich am meisten geprägt haben.
Immer weiter zog es mich in die Ferne. Und das bereits in den frühen 1960ern, als Fernreisende noch als Pioniere galten und an so etwas wie Abenteuertourismus noch nicht zu denken war.
Als ich 19 Jahre alt war, fragte mein Schulfreund Peter mich: »Hast du Lust, mit mir für zwei Wochen nach Norwegen zu fahren?« Und wie ich Lust hatte! Das Problem: Peter fuhr Moped, ich fuhr Fahrrad. Peter blieb zwei Wochen, mich ließ Norwegen neun Monate lang nicht mehr los. In Nordnorwe-

gen lernte ich die Samen, die Rentiernomaden kennen, deren ursprüngliches und naturverbundenes Leben ganz meinen Vorstellungen entsprach und das ich nur zu gerne teilte. Unvergesslich bleibt mir, wie ich als Fremder bei ihrem herbstlichen Schlachtfest mithelfen durfte, das mich in seiner Archaik zutiefst beeindruckte.

Im Frühjahr 1963 bin ich dann vom äußersten Norden Europas per Anhalter über den Nahen Osten, Ägypten und den Sudan nach Äthiopien gereist. Ich hab es auf meinen Reisen nie eilig gehabt und blieb fast zwei Jahre in dem faszinierenden Kaiserreich im Osten Afrikas. Am eigenen Leib erfuhr ich quälenden Hunger –, lernte aber auch, wie man sich an den eigenen Haaren aus der Misere zieht.

Von den Felsenkirchen in Lalibela aus ritt ich mit Maultieren über 4000 Meter hohe Gebirgspässe. Mit einem belgischen Kameramann durchquerte ich zu Fuß die Danakil, die heißeste Wüste der Erde. Und mit einem sargähnlichen Fahrzeug fuhren Günter Krieg und ich den reißenden Blauen Nil hinab. Nach 25 Tagen zerschellte das Boot. Wir mussten sechs Tage lang ohne Essen laufen, klettern, kriechen, bis wir auf Menschen stießen.

Nach über zwei Jahren zurück in Deutschland lernte ich meine Frau Rosemarie kennen. Noch vor der Hochzeit warnte ich sie: »Ich will wieder auf Reisen. Da musst du mitkommen.«

Wir bekamen zwei Töchter, und sobald die aus den Windeln waren, ging es für die gesamte Familie wieder los – dreieinhalb Jahre mit einem Unimog kreuz und quer durch Afrika. Gemeinsam durchquerten wir die Sahara von West nach Ost. Ein Familienurlaub der besonderen Art, der uns nachhaltig zusammengeschweißt und jeden von uns geprägt hat.

Nach unserer Rückkehr besuchten wir meinen Freund Rüdiger Nehberg, den ich sofort mit meinem Danakil-Bazillus infizierte. Drei Monate später stand ich, zusammen mit Rüdiger und dem Chemiestudenten Horst Walter, erneut unter der sengenden Sonne der Danakil-Wüste. Es war das extremste Abenteuer meines Lebens, das alle Facetten dessen enthielt, was viele Menschen einst auch in Europa durchleiden mussten: Hitze, Hunger, Durst, Bedrohung, Krieg. Aber auch faszinierende Begegnungen mit ursprünglichen Menschen, die von dieser menschenfeindlichen Wüste geprägt sind – der Kontakt mit dem Islam oder das Besteigen von feuerspeienden Vulkanen gehörten dazu.

Erst die Gründung der Firma Globetrotter Ausrüstung 1979 schränkte mein Nomadenleben stark ein, die Reisen wurden kürzer. Die existenziellen Erfahrungen aus meinen Abenteuern waren mir beim Aufbau und der Leitung des Unternehmens eine enorme Hilfe. Denn der Weg zu dem heute größten Outdoor-Spezialisten Europas erforderte nicht selten Mut, Zielstrebigkeit und Risikobereitschaft. Werte wie Teamgeist und soziale Verantwortung, auch unseren Mitarbeitern gegenüber, prägen nach wie vor die Kultur unserer Firma.

Heute reise ich noch, aber ich muss nicht mehr ständig auf Achse sein. Ich genieße das Leben auf dem Lande mit Pferden, Hund und Katzen; ich freue mich, wenn im Februar die ersten Kraniche mit lautem Trompeten ihre Rückkehr verkünden oder wenn die Bussarde scheinbar schwerelos im Aufwind ihre Kreise ziehen, sorglos den Moment genießend und nicht ahnend, dass die Menschen ihre Lebensgrundlage – die intakte Natur – jeden Tag kontinuierlich zerstören.

Was hat es für mich bedeutet, immer auf Achse zu sein? War es Lust? War es Flucht? Sucht oder Suche? Sicher von allem etwas. Letztlich bedeutet Reisen für mich, herauszufinden, wo meine physischen und psychischen Grenzen sind.

12 Uhr Mittagswehr oder spiel mir das Lied vom Tod

Das letzte Stakkato, die letzten Korrekturen, um das Kanu optimal auf Kurs zu bringen. Die Stechpaddel stießen in die Fluten. Der Spaß konnte beginnen!

Im nächsten Moment zog es den offenen Kanadier in den Sog des Mittagswehrs. Wir rauschten den aufgestauten Wasserfall hinab. Der Bug tauchte in die Walze. Die rotierenden Wassermassen schnappten sich das Boot, wirbelten es herum. Mein Freund Melchior und ich fanden uns in den Strudeln wieder und trieben ein paar Meter flussabwärts.

»Super! Ganz toll! Aber können wir die Sache sicherheitshalber noch mal wiederholen?«, rief der Fotograf Uwe Reuter. Es gab damals ja noch keine Kameras, bei denen man sich das Foto eine Sekunde später auf dem Display ansehen konnte.

»Klar, können wir.«

Reuter arbeitete für eine Illustrierte, die eine Reportage über diese neu gegründete Firma in der Wandsbeker Chaussee in Hamburg bringen wollte. Über diesen exotischen Laden, in dem u. a. Arved Fuchs beraten und für seine Nordpolexpeditionen ausgerüstet wurde. Die Beratung war so gründlich, dass wir mit Arved in einem Tiefkühllager arktistaugliche Schlafsäcke testeten. Bei minus 20° Celsius, inmitten von Bergen von Eipulver. Die Kälte war erträglich, hingegen war der penetrante Geruch von Hunderten von Tonnen Eipulver schon fast eine expeditionsreife Herausforderung.

Peter Lechhart – mein Kompagnon, mit dem ich 1979 das Unternehmen Globetrotter Ausrüstung gegründet hatte – fuhr mit Arved zum Bossons-Gletscher am Montblanc, um den angehenden Arktisforscher in die Geheimnisse des Eiskletterns

einzuweihen. Wie man sieht, war Service am Kunden für uns schon damals selbstverständlich. Peter selbst war Bergführer-Ausbilder und hatte natürlich großen Spaß daran, mit Arved die Rettung aus Gletscherspalten zu üben oder Séracs, wie man die bizarren Türme aus Gletschereis nennt, zu überwinden.
Bereits 1970 hatte Peter zusammen mit drei Freunden das grönländische Inlandeis, das sich in Jahrtausenden zu einem 3000 Meter hohen Eispanzer angehäuft hat, auf Skiern durchquert und sich damit auf die Spuren des norwegischen Polarforschers Fridtjof Nansen begeben, der 1888 als erster Mensch diese unendliche Eiswüste überwunden hatte. Folglich wurde der nächste Sohn, den Erika Lechhart in Hamburg zur Welt brachte, auf den Namen Fridtjof getauft.
Wahrscheinlich spürte Peter, dass Arved ein Besessener war. So besessen, wie er selbst gute zehn Jahre zuvor gewesen war. Und Besessenen muss geholfen werden. Steht das nicht schon in der Bibel?
Wenn die Kunden Glück hatten, konnten sie auch Rüdiger Nehberg begegnen, der in den Pausen zwischen seinen spektakulären Survivaltouren gerne bei seinen Freunden von Globetrotter Ausrüstung vorbeischaute, um seine minimale Ausrüstung auf Vordermann zu bringen. Viel brauchte er wirklich nicht: meistens reißfeste Reepschnüre, wasserdichte Kanister, gelegentlich mal ein neues Survivalmesser. Das Messer ist ein unentbehrliches Universalwerkzeug mit Hohlgriff, in dem man Angelzeug und Streichhölzer unterbringen kann. Die Reepschnüre sind für alles erforderlich, was unbedingt zusammengehalten werden muss.
Und was brauchte ein richtiger Mann in der Steinzeit? Richtig! Eine Steinaxt, ein scharfes Messer aus Flintstein und Schnüre aus Pflanzenmaterial. Viel mehr benötigt auch der Überlebensexperte Rüdiger selten.
Heute umgeben sich Männer mit Spielzeug: mit protzigen Autos, Navigationsgeräten und Telefonen, deren Funktions-

fülle sich der Eier legenden Wollmilchsau annähert, obwohl sie doch eigentlich nur die Kommunikation zwischen zwei voneinander getrennten Menschen ermöglichen sollen.
Lässt sich daraus der Schluss ziehen, dass man Kinder an ihrem Spielzeug erkennt, richtige Männer dagegen ihre inneren Werte hinter äußerlicher Bedürfnislosigkeit verstecken?
Ich hatte Rüdiger in einem lichten Moment mit dem Begriff »Sir Vival« geadelt. Er wurde sein Markenzeichen. Rüdiger und ich sind seit Ende der 60er-Jahre dicke Freunde. Ich war 1965 mit einem selbst gebauten »Sarg« in XXL-Größe den wilden Blauen Nil in Äthiopien hinuntergefahren. Rüdiger plante das gleiche Flussabenteuer, als wir uns 1968 kennenlernten.
Echte Globetrotter waren Anfang der Achtziger noch absolute Exoten. Massentourismus in entlegene Regionen der Erde gab es damals noch nicht. Globetrotter waren Individualisten, Einzelgänger, die von weniger tatkräftigen Träumern bewundert und von fantasielosen Spießern als Spinner abgetan wurden. Die weite Welt lockte, und verlockend war es vor allem für Studenten, dem Hörsaal eine Saharadurchquerung im VW-Bus vorzuziehen.
Waren das noch Zeiten – Deutschlands Freiheit musste noch nicht am Hindukusch verteidigt werden. Afghanistan war für viele Reisende geradezu der Inbegriff der absoluten Freiheit. Legendär waren der schwarze Afghane, die afghanische Küche oder auch die Waffenschmieden am Kyber-Pass, wo geschickte Handwerker jede Pistole preiswert nachbauten und an alle verkauften, die kaufen wollten. Auch an ungläubige Globetrotter. Nahezu unglaublich erscheint es heute, dass Afghanistan in der Vor-Taliban-Zeit ein tolerantes Land war.
Unser winziger, vollgestopfter Laden zog die Globetrotter an und weckte bei vielen das Fernweh. Wer noch nicht wusste, wohin er reisen sollte, holte sich bei uns Inspiration, schnupperte Abenteuerluft, stöberte in den neuartigen Büchern für Ruck-

sackreisende. In den alternativen Reiseführern erfuhren die Wissbegierigen, in welchem Restaurant in Kabul es das zarteste Lamm zum günstigsten Preis gab. Oder – ganz wichtig – wie man als Trans-Sahara-Reisender ungeschoren die Grenze nach Nigeria passieren konnte. Hätte man sich eigentlich denken können: Am besten am Wochenende, wenn Fußballspiele übertragen werden, dann waren die korrupten Grenzbeamten mehr am Spiel als an den Gepäckstücken der Globetrotter interessiert. An den Wänden lehnten Sandbleche aus dem Zweiten Weltkrieg, Relikte von der Landung der Alliierten in der Normandie. Die drei Meter langen Stahlbleche dienten aneinandergereiht als Fahrbahn für die Fahrzeuge der angelandeten Truppen. Ohne die Bleche wäre die Offensive der Amis und Engländer wahrscheinlich im weichen Strandsand der Normandie stecken geblieben. Selbst 35 Jahre nach der Invasion waren die Sandbleche noch begehrt bei Wüstenfahrern, die damit die Sahara zu erobern trachteten. Monate vor der Eröffnung unseres Ladens waren Peter und ich in die Normandie gefahren, schlürften frische Austern am Omaha Beach und suchten uns bei Schrott- und Autohändlern unser Inventar an alten Blechen zusammen. Dieser geschichtsträchtige Schrott der Alliierten zierte also »Norddeutschlands erstes Spezialgeschäft für Expeditionen, Safaris, Survival, Trekking«.

Melchior Carati, einer unserer ersten Angestellten, hockte – wenn er wissbegierige Kunden hatte – gern im Schneidersitz auf dem massiven Kartentisch, drehte sich seine Zigaretten und plauderte nebenher kenntnisreich darüber, ob man nach Neuseeland besser einen Daunen- oder einen der neuartigen Hohlfaser-Schlafsäcke mitnehmen sollte, ob auf der Südinsel Daune oder auf der Nordinsel Hollowfill zu bevorzugen sei. Und es muss einmal gesagt werden: Manche Kundin wusste nach so viel anregendem Geplauder über ein horizontales Thema nicht, ob sie sich für Premium-Gänsedaune oder für unseren charmanten Kosmopoliten aus Holland entscheiden sollte. Zum Geruch von Melchiors Drum-Tabak gesellte sich der ständige Qualm von Peters Pfeifen, der mit seinem rotblonden Vollbart wie ein Imker aussah. Ganz zu schweigen von den rauchenden Köpfen mancher Kunden, die von unseren massiven Produktinformationen wie benebelt waren. Bei den Daunen ging es um das Füllvolumen pro Kubikzoll, bei den Zeltnähten um die Anzahl der Nadelstiche pro Zentimeter. Die Luft war jedenfalls rauchgeschwängert, sie durchdrang die Schlafsäcke und die Bekleidung. Zusätzlich zur Ware lieferten wir den Duft nach Lagerfeuer und der weiten Welt gleich mit.

Peter und ich hatten seit der Gründung unseres Unternehmens im September 1979 den Ehrgeiz, unseren Kunden die bestmögliche Ausrüstung zu verkaufen, optimal und individuell zugeschnitten auf die jeweiligen Reiseziele. Schrott – außer den Sandblechen – ging bei uns nicht über den Ladentisch. Dem Kunden die angemessene Qualität für sein persönliches Reiseziel zu empfehlen und ihn objektiv zu beraten, das war unser unbedingtes Firmenethos. Und wir empfahlen unseren Kunden nur das, was wir auch selbst auf unseren Reisen mitgenommen hätten.

Das sprach sich schnell herum! Und so war es nicht verwunderlich, dass die jungfräuliche deutsche Antarktisforschung bei uns auftauchte, um sich Rat und Ausrüstung zu holen. Wir rüsteten die Baufirma Christiani & Nielsen mit Zelten, Schlafsäcken, Polarstiefeln, Eisschrauben und Kochern aus, jene Handwerker und Ingenieure, die die erste deutsche Forschungsstation im ewigen Eis errichteten. Schließlich versorgte »Polar-Klamott«, wie einer der spanischen Seeleute des nagelneuen Forschungsschiffs »Polarstern« unsere Firma taufte, 300 Seeleute und Antarktisforscher mit allem Nötigen. Kein Wunder, dass sich auch die Presse für unseren ebenso winzigen wie originellen Laden interessierte.

Wenden wir uns also wieder dem Mittagswehr zu.

»Das sah toll aus, Jungs! Aber wenn ihr noch mal runterfahren könntet, wäre es noch toller«, konstatierte der Fotograf Uwe Reuter.
»Sitzt du diesmal hinten?«, fragte Melchior, der beim Kentern offensichtlich mehr Wasser geschluckt hatte als ich.
»Kein Problem. Lass uns zusehen, dass wir noch gerader ins Wehr hineinkommen. Vielleicht schaffen wir's jetzt, ohne zu kentern.«
Wir trugen das Kanu 50 Meter flussaufwärts, setzten es ins Wasser und begannen sofort, heftig zu paddeln. Mit flotter Geschwindigkeit wollten wir das Boot auf der Ideallinie halten und mit Tempo geradewegs durch das Wehr schießen. Das Wehr erfasste unser Boot und übernahm die Kontrolle. Es zog das Kanu diagonal in die Strömung. Wir kenterten erneut. Ich versank im Wasser, was für mich eigentlich nichts Bedrohliches darstellte. Wasser war mein Element, das mich noch nie beunruhigt hatte. Ich brauchte ja nur wieder aufzutauchen und ans Ufer zu schwimmen. Auftauchen und …
Aber was war das? Das Wasser wollte mir nicht gehorchen! Das hatte ich ja noch nie erlebt.
Rosemarie – seit 1967 meine Frau – hatte ihren ersten Beinahe-Herzstillstand bereits zwei Tage nach unserer Eheschließung erlitten, nur weil ich mich auf Teneriffa in der Brandung zwischen den scharfkantigen Felsen herumgetummelt und dabei noch einen Riesenspaß gehabt hatte, wenn die tosenden Wellen mich in dem Pool zwischen den Felsen durchwalkten, als wäre ich in einer riesigen Waschmaschine. Im nächsten Moment entspannte sich das Chaos, kurze Atempause im Rhythmus der Wasserkräfte. Doch nur wenige Sekunden später zog es mich durch die »Pforte« zwischen den Felsen ein Stück in die offene Bucht hinaus. Es war ein fantastisches Gefühl, sich den Wasserkräften hinzugeben, ohne Gegenwehr, ohne Angst, sich treiben zu lassen und den Kurs nur mit einigen Schwimm-

bewegungen zu korrigieren, damit man nicht gegen das spitze Vulkangestein geschleudert wurde. Obwohl man versucht ist, gegen den Strom anzukämpfen, ist es klüger, sich den Kräften der Natur anzupassen. Ich war Sporttaucher und Rettungsschwimmer, und Rosi war schwanger. Da fürchtete sie doch glatt, zwei Tage nach der offiziellen Familiengründung den Erzeuger ihres kommenden Kindes zu verlieren.

Alles, was mich mein Leben lang über Wasser gehalten hatte, funktionierte hier am Mittagswehr nicht mehr. Die Arme flach an die Hüftknochen gelegt, Beinstöße nach oben. Die Routine versagte. Der Wasserfall drückte mich nach unten. Nein – er drückte mich nicht nach unten. Meine Beinstöße von unten und der Wasserfall von oben hielten mich im Gleichgewicht. Leider hielt dieses Gleichgewicht der Kräfte meinen Kopf einen halben Meter unter der Wasseroberfläche. Eine Scheißsituation, die mir völlig neu war. Klar, Scheißsituationen hatte ich in meinem abenteuerlichen Leben schon einige erlebt. Aber lebensbedrohliche Situationen im Wasser hatte ich noch nicht kennengelernt, vielleicht auch deshalb, weil einem die Gefahren manchmal gar nicht bewusst sind. Wenn wir Gefahren immer im Voraus erkennen würden, dürften wir uns ja gar nicht mehr auf die Straße trauen. Rückblickend möchte ich gern mal wissen, wie viele Lkws ich in meinem Leben schon in dem Moment überholt habe, in dem die Fahrer vom Sekundenschlaf übermannt wurden und im letzten Moment wieder aufgewacht sind. Waren es 10, 20 oder gar 50? 50 Mal das Glück gehabt, nicht von einem schlingernden Lkw erwischt zu werden…

Natürlich wusste ich, dass immer mal wieder Paddler am Mittagswehr ertrunken waren. Schlechte Schwimmer, dachte ich mir. Dass mich das gleiche Schicksal ereilen könnte, darauf hatte ich nie einen Gedanken verschwendet.

Ein Mann will nach oben. Aber wie? Es war wie in einem Traum, in dem man rennt und rennt und kein Stück von der

Stelle kommt. Ich konnte es nicht glauben – sollte es das gewesen sein? Dabei spürte ich keinerlei Panik, stellte nur lapidar fest, dass ich in der Falle saß und es definitiv keinen Ausweg gab. Knapp die Hälfte meiner mutmaßlichen Lebensspanne hatte ich hinter mir. Ging ich doch davon aus, dass ich mindestens achtzig Jahre alt werden würde. Ich war noch keine vierzig, hatte eine Frau und zwei Töchter, mit denen ich dreieinhalb Jahre kreuz und quer durch Afrika gefahren war. Ich war noch keine vierzig, hatte eine erfolgreiche Firma und war kein bisschen müde. So vergeht die Herrlichkeit der Welt …

Was für ein erbärmliches Ende, dachte ich, so ohnmächtig wie eine Fliege, die das Heransausen der Fliegenklatsche zu spät bemerkt. Erstaunlich, wie schnell wir auf das Maß einer Fliege schrumpfen können, wenn uns bewusst wird, wie gering wir sind. Woher nimmt der Mensch eigentlich seine Vermessenheit, sich für die Krone der Schöpfung zu halten? Der Mensch ist doch das einzige Lebewesen, das um seine Endlichkeit und Unvollkommenheit weiß und diese Unvollkommenheit ein Leben lang kompensieren muss. Der Mensch will nicht akzeptieren, was er vielleicht im Innersten spürt, dass er letztlich auch nicht mehr als ein Tier ist. Er verdrängt völlig, dass fast alle seine Handlungen instinktgesteuert sind. Krone der Schöpfung? Lächerlich!

Ich war noch keine vierzig und hatte doch schon ganz andere Wildwasser gemeistert als dieses lächerliche Mittagswehr. Jeden Tag hatten wir mindestens 20 Mittagswehre zu überwinden, damals, 1965 auf dem Blauen Nil in Äthiopien. Und unser Fahrzeug war kein Kanu, sondern ein Sarg in XXL-Größe gewesen. Doch nun war mein Kopf einen halben Meter unter Wasser und guter Rat teuer. Um die Nerven meiner geneigten Leser nicht weiter zu strapazieren, schlage ich vor, wir wenden uns erst einmal dem hohen Norden zu. Auf den unerquicklichen Strudel werde ich später zurückkommen …

Eismeer oder Afrika?

1963 war ich aufgebrochen, um durch Afrika zu trampen. Ursprünglich wollte ich den Schwarzen Kontinent in einem alten Mercedes 180 erobern, zusammen mit Burkhard, dem der Mercedes gehörte. Burkhard aus Karlsruhe hatte ich ein Jahr zuvor in Skaidi kennengelernt.

Skaidi? Ein winziges Nest in Nordnorwegen, dort, wo die Fernstraße E6 – die sich auf einer Strecke von gut 3000 Kilometern vom südschwedischen Trelleborg über Oslo bis nach Kirkenes an der russischen Grenze schlängelt – an eine T-Kreuzung stößt. Dort geht es linksherum nach Hammerfest, der nördlichsten Stadt der Welt. Die meisten Autofahrer bogen in Skaidi rechts ab, um das nahe Nordkap zu besuchen.

Skaidi war damals auch ein Knotenpunkt für die Samen. (Früher wurden die Bewohner Lapplands Lappen genannt. Heute nennen wir sie so, wie sie sich selbst bezeichnen.) Im Juni, wenn der Schnee endlich die würzigen Moose und Flechten freigab, trieben die Rentierzüchter auf ihrer Wanderung an die Küste des nördlichen Eismeers ihre vieltausendköpfigen Herden durch Skaidi. Am Küstensaum wurde dann eines der Leittiere hinter ein Boot gebunden. Das Ruderboot entfernte sich vom Ufer, und die ganze Herde sprang hinterher ins eiskalte Wasser. Auf den Inseln vor der Küste wartete reichhaltiges Futter auf die Rentiere. Was das Leben auf diesen Inseln aber geradezu paradiesisch machte, war die Tatsache, dass es in diesem rauen Seeklima keine Mücken gab. Im lappländischen Binnenland dagegen terrorisieren Myriaden winziger Blutsauger Menschen und Tiere. Lapplands Mücken sind bei allen gefürchtet. Da bleibt nur die Flucht auf die Inseln oder – wie in Schwedisch-Lappland – in die Berge.

Im August war der kurze Lapplandsommer schon wieder zu

Ende. Also fingen die Samen eines der Leittiere ein, banden es hinter ein Boot, und die riesige Herde schwamm zurück aufs Festland. In den folgenden Wochen zogen sie in ihre angestammten Zentren zurück, die so wohlklingende Namen wie Karasjok und Kautokeino tragen.

Anfang September 1962 kamen sie – wie jedes Jahr – auch durch Skaidi, wo ich für gut zwei Monate sesshaft geworden war. Insgesamt war ich bereits seit Monaten mit dem Fahrrad und per Anhalter in Skandinavien unterwegs gewesen. In Skaidi gab es nur etwa 20 Häuser, eine Tankstelle und ein Restaurant. Völlig unerwartet bot sich mir hier die Möglichkeit, meine Reisekasse etwas aufzufüllen.

Das Restaurant in Skaidi gehörte Sofie Pettersen, einer rundlichen, stets freundlichen »Mamutschka«. Sofie entsprach eigentlich gar nicht dem Bild der Skandinavier in den 60er-Jahren, die alle groß und sportlich-drahtig wirkten. Sofie war die erste rundliche Frau, die ich in Norwegen wahrnahm. Mit ihrem breiten, slawisch anmutenden Gesicht entsprach sie eher dem Bild einer Russin aus der Zeit des Kalten Krieges. Sofie war eine gewichtige Institution auf dem Weg zum Nordkap, und ihre Kochkünste schienen mir denen eines Sternekochs um Längen überlegen zu sein. Oder lag es vielleicht nur daran, dass ich als 20-jähriger Globetrotter notorisch ausgehungert war und dieser Mangel meine kulinarische Urteilskraft trübte? Aber Sofie muss tatsächlich ein Kochgenie gewesen sein: Hätte ich sonst heute noch den Geschmack ihrer Rentiersuppe auf der Zunge, den Geruch ihrer Suppe in der Nase? So schmeckt Lappland, genauer gesagt, die Finnmark. Es war die fleischgewordene Metamorphose der gesamten Vegetation des hohen Nordens: Moose, Flechten, Blaubeerblätter, Krüppelbirken, Krüppelwacholder, als i-Tüpfelchen mit den Mineralien der Seeluft gewürzt.

Sofie war obendrein die letzte Informationsquelle vor dem

Nordkap. Immer freundlich und in fließendem Deutsch klärte sie die Touristen über Wetterkapriolen, Straßenverhältnisse und die vermeintlichen Gefahren bei der Fahrt zum Nordkap auf, die viele schon als Abenteuer empfanden. Sofie bot mir an, in ihrem Restaurant zu jobben. Dazu gehörte es auch, die Touristenhütten winterfest zu machen, Bäume zu fällen, Holz zu sägen und Proviant für den bevorstehenden langen Winter einzulagern, wenn der Ort völlig von der Außenwelt abgeschnitten sein würde.

An guten Tagen bissen die Köhlerfische am nahen Repparfjord wie verrückt, sobald ich die Angel mit dem Blinker in den Schwarm unter den Fähranleger hielt. Schnell war der Eimer voller Beute, und ich fuhr mit dem Bus nach Skaidi zurück. Sofies Kühltruhen füllten sich, nicht nur mit Köhlerfisch, sondern auch mit Lachs. Sofie besaß eine Fanggenehmigung für norwegischen Wildlachs. Die Flüsse der Finnmark waren berühmt dafür, den besten Lachs Europas zu haben. Norwegische Lachsfarmen gab es damals noch nicht. Die dicke Sofie mit der Lachsangel am Flussufer sitzend, das konnte ich mir beim besten Willen nicht vorstellen. Und richtig: Sofie ließ angeln.

Ein spannendes Spektakel bot sich mir, als sich Anfang September eine Gruppe von Samen außerhalb des Ortes niederließ, um ältere Rentiere zu schlachten und die Jungtiere zu markieren, die im vergangenen Mittsommer geboren worden waren. In einem eingezäunten Areal von der Größe zweier Fußballfelder brodelte es. Über 1000 Rentiere, die fünf Großfamilien gehörten, liefen auf der Suche nach einer Fluchtmöglichkeit aufgeregt durcheinander. Zäune kannten die halbwilden Tiere nicht, die normalerweise auf einer Weidefläche von der Größe Schleswig-Holsteins nach den schmackhaftesten Kräutern und Flechten suchten.

Die Samenkinder waren aus ihren jeweiligen Internaten angereist, um bei dem großen Schlachtfest in Skaidi dabei zu sein.

Alle trugen die traditionelle blau-rote Bekleidung der Rentiernomaden, die Männer zudem Lederhosen und taillierte Blusen. In ihrem Gürtel steckte ein scharfes Messer mit Birkenholzgriff. Den Kopf schützte und wärmte eine dreizipfelige, mit reichen Ornamenten bestickte Mütze.
Alle Familienmitglieder, vom Säugling bis zum Greis, waren auf dem Festplatz versammelt. In einer Ecke lagen die geschlachteten Tiere. Überall tobten die kleinen Kinder in ihren farbenprächtigen Trachten herum. Die toten Tiere wurden an Gestelle gehängt und von Frauen und älteren Männern ausgenommen, Felle und Geweihe auf einen Haufen geschichtet. Über einem offenen Feuer drehten Frauen Spieße mit Fleischstücken.
Durch den Rauch tönte das Gekläffe der Hunde und das Grunzen der Rentiere. Die Kinder beteiligten sich mit Leidenschaft an der Arbeit, die wahrlich kein Kinderspiel ist. Die Rentiere standen vor der Brunft und strotzten vor Kraft und Lebensenergie. Die kleineren Samenjungen durften ihr Geschick im Lassowerfen erproben und die Jungtiere dieses Sommers einfangen. Hatten sie eines erwischt, warfen sich zwei weitere Jungen auf das Tier und drückten es zu Boden. Als der kleine Jose-Mikel von einem Jungbullen umgerissen wurde, blieb er auf dem Boden liegen und stöhnte vor Schmerz. Doch die Tiere und Männer rannten weiter um ihn herum, ohne ihn zu beachten. Zeit zum Trösten hatte hier keiner. Das Leben war hart bei den Rentiernomaden, und hart zu sein musste geübt werden.
Schon einige Minuten später kerbte Jose-Mikel unter den kritischen Blicken seines Vaters einem Jungtier das Besitzerzeichen in die Ohren – zwei Keilschnitte ins linke, drei Keilschnitte ins rechte Ohr.
Bei den Tieren der Nachbarfamilie hatten die Tiere drei Schnitte links, drei Schnitte rechts. Die Kombinationsmöglichkeiten mit einer unterschiedlichen Anzahl von Schnitten waren

vielfältig genug, um mit diesem System alle Tiere eines jeden Rentierzüchters in Lappland einfach unterscheiden zu können. Insgesamt, so hieß es, gäbe es 500 verschiedene Kombinationsmöglichkeiten.

Auf keinem Schlachtplatz durfte die Renpolizei fehlen. Sie führte Buch über die Besitzerzeichen. Jedes geschlachtete Tier wurde kontrolliert, ob es zu den hier versammelten Sippen gehörte oder möglicherweise aus einem fremden Weidegebiet zugewandert war. Eine Arbeit war reine Männersache: das Schlachten. Das Lassowerfen überließen sie den halbwüchsigen Jungen. Das imposante Geweih dieser arktischen Hirschart war ein vortreffliches Ziel, und sobald sich die Seilschlinge im Gehörn der meist männlichen Tiere verfangen hatte, sprang einer der Männer vor, ergriff das Tier und benutzte die Geweihstangen als Hebel, um ihm den Kopf auf den Boden zu biegen. Dabei wölbte sich die Halswirbelsäule so stark, dass sich zwischen zwei Nackenwirbeln eine Lücke bildete. Die war groß genug, dass ein zweiter Mann dem Tier mit einem dreikantigen Dolch den Todesstoß versetzen konnte. Ich war jung und ich war neugierig auf die Kultur der Rentierzüchter.

»Darf ich auch mal?«, fragte ich selbstbewusst.

Klar durfte ich. Menschen, die ihre alten Traditionen pflegen, freuen sich meist, wenn sich ein Fremder in ihren Fertigkeiten erproben will. Und sie freuen sich noch mehr, wenn sich der Fremde tollpatschig anstellt und von den bockigen Renbullen in die Blaubeeren stoßen lässt. Die Samen hatten also ihren Spaß mit mir, und nach einigen Minuten hatte ich auch meinen Spaß mit der Kultur der Rentierzüchter. Ich durfte den Hirschen an der Hinrichtungsstätte die Köpfe nach unten biegen und sie dem Schlachter darbieten. Ich empfand dies als eine selbstverständliche Arbeit, eben eine Arbeit, die gemacht werden musste, weil sie die Überlebensgrundlage dieses Volkes darstellt. Nicht, dass das Schlachten selbst ein Spaß gewesen wäre. Es war eher das kollektive Gefühl eines traditionellen Erntefestes, an dem die ganze Gemeinschaft beteiligt war und eine tiefe Zufriedenheit empfand. Der Sommer war mild gewesen, die Kälber hatten sich gut entwickelt. Die Herde war das sichtbare Zeichen des Reichtums dieser Gemeinschaft, der ich vorübergehend angehören durfte.

Dutzende von Rentieren wurden geschlachtet. Lkws kamen, um das Fleisch nach Hammerfest zu transportieren. Von dort wurde die Delikatesse dann in den Kühlkammern der legendären Postschiffe in die norwegischen Städte gebracht, die weiter im Süden lagen. Auch Sofie kaufte Berge von Renfleisch für ihre Vorratskammer. Das Ausnehmen der Tiere war Sache der Frauen und Mädchen. Einige Touristen betrachteten dieses bunte, folkloristische Spektakel. Darunter auch Burkhard, der Mercedes-Fahrer aus Karlsruhe, der mich wohl zwischen den Samen beobachtet hatte.

Am Abend trafen wir uns in Sofies Restaurant. Viele begegneten sich hier an diesem Samstagabend. Einige Touristen und Dorfbewohner, aber auch die Männer der Rentierzüchtergemeinschaft, die deshalb kamen, weil sie wussten, dass es bei Sofie Schnaps gab.

»Du wirst noch ein guter Rentierzüchter. Skål, Klaus!« Die Samen nutzten jede Gelegenheit, sich gegenseitig, mir und allen anderen zuzuprosten.

In Norwegen war Hochprozentiges eine Kostbarkeit und wurde nur in den staatlichen Monopolläden und in Restaurants mit Schanklizenz verkauft. Ich habe Sofie nie gefragt, ob sie eine Schankerlaubnis hatte oder ob sie den »schwarzen« Klaren in finsteren Wintermonaten selbst destillierte. Schwarzbrennerei war und ist in Norwegen natürlich verboten, aber trotzdem ein weitverbreitetes Hobby. Die Illustrierten boten eine Vielzahl von Anzeigen mit Arbeitsgerät für den passionierten Heimbrenner.

In jedem Fall floss bei Sofie der Klare in Strömen. Die Samen stimmten ihr *Joiken* an, einen monotonen Gesang, zu dem jeder für sich allein tanzte. Sofies sonst so freundliches Gesicht nahm allmählich skeptische Züge an. Die Wirtin beobachtete das Treiben ihrer Gäste mit Argusaugen. Sie hatte den Männern zwar den Schnaps verkauft, wollte aber unbedingt verhindern, dass die ausgelassene Stimmung in Aggression umschlug. Es war ein Seiltanz zwischen Geschäftstüchtigkeit und Risiko nach dem Motto: Ich verkauf dir die Waffen, mach aber keinen Blödsinn damit. Offenbar hatte Sofie im Lauf der Jahre schon genug Erfahrungen mit wild gewordenen Rentierzüchtern gesammelt.

»Wenn es mir zu bunt wird, dann verrammele ich die Türen«, sagte sie. »Dann können die ihren Rausch in den Blaubeeren ausschlafen.«

»Was machst du eigentlich hier in Lappland?«, wollte Burkhard von mir wissen.

»Och, ich reise seit fünf Monaten durch Skandinavien. Ein Schulfreund hat mich im Frühjahr ganz spontan gefragt, ob ich nicht Lust hätte, für zwei Wochen mit ihm nach Norwegen zu fahren. Das Problem war allerdings, dass er ein Moped und ich nur ein Fahrrad hatte. Im flachen Dänemark ging das super. Auf den breiten Radwegen konnte ich mich zwischendurch an seiner Schulter festhalten und mich von ihm ziehen lassen. Aber in Norwegen, da ging es einfach nicht mehr gemeinsam. Du hast hier ja die Straßen erlebt. Nur Schotter, bergauf und bergab. Peter konnte locker 30 km/h fahren, ich häufig nur 10. Nach zwei Tagen haben wir uns getrennt. Peter war zwei Wochen später wieder zu Hause, und ich bin immer noch unterwegs.«

»Und wovon lebst du?«

»Na, im Moment jobbe ich hier ein bisschen. Zwei Wochen nach dem Start in Kiel war ich bereits blank. Wir wollten ja auch eigentlich nach zwei Wochen wieder zu Hause sein. Ich hab dann in Bergen drei Wochen lang im Hotel Rosenkrantz gearbeitet. Teller gewaschen. Du hättest mal sehen sollen, wie ich gefressen habe. Ich war ausgehungert wie ein Bär. Die vielen Berge, die haben mich geschlaucht. Im Hotel konnte ich so viel essen, wie ich wollte. Und was ist passiert? Meine Füße sind total angeschwollen, ich hatte richtige Elefantenfüße, weil sich das Wasser in den Beinen staute und ich nicht mehr den ganzen Tag strampeln musste.«

»Und wie lange willst du noch in Skandinavien herumreisen?«, fragte Burkhard.

»Ich will hier im Norden überwintern. Im Februar, wenn die Polarnächte kürzer und die Tage etwas heller werden, fahren die Robbenjäger von Tromsö aus ins Nordmeer. Das ist eine ganze Flotte. Jedes Schiff hat oben am Mast einen Ausguck. Vom Mastkorb aus können die Jäger die Eiskante gut überblicken und die Robben leichter erspähen. Da möchte ich anheuern. Das muss man mal erleben.«

»Klingt ja ziemlich blutrünstig«, entgegnete Burkhard. »Ich will im nächsten Jahr mit einem Freund in meinem Daimler durch Afrika reisen. Ich freu mich schon riesig.«

»Jedes Schlachten ist natürlich blutig, egal, ob es um Schafe, Rentiere oder Robben geht. Schmeckt dir das Rentierfleisch denn nicht?«

»Klar, das Rentierfleisch schmeckt fantastisch.«

»Ohne das Fleisch und die Tierfelle hätten die Menschen in diesen Regionen, in denen sie wegen der Kälte kein Gemüse anbauen können, niemals überleben können. Und die gesamte Menschheit gründet ihre Existenz doch darauf, dass alle unsere Vorfahren mal als Jäger angefangen haben.«

Am Ende des Abends wünschte ich Burkhard viel Glück, und Sofie freute sich, dass es keine Schlägerei gegeben hatte.

Nach zwei, drei Tagen ging das Schlachtfest zu Ende. Ein

Mann griff sich einen der zahmen Leitochsen. Die Umzäunung wurde an einer Stelle geöffnet. Zunächst merkten die Tiere gar nichts von ihrer wiedergewonnenen Freiheit. Erst als der Same mit dem Leittier hinauslief und ein paar helle Töne ausstieß, wurde die Herde auf ihn aufmerksam. Zögernd setzten sich die ersten Tiere in Bewegung, und wie durch einen Sog wurde die riesige Schar mitgezogen. Immer schneller stampften die Hufe. Im Laufen, ohne die Behinderung des Zauns, schöpften die Tiere neue Kräfte. Wie ein langes Band wälzte sich die Herde über die baumlosen Hügelkuppen.
Schweigend standen die Samen da, seltsam gerührt und glücklich über das Schauspiel, das sich ihnen bot. Der Freiheitsdrang der Tiere schien sich auf die Menschen zu übertragen. Jeder Baum, jeder Strauch, jeder Hügel hier gehörte ihnen. In diesem Augenblick spürten sie ihre eigene Freiheit, und die Liebe zu ihrem harten Leben schlug neue, kräftige Wurzeln.
Der Schleier der Dämmerung legte sich über die Wildnis. Das Feuer wurde neu entfacht. Die Menschen hockten sich auf ihre Fersen und hatten Zeit zu einem erholsamen Schwätzchen. Das Fleisch brutzelte und erfüllte die Luft mit seinem würzigen Duft. Ein Älterer schnitzte aus Knochen kleine Figuren, Souvenirs für die nächste Touristensaison. Ein anderer zog schweigend an seiner Pfeife und blickte versonnen in den Dunst.
Doch plötzlich wurde er aus seinen Gedanken aufgeschreckt. Einige Männer begannen zu joiken. Joik nennt sich der eintönige Gesang mit bedächtigem Rhythmus, der ganz und gar dem langsamen Takt angepasst ist, den die Natur des subarktischen Nordens vorgibt. Dieses Joiken hatte ich ja schon einige Tage zuvor an dem feuchtfröhlichen Abend beim Schlachtfest kennengelernt.
Ich entfernte mich langsam. Zurück blieb das Bild der flackernden Feuer am Fuße des Hügels, und in meinen Ohren tönte noch lange der melancholische Gesang, der nur hin und

wieder vom Heulen der Hunde unterbrochen wurde – die seltsame Geräuschkulisse dieser sonst so stillen Wildnis.
In Skandinaviens Wäldern oder in der Einsamkeit der Berge herrscht oft Totenstille. Während es bei uns überall kreucht und fleucht und ständig die Vögel zwitschern, ist es im hohen Norden viel stiller. Die Vogelpopulation verteilt sich weitläufig in dieser riesigen Wildnis, während bei uns die Vögel ihre beengten Reviere durch lauten Gesang abgrenzen. Was uns Menschen erfreut, ist ja nichts anderes, als dem Nebenbuhler musikalisch zu signalisieren: »Ich such 'ne Braut, und mit der will ich an dieser Stelle meine Jungen großziehen. Da dulde ich keine anderen Kerle!«
»Touristen aus Mitteleuropa kriegen bei uns manchmal richtige Angstzustände«, hat mir einmal Bosse Hilleberg, der legendäre schwedische Zeltkonstrukteur, erzählt, als wir in den 90er-Jahren gemeinsam eine Reittour durch Mittelschweden unternahmen. Wir ritten durch Nadel- und lichte Birkenwälder, durchquerten Hochmoore und gelangten auf steilen Gebirgspfaden bis an die Schneegrenze des Anaris.
»Wir Skandinavier leben viel mehr im Einklang mit der Natur. Aber es gibt Touristen, denen ist die Stille so unheimlich, dass sie krank werden und schnellstens in die Zivilisation zurückmüssen. Dabei ist unsere Natur sehr friedlich. Wir genießen die Stille, wenn wir zum Beispiel stundenlang an einem Fluss sitzen und Forellen angeln«, erzählte Bosse.
»Das habe ich aber auch schon anders erlebt«, entgegnete ich. »Ich war mal mit Ditmar und Rosi in der Nähe von Åre auf Skiern unterwegs. Traumhaftes Wetter, absolute Einsamkeit, dachten wir. Doch plötzlich knatterten ein paar Typen auf ihren Snowscootern an uns vorbei. Wenn es nach mir ginge, würde ich die Snowscooter in solch ursprünglichen Naturlandschaften verbieten.«
Bosse, der eigentlich Forstbeamter war, bevor er Zelte zu kon-

struieren begann, entgegnete: »Uns ist dieses Problem absolut bewusst. Aber wir Naturschützer haben erkannt, dass wir einige Orte für den Sport, für das Freizeitvergnügen opfern müssen. Wintersportzentren wie Åre ziehen die Menschen geradezu magnetisch an. Aber nur zehn Kilometer weiter begegnest du keiner Menschenseele mehr. Diese Zentren schützen also die Natur in der weiteren Umgebung.«

Schorsch, ein alter Freund von mir, begründete die Angst vor der Stille so: »Die meisten Menschen sind süchtig nach Unterhaltung. Ohne Geräusche können sie nicht leben, das würde ihnen Unbehagen bereiten. Viele joggen durch den Wald und lassen sich die Ohren von ihrem iPod volldröhnen. Die kommen nie zur Ruhe, wollen auch nie zur Ruhe kommen. Vielleicht wären sie dann gezwungen, einmal über ihr eigenes Leben nachzudenken.«

In der Stille Nordnorwegens erreichte mich einige Wochen später ein Brief aus Karlsruhe:

Lieber Klaus!
Ich fand es faszinierend, welch guten Draht Du zu den Lappen hast. Ich glaube, Du wärst der richtige Kumpel für mich. Hättest Du nicht Lust, mit mir durch Afrika zu fahren?
Ich würde mich freuen, von Dir zu hören.
Burkhard

Nein, Lust hatte ich eigentlich nicht. Norwegens ursprüngliche Natur war mir in den letzten Monaten sehr ans Herz gewachsen. Ich hatte inzwischen Norwegisch gelernt und freute mich darüber, bei der täglichen Zeitungslektüre immer mehr zu verstehen.

Und noch etwas hatte ich gelernt: Willst du Mädchen kennenlernen, ist es ebenfalls von Vorteil, erst die Sprache des Landes zu sprechen, bevor du es mit Französisch probierst.

Afrika war mir so fern. Aber nach einigen Tagen kramte ich Burkhards Brief wieder hervor. Ich las ihn ein ums andere Mal, und allmählich keimte in mir die Neugier. Eigentlich war es doch unglaublich, dass mir die Welt offenstand. Dass ich in wenigen Monaten, wenn ich nur wollte, mitten in Afrika sein konnte. Es dauerte einige Tage, doch plötzlich wurde ich immer euphorischer bei der Vorstellung, den afrikanischen Kontinent durchstreifen zu können. Das wäre doch die totale Freiheit. Und die absolute Steigerung des Freiheitsgefühls war es, dass mich die Bundeswehr ganz gewaltig am Arsch lecken konnte.

Eine berauschende Vorstellung. Ich hatte zwar den Kriegsdienst verweigert, ohne rechtlichen Beistand jedoch keine Chance, als Kriegsdienstverweigerer anerkannt zu werden.

»Würden Sie schießen, wenn Ihre Mutter vom Feind bedroht werden würde?«, wollte der Vorsitzende bei der Anhörung von mir wissen.

»Ich hab keine Mutter«, antwortete ich wahrheitsgemäß. Meine Mutter war gestorben, als ich fünf Jahre alt war. Ich wollte nicht auf andere Menschen schießen, mich nicht vereinnahmen lassen von Holzköpfen, die von der Wiederherstellung des Deutschen Reiches in den Grenzen von 1938 träumten.

Ich hatte von jeher eine abgrundtiefe Abneigung gegen alles Militärische, gegen den drohenden konservativen Revanchismus, ja, gegen alles Autoritäre, gegen sinnlosen Drill, gegen hirnlose Hierarchien, gegen Kadavergehorsam. Fahneneid!? Welch schreckliche Worthülse. Wie kann ein Mensch einen Eid auf die Fahne ablegen? Die Männer sind immer und überall beschissen worden, immer und überall wurde ihnen erzählt, sie müssten für Volk und Vaterland kämpfen, und immer war das Sterben absolut sinnlos.

Doch zurück zum Jahr 1962: Es war die Zeit des Vietnamkriegs, und den Menschen wurde eingeredet, die Freiheit des

Westens müsse in Südostasien verteidigt werden, andernfalls falle ein Staat nach dem anderen unter kommunistische Herrschaft. Die Freiheit des Westens – lächerlich. Mit Bombenteppichen haben die Amerikaner das Land vernichtet, mit dem hoch giftigen Entlaubungsmittel Agent Orange die Wälder übersprüht, damit sie ihre Gegner, den Vietcong, am Boden besser erkennen und beschießen konnten. An den Folgen dieses Irrsinns leiden heute noch Hunderttausende Vietnamesen sowie amerikanische Soldaten, die mit dem Gift unwissentlich in Berührung kamen. Und dieselben gewissenlosen Firmen, die während des Vietnamkriegs mit Agent Orange ein Mordsgeschäft gemacht haben, produzieren heute genmanipuliertes Saatgut. Die Folgen für die Natur werden erst in 10, 20 oder 50 Jahren ersichtlich sein. Die Natur wird ärmer, Tiere und Pflanzen werden aussterben. Die Bauern werden von wenigen globalen Agrarmultis abhängig sein, die ihnen Gensaatgut, Pestizide und Dünger aus einer Hand verkaufen. Die Lieferanten werden die Preise bestimmen, und es wird keinen Weg zurück zu einer naturgerechten Landwirtschaft geben. In dieser Entwicklung sehe ich die größte Bedrohung für unsere Natur und für unsere Ernährung. Wenn unzählige Pflanzen- und Tierarten ausgerottet sind, dann werden die gewissenlosen Konzerne ihre Mordsgeschäfte gemacht haben, und niemand wird für die Katastrophe verantwortlich sein. Weder die Politiker noch die Bosse. Politiker sind im Nachhinein nie verantwortlich: nicht für Agent Orange in Vietnam, nicht für Tschernobyl, nicht für Seveso, nicht für den Irak-Krieg und nicht für das Asse-Atommülllager. Und die Konzernbosse, die die Katastrophen verursacht haben, sind von Natur aus verantwortungs-los!

Was das mit meiner geplanten Afrikareise zu tun hat? Wenn einer eine Reise tut, dann sollte er alle seine Sinne einschalten und jeden »Ismus« – ob Militarismus, Kolonialismus oder

Rassismus – kritisch hinterfragen. Ich hatte in dieser Hinsicht stets meinen eigenen Kopf, der anpassungsfähig war, wenn er auf sympathische Menschen traf, dafür umso widerborstiger, wenn mein Freiheitsgefühl in Gefahr war.

Reisen war für mich *der* Inbegriff von Freiheit. Schon mit elf Jahren war ich zusammen mit meinem 20 Jahre alten Cousin Johannes mit dem Fahrrad nach Schweden gefahren. Als ich 13 war, trampten wir gemeinsam nach Stockholm. Mit 15 zog es mich und meinen Schulfreund Peter nach Paris, England und Schottland. Und da die Bundeswehr für mich das Gegenteil von Freiheit war, nämlich sinnloser Zwang, konnte es für mich als 20-jähriger Kriegsdienstverweigerer nur eine Entscheidung geben: für die Freiheit.

Ich hatte auch noch den Plan, an der Lette-Schule in Berlin Fotografie zu studieren. Berlin war damals *das* Schlupfloch für Wehrunwillige. Doch mein Entschluss stand fest: *Erst mal fahr ich nach Afrika. Studieren kann ich auch später.*

Skaidi zeigte sich mir kurz vor meiner Abreise im Oktober noch einmal von seiner märchenhaften Seite. Die sanft geschwungenen Hügel waren von einer geschlossenen Schneedecke bedeckt, die lichten Birkenwälder weiß gepudert. Die Natur schien mir stiller als je zuvor. Die Touristen waren längst wieder in Mitteleuropa, die Rentierherden scharrten unter der weißen Decke nach etwas Essbarem, während sie gen Süden zogen. Sofies Vorratskammern waren mit Rentierkeulen, Köhlerfisch und Lachs gefüllt.

Ich trampte über Helsinki und Stockholm nach Oslo. In der norwegischen Hauptstadt nahm ich mir ein gemütliches Zimmer, arbeitete in der Adventszeit und bis ins neue Jahr hinein im damals noch luxuriösen Hotel Astoria als Tellerwäscher und bereitete mich in meiner Freizeit mental auf Afrika vor.

In jeder freien Minute fraß ich mich in der Universitätsbibliothek durch die Bücher der Afrikaabteilung, lernte Henry Morton Stanley, David Livingstone und Mungo Park kennen, informierte mich über Sklavenhandel und Kolonialismus und kannte nach acht Wochen fast alle Volksgruppen in Afrika. Zurück in Deutschland, erreichte mich ein Brief von Burkhard aus Karlsruhe:

Lieber Klaus!
Es tut mir unendlich leid, aber ich muss die Afrikareise abblasen, weil ich demnächst heirate …
Ich hoffe, Du wirst es verschmerzen können.
Burkhard

Doch ich war nicht mehr zu bremsen.
Ich packte Rucksack, Zelt und Schlafsack zusammen und trampte allein los. In der Schweiz war mein Geldbeutel schon wieder ziemlich schmal geworden.

Was steht in meinem Tagebuch vom Juli 1963?
Das Leben geht weiter, auch ohne Geld in der Tasche. Ein heruntergekommener Typ und ich treffen Sparmaßnahmen – schlafen in Ausstellungszelten gegenüber der Jugendherberge, gehen auf Nahrungssuche in den Botanischen Garten (ohne Erfolg) und holen uns mit den gebrauchten Tellern anderer Leute einen kostenlosen Nachschlag in der JH. Sind eine flotte Gemeinschaft (Günter, Roland, Giorgio und die beiden hamburgischen Mädchen). Bekommen vom Besitzer die Genehmigung, drinnen zu schlafen. Arbeit ist auch genug vorhanden. Für 3,70 Franken die Stunde fange ich bei der Straßenbaufirma Choppard & Zaugg an. Harter Job, aber bei dem herrlichen Wetter macht es Spaß. In der Mittagspause laufe ich in der Badehose einen Kilometer die Aare aufwärts. Dort ist eine Brücke, von der ich in die reißende Aare hechte und mich von der

Strömung an der Jugendherberge vorbeitreiben lasse. Kurz vor dem Wehr muss man zusehen, dass man das Ufer erreicht…
So vergehen die Wochen. Nach vier Wochen habe ich 740 Franken netto verdient. Mir reicht's, nun kann das Geldausgeben wieder beginnen. Sandalen, eine Sonnenbrille für 80 Franken, Bier, essen gehen, mal mit dieser, mal mit jener…

30. August 1963:
Suche Emil Schulthess auf, einen der berühmtesten und ideenreichsten Fotografen der Welt, der zwei prächtige Bildbände über seine Afrikareise herausgegeben hat. Bereitwillig gibt er mir Auskunft über Afrika und einige fototechnische Dinge. Am Abend treffe ich einen Radrennfahrer in der JH. Er ist an einem Tag von Würzburg bis Zürich gefahren. Diese Tat begeistert mich und spornt meinen Ehrgeiz so sehr an, dass ich mir gleich am nächsten Tag am Bahnhof ein Fahrrad miete. Und was für eines – so schwer wie bei uns die Briefträgerräder. Sitze nach zwei Monaten zum ersten Mal wieder auf dem Fahrrad. Die Sache läuft prima, nach der ersten Steigung habe ich den toten Punkt überwunden und übernehme die Führung, damit sich mein Freund ein wenig von den Strapazen des vorigen Tages ausruhen kann. Nach 60 km beginnen die richtigen Steigungen und damit für mich die Strapazen; meine Kondition lässt merklich nach. Bis Sisikon am Vierwaldstättersee mache ich mit. Mein Freund lässt sich von einem Wagen über den Gotthardpass mitnehmen, und für mich beginnt die Rückreise. Fahre auf einer anderen Route am See entlang. Nach acht Stunden habe ich 150 km zurückgelegt. Auf dem Heimweg zur JH lerne ich eine hübsche Französin kennen. Nach gemeinsamem Abendbrot machen wir einen Spaziergang durch das abendliche Zürich. Kommen Punkt 22 Uhr in die Herberge. Dass ich in dieser Nacht gut schlafe, versteht sich von selbst.

Das Leben war leicht und locker. Ganz so, wie ich mir Freiheit und Ungebundenheit vorgestellt hatte. War das Geld ausgegeben, so konnte man ja wieder neues verdienen. Die materiellen Ansprüche waren nicht groß, und von einem Monat Arbeit konnte ich wieder einige Monate auf Reisen gehen.
Danach ging's zügig gen Afrika: Türkei, Syrien, Libanon, wo bereits das Geld knapp wurde. Eine Blutspende in Beirut füllte die Reisekasse wieder ein wenig auf, sodass ich die Fähre nach Ägypten bezahlen konnte. Sudan. Und dann Äthiopien, eine Welt wie ein Paukenschlag. Spektakuläre Landschaften: Hochgebirge, Schluchten, wilde Flüsse, Dschungel, Wüsten.
Atemberaubend schöne Menschen. Die Frauen voller (christlicher) Nächstenliebe, wenn sie mich zum Kaffee ins *Buna-Beit* baten. Die Kaffeehäuser, meistens Lehmhütten, signalisierten mit ihren bunten Neonlampen, dass der Service nicht auf den Kaffeeausschank beschränkt sein musste.
Atemberaubend sind auch die Geschichte und Kultur dieses Landes, dessen letzter Kaiser, Haile Selassie (1892–1975), sich als 225. Nachfolger von König Salomon betrachtete.
Äthiopien empfand ich als so faszinierend, dass ich zwei Jahre lang blieb, durch das gesamte Land reiste und mich mit Schreiben und Fotografieren leidlich ernährte.
Ich war seit wenigen Tagen in Äthiopien und bummelte durch Gondar, die alte Kaiserstadt, einen der wenigen Orte des Landes mit einem historischen Kern. Der Palastbezirk mit massiven Burgen, Palästen und Kirchen war im 17. und 18. Jahrhundert gebaut worden. Ein halbwüchsiger Schüler sprach mich an und erzählte mir stolz von der Blütezeit Gondars:
»Hello, Mister! Darf ich dir Gondar zeigen? Woher kommst du? … Oh, Germany, very good. Habt ihr Paläste in Deutschland?«
»Ja, wir haben viele Paläste. Aber wir haben keinen Kaiser mehr.«

»Kaiser Fasilidas war der erste Kaiser, der sich vor 300 Jahren einen richtigen Palast gebaut hat. Früher reisten die Kaiser im ganzen Reich umher, weil sie ständig gegen rivalisierende Fürsten kämpfen mussten. Die hatten keinen festen Regierungssitz. Fasilidas war ein großer Kaiser.«
Rund 120 Jahre später war es mit der Herrlichkeit Gondars schon wieder vorbei. Kaiser Iyoas wurde 1769 von Fürst Mikael Sehul ermordet. Der Kaisermörder setzte kurz darauf Johannes II. als »Negus Negasti« (König der Könige) ein. Auch Johannes II. durfte nicht lange leben. Fürst Mikael ließ ihn vergiften, um gleich darauf einen neuen Kaiser einzusetzen. Mein Fremdenführer pries Haile Selassie gerade als großen Kaiser, als einige circa zehnjährige Jungen aufgeregt durch die Straße liefen und lauthals riefen:
»Kennedy muut! Kennedy ist ermordet worden. Hallo, Mister. Haben Sie gehört? Kennedy ist tot!«
Es war der 23. November 1963. Ganz Gondar schien schockiert zu sein. Mir war, als hätte mir jemand mit einem Riesenholzhammer auf den Kopf geschlagen. Kennedy verkörperte weltweit die Hoffnung auf eine bessere Welt, selbst hier in der äthiopischen Provinz. In Afrika herrschte Aufbruchstimmung. Die britischen und französischen Kolonien waren in den letzten Jahren nach und nach in die Unabhängigkeit entlassen worden. Afrika sprühte vor Optimismus und Idealismus. Das Joch der kolonialen Vorherrschaft war abgestreift. Jetzt hofften die Länder auf Freiheit und Wohlstand. Kennedy hatte das sogenannte Peace Corps ins Leben gerufen, eine »Friedensarmee«, die in den aufstrebenden Staaten Entwicklungshilfe leistete.
Trampen in Äthiopien war abenteuerlich. Es gab nur wenige private Fahrzeuge. Lkw-Fahrer waren diejenigen, die »Tramper« aller Art mitnahmen. Sie alle mussten es sich irgendwo in schwindelnder Höhe auf der Ladung bequem machen. Ich selbst hangelte mich an den Packtauen nach oben, wo auf Ber-

gen von Baumwollballen, neben zwei Reserverädern, bereits zwei Männer lagen. Unten stand noch eine Bäuerin mittleren Alters mitsamt ihren zwei Ziegen, und auch sie wurden nach oben gehievt.

Unendlich langsam ging es voran. Schmale, zerfurchte Serpentinen schlängelten sich in die tiefe Schlucht zum Blauen Nil hinab. Aus 2000 Metern Höhe tastete sich der Fahrer hinunter in den Schlund. Die Menschen oben auf der turmhohen Ladung schaukelten über dem Abgrund. Aber sie nahmen es mit stoischer Gelassenheit, ließen sich völlig unverkrampft hin und her schütteln. Sie war ihnen vertraut, diese Art, zum nächsten Marktflecken zu reisen. Den Ziegen waren die Beine zusammengebunden, damit sie nicht in die Tiefe springen konnten.

Die Italiener hatten dieses Wunderwerk der Straßenbaukunst während der Besatzungszeit von 1935 bis 1941 gebaut, so wie fast alle Straßen in Äthiopien. Auch im Jahr 1963 war das gesamte Verkehrswesen immer noch italienisch geprägt. Die Straßen waren italienisch, die Lastkraftwagen waren italienisch, die äthiopischen oder eritreischen Fahrer sprachen Italienisch und tranken in den Ruhepausen italienischen Chianti. Nur die Huren in den Buna-Beits, den Kaffeehäusern, stammten nicht aus Italien, sondern aus Äthiopien – wunderschöne Frauen mit bronzefarbener Haut, die meist sanft und liebevoll waren. Diese *Shermutas*, die Liebesdienerinnen, waren ein allgegenwärtiger Teil der äthiopischen Gesellschaft.

Die Amerikaner bauten gerade eine neue, komfortablere Straße hinab zum Abbai, wie der Blaue Nil in Äthiopien genannt wird. Unten im Tal stand eine moderne Brücke kurz vor der Fertigstellung. Noch aber rumpelte der Lkw auf der italienischen Schotterstraße hinunter in die Schlucht, passierte die alte italienische Felssteinbrücke und kroch dann mühsam wieder hinauf. Es dauerte Stunden um Stunden. Die Nacht brach

herein, und auf 2000 bis 3000 Metern Höhe wurde es bitterkalt. Ich kuschelte mich in einen Spalt zwischen den Baumwollballen, konnte wegen der Kälte aber nicht einschlafen. Addis Abeba war mein nächstes Ziel, während wir durch die Dunkelheit rumpelten. Nachts um 3 Uhr hielt der Fahrer an.
»Wir sind gleich in Addis! Wohin willst du?«, fragte er mich.
»Ich weiß nicht. Ich denke, du kannst mich im Stadtzentrum absetzen.«
Wir fuhren durch spärlich beleuchtete Vororte. Aber großstädtischer wurde es nicht. Nach einigen weiteren Minuten hielt er an: »So, wir sind da!« Wie merkwürdig, dachte ich. Das kann doch nicht das Zentrum sein. Die Häuser zu beiden Seiten waren klein. Als sich meine Augen an die fremde Umgebung gewöhnt hatten, sah ich, dass es überwiegend Lehmhütten waren.
Der Fahrer wünschte mir alles Gute und fuhr weiter zum Mercato, dem großen Markt von Addis Abeba.
Ich hatte keine Ahnung, wo ich war. Die Straße sah in beide Richtungen gleich finster aus. Sollte dies das Zentrum der äthiopischen Hauptstadt sein? Ich entschied mich, die Straße weiter hinunterzulaufen. Allmählich wurde es lauter. Vor mir tobte eine streunende Hundemeute. Etwa zwanzig Hunde knurrten und bellten um die Wette. Wie sollte ich nur heil an den Kötern vorbeikommen? Ich zog mein Fahrtenmesser, das ich am Gürtel trug, aus der Scheide und war fest entschlossen, jeden Hund zu erstechen, der mir zu nahe kam. Obwohl mein Herz so laut schlug, dass die Tiere es fast hätten hören müssen, schritt ich voran. Doch meine Angst erwies sich als unbegründet. Die Vierbeiner schienen Respekt vor mir zu haben. Außerdem standen nicht wildfremde Tramper auf ihrer Speisekarte, sondern der Unrat, der sich am Straßenrand türmte. Ich lief mindestens eine halbe Stunde geradeaus, bis ich am rechten Straßenrand auf eine Polizeistation stieß.

»Kann ich hier bis morgen früh schlafen?«, fragte ich einen der Polizisten.
»Woher kommst du?«, wollte er wissen.
»Ich bin heute mit einem Lkw aus Debre Markos gekommen.« Nachdem ich ihm meinen Pass gezeigt hatte, war er zufrieden und wies mir einen Schlafplatz auf einer schmalen Holzbank zu, die etwa so breit wie eine Biergartenbank war. Schlafen konnte ich in jeder noch so unbequemen Position; nur im Stehen zu schlafen, wie Pferde oder Giraffen, hatte ich noch nicht gelernt. Ich legte mich also auf die schmale Bank und war im Nu eingeschlafen.

Hunger in Addis

Am Morgen trat ich vor die Tür der Polizeistation. Vor meinen Augen breitete sich die »Neue Blume« aus, was Addis Abeba in der Landessprache Amharisch bedeutet. Kaiser Menelik II. hatte die Blume gegen Ende des 19. Jahrhunderts gepflanzt. Der Monarch hatte einst sein Zeltlager auf dem Mount Entoto aufgeschlagen, von dem er sein Land weithin überblicken konnte. Nicht nur die Königin wusste es zu schätzen, dass es im Tal heiße Quellen gab. Sie liebte diesen üppig grünen Ort so sehr, dass sie an der Badestelle das erste feste Haus errichten ließ. Wenige Jahre später baute Kaiser Menelik II. seinen ersten Palast in der Nähe der Quellen und taufte diese Wellnessoase Addis Abeba.

Nun befand ich mich inmitten dieser Blume, die keine wohlriechende Rose war, noch weniger eine Orchidee von verschwenderischer Schönheit. Addis war wie ein auf den Kompost geworfener Blütenstrauß. Auf der anderen Seite der Polizeistation standen einfache Lehmhäuser ohne Glasfenster. Anstelle von Scheiben hatten die Häuser Fensterläden aus Holz, die tagsüber geöffnet wurden. Die etwas besseren Anwesen versteckten sich hinter Wellblechzäunen. Ein richtiges Zentrum konnte ich zunächst nicht entdecken. Auf den zweiten Blick gab es eines: Die Piazza aus der italienischen Besatzungszeit bestand aus mehreren eingeschossigen Ladenzeilen, in denen sich auch das Post Office befand. Von der Piazza zweigten alle bedeutenden Straßen ab: die Haile Selassie Road, die zum Verkehrskreisel Arat Kilo und zur Universität führte, die breite Churchill Road, die sich zum Bahnhof hinunterzog, und die Cunningham Road in Richtung Mercato. An der Piazza hielten die meisten Buslinien. Vor den Cafeterias und an den Haltestellen saßen die Schuhputzerjungen, die jeden

START ★ Route ★ ZIEL
0
150 km
Asmara
Rotes Meer
Mersa Fatma
Eritrea
Tio
DANAKIL-WÜSTE
Dallol
116
Adigrat
Salz
Aksum
Adwa
Erta-Ale
613
Tekeze
Wikro
Berhale
Salz
Mek'ele
Ras Dashen
Simen Nationalpark
4620
Dabbahu
1501
Lava
Maychew
Gonder
Sekota
Korem
ZIEL
Tekeze
Sifani
Addis Zemen
Abuna Yosef
4190
Tanasee
Lalibela
START
Weldiya
Debre Tabor
Äthiopien
Bahir Dar
Blauer Nil Wasserfall
Blauer Nil (Abbai)
Bati
Dese
Mota
Hochland
Choke
4052
Awash
Debre Markos
Ataya
Gewane
Dejen
von Äthiopien
Addis Abeba
Robi

vorbeikommenden Europäer in Beschlag nahmen, ganz gleich, ob dessen Schuhe gerade von einem anderen Schuhputzer auf Hochglanz poliert worden waren oder nicht. Und wenn ein »Ferenji« – vermutlich eine Verballhornung von »Frenchman« (Franzose), doch alle Ausländer wurden so genannt –, wenn also ein Ferenji mit nagelneuen Schuhen aus einem Schuhgeschäft trat, selbst dann versuchten die Jungen, ein paar Cent zu verdienen. Aus schierer Verzweiflung wollten sie mir sogar meine abgewetzten Sandalen putzen.
Ich war blank! Addis sah nicht danach aus, dass das Geld hier auf der Straße herumliegt und von mir nur eingesackt werden muss. Aber beunruhigend fand ich meinen Zustand absolut nicht: Irgendetwas würde mir schon einfallen. Es war mir ja auch schon in Norwegen immer etwas eingefallen, um meine Reisekasse wieder aufzufüllen. In Norwegen spürte ich das erste Mal in meinem Leben richtigen Hunger:
»Haben Sie Reste von Kake?« Die Frau guckte mich entsetzt an, so als hätte sie gerade erfahren, dass ich an Lepra oder an der Pest erkrankt sei. Ich versuchte es noch einmal, diesmal mit etwas geänderter Betonung: »Kacke, Kage, Kääge...« Kääge – so gedehnt, wie die Dänen es aussprechen. Schließlich auf Englisch: »Cake.« Ich stieß auf totales Unverständnis, ja, auf Ablehnung. Ich schien von einem anderen Stern zu kommen. Die Frau hätte meine Mutter sein können. Wo verbarg sie ihre mütterlichen Gefühle? Spürte sie nicht, sah sie nicht, dass ich fast am Verhungern war? Dabei wollte ich nichts sehnlicher, als von meinem letzten Geld ein paar billige, nahrhafte Kuchenreste zu kaufen. Ich hatte ganz einfach Hunger, einen Bärenhunger: Wie ein Bär, der nach langem Winterschlaf erstmals wieder aus seiner Höhle herauskriecht und spürt, dass sein Körper alle Kraftreserven aufgezehrt hat.
Die Frau hinter der Theke hätte mich in diesem Moment mit nichts glücklicher machen können als mit einer Tüte voller

Kuchenreste. Seit meiner Kindheit hatte ich fast alle Schulferien bei meinen Großeltern in Gelting an der Flensburger Förde verbracht. Und direkt nebenan war die Bäckerei von Onkel Willi, der den besten Kuchen der Welt zusammenzauberte. Wann immer ich Hunger hatte, konnte ich in die Backstube von Onkel Willi gehen und mich nach Herzenslust über die Kuchenreste, meist die Randstreifen der Kuchenbleche, hermachen. Es war Kuchen, wie es ihn heute garantiert nicht mehr gibt. Lockere Tortenböden mit himmlischer Obstfüllung, gänzlich ohne Chemie, Aromastoffe oder Geschmacksverstärker. Freien Zugang zu Onkel Willis Backstube zu haben, das war wenige Jahre nach Ende des Zweiten Weltkrieges für ein Kind ein paradiesisches Privileg. Die Kuchenreste verfütterte Onkel Willi an seine drei bis vier Schweine, die in dem kleinen Stall hinter der Bäckerei ein grunzzufriedenes, schweinisches Dasein führten. Die Schweine waren meine Freunde. Nicht nur, weil wir das gemeinsame Interesse an Kuchenresten hatten.

An Onkel Willis Backstube musste ich denken, als ich hier in der Bäckerei in Alvik am Hardangerfjord in Norwegen stand und mich kein Schwein verstehen wollte. Wieso verstand die Frau nicht, was ich mit Kage-, Kake- oder Kackeresten meinte? Ich war weder an Lepra noch an Pest erkrankt. Ich hatte nur Hunger. Lag es etwa an meinem Aussehen, dass sie mir nichts verkaufen wollte? Eigentlich sah ich ja ganz normal aus. Gut – mit einer kleinen Einschränkung! Seit gestern war mein linkes Auge total zugeschwollen. Vorgestern hatte ich auf dem Fahrrad eine Kollision mit einer flotten Biene gehabt. Dem Fahrrad war nichts passiert, während die Biene den Aufprall vermutlich nicht überlebt hat. In einem Anflug von Rache schaffte sie es in ihrer letzten Sekunde, mir ihren Giftstachel einen Zentimeter unter dem linken Auge zu platzieren. Langsam, aber stetig wuchs mir das Auge zu. Wobei mir am ersten Tag ein schmaler

Sehschlitz blieb. Als ich jedoch am nächsten Tag aufwachte, da war auch der Schlitz weg – ich sah gar nichts mehr. Außer auf dem rechten Auge.
Zwei Tage später, in der Bäckerei, sah ich immer noch so aus, als sei ich furchtbar verprügelt worden. Mit meinem offenen Auge tastete ich die ganze Bäckerei ab. Von Kage-, Kake- oder Kackeresten keine Spur. In Norwegen war immer alles so ordentlich. Furchtbar – dort gibt es keine Reste irgendwelcher Art. Jedenfalls verstand die Frau meine Zeichensprache, als ich mit dem Zeigefinger auf die Brötchen deutete. »Zwei Brötchen, bitte!« Meine vorletzten Kronen gingen für zwei läppische Brötchen drauf, die meinen hungrigen Magen nicht im Geringsten besänftigen konnten.
Seit 13 Tagen war ich auf Achse. Es fing damit an, dass mein Schulfreund Peter mich gefragt hatte: »Hast Du Lust, mit nach Norwegen zu fahren?« Lust hatte ich! Das Problem war nur – Peter hatte ein Moped und ich hatte nur ein ganz einfaches Fahrrad. Peter war schon wieder auf dem Rückweg nach Deutschland, während ich Kuchenreste zu schnorren versuchte.
Am nächsten Morgen erreichte ich Bergen, die alte Hansestadt an der westnorwegischen Atlantikküste. Norwegen begeisterte mich, Norwegen ließ mich nicht mehr los. Ich musste also Geld verdienen, wenn ich weiterhin im Land der Fjorde herumbummeln wollte. Womit könnte man Geld verdienen? Natürlich – mit Tellerwaschen. Der Magen hing mir in der Kniekehle, als ich einige Hotels abklapperte, um nach einem Job zu fragen. Die ersten vier Herbergen hatten keine Arbeit für mich, aber im Hotel Rosenkrantz sagte man mir: »Fragen Sie heute Nachmittag noch mal nach.« Das klang zwar hoffnungsvoll, stillte aber meinen Hunger nicht. Ich schlich über den Marktplatz. Ach Gott, war Norwegen sauber. Die Früchte lagen fein säuberlich aufgetürmt auf den Tischen: Pyramiden von Äpfeln, Orangen, Tomaten, dahinter Kohl und Karot-

ten. Sorgfältig musterte ich jeden Marktstand. Gab es nicht irgendwo Abfälle? Gab es keine braunen Bananen, keine angestoßenen Äpfel, die irgendwo unter den Tischen deponiert worden waren? Ich drehte Runde um Runde auf dem Platz. Sah denn niemand, dass ich hungrig war? Ich weiß nicht, ob ich schließlich beim Anblick von Käse, Fisch und Gemüse zu sabbern anfing wie ein verwöhnter Hund am Frühstückstisch. Ein Händler muss mich wohl einige Zeit beobachtet haben. Als ich zum 56. Mal an seinem Stand vorbeikam, nahm er die oberste Tomate von seiner Pyramide. Ermunternd hielt er mir das Prachtexemplar entgegen. Ich bin ihm noch heute dankbar, dass er meinen Hunger erkannt hat. Meinen Hunger stillen konnte diese köstlich aromatische Tomate natürlich nicht, aber die Geste des Mannes tröstete mich, machte mich zuversichtlich. Natürlich wäre ich auch ohne diese Gabe nicht vor Hunger aus den Latschen gekippt. Aber irgendwie fühlte ich mich missachtet, als kaum jemand von meinem Hunger Notiz genommen hatte. Es war wahrscheinlich Selbstmitleid – keine Sau interessierte sich für mich. Und Selbstmitleid macht doppelt hungrig. Selbstmitleid verdoppelt auch in anderen Situationen, verdoppelt Frust, verdoppelt Wut. Die eine Tomate hatte mein Selbstwertgefühl wieder aufgerichtet.

Und nur zwei Stunden später war ich König! Der Chef im Hotel Rosenkrantz ließ mich vor Freude in die Luft springen: »Du kannst hier morgen in der Küche anfangen. Wohnen kannst du unter dem Dach in einem der Personalzimmer.«

»Sagen Sie! Könnte ich heute schon was zu essen bekommen? Ich bin die letzten zwei Wochen mit dem Fahrrad durch die Berge gefahren und total ausgehungert.«

»Ja. Geh in die Personalkantine. Du kannst so viel essen wie du willst.« Fisch: geräuchert, gebraten, getrocknet. Käse, Fleisch, Obst, Gemüse. Auch Walfleisch. Wal war damals in jeder norwegischen Küche zu finden. Alles im Überfluss. In Norwegen

hatte ich das erste Mal erlebt, dass das Glück mich in der Not nicht verlässt.
Ich latschte also mit meinen Habseligkeiten die Adua Street entlang zum Arat Kilo, an dem auch der Haupteingang zur Haile-Selassie-Universität lag. Ich hatte den richtigen Riecher gehabt, für zwei billige Mahlzeiten reichten meine Kröten noch. Der Speiseplan der Mensa war einfach: Es gab *Injera* mit *Dorowot* oder *Injera* mit *Allidja*. *Injera* sind säuerliche Brotfladen, die aus Teff, einem Hochlandgetreide, gebacken werden. *Doro* ist Hühnerfleisch in einer höllisch scharfen Chilisoße (*Wot*). *Allidja* ist die milde Variante mit Fleisch und Gemüse. Ich entschied mich fürs feuerrote Scharfe. Die ersten Tage in Äthiopien trieb mir das Chiligericht die Tränen in die Augen und die Tropfen aus der Nase. Alle Rufe nach Wasser brachten gar nichts. Das Feuer war nicht zu löschen, im Gegenteil, das Wasser verteilte die Schärfe auch noch auf die letzten Geschmacksknospen, spülte sie zu allen Rezeptorzellen auf der Zunge. Innerhalb weniger Tage aber gewöhnten sich Gaumen und Darm sehr schnell an die äthiopische Küche, und ich empfand die Schärfe schließlich als höchsten Genuss. Ich war der einzige Europäer in der Mensa und erregte natürlich die Neugier der Studenten.
»Was? Du kommst hitchhiking aus Deutschland?« Ungläubiges Staunen.
»Ja! Ich will durch ganz Afrika trampen. Aber im Moment hab ich kein Geld mehr. Ich muss erst mal zusehen, dass ich in Addis was verdienen kann.«
Die Uni lag in einem großen Parkgelände, was mich auf die Idee brachte, dort mein Leichtgewichtszelt aufzustellen. Gedacht, getan. Die Univerwaltung gab mir die Erlaubnis, am hintersten Ende direkt neben dem Studentenwohnheim zu campen. Ich bekam sogar einen Schlüssel, damit ich Toilette und Dusche benutzen konnte – kostenlos. Zwei Tage später,

nachdem die Büroangestellten mein winziges Zelt gesehen hatten, hielten sie es für angemessen, mir das ganze Studentenwohnheim als Domizil zu überlassen, und für völlig unangemessen, dass ein »Ferenji«, ein Europäer, in solch einem winzigen Zelt haust. Ich war der einzige Bewohner, denn Kaiser Haile Selassie hatte die Studenten aus dem Heim werfen lassen, weil die es gewagt hatten, gegen ihren unantastbaren Monarchen zu demonstrieren. Mir gegenüber kannte die Gastfreundschaft der Verwaltung keine Grenzen. So erließ man mir sogar die Bezahlung in der Mensa: »Du kannst das Essen später bezahlen, wenn du Geld verdient hast«, sagte man mir. Wieder einmal durfte ich mich als König fühlen! Ich hatte genug zu essen, ein Dach über dem Kopf und konnte mich in Ruhe nach Arbeit umsehen.

Doch welche Arbeit konnte ich in einem Land wie Äthiopien verrichten? Welche Fähigkeiten waren hier gefragt? Schnell kam ich zu dem Schluss, dass ich allenfalls mit meinem Fotoapparat Geld verdienen konnte. Während ich so durch Addis bummelte, stachen mir einige moderne Bürobauten ins Auge, die vereinzelt zwischen den schlichten Lehmhäusern standen. Ganz in der Nähe der heißen Filwoha-Quellen, die zur Gründung Addis Abebas beigetragen hatten, stand zum Beispiel das palastähnliche, prunkvolle Tagungsgebäude der OAU, der Organisation of African Unity.

Die afrikanischen Länder waren in den vergangenen Jahren von den Kolonialmächten Frankreich und Großbritannien nach und nach in die Unabhängigkeit entlassen worden. Um die Zukunft des Schwarzen Kontinents zu planen, kamen die neuen Präsidenten und die Fachminister regelmäßig in die äthiopische Hauptstadt. Die charismatischen, idealistischen Wortführer der Freiheit waren Julius Nyerere aus Tansania, Kwame Nkrumah aus Ghana, Jomo Kenyatta aus Kenia, Kenneth Kaunda aus Sambia und Patrice Lumumba aus Zaire,

der heutigen Republik Kongo. Auf sie richteten sich die Hoffnungen von Millionen von Menschen. Doch Freiheit brauchte vermeintlich auch architektonische Symbole: gläserne Banken und repräsentative Ministerien. Unweit der Churchill Road, dieser breiten Schneise, die als einzige Straße den Ehrgeiz zu haben schien, mal ein Boulevard werden zu wollen, war gerade ein Hochhaus fertiggestellt worden, entworfen von dem französischen Architekturbüro Henri Chomette, dessen repräsentative Bauten viele afrikanische Briefmarken zierten.
Kreativer Kopf des renommierten Büros in Addis Abeba war der deutsche Kosmopolit Roman von Seela, der – soweit ich mich erinnere – eine armenische Mutter hatte und mit einer wunderhübschen Armenierin verheiratet war. Von Seelas Büro war ein Mikrokosmos der Vereinten Nationen. An den Zeichentischen saßen Italiener, Eritreer, Deutsche, Franzosen. Besonders faszinierte mich, dass die beiden Kinder von Seelas, die damals etwa sechs, sieben Jahre alt waren, mit sechs Sprachen aufwuchsen. Im Lycée Français lernten sie Französisch sowie Englisch als erste Fremdsprache, mit dem Vater sprachen sie Deutsch, mit der Mutter Armenisch, im Büro hörten sie sehr viel Italienisch, von der Nanny lernten sie Amharisch, die Amtssprache Äthiopiens. Es war für die Kinder das Selbstverständlichste der Welt, mühelos und spielerisch zwischen den Sprachen zu wechseln. Spielerisches Lernen ist müheloses Lernen.
Was hatte mich in das Büro von Seelas geführt? Wie kommt es, dass man oft gerade in schwierigen Situationen instinktiv handelt? Ich hatte bereits mehrere interessierte Runden um das neue Hochhaus gedreht, als mir plötzlich die Idee kam: Dieses Gebäude könntest du doch fotografieren! Es war Anfang Dezember. Weihnachten und der Jahreswechsel standen bevor. Möglicherweise brauchte der Architekt Weihnachtskarten für seine Kunden.
Wenige Minuten später stand ich im Büro Henri Chomette,

um mit dem Chef zu sprechen. Ich wurde in das Büro von Roman von Seela geführt.
»Guten Tag. Ich trampe durch Afrika und muss unbedingt Geld verdienen. Eben kam mir die Idee, dass Sie vielleicht Fotos von Ihren Gebäuden benötigen.«
»Fotos benötige ich immer. Aber die mache ich selbst.«
Das klang nach einer freundlichen, aber klaren Absage. Statt mich zur Tür zu geleiten, erkundigte er sich, wie ich denn nach Äthiopien gekommen sei. Und während ich von meinen Erlebnissen der letzten Monate erzählte, muss ich eine abenteuerliche Ader in seinem Innern getroffen haben, die er womöglich nie hatte ausleben können, weil er als Architekt Karriere gemacht hatte. Außerdem schien ich seine Sympathie und Empathie geweckt zu haben.
»Du kannst die Fotos von der neuen Polizeiakademie machen. Ich hab ohnehin genug andere Dinge zu erledigen«, entschied er, nachdem ich ihn mit meinen Reiseberichten offenbar gefesselt hatte. Die folgenden Tage fotografierte ich von Seelas neuestes Werk von allen Seiten, aus allen Blickwinkeln, bei unterschiedlichem Licht. Nie zuvor hatte ich mich mit Architekturfotografie beschäftigt. Es war faszinierend, wie unterschiedlich man ein Gebäude durch das Objektiv der Kamera sehen kann. Ich war wie im Rausch, konnte ich doch fotografieren und damit auch noch Geld verdienen. Die Mitarbeiter des Büros waren interessiert an meinen Reisen und sehr herzlich. Die von Seelas luden mich zum Essen ein, und ich schwebte auf Wolke sieben …
Im Grunde war es Intuition gewesen, die mich in das Büro von Seelas geführt hatte. Eine Eingebung oder – wie Goethe es ausgedrückt hat – »eine aus dem inneren Menschen sich entwickelnde Offenbarung«.
Mein Freund Schorsch, den ich vor vielen Jahren in einem philosophischen Seminar kennengelernt habe, sagte einmal

zu mir: »Du hast in deinem Leben sehr viel durch Intuition entschieden. Wenn du intuitiv handelst, dann entscheidest du richtig, weil du die innere Gewissheit hast. Glücklich sind die, die diese Gabe haben.«

Es war wohl so, dass meine Seele mich an die Hand genommen hatte. Darüber berichten auch andere Reisende, wie sich in scheinbar ausweglosen Situationen plötzlich überraschende Auswege auftaten, wie in der folgenden Episode:

Meine Globetrotterkollegen Timothy Ritches und Andree Gubinski hatten in den 90er-Jahren den Aconcagua, den höchsten Berg Südamerikas, bestiegen, aber nicht von der gängigen Nordseite. Sie durchstiegen vielmehr die eisige Südwand. Drei bis vier Tage hatten sie sich vorgenommen, um die Steilwand zu überwinden. Doch brauchten sie viel länger als geplant. Der Proviant war nach fünf Tagen aufgebraucht. Erst am achten Tag erreichten sie total erschöpft und ausgehungert den relativ leichten Gipfelgrat. Die beiden schleppten sich mühsam voran, als sie plötzlich von zwei Bergsteigern eingeholt wurden.

»Hallo, Andree! Auf welcher Route seid ihr denn hier raufgekommen?«, wurde er auf Polnisch begrüßt. Es war ein früherer Kletterkamerad aus Krakau. Der hatte zwar auch keine Riesenmengen von Proviant im Rucksack, aber seine Schokolade reichte, um die Lebensgeister von Timothy und Andree wiederzubeleben.

Meine Lebensgeister mussten nicht wiederbelebt werden in jenen Novembertagen 1963 in Addis. Ich hatte nur eine kurze Zeit der Entbehrung überstehen müssen. Richtiger Hunger ist etwas ganz anderes. Und die Gelähmten, die vor dem Postamt über den Bürgersteig krochen und ihre Beine hinter sich herschleiften, die kannten nicht nur Hunger, sondern auch Verachtung und Ausgrenzung.

Mit frischem Geld in der Tasche genoss ich die Kaffeezeremonien in den Buna-Beits, den Kaffeehäusern, wo meistens mehr als nur Kaffee angeboten wurde. Hübsche Mädchen hockten vor den Häuschen und rösteten die rohen grünen Bohnen in einer Blechschale auf einem kleinen Öfchen, in dem die Holzkohle glühte. Der Kaffeeduft verbreitete sich so intensiv, dass kein Auto dagegen anstinken konnte. Waren die Bohnen schwarz gebrannt, wurden sie in einem Holzmörser mit einem Eisenstößel zu grobem Pulver zerstampft. Danach stand dem Kaffeegenuss nichts mehr im Wege …

Äthiopien gilt als Ursprungsland des Kaffees und soll von der Provinz Kaffa aus die Menschheit rasch süchtig nach einer belebenden Tasse Kaffee gemacht haben.

Ich hatte den drohenden Hunger abgeschüttelt wie einen lästigen Dorfköter, der mich vom Fahrrad holen wollte. Ich strotzte vor Kraft und Gesundheit. Leichtfüßig lief ich durch Addis. An die dünne Luft in über 2000 Metern Höhe hatte ich mich bestens angepasst. Es machte mir Spaß, an Toreinfahrten mit einem langen Satz vom Bürgersteig herunterzuspringen und mit dem nächsten Schritt wieder hinaufzuspringen. Das waren keine Bordsteinkanten, sondern regelrechte Felsformationen. Diese gigantischen Bordsteinkanten gab es nicht nur in Addis. In ganz Afrika haben die Kolonialmächte solche Riesenbürgersteige hinterlassen. Den Sinn dieser Gigantomanie habe ich nie begriffen. Doch wunderte es mich nicht, dass die Äthiopier lieber auf der Straße gehen, als diesen anstrengenden Hindernislauf zu erdulden. Am härtesten traf es die Krüppel, die kein Leben in den Beinen hatten, die über den Boden robbten und ihre schlaffen Gliedmaßen hinter sich herzogen. Auf der Straße konnten sie nicht robben, dort wären sie von Autofahrern zu leicht übersehen worden. Und Krüppel aller Arten gab es zuhauf an den Brennpunkten der Stadt. In der Cunningham Road zum Beispiel, vor dem Postamt, bettelten Scharen von Missgebildeten: Leprakranke mit zerfresse-

nen Fingerstümpfen, Gelähmte mit winzigen Krücken, die zumindest die Hände vor Abschürfungen schonten, während sie die unteren Gliedmaßen hinter sich herschleiften, Blinde mit grauweiß getrübten Augäpfeln, in denen keine Pupillen mehr zu erkennen waren und die von Kindern geführt wurden – sie alle schleppten sich den Europäern entgegen, die zum Postamt gingen, und flehten sie mit herzzerreißenden Blicken an: »Please, Mister ...« Einige fügten alle fünf Fingerspitzen zusammen und führten sie zum Mund. Diese Geste symbolisierte den Hunger. Sie entstammt den Tischsitten in Äthiopien. Die Menschen reißen sich Stücke von den *Injera*-Fladen ab, tauchen sie in die berühmt-berüchtigte Chilisoße und stecken sich die Köstlichkeit mit »spitzen« Fingern in den Mund.
Ich hatte für von Seela die Polizeiakademie fotografiert und Kinderporträts in der Englischen Schule gemacht, was mir ein bisschen Geld eingebracht hatte. Nicht viel, aber ich fühlte mich reich. So reich, dass ich wieder reisen konnte. Im Zug von Addis Abeba nach Dire Dawa im Osten Äthiopiens konnte ich mir immerhin die dritte Klasse leisten. In der Nähe liegt der Wallfahrtsort Kulubi, der einmal im Jahr zum Leben erwacht, wenn Zehntausende zu Ehren des Heiligen Gabriel zu der sonst unberührten Pilgerkirche strömen. Priester und Prostituierte gehen dort ihren Geschäften nach, und auch die Taschendiebe kommen des Geldes wegen. Ach ja, Gläubige zieht's natürlich auch auf die Wallfahrt, die der Äthiopisch-orthodoxen Kirche dazu dient, ihre Kassen aufzufüllen. Oder habe ich da etwas in den falschen Hals bekommen?
Kulubi wird einmal im Jahr zum Schmelztiegel, in dem alle Schattierungen des Vielvölkerstaates Äthiopien vertreten sind. Ein Fest für alle Sinne. Ein Konzentrat der Kulturen. So etwas wollte ich mit eigenen Augen gesehen, mit eigenen Ohren gehört, mit der eigenen Nase gerochen haben.
Die Kirche St. Gabriel war von Ras Makonnen, dem Vater von

Kaiser Haile Selassie, als Dank dafür errichtet worden, dass Äthiopien die Italiener 1896 in der Schlacht von Adua vernichtend geschlagen hatte. Und mehr als das: Kaiser Menelik II. und sein 100 000 Mann starkes Heer hatten die modern ausgerüsteten Italiener gedemütigt. Italien verlor an diesem 1. März 1896 11 000 Soldaten. 1885 hatte Italien Eritrea besetzt, 1889 dann auch noch das südliche Somalia. Dazwischen lag Äthiopien als einziges unabhängiges Kaiserreich in Afrika. Gern hätten sich die Kolonialmächte auch diese Perle unter den Nagel gerissen. Doch mit dem Triumph von Adua entging Äthiopien als einziges afrikanisches Land der Kolonialisierung und somit italienischen Großmachtfantasien.
Die dritte Klasse des Zuges nach Dire Dawa war offensichtlich die beliebteste. Mit mir im Abteil saß Jon Heise, ein Peace-Corps-Lehrer aus Chicago, den ich in der Universität in Addis kennengelernt hatte. Tausende von Pilgern türmten sich in den Waggons. Einige hatten Hühner und Schafe dabei, die sie unter den harten Metallbänken verstauten. An den kleinen Bahnhöfen stiegen fliegende Händler zu, bahnten sich ihren Weg durch die Massen und verkauften Kichererbsen, billige Bonbons aus der Wonji-Zuckerfabrik, Kekse und Kaugummi. Die Schalen der Kichererbsen flogen, nachdem Zunge und Zähne die Frucht freigelegt hatten, per Luftdruck aus spitzen Lippen wahllos durch den Waggon, landeten in den Gesichtern fremder Leute oder blieben an ihren Kleidern haften. Logisch, wohin hätten sie die Schalen auch spucken sollen in dem Gedränge? Die Luft im Abteil war erfüllt von einem betäubenden Duft, der sich aus den Parfüms der käuflichen Mädchen, aus ranziger Butter, dem Haarfestiger traditionsbewusster Landfrauen, aus Erbrochenem, Hühnerkacke und aus den flüchtigen Kohlen- und Schwefelwasserstoffverbindungen zusammensetzte, die menschliche Schließmuskeln nicht mehr zurückhalten wollten.

Viele Gläubige hegten den brennenden Wunsch, dem heiligen Gabriel für etwas Großes, eigentlich Unerfüllbares zu danken. Wünscht sich eine kinderlose Frau sehnsüchtig ein Kind, so pilgert sie nach Kulubi und bittet Gabriel, den Boten Gottes, um Fürbitte für den Kindersegen. Für den Fall der Wunscherfüllung gelobt sie, mit einer Ratte auf dem Kopf nach Kulubi zu laufen. Eine andere Frau rutscht die letzten 30 Kilometer auf Knien zur Wallfahrtskirche. Andere bringen Tieropfer, Kühe, Schafe und Ziegen. Oft tragen die Frommen auch schwere Steine auf dem Kopf, um den heiligen Gabriel gnädig zu stimmen.
Ich habe allerdings keine Sammelstelle für Steine gesehen, neben der sich die Priester freudig die Hände rieben. Die Priester, mit weißer turbanähnlicher Kopfbedeckung und schwarzem Wollfilzcape, sah ich nur neben einem großen Geldschacht, der etwa drei mal drei Meter groß und fünf Meter tief sein mochte. Da passte eine Menge Geld hinein. Schon am ersten Tag häuften sich die Hunderter-, Fünfziger- und Zehnerscheine. Die grünen Ein-Birr-Scheine waren nur sehr selten zu sehen. Andere Seelsorger nahmen das Vieh in Empfang, das zu Ehren des Schutzheiligen gespendet wurde. Und da der heilige Gabriel beziehungsweise sein Bodenpersonal nicht alles allein essen konnte, verkauften die Priester Ochs und Kuh gleich weiter an die Schlachter, die damit wiederum die Pilger speisen konnten.
Die Kirche St. Gabriel mit ihrer silbernen Kuppel thront auf einem weithin sichtbaren Hügel. In gebührendem Abstand zum Gotteshaus sind Zelte und Buden errichtet worden, die aus dünnen Stämmen, Zweigen und Laubwerk von Eukalyptusbäumen bestehen – eine provisorische kleine Stadt mit Gaststätten, Kneipen und schlichten »Hotels«. Dornenbewährte Krale dienen als Gehege für das Schlachtvieh. Bis zum späten Samstagabend strömten Zehntausende herbei, die mit Bussen, Lastwagen, auf Mauleseln oder zu Fuß kamen.

Äthiopien ist bereits seit dem 3. Jahrhundert christianisiert und gilt als eines der ältesten christlichen Länder überhaupt. Die Äthiopisch-orthodoxe Kirche ist eng verwandt mit der Koptischen Kirche in Ägypten, sie unterstand bis 1951 dem Patriarchen von Alexandria. Er war es, der den äthiopischen Abuna, das Oberhaupt der äthiopischen Kirche, ernannte. Seit dem 7. Jahrhundert ragt das äthiopische Hochland wie eine christliche Trutzburg aus dem islamischen Umland heraus. Die tiefer gelegenen Provinzen in Ost, Süd und West sind ebenso wie die Nachbarländer muslimisch geprägt. Die Region um Kulubi, in der damaligen Provinz Harar gelegen, ist islamisches Kernland, die Region, in der der Heerführer Ahmed Granj im 16. Jahrhundert seinen fürchterlichen Feldzug zur Eroberung des christlich-orthodoxen Hochlands startete. Ahmed der Linkshänder, wie er auch genannt wird, führte einen 17-jährigen blutigen Krieg gegen die Christen und zerstörte zahlreiche Kirchen und Klöster. Mit Hilfe türkischer Kanonen zerstörte er christliche Kirchen und Paläste, metzelte Mönche und Priester nieder, versklavte christliche Gläubige. Selbst die größten Heiligtümer der Äthiopisch-orthodoxen Kirche in Aksum wurden von Ahmed Granjs Horden gebrandschatzt, uralte Kirchenschätze im gesamten Hochland für immer vernichtet. Kaiser Lebna Dengel forderte die christlich-brüderliche Hilfe der Portugiesen an, die sich an Handelsstützpunkten am Indischen Ozean niedergelassen hatten. 1541 landeten 450 portugiesische Musketiere im Rotmeerhafen Massaua. Und tatsächlich war es eine portugiesische Kugel, die Ahmed Granj 1543 in der entscheidenden Schlacht am Tana-See tötete. 16 Jahre hatte der Kampf gegen die islamischen Invasoren gedauert, er hat uralte christliche Kulturschätze für immer zerstört und die amharischen Christen bis in die heutige Zeit gedemütigt.

Vor dem Kirchenfest blieb mir noch Zeit für einen Besuch in der nahen Provinzhauptstadt Harrar. Die weiße Stadt – alle Gebäude sind weiß getüncht – war jahrhundertelang ein eigenes Sultanat gewesen, das erst 1887 von Kaiser Menelik II. erobert worden war. Selbst die mächtige weiße Stadtmauer konnte nicht verhindern, dass sich der christliche Herrscher dieses Zentrum des islamischen Glaubens einverleibte. Früher war Ungläubigen – auch Christen – der Zutritt zur Stadt verwehrt. Harrar war einer der wichtigsten Handelsplätze am Horn von Afrika.

»Hier, in diesem Haus, hat Arthur Rimbaud gelebt«, erzählte uns einer der Peace-Corps-Lehrer, der schon seit mehreren Monaten in Harrar lebt.

»Arthur Rimbaud? Muss man den kennen?«

»Na, klar! Der hat mit 17, 18 Jahren schon unglaubliche Bücher geschrieben. Er war das Wunderkind der französischen Literatur. Mit 19 Jahren hatte er die Nase voll von der Poesie und reiste rastlos durch die Welt«, klärte der Lehrer uns auf. »Aber ehrlich – bevor ich nach Harrar kam, kannte ich Rimbaud auch nicht.«

Rimbaud, 1854 geboren, muss tatsächlich ein sehr exzentrischer Zeitgenosse gewesen sein. Der holländischen Armee diente er als Söldner in Java. Er desertierte, irrte ruhelos durch die halbe Welt, landete schließlich in Aden an der Südspitze der Arabischen Halbinsel und verdiente seinen Lebensunterhalt in der Handelsfirma eines Franzosen. Als der wenig später die erste europäische Handelsstation in Harrar eröffnete, wurde Rimbaud die Leitung für diesen Außenposten übertragen. Rimbaud handelte mit Kaffee, Leder, Elfenbein, Waffen und wahrscheinlich auch mit Sklaven.

Harrar ist nicht nur schön, Harrar hat noch eine weitere Attraktion zu bieten: Das sind die Hyänen. Früher schloss der Stadtstaat nachts seine Tore, um die gefürchteten Raubtiere aus der Stadt herauszuhalten. Wie alle Aasfresser gehören Hyänen zu den »Gesundheitspolizisten« der Natur, weil sie faulendes Fleisch fressen, bevor sich Krankheitserreger darin vermehren können. Irgendwann, wahrscheinlich schon vor langer Zeit, war ein schlauer Mensch auf die Idee gekommen, die Fleischabfälle vor die Stadtmauer zu legen. Und so ist es noch heute.

Wir fuhren mit einem Geländewagen vor die Stadt, um uns das Schauspiel anzusehen. Bei Einbruch der Dunkelheit packte sich einer der Hyänenmänner einen Sack mit Schlachtabfällen über die Schulter und zog vor die Stadtmauer. Er begann zu singen, eine kurze, klagende Melodie, um die Tiere anzulocken. Aber das wäre gar nicht nötig gewesen, denn die Tüpfelhyänen schienen schon auf ihn zu warten. Er warf den sechs Tieren die Fleischstücke entgegen. Nach den ersten Brocken legten sie jedes Misstrauen ab. Der Hyänenmann ebenfalls. Er packte ein blutiges Rippenstück mit seinen Zähnen und reckte seinen Kopf der nächsten Hyäne entgegen. Deren Hunger war größer als die natürliche Angst vor den Menschen, vorsichtig schnappte das Tier mit seinem mächtigen Gebiss nach dem köstlichen Kadaverstück.

So viel zum Ausflug in die muslimische Hochburg Harrar. Ins christliche Kulubi kamen am letzten Wochenende im Dezember 1963 bronzefarbene Amharen in weißen Baumwollkleidern und grob gewebten weißen Schultertüchern. Oromo-Frauen trugen orangefarbene Umhänge, viele von ihnen hatten sich die Stirn dicht über den Augenbrauen mit breiten silbernen Bändern geschmückt. Am farbenprächtigsten waren die Harari-Frauen aus dem muslimischen Harar gekleidet. Purpurfarbene Kleider, unter denen sie eng anliegende Samthosen in Violett oder Moosgrün trugen. Der heilige Gabriel zieht nicht nur Christen an, er fasziniert auch Muslime, denn ihm verdanken sie den Koran. Der Erzengel Gabriel war es, der Mohammed die heiligen Verse überbrachte.

Es kamen Reiche und Arme, und es kamen die Ärmsten der

Armen. Tausende von Bettlern waren es, Männer, Frauen und Kinder mit allen nur erdenklichen Leiden. An den Treppen und Wegen, die zur Kirche hinaufführen, saßen Blinde, Verstümmelte, Gelähmte und Leprakranke, immer wieder Leprakranke. Einige hatten handtellergroße Wunden, die blutig und vereitert waren. Fast schien es so, als hätten sie eigens für dieses Fest ihre Wunden aufgekratzt. Schließlich war die »Konkurrenz« groß und es war nicht leicht, aus dem Meer der Bettler herauszuragen. Mit monotoner Stimme murmelte jeder sein »Im Namen Gabriels, bitte!« oder »Im Namen Jesu ...«.
Fingerlose Hände und Armstümpfe streckten sich mir entgegen. Andere zeigten mitleidheischend auf ihre Gebrechen. Manche schienen jeden Lebensmut verloren zu haben und krochen mit leeren Gesichtern über den Boden. Auf schmutzigen Lumpen wurden ihnen von den Gläubigen Essensreste hingelegt: Injera-Fladen mit Resten von Hühnerfleisch. Doch die meisten Bettler hatten noch hoffnungsvolle Gesichter und schienen sich mit ihrem Schicksal arrangiert zu haben. Untereinander sah man sie manchmal lachen. Sie liebten einander. Lepröse Frauen zogen Kinder an ihren faulenden Brüsten groß, Nachkommen für die Hölle auf Erden.
Durch die Spaliere der Bettler stiegen immer mehr Gläubige die Stufen zur Kirche empor und brachten ihre Opfergaben. Gabriel sei Dank waren es nur wenige, die Ratten und Schlangen vor der Kirche ablegten. Wer die Mühsal der schweren Steine nicht auf sich nehmen oder auf Knien nach Kulubi rutschen wollte, der schenkte der Kirche bunte Brokatschirme mit Ornamenten aus Goldfäden, wie sie auf jedem Kirchenfest bei den Zeremonien benutzt wurden. Fragt sich nur, was Gabriel mit Tausenden von Schirmen anfangen soll. Doch die Kirche weiß auch hier Rat – die Schirme wurden gleich vor Ort wieder an Gläubige verkauft, die noch kein Präsent präsent hatten. Irgendwie fühlte ich mich ins Mittelalter zurück-

versetzt, in die Zeiten vor Luther, als es noch einfach war, sich von seinen Sünden freizukaufen. Was die Kirche mit den Einnahmen aus Kulubi machte, habe ich nicht erfahren. Leprastationen hat sie jedenfalls nicht gebaut.

Doch nicht nur die Kirche wollte vom Fest in Kulubi profitieren, auch heidnische Medizinmänner wetteiferten mit koptischen Mönchen um die Gunst des Publikums. Während die Mönche, spartanisch mit Lederumhängen bekleidet und mit Eisenketten behangen, der Menge mit wilden Gebärden das Evangelium vortrugen, versuchten die Medizinmänner, die Leute mit Kunststücken, Zaubersprüchen, Trommelschlag und urwüchsigem Gesang in Bann zu schlagen.

Am späten Nachmittag geriet die Masse in Stimmung – erzeugt durch Tädsch und Talla, den äthiopischen Honigwein und das Kräuterbier, erzeugt durch fromme Riten, durch den monotonen Gesang der Priester, deren Bewegungen an tanzende Bären erinnern, erzeugt durch das schrille Trillern der Frauen, das bei Freudenfesten ebenso intoniert wird wie bei Trauerfeiern. Aus den Buschwerkkneipen drang Gesang, der nicht immer sehr christlich klang. Überall in dem Gewimmel von Menschen lagen Köpfe und Eingeweide geschlachteter Kühe, Ziegen und Schafe. Das Gras war rot gefärbt an den Stellen, wo die Tiere geschächtet worden waren. Darüber kreisten die Aasgeier. Ihr Fest beginnt, wenn das Fest der Menschen vorüber ist.

Im Lauf des Abends wurde die Stimmung immer ausgelassener. Die Luft war erfüllt von Lachen, Lärmen und Singen, dem Geblöke der Schafe und dem Scharren der Maultiere. Über dem Tal und den nahen Berghängen flackerten Hunderte von Lichtern und Lagerfeuern. Über einigen Feuern brutzelte Ochsen- und Hammelfleisch, einen köstlichen Duft verbreitend, der sich schließlich mit dem süßlichen Gestank von Pansen und Schafsköpfen vermischte. Die Bettler, die vermutlich einen der besten Tage ihres Jahres erlebten, lagen zusammengekauert unter ihren Decken. Aus der Kirche hallte dumpf der Gesang der Priester. In den Buschwerkbuden wurde derweil getanzt und gelacht, geprasst und gesoffen. Dass es dort immer sehr fromm zuging, wäre maßlos übertrieben. Denn nicht nur die Kirche wollte in Kulubi Geschäfte machen …

Es sei angemerkt, dass die Äthiopisch-orthodoxe Kirche im Gegensatz zu unseren Konfessionen der Lust des Leibes sehr aufgeschlossen gegenübersteht.

Mitternacht war längst vorbei, als der Lärm langsam verebbte. Man hörte nur noch leises Murmeln, die Fressgeräusche der Tiere sowie das sonderbare, in der Tonhöhe ansteigende Heulen der Hyänen, das oft als Lachen interpretiert wird.

Die meisten Pilger übernachteten im Freien. Ich und die Peace-Corps-Lehrer fanden Unterkunft in einem Zelt des Pfadfindercamps. Somit waren wir auch vor den Taschendieben sicher.

Der kirchliche Höhepunkt folgte am Sonntagmorgen. Nach der durchfeierten Nacht kamen die Pilger nur mühsam auf die Beine. In dem mit Heu ausgelegten Tempel verteilten die Priester »heiliges Wasser«, mit dem die Mütter ihre Kinder besprengten. Die Luft war von Weihrauch geschwängert. Nach stundenlangen reinigenden Vorbereitungen prozessierten die hohen Priester in schweren, prunkvollen Gewändern dreimal um das Gotteshaus. Zwei Geistliche trugen auf ihren Häuptern die mit Brokattüchern verhüllten Tabots – Nachbildungen der Gesetzestafeln, auf denen Moses die Zehn Gebote verewigt hatte. Ihnen folgten Dutzende von kostbar gekleideten Priestern, die große, feingemusterte Silberkreuze vor sich hertrugen. Priesterknaben hielten die bunten Samtschirme aufgespannt, um die Geistlichkeit vor zu viel Erleuchtung zu schützen.

Der Tabot ist die heiligste Reliquie der koptischen Kirche. Der Legende nach soll König Salomon die Königin von Saba in Südarabien oder Äthiopien besucht haben. Es ist bei Staatsbesuchen ja eher ungewöhnlich, dass die Besuchte schwanger wird. So war es aber bei der legendären, verführerisch schönen Königin. Sie gebar Menelik, den Begründer der äthiopischen Herrscherdynastie. Menelik I. soll nach Jerusalem gereist sein, dort die Bundeslade, also Moses' Gesetzestafeln, entwendet und nach Aksum, der heiligen Stadt in Äthiopiens Norden, gebracht haben. Dort soll sich die Bundeslade bis heute befinden. Während die Nachbildungen der Gesetzestafeln in Kulubi dreimal um die Kirche getragen wurden, trillerten die Frauen ehrfurchtsvoll in höchsten Tönen. Tausende fielen auf die Knie und küssten die Erde. Eine geheimnisvolle Spannung lag in der Luft. Einige Frauen schrien und weinten, andere kasteiten sich mit Zweigen. Zum Gesang der Priester, im Takt einer mächtigen länglichen *Kebere*-Trommel, die einer der Geistlichen diagonal vor dem Bauch trug, bewegte sich der Prozessionszug in unendlich langsamem Wiegeschritt voran. Es war die dritte und letzte Runde, der Zug hatte die letzte Ecke erreicht, bevor die Prozession vor dem Hauptportal zum Stillstand kommen sollte. Da ertönte 50 Meter unterhalb des Portals plötzlich ein Kreischen. Laute Gabriel- und Jesusrufe waren zu hören. Ich rannte hinunter. Eine Prozession kann ich mir in Äthiopien noch Dutzende Male ansehen, dachte ich, doch was sich da unten ereignete, war ja ein Wunder! Einer der vielen Versehrten, eben noch dazu verdammt, mit gelähmten Beinen auf dem Boden kriechen zu müssen, erhob sich mühsam. Er zitterte am ganzen Körper. Schmerz und Erstaunen standen ihm ins Gesicht geschrieben. Er sackte wieder zusammen. Schaum quoll aus seinem Mund, die bronzene Hautfarbe war einem schmutzigen Gelb gewichen. Der etwa 40-jährige Mann versuchte sich aufzuraffen. Zwei Männer griffen dem Lahmen unter die Arme. Schweißüberströmt, mit bebenden Lippen und ungeheurer Willenskraft gelangen ihm die ersten Gehversuche. Keiner der Pilger achtete noch auf die Prozession. Allmählich erwachten die Leute aus ihrer Trance. Sie streckten die gefalteten

Hände himmelwärts, viele schluchzten zutiefst ergriffen. Von allen Seiten wurden dem Geheilten Geldscheine zugesteckt.
War das alles nur ein Spiel? Der Schaum vor dem Mund, die Verfärbung der Haut – all das kann konnte doch keine Schauspielkunst sein! Der Psychologe mag eine Erklärung finden, für das Volk war ein Wunder geschehen …
In Kulubi geschehen Wunder, viele kleine Wunder. Sei es nur, dass eine Frau ihr lange ersehntes Kind bekommt. Und manchmal geschehen eben auch große Wunder!
Die nächtliche Rückfahrt nach Addis war noch abenteuerlicher als die Hinfahrt. Tausende drängten gleichzeitig in den Zug. Ich versuchte, auf dem Boden des Waggons hockend, den versäumten Schlaf der vergangenen Nacht nachzuholen, aber das war unmöglich. Als der Zug an der nächsten Station anhielt, rannte ich mit meinem Schlafsack ans Ende des Zuges, weil ich hoffte, auf einem der flachen Autowaggons einen ruhigen Platz zu finden. Doch sah ich mich dort von Bettlern und Behinderten umringt und war gewissermaßen vom Regen in die Traufe gekommen. Als ich mich schon in mein Los fügen wollte, tönte aus einem Auto auf dem letzten Waggon eine Stimme: »Hallo, kommen Sie rüber! Wir haben noch einen Platz frei in unserem Auto.« Den Rest der wunder-vollen Fahrt verbrachte ich in einem bequemen Autositz. Glück gehabt? Oder war es mein kleines Wunder von Kulubi?
Ich denke, ich hatte ganz einfach Glück. Dennoch hat mich das »Wunder von Kulubi« schon sehr beeindruckt. Aber ist das, was uns als Wunder erscheint, tatsächlich ein Wunder? Oder ist es der Glaube an Selbstheilungskräfte, an Autosuggestion? In jedem Fall ist der Mensch manchmal in der Lage, nahezu übermenschliche Kräfte freizusetzen. Wenn jemand zehn Minuten unter Wasser bleiben kann, dann übersteigt dies unsere normale Vorstellungskraft. Und doch gibt es Menschen, die das dank ihrer Willensstärke und Konzentration schaffen. Wie

kam es, dass Bob Beamon 1968 bei den Olympischen Spielen in Mexiko 8,90 Meter weit fliegen konnte, 55 Zentimeter weiter als jeder Mensch zuvor? Erst 23 Jahre später wurde dieser Rekord einmal überboten. Ich betrachte diese 8,90 Meter als eine sportliche, körperliche Höchstleistung, gepaart mit einer schöpferischen, meditativen Konzentration. Sich auf ein geistiges Zentrum zu konzentrieren und alle anderen Gedanken für einen Moment auszuschalten, das muss wohl das Geheimnis solch übermenschlicher Leistung sein. Wie der Zen-Bogenschütze, der sich nur darauf konzentriert, das ideale Zentrum der Scheibe zu treffen. Oder wie ist es möglich, dass Fakire sich Fleischerhaken durch die Wange stechen, ohne dass Blut fließt? Gelegentlich träume ich davon, dass ich wie ein Känguru springen kann. Manchmal gelingt es mir auch, vom Springen in den Flug überzugehen, indem ich die Arme ausbreite und dann über Hochspannungsleitungen oder unter Telefondrähten hindurchfliege. Doch bei aller Konzentration auf mein geistiges Zentrum wird dies wohl ein Traum bleiben …

Lalibela – mit Maultieren durch die Berge

War das ein Spaß – da hatte sich doch so ein Ferenji auf ein Maultier gesetzt und war in hohem Bogen in den Staub katapultiert worden. Wenn jemand von einem Maultier abgeworfen wird, bleibt die Schadenfreude nie aus. Wenn es auch noch ein Fremder ist, der sich schmerzverzerrt die Hüfte reibt, ist es eine doppelte Freude. Ich rappelte mich aus dem Dreck hoch, und der Händler, der uns das Tier verkaufen wollte, fing das störrische Maultier wieder ein.

»Ich probier es morgen früh noch mal«, sagte ich zu meinen Freunden. »Kann ja sein, dass das Tier gestresst ist und für heute schon genug Aufregung gehabt hat.«

Drei Maultiere hatte ich schon ausgesucht und war mit je-

dem von ihnen einmal um den Marktplatz von Lalibela geritten. Doch brauchten wir – Jon Heise, der Peace-Corps-Lehrer, Ndalla, ein Kunststudent aus Addis, sein Freund Tillehun und ich – noch ein viertes. Mit den Maultieren wollten wir in den nächsten beiden Wochen nach Norden reiten, durch die Berge nach Sekota und zurück nach Korem, an der Autostraße Addis – Asmara. 60 Dollar hatten wir für jedes Tier bezahlt. Es gibt Maulesel, das ist die kleinere Kreuzung zwischen Pferdehengst und Eselstute. Ein Maultier ist das größere Produkt der Liebe zwischen einem Eselhengst und einer Pferdestute.
Drei Tage hatten wir gebraucht, nachdem wir in Woldiya aus dem Bus gestiegen waren, um zu Fuß nach Lalibela zu laufen – 120 Kilometer über steile Bergpfade und durch fruchtbare Täler. Für das Gepäck hatten wir uns einen Führer mit Maultier gemietet. Die ersten beiden Nächte verbrachten wir bei den Einheimischen in ihren *Tukuls*, den strohgedeckten Rundhütten. Allerdings konnte ihre Gastfreundschaft nicht darüber hinwegtäuschen, dass mich die Flöhe des Nachts miserabel behandelten. Deshalb schlief ich in den folgenden Nächten meistens in meinem Zelt, um der Leibesvisitation der Krabbeltierchen zu entgehen.
Flöhe hin, Flöhe her – so wie sich meine Zunge sehr schnell an die Schärfe der äthiopischen Küche gewöhnt hatte, so hatte sich auch meine Haut ganz gut an die Attacken der Blutsauger gewöhnt. Meine erste bewusste Bekanntschaft mit Flöhen ist mir heute noch so präsent, als wäre es gestern gewesen. Im September 1963 – auf dem Weg nach Äthiopien – kam ich abends in ein kleines Städtchen in Kappadokien. Kappadokien ist eine bizarre, atemberaubende Landschaft in Zentralanatolien, die aus Vulkangestein und Vulkanasche geformt wurde. Es war regnerisch und schon dunkel, als ich den Fahrer, der mich mitgenommen hatte, bat, mich in dem Städtchen abzusetzen. Und weil es schon finster war, hatte ich keine Lust,

mir einen Zeltplatz zu suchen. Ich fragte mich durch zu dem einzigen Hotel des Ortes. Hotel? Es war eine Karawanserei, eine traditionelle Herberge mit einem großen quadratischen Innenhof für die sichere Unterbringung von Kamelen und anderen Lasttieren, mit einem Ziehbrunnen in der Mitte und den Schlafstätten für die Gäste an drei Seiten. An der vierten Seite befanden sich das Eingangstor, die Gastwirtschaft und die Privatgemächer der Herbergsfamilie.

»Ich hätte gern ein Zimmer«, versuchte ich dem Wirt klarzumachen. Er schien etwas ratlos. Ich neigte meinen Kopf zur Seite und legte ihn auf die zusammengepressten Hände. Die Geste verstand er, trotzdem schien er ratlos. Er ging mit mir in den Herbergsteil. Die Türen standen offen, und statt in kleinere Zimmer blickte ich in Säle mit jeweils 20 einfachen Betten. Solch ein Massenquartier schien er mir nicht zumuten zu wollen. Der Wirt bedeutete mir, ihm zu folgen.

Die Deutschen – seit der Kaiserzeit eng befreundet mit den Türken – waren äußerst beliebt. Hatten doch deutsche Ingenieure federführend bei der Verwirklichung der legendären Hedschasbahn geholfen, die in den ersten Jahren des 20. Jahrhunderts durch das mächtige Taurusgebirge über Damaskus und Amman bis nach Medina im heutigen Saudi-Arabien gebaut und im Ersten Weltkrieg von Lawrence von Arabien und arabischen Freiheitskämpfern teilweise wieder zerstört worden war.

Ich folgte dem Wirt, der so um die 50 Jahre sein mochte, in seine Privatgemächer, durch den Wohnraum ins Schlafzimmer. Er brummte irgendetwas Unverständliches, ich konnte nicht sehen, mit wem er sprach. Aber plötzlich regte sich Leben unter einer dicken Bettdecke. Es war die Frau des Wirtes. Sie hatte ihn offensichtlich verstanden, sprang aus dem Bett und verschwand in ihren Pluderhosendessous in einem der angrenzenden Gemächer.

»Almanya…«, mehr verstand ich nicht von seinen Worten. Aber seinen Gesten entnahm ich, dass er es gut mit mir meinte. Da war sie, die legendäre türkisch-orientalische Gastfreundschaft, die ich hier zum ersten Mal am eigenen Leibe erfuhr. Der Wirt überließ mir seinen Harem, seinen allerprivatesten Wohnbereich. Harem bedeutet freilich nicht, wie es dem Klischee entspricht, dass dort ständig barbusige junge Frauen um einen herumtanzen. Harem bezeichnet ganz einfach den für Außenstehende »verbotenen« Wohnbereich. Ich schlief tief und traumlos im Harem und bedankte mich am nächsten Morgen mit einem kleinen Gastgeschenk in Form einer Packung Gilette-Rasierklingen.

Gut gelaunt trampte ich nach Göreme und bewunderte die bizarren Kegelfelsen, die pilzförmigen Felsformationen und die Höhlenkirchen, die in byzantinischer Zeit in das weiche Tuffgestein gegraben worden waren.

Nachmittags zog es mich weiter nach Süden. Ein Lkw hielt an, oben auf der Ladung hockten schon einige Fahrgäste, zu denen ich mich hinzugesellte. Während ich die Eindrücke der letzten 24 Stunden Revue passieren ließ, spürte ich einen zunehmenden Juckreiz, den ich schließlich nicht mehr ignorieren konnte. Ich fing an, mir die Beine zu kratzen. Im nächsten Moment kribbelte es am Rücken, gleich danach wieder an den Beinen, dann am Bauch und an den Oberarmen. Schließlich war ich nur noch damit beschäftigt, mit den Händen von einer juckenden Stelle zur nächsten zu eilen. Ich kratzte, schrubbte und rubbelte und wünschte mir nichts sehnlicher als ein Stück Schmirgelpapier. Aber auch ohne Sandpapier hatte ich ganze Arbeit geleistet, was ich sah, nachdem ich die Hosenbeine hochgezogen hatte: Meine Beine waren voll geröteter Quaddeln, die ich teilweise schon blutig gekratzt hatte. Am liebsten wäre ich umgekehrt und hätte mich mit dem Wirt duelliert. Was ich noch nicht wusste – zu einer echten orientalischen Karawanserei gehören selbstverständlich auch des Menschen erste Haustiere. Selbst im hypermodernen Dubai gab es 1963 noch echte Karawansereien mit echten Quälgeistern – *all inclusive*. Heute sind die Flöhe in Dubai, genau wie in Deutschland, mangels geeigneter Biotope wahrscheinlich ausgestorben. Der Wirt hatte es nur gut gemeint mit mir. Ich aber saß auf dem Lkw und zermarterte meinen Körper. Das flöhliche Martyrium entsprach wohl dem, wie ich mir das Fegefeuer vorzustellen habe. Was ich schon immer geahnt hatte, bestätigte sich mir auf der Fahrt durch die anatolische Bergwelt: Die Hölle gibt es nur auf Erden. Erst nachdem ich am nächsten Tag ins Mittelmeer springen konnte, ließen die Folgen der ersten Flohattacke allmählich nach.

In Äthiopien hatte ich dann einige Wochen später genügend Gelegenheit, meinen Körper allmählich gegen Flohbisse zu desensibilisieren. Ich hoffe, den mitfühlenden Leser wird das nicht jucken …

Auf unserem Weg nach Lalibela stießen wir immer wieder auf herzlichste Gastfreundschaft. Ndalla, der Kunststudent, machte sich unterwegs Skizzen von Menschen und Natur und weckte damit natürlich auch die Neugier der Einheimischen, die uns gern zum Essen, zur Kaffeezeremonie oder auf ein Talla-Bier einluden. Fast jeder braute aus Blättern und Kräutern sein eigenes Bier. Das säuerlich-aromatische Getränk war ein guter Durstlöscher. Die Blätterreste, die darin schwammen, konnte ich mit meinem Bart gut herausfiltern. Oder man servierte uns Tädsch, ein leicht vergorenes Honiggetränk, dem Met der Germanen ähnlich. Auch hier waren Filterfertigkeiten mit Bart und Zähnen gefragt, schwammen doch Reste von Bienenwaben und toten Bienen in dem Gebräu.

Lalibela, 2600 Meter hoch gelegen, birgt ein – inoffizielles – Weltwunder, die 15 monolithischen Felsenkirchen, die aus dem roten Vulkangestein herausgeschlagen wurden. Die Kirchen erheben sich nicht über dem Erdboden, sondern wurden in tiefen Schächten aus dem Fels herausgemeißelt. Erst von den Anhöhen aus erkennt man den Grundriss und die Reliefs der Kirchen: Beit Giorgis hat einen kreuzförmigen Grundriss. Beit Medhane Alem bedeutet »Erlöser der Welt« und ist die größte der Kirchen von Lalibela, deren flaches Giebeldach auf zahllosen quadratischen Säulen ruht. Von der Form her ist sie einem griechischen Tempel nachempfunden. Die Kirchen sind durch Tunnel und Gänge miteinander verbunden. Gebaut wurden sie im 12. Jahrhundert von König Lalibela. Insgesamt gibt es im Norden Äthiopiens etwa 150 monolithische Kirchen, die zum Teil noch erheblich älter als die Gotteshäuser in Lalibela sind.

Das orthodoxe Weihnachtsfest stand bevor, als wir am 6. Januar 1964 in Lalibela eintrafen. Für den höchsten Geistlichen war es eine gute Gelegenheit, Kasse zu machen bei den »Ferenjis«, den Weißen. 100 Dollar pro Kirche sollten Jon und ich bezahlen.

»Wofür das denn?«, wollte ich wissen.

»Ihr seid keine Christen«, war die Antwort.

»Wir sind doch Christen!«

»Aber keine orthodoxen Christen.«

Daraufhin wandten wir uns an den Provinzgouverneur, der zum Weihnachtsfest ebenfalls in Lalibela weilte. Der entschied schließlich, dass Weiße auch Christen seien, was uns aber noch lange keinen Einlass bescherte. Während die Priester Mühe hatten, sich christlich zu verhalten, fand in der Dorfmitte der Weihnachtsmarkt statt. Immer mehr Menschen strömten herbei: Händler, Vieh- und Pferdeverkäufer, Neugierige, Bettler und Krüppel in beachtlicher Zahl. Wir zelteten auf dem Hügel neben der Schule, der Markt lag wie in einem Amphitheater zu unseren Füßen. Plötzlich tauchten einige Männer auf, füllten sich die Taschen mit den Einnahmen der Händler und tauchten in der Menge wieder unter. Fairerweise sei daran erinnert, dass sich auch in Deutschland in der Adventszeit einige Gano-

ven ihr Weihnachtsgeld durch Raubüberfälle aufbessern. Nach dem ersten Schrecken begann die Tätersuche. Einige Männer schienen andere zu beschuldigen. Wir hörten das Klacken aneinanderschlagender Stöcke. Jeder Mann auf dem Lande trug hier einen Stock – um wilde Tiere abzuwehren, Schlangen zu erschlagen, um sich im Gebirge abzustützen oder um bei langen Wanderungen den Stock quer über die Schulter zu legen und die Arme über die Stockenden zu hängen. Diese gerade Körperhaltung entlastete natürlich den Rücken. Die Frauen kreischten, die Männer brüllten vor Kampfeseifer. Bald schlug jeder auf jeden ein, so schien es zumindest. Dieser vorweihnachtliche Tumult fand erst ein Ende, nachdem reichlich Blut geflossen war. Weihnachten kam, die Priester kleideten sich in Brokat und Gold, das arme Volk spendete noch mehr Geld für die feudalistische Kirche, der Hohe Priester spendete seinen Segen, und das Volk war selig.
Am Weihnachtstag tauchte plötzlich ein Flugzeug über Lalibela auf, kreiste über dem Dorf und warf Flugblätter ab. Die Leute hielten die Blätter, die friedlich herabtänzelten, für eine Himmelsgabe und stürzten sich auf jedes herabfallende Stück Papier. Woraus im Nu ein Papierkrieg entbrannte. Die Gemüter waren ja noch vom Vortag erhitzt. Und wieder erklang das Aneinanderklatschen der Stöcke durch die weihnachtliche »Stille«. Die Polizei kam als Friedensengel und feuerte einen Warnschuss ab. Der Gouverneur und die Priester eilten herbei, um die wütende Menge zu besänftigen. Allmählich wurde die Polizei Herr der Lage, ein Anführer wurde festgenommen, die Toten wurden mit Tüchern bedeckt. Wahrlich, ich sage euch – solch ein aufregendes Weihnachtsfest hatte ich noch nie erlebt.
Und vor dieser Festtagskeilerei hatte ich – wie bereits beschrieben – vier Maultiere gekauft. Ich war der Einzige von uns Vieren, der schon mal auf einem Pferd gesessen hatte. Zwar hatte ich nie richtig reiten gelernt, doch bei meinen Großeltern in Gel-

ting gab es schräg gegenüber einen Bauernhof, der Schleswiger Kaltblüter besaß. Auf denen durften wir gelegentlich ohne Sattel auf die Koppel reiten, wenn sie nach langem Tagewerk ihr Kraftfutter gefressen hatten. Diese kümmerlichen Reitererfahrungen machten mich 15 Jahre später auf dem Pferdemarkt in Lalibela zum unausgesprochenen Experten für den Maultierkauf.

Am nächsten Morgen versuchte ich noch einmal, das störrische Tier zu reiten, das wir am Vortag gekauft hatten. Schon beim Satteln zeigte es uns seine Abneigung, die sich zu Feinseligkeit steigerte, sobald ich auf seinem Rücken saß. Das Tier explodierte wie ein Rodeopferd, und Sekundenbruchteile später fand ich mich im Staub wieder. Da der Verkäufer des Tieres bereits das Weite gesucht hatte, war es uns allein überlassen, das störrische Tier zu bändigen. Wir erhielten Hunderte von Ratschlägen, doch keiner der Männer wollte uns demonstrieren, wie das junge, kräftige Tier zu reiten sei. Ich versuchte es nochmals, konnte mich für kurze Zeit auf dem Rücken halten und wieder absteigen. Tillehun fühlte sich dadurch ermutigt und bestieg als Nächster das Maultier. Zunächst war es vernünftig, dann fing es an zu traben, im nächsten Moment segelte Tillehuns Strohhut durch die Luft, und Sekunden später sah ich den Reiter aus einer dicken Staubwolke auftauchen und sich mit beiden Händen das Gesäß reiben. Die Menge war natürlich begeistert von diesem Laienschauspiel.

»So, wer will jetzt reiten?«, fragte ich in die Runde. Es musste doch genügend Leute hier geben, die mit Maultieren Erfahrung hatten.

»Tillehun, frag die Leute doch mal! Ist hier denn keiner, der reiten kann?«

Schließlich trat ein etwa 30-jähriger Mann vor, der offenbar keine Angst vor einer Blamage hatte. Er schwang sich auf unser Prachtstück, das ein paar Meter im Schritt zurücklegte, bevor es sich auf seine Kräfte besann und zu einem kurzen Galopp ansetzte. Dann stoppte es plötzlich, überzeugte sich, dass der Reiter noch »obenauf« war, worauf es wieder wild über den Marktplatz raste. Es bockte hinten, dann vorne, und unter dem begeisterten Gelächter der Einheimischen fand auch der dritte Akt sein Ende.

»Wir werden ihn nicht reiten, sondern als Gepäcktier einsetzen. Drei von uns können auf den ruhigen Tieren reiten. Der Vierte führt unseren Wildesel«, schlug ich vor. Und so machten wir es am nächsten Morgen. Zur Sicherheit banden wir die Beine des Maultiers mit einem Seil so weit zusammen, dass es bequem gehen, aber nicht galoppieren konnte. Brav trottete es hinter den Reittieren her. Doch nach zwei Stunden wurde es ihm langweilig. Es buckelte und sprang ins Gebüsch. Als das Gepäck vom Rücken unter den Bauch des Tieres rutschte, wurde es noch panischer. Erst als alle Gepäckstücke am Boden lagen, gab es sich zufrieden. Glücklicherweise fanden sich rasch ein paar helfende Hände, die das Gepäck mit fachkundigen Griffen wieder auf dem Rücken des Tieres festzurrten.

Abends warnten uns einheimische Männer in einem Amhara-Dorf, dass wir am nächsten Tag am Meri-Fluss auf *Shiftas* – bewaffnete Räuber – treffen würden. Shiftas trieben in vielen Gegenden Äthiopiens ihr Unwesen. Die Männer erzählten, dass der Anführer der Shiftas von einer Schlange gebissen worden und seitdem fußlahm und nur noch bedingt »arbeitsfähig« sei. Tillehun und Ndalla hatten wahrscheinlich die ganze Nacht kein Auge zubekommen. Während des Frühstücks redeten sie unentwegt von den Räubern und steigerten sich immer weiter in ihre Angst hinein. Aber wir wollten ja nach Norden, nach Sekota, und da gab es keinen anderen Weg.

Es ging steil bergauf. Vor uns lag der 4300 Meter hohe Abuna Yosef, einer der höchsten Berge Äthiopiens. Der Maultierpfad führte direkt an der Flanke des Gipfels in fast 4000 Metern Höhe entlang. Plötzlich wurden alle vier Tiere störrisch und

gingen nur zögerlich weiter. Wir stiegen ab und banden sie an Baumstämmen an. Jon und Tillehun blieben bei den Maultieren. Ndalla und ich gingen voraus, um die Ursache zu erkunden. Gab es hier wilde Tiere, vor denen unsere Vierbeiner Angst hatten? Aber was sollte es hier schon geben? Hyänen vielleicht. Es roch merkwürdig, und je weiter wir gingen, desto bestialischer wurde der Gestank, der uns entgegenkam.
»Guck mal da vorn! Was liegt denn da?« Ein paar Meter unterhalb des Gebirgspfads fanden wir die Quelle des Gestanks, ein totes Maultier.
»Das kann noch nicht allzu lange hier liegen«, mutmaßte ich. Der Bauch des Maultiers war aufgerissen. Jetzt sahen wir auch die Aasgeier, die wir wohl aufgescheucht hatten und die auf einem Felsen oberhalb des Weges die Lage voll im Blick hatten. Wahrscheinlich hatte sich das Tier verletzt und war hier zurückgelassen worden. Dass Maultiere abstürzen, passiert eigentlich sehr selten. Sie sind auch auf steilen Pfaden absolut trittsicher.
Wir führten die Tiere an der Leine am stinkenden Kadaver vorbei. Auch danach gingen wir zu Fuß weiter. Der Weg war sehr steil und steinig. Es war bewundernswert, wie geschickt die Mulis ihre Beine in dem zerklüfteten Terrain setzten. Es war interessant, das Tier, das vor mir ging, zu beobachten. Mit dem linken Vorderbein wich es einem Felsbrocken aus, während das nachfolgende Hinterbein Halt auf der schrägen Felsplatte suchte. Diese Tiere müssen den zerklüfteten Boden, über den sie laufen, wie einen Film vor Augen haben. In dem Moment, in dem sie ihre Füße aufsetzen, können sie den Boden ja nicht mehr sehen. Sie müssen demnach vorausschauend denken. Für Menschen ist die Sache viel einfacher: Sie sind in der Lage, im Voraus zu schauen, wo sie hintreten wollen, und außerdem sind zwei Beine leichter zu koordinieren als vier. Aber wahrscheinlich fehlte mir einfach der Maultierverstand.

Von der Höhe ging es hinunter zum Meri-Fluss, der als Bächlein hier am Abuna Yosef entsprang, in den Takaze floss, im Westen Äthiopiens zu einem mächtigen Fluss anschwoll und als Atbara im Sudan in den Nil mündete. Als wir bergab ritten, wurden wir von einem bewaffneten Amharen eingeholt. Nach einer knappen Stunde erreichten wir den gefährlichen Meri, wo uns Shiftas prophezeit worden waren.
»Habt ihr Hunger?«, fragte uns der Mann. Klar, wir hatten einen Bärenhunger. Er brüllte laut einen Berg hinauf. Weit und breit war kein Haus zu sehen.
»Wartet nur ein paar Minuten. Das Essen wird gleich kommen«, sagte der Mann.
»Ist das eine Falle?«, fragte Ndalla auf Englisch, damit der Mann ihn nicht verstehen konnte. Der sonst so fröhliche Ndalla schien sehr besorgt zu sein.
»Eigentlich macht er doch einen vertrauenerweckenden Eindruck. Wenn sie uns überfallen wollen, dann sitzen wir sowieso in der Falle«, entgegnete ich. Wir sattelten die Maultiere ab, die ohnehin schon viel geleistet hatten, und ließen sie am Ufer des Baches grasen. Aus den wenigen Minuten wurde eine Dreiviertelstunde, aber das Essen kam tatsächlich. Drei schwer bewaffnete Männer brachten käsige Milch, Honigwein und Talla-Bier sowie Injera und Wot. Nachdem wir unser königliches Mahl beendet hatten, zogen sich die drei Gastgeber zurück, und unser Begleiter klärte uns auf: »Die Männer sind Shiftas gewesen. Aber der Anführer ist von einer Schlange gebissen worden«, erzählte uns der Bärtige, bei dem sich die ersten grauen Haare unter die schwarzen mischten.
»Einige Shiftas hat die Polizei verhaftet. Der Anführer ist übrigens mein Schwager«, erzählte er, während wir erneut die Maultiere sattelten. Er begleitete uns noch einige Kilometer, und bevor sich unsere Wege trennten, bat er Ndalla und Tillehun, ihm eine Bescheinigung auszustellen, dass er uns ein zuverlässiger

Führer gewesen war. Zufrieden mit dem Empfehlungsschreiben trottete er von dannen, ein Beweisstück in der Tasche, dass er nicht zu den Räubern und Wegelagerern gehörte.
Tillehun und Ndalla trauten dem Frieden immer noch nicht so recht. Bisweilen brüllten irgendwelche Männer hinter uns her, und dann rutschte unseren beiden äthiopischen Studenten jedes Mal das Herz ein Stockwerk tiefer. Dabei bedeutete das Brüllen lediglich, dass uns irgendjemand auf ein Talla einladen wollte. Weiße kamen hier sehr selten vorbei, und Amharen sind nun mal neugierig, aber oft auch sehr gastfreundlich.
Am Abend wurden wir wie Fürsten behandelt. Die Frau des Hauses wusch uns die Füße. Sie hatte allerdings Hände wie Reibeisen, als sie uns über die zerkratzten, zerschundenen Beine fuhr. Wie die Einheimischen liefen auch wir mit einfachen äthiopischen Ledersandalen durch die Berge, was natürlich Spuren hinterlassen hatte. Selbst den Kuss, den sie mir nach der Waschung auf den großen Zeh drückte, konnte ich nicht als Ausdruck besonderer Zärtlichkeit empfinden. Doch sicher meinte sie es sehr gut mit uns. Die Dorfbewohner brachten uns Geschenke. Der Erste brachte zwei Hühner, der Nächste Injera, ein Dritter stiftete Eier. Die Zubereitung dauerte zwei Stunden. Mit riesigem Appetit stürzten wir uns auf das Essen. Doch das Mahl verschlug Jon und mir den Atem. Einer musste wohl einen ganzen Sack voll *Berberi*, Chili, hinzugefügt haben. Das Essen war so feurig, dass wir Weißen jeden Bissen mit einem Glas Talla abkühlen mussten.
Unser »Wildesel« hatte nach einigen Tagen Freundschaft mit uns geschlossen, er wurde lammfromm und zuverlässig. Das steigerte allerdings nicht den Verkaufswert, als wir die Tiere am Ende unserer Trekkingtour wieder verkaufen wollten. 60 Dollar hatten wir in Lalibela für jedes Tier bezahlt; mehr als 45 Dollar wollte am Zielort keiner zahlen. Unter dem Strich

hatten wir doch für 15 Dollar sehr viel Spaß und bleibende Erinnerungen an unsere Mulis gehabt.
Eigentlich sollte Äthiopien ja nur eine Durchgangsstation für mich sein. Nach dem Lalibela-Trip aber war ich so fasziniert von den Menschen, der Kultur und der Landschaft, dass mich das Land nicht mehr losließ. Ich war gefesselt und blieb fast zwei Jahre.

Ich hatte das Land soeben in mein Herz geschlossen, da wurde meine Liebe schon auf die Probe gestellt. Ich hatte in der englischen Schule Fotos von den Schulkindern gemacht und endlich mal wieder richtig gutes Geld in der Tasche: 230 Dollar. In der Churchill Road stieg ich in den Bus, um zum Postamt zu fahren. Der Bus war rappelvoll. Weitere Passagiere drängten hinein, darunter ein Mann um die dreißig, der zu meiner Verwunderung keine 300 Meter weiter wieder ausstieg. Ein Blitz durchfuhr mich! Mein prall gefülltes Portemonnaie war weg. Bevor sich die Tür schloss, sprang ich aus dem Bus und setzte ihm nach. Der mutmaßliche Täter reagierte sofort und wollte weglaufen, aber das gab es bei mir nicht. Ich blieb ihm auf den Fersen und brüllte: »Leba! Leba!« Dieb! Dieb!
Die Menschen auf der Straße waren alarmiert. Der Dieb hob einen faustgroßen Stein auf und drohte mir. Ich sprang auf ihn zu, doch ehe er werfen konnte, hatte ich ihn mir geschnappt und seinen Arm auf den Rücken gedreht. Zufällig kam nach wenigen Minuten ein Polizeifahrzeug vorbei. Wir fuhren zur Wache, und ich war selig, mein kleines Vermögen zurückerobert zu haben. Seitdem habe ich mir einen inneren Sensor zugelegt, der mir in dicht bevölkerten Städten stets signalisiert, ob sich in meinen Taschen etwas verändert hat. Dieser Sensor funktioniert nun schon seit 1964 einwandfrei!

Danakil – die heisseste Wüste der Erde

Das Höllenloch der Schöpfung

Die beiden Maultiertreiber stimmten einen lauten, heulenden Gesang an, der an die Anfänge der Musikkultur erinnerte. Ob sie aus Angst oder zum Vertreiben wilder Tiere oder aus reiner Freude an der Disharmonie plärrten, konnte ich nicht heraushören. Ich ließ mich anstecken und sang ebenfalls aus voller Kehle – meine eigene Melodie. Ich sang, um die Müdigkeit zu vertreiben, außerdem hallte es so schön in der engen Schlucht. Es war ein ausgetrocknetes Flussbett, durch das wir in der Dunkelheit ritten. Um 21 Uhr stießen wir auf eine Salzkarawane, die auf freiem Feld Halt gemacht hatte. Etwa 30 Kamele, 30 Maultiere und ebenso viele Esel erfüllten die Luft mit Stampfen, Scharren, Prusten, Schnauben und Kaugeräuschen. Wir sattelten unsere Mulis ab, um uns für ein paar Stunden aufs Ohr zu legen. Aber an Schlaf war nicht zu denken. Denn wir hatten uns gerade in den Sand gelegt, als wir auch schon die Neugier eines Mannes auf uns zogen. Im Nu umstand uns die staunende Meute der Kameltreiber – Weiße auf der Salzkarawanenroute, das hatten die Männer noch nie gesehen. Ghidey, unser Dolmetscher, musste fleißig Fragen beantworten und Erklärungen abgeben. Dass wir die Danakil-Wüste durchqueren wollten, dass wir mit offizieller Unterstützung von Luel Dedjazmatch (so des Fürsten Titel) Mengasha Seyoum (so des Fürsten Name) unterwegs waren. Mengasha Seyoum, ein Urenkel von Kaiser Johannes IV., besaß als tatkräftiger Gouverneur der Provinz Tigre im Norden Äthiopiens einen sehr guten Ruf. Er interessierte sich sofort für unsere Pläne, als er uns in seinem Palast in

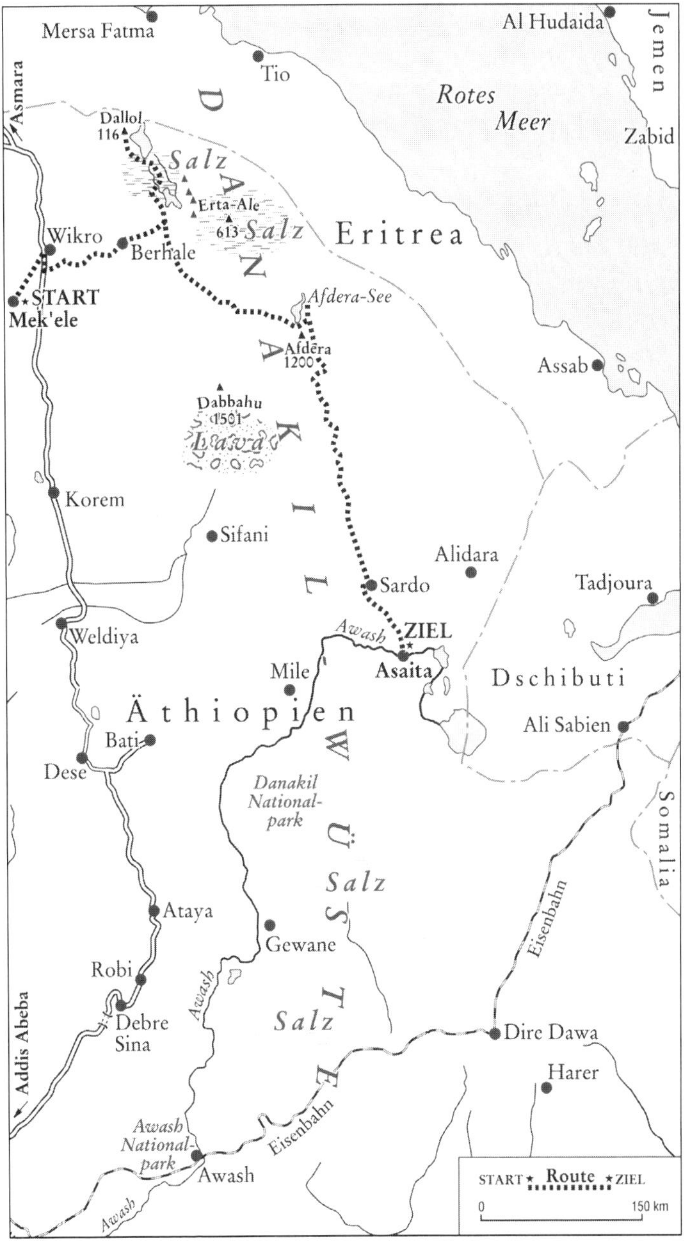
Mersa Fatma
Al Hudaida
Jemen
Tio
Rotes Meer
Asmara
Dallol 116
Zabid
D A N A K I L W Ü S T E
Salz
Erta-Ale 613
Salz
Eritrea
Wikro
Berhale
START
Mek'ele
Afdera-See
Afdera 1200
Assab
Dabbahu 1501
Lava
Korem
Sifani
Alidara
Tadjoura
Sardo
Weldiya
Awash
ZIEL
Asaita
Mile
Dschibuti
Äthiopien
Ali Sabien
Bati
Dese
Danakil National-park
Somalia
Salz
Eisenbahn
Ataya
Gewane
Robi
Awash
Debre Sina
Salz
Dire Dawa
Addis Abeba
Harer
Eisenbahn
Awash National-park
Awash
Awash
START Route ZIEL
0
150 km

Mek'ele, der Hauptstadt Tigres, empfing. Unser Plan war, die heißeste Wüste der Erde namens Danakil zu durchqueren.
Tigre ist die Urprovinz des fast 3000-jährigen äthiopischen Kaiserreiches, und Aksum war die erste Hauptstadt von Menelik I.
»Jeder Besucher in Äthiopien kennt Aksum. Aber kaum jemand kennt die anderen Sehenswürdigkeiten in meiner Provinz«, bemerkte der Fürst in unserer Gegenwart. »In der Danakil-Wüste haben wir aktive Vulkane, wir haben die Salzkarawanen und wir haben Dallol mit den bunten Schwefelquellen.« Mengasha Seyoum hatte den Ehrgeiz, die Wüste sowie die vielen abgelegenen monolithischen Felsenkirchen in Tigre für den Tourismus zu erschließen. Deshalb waren wir, der belgische Filmemacher Christian Monty und ich, dem Fürsten höchst willkommen. Er stellte uns Ghidey Amemewu, einen 18-jährigen Schüler, als Dolmetscher zur Verfügung. Außerdem erhielten wir zwei Maultiere fürs Gepäck und drei Mulis zum Reiten, um in die Wüste hinunterzukommen.
Die Danakil-Wüste liegt zwischen dem äthiopischen Hochgebirge im Westen und dem Roten Meer im Osten. An die über 3000 Meter hohen Berge östlich von Mek'ele schließt sich die sogenannte Danakil-Senke an. Sie liegt bis zu 125 Meter unter dem Meeresspiegel und gilt als tiefste und heißeste Stelle Afrikas. In einer Landschaft, in der es nirgends Schatten gibt, wurden schon Temperaturen von 60° Celsius gemessen. In dieser lebensfeindlichen Region leben tatsächlich Menschen, die muslimischen, hartgesottenen Afar. Seit ich *Hell-Hole of Creation* (*Das Höllenloch der Schöpfung*) von L.M. Nesbitt gelesen hatte, war die Danakil-Wüste für mich ein Land der Sehnsucht, eine bizarre Landschaft mit Salzseen, Lava und sehr wilden Bewohnern.
In diesem Höllenloch brodelt die Erde – die Erdkruste ist in der Danakil vergleichsweise hauchdünn. In dieser Senke treffen drei tektonische Grabenbrüche aufeinander: Der erste,

vom Roten Meer kommend, im Westen der Wüste; der zweite verläuft im Süden über Dschibuti zum Golf von Aden; der dritte ist der Ostafrikanische Graben, der sich von der Danakil-Wüste über die ostafrikanische Seenkette bis zum Malawie-See im südlichen Afrika zieht. Die Danakil-Wüste bildet ein rechtwinkliges Dreieck: Hochgebirge im Westen, Rotes Meer als Hypotenuse im Nordosten und als kurze Kathete das Gebirge bei Dire Dawa im Süden, dort, wo auch die Eisenbahnlinie von Dschibuti nach Addis Abeba verläuft. Geologen gehen davon aus, dass das tektonisch instabile Dreieck sich in der erdgeschichtlich kurzen Zeit von einigen Millionen Jahren vom afrikanischen Kontinent abspalten und eine riesige Insel im Indischen Ozean bilden könnte.

Der Engländer L.M. Nesbitt schrieb in seinem Buch *Hell-Hole of Creation*, das Anfang der 30er-Jahre erschien:

Im Laufe von wenigen Jahren wird es für einen Möchtegernentdecker unmöglich sein, ein jungfräuliches Gebiet für seine Unternehmungen auf der Erde zu finden. Mit Glück werden unsere Enkelkinder Möglichkeiten erfinden, zu den Sternen zu reisen, und dann werden sie zweifelsohne lächeln über unsere Mühen und die unbedeutenden, verrückten Leistungen, die wir schmerzvoll und ohne mechanische Hilfe über unbekanntes Land krochen. Ich, für meinen Teil, ich fühle mich glücklich, dass ich gerade in der Zeit geboren bin, um in der uralten, langsamen Weise der Entdeckung den direkten Geschmack und den Geruch der Abgeschiedenheit und des primitiven Landstriches aufgezwungen bekommen zu haben.

(aus *Hell-Hole of Creation. The Exploration of Abyssinian Danakil* von L.M. Nesbitt, aus dem Englischen von Klaus Denart)

Nesbitt durchquerte 1928 die Danakil-Wüste zusammen mit zwei Italienern und 15 Äthiopiern/Eritreern sowie einer Karawane von 25 Kamelen und vier Maultieren. Vor Nesbitt war es niemand gelungen, die Wüste zu durchqueren – die Expeditionen des Schweizers Werner Munzinger (1875), von Guiliettie (1871) und Bianchi (1884) scheiterten allesamt. Kein Europäer dieser drei Erkundungsreisen wurde jemals wiedergesehen. Munzinger zog mit 350 Leuten in die Danakil-Wüste, um im Auftrag des ägyptischen Khediven (Vizekönigs) Ismail einen Handelsweg vom Rotmeerhafen Tadjoura ins äthiopische Hochland zu eröffnen. Im Reich des Sultans von Aussa verschwanden fast alle 350 Männer sowie Munzingers eritreische Frau spurlos. Die Flucht gelang jedoch einem Diener Munzingers, der dem Schweizer Eduard Dor die letzten Stunden der Expedition folgendermaßen schilderte:

Gegen 2 Uhr morgens kamen zwei Eingeborene mit einem Ochsen und einer Kuh und wollten ins Lager, angeblich, um das Vieh zu verkaufen. Die Wache hielt sie zurück und band sie am Fahrgestell einer Kanone fest. Die Eingeborenen schrien und riefen. Plötzlich stürzen von allen Seiten wie auf ein Signal Tausende von Callas herbei. Alarm wird geblasen. Der Angriff ist so schnell und so massiv, dass die Soldaten fliehen müssen. (...) Die Eingeborenen, mit Lanzen und Säbeln bewaffnet, umringen ihn, die drei Sudan-Soldaten fallen, und Munzinger Pascha wird tödlich verwundet. Ein Säbelhieb zerschmettert den linken Schulterknochen, ein zweiter die obere Hirnschale, ein Lanzenstich trifft ihn in die rechte Brustseite, ein anderer ins Genick. Im Ganzen erhält er zehn Wunden.

Während das Gemetzel die ganze Nacht fortdauert, kann man den Verwundeten dem Gemenge entreißen und ihn so verbergen, dass er bis Sonnenaufgang unbemerkt bleibt.

(aus *Munzinger-Pascha* von Alex Capus)

Auch noch im Jahr 1964 hatten die Afar, die Bewohner der Wüste, den fürchterlichen Ruf, mit Feinden kurzen Prozess zu machen und ihnen als Jagdtrophäe die Schwänze abzuschnei-

den. Aber wir betrachteten uns nicht als Feinde, außerdem hatten wir fürstliche Fürsprache.
Um 2 Uhr morgens weckten uns unsere beiden Maultiertreiber, sehr zum Ärger von Christian, der sich aus seinen Träumen gerissen fühlte. Die Kamelkarawane war im Aufbruch begriffen, und unsere kleine Karawane sollte sich einreihen. Der Mond stand hoch am Himmel. Die Salzhändler bevorzugten es, mit ihren Tieren nachts zu marschieren statt in der Hitze des Tages. Einige der Karawanenmänner stimmten ihren urtümlichen Gesang an, und die anderen stimmten ein. Gegen 7 Uhr morgens erreichten wir eine größere Siedlung. Neben einigen schlichten Steinhütten standen die Zelthütten der Afar. Es war die Arbeit der Nomadenfrauen, diese mobilen Behausungen auf- und abzubauen. Mit biegsamen Holzstangen errichteten sie eine Kuppel von drei Metern Durchmesser und bedeckten sie mit Bastmatten aus Palmenblättern. Fertig war die *Burra*, wie die Afar ihre Hütten nennen.
Ein kleines, hübsches Mädchen mit Lendenschurz und einer bunten Halskette beobachtete die Karawane. Zuerst erblickte sie Ghidey, der anders aussah als die hageren Karawanenleute, vor allem jünger und gepflegter. Sie lächelte ihn an, vielleicht aus Höflichkeit oder Neugierde. Dann entdeckte sie uns, und ihr anmutiges Lächeln wandelte sich augenblicklich in Entsetzen. Sie verzog den Mund, Tränen rannen ihre braunen Wangen hinunter. Ihr großer Bruder kam und tröstete sie. An seiner Seite wagte sie es, die beiden seltsamen weißen Menschen erneut in Augenschein zu nehmen. Wahrscheinlich sahen wir erschreckender aus, als uns selbst klar war. Ich weiß nicht, wie ich aussah beziehungsweise, wie ich auf andere wirkte. Christian hatte ich ihn Addis Abeba kennengelernt. Er lebte seit einigen Jahren in Afrika, hatte als Kameramann beim kenianischen Fernsehen gearbeitet, war Sprecher bei Radio Ruanda gewesen und wollte nun gemeinsam mit mir die sagenhafte Danakil-Wüste erkun-

den. Christian hatte Politik und Film studiert, war Anfang dreißig und ein sehr besonnener Typ, der nichts übereilte.
Aus der Salzwüste kamen Hunderte von Kamelen, Maultieren und Eseln, die mit Salzplatten beladen waren. Jede Platte hatte in etwa das Format einer großen Bibel. Für diejenigen, die noch nie eine große Bibel gesehen haben – die Salzblöcke waren so groß wie ein alter Laptop. Alle Karawanen mussten auf dem Weg ins Hochland das Dorf Berhale passieren und dort den Salzzoll entrichten. Für jedes Kamel, das Salzplatten mit einem Gesamtgewicht von 80 Kilogramm schleppte, waren drei Dollar Salzzoll zu entrichten. Täglich mussten 800 bis 1000 Tiere durch das lukrative Nadelöhr Berhale.
Abrahim Beluawa hieß er, unser Afar-Führer, der in nächster Zeit für unsere Sicherheit verantwortlich war. Abrahim war als Richter im Salzabbaugebiet ein angesehener Mann, schlank, sehnig, Anfang dreißig. Um die Hüften hatte er nach Stammessitte einen bunten Wickelrock geschlungen, dazu trug er ein kurzärmeliges europäisches Hemd. Quer vor dem Bauch hing die Zierde einiger Afar-Männer, die *Gille*, ein kräftiges, gebogenes Haumesser, das etwa einen halben Meter lang war und in einer Lederscheide steckte. Allerdings wirkte Abrahim nicht so wild wie die üblichen Afar-Krieger. Mag sein, dass es an seinem offenen Gesichtsausdruck und an den kurzen Haaren lag. Die jungen Afar zeigten gegenüber Europäern keine offene Neugier, sondern verhielten sich reserviert und sahen recht misstrauisch aus. Das mag bei manchen an der senkrechten Falte zwischen ihren Augen gelegen haben, die ihren Gesichtern einen finsteren Ausdruck verlieh. Die Haare hatten sie sich zu Hunderten feiner Locken aufgedreht. Im Nacken waren die Frisuren gerade abgeschnitten. Außer dem Haumesser trug jeder von ihnen noch einen Stock, der nicht nur als Waffe diente, sondern zuweilen wie ein Joch über die Schulter gelegt wurde, um die Arme darauf zu stützen.

1964 hatte ich Berhale zum ersten Mal besucht. Rund 40 Jahre später fand das Mobile Hospital der Hilfsorganisation Target von Rüdiger Nehberg einen festen Platz in einer Krankenstation in Berhale. Targets Projektleiter in Äthiopien, Ali Mekla Dabala, ist in Berhale geboren. Rüdiger hatte Ali auf einem Vortrag in Osnabrück kennengelernt. Der gebürtige Afar hatte während der äthiopischen Bürgerkriegsunruhen Asyl in Deutschland gefunden. 2009 fand in Addis Abeba eine Target-Konferenz gegen weibliche Genitalverstümmelung statt. Nach der Konferenz besuchten wir auch Berhale. Die Protagonistin des preisgekrönten Fernsehfilms *Karawane der Hoffnung*, die elfjährige Eri, stammt wie Ali Mekla aus diesem Dorf.

Lange Kamelkarawanen begegneten uns auf unserem Weg in die Salzwüste. Am Abend hielten wir in Maglala, was in Afaraf, der Sprache der Wüstenbewohner, Zusammenfluss bedeutet. Zwei kleine Flüsschen vereinigten sich hier zum Sabba-Fluss, der unser Kraftspender und Wegweiser in die Salzwüste war. Ich legte mich in den trockenen Sand des Flussbetts und wurde erst durch die leichte Kühle der Nacht geweckt. Der Sabba führte durch eine hohe Schlucht talwärts und bildete in dem breiten Bett nur ein schmales Band. In der Mittagshitze suchten die Karawanen im Schatten der hohen Felsen Schutz. Die Schlucht glich einem Heerlager. Wir löschten unseren Durst in dem scheinbar sauberen Wasser, in dem auch die Tiere zum Saufen standen. Männer, die aus der Salzebene kamen, spülten ihre durchgeschwitzten Kleider in dem Flüsschen. Das scherte uns allerdings wenig – bei 43° Celsius im Schatten lief der Schweiß in Strömen. Die meisten Männer waren mit Brotbacken beschäftigt. Brot war der Eintrittspreis zum Betreten der Salzminen. Jeweils fünf Kameltreiber mussten einen Wasserschlauch voll Sabba-Wasser und Brote für die Salzarbeiter mitbringen. Das Wasser wurde in Schläuche aus Ziegenhaut gefüllt. Die »Bäcker« packten sich einen flachen Teigklumpen auf die rechte Hand und holten mit der anderen einen glühend heißen Stein aus dem Feuer. Um den Stein herum zogen sie den Teig, formten das Brot zu einer Kugel und legten sie für einige Minuten in die heiße Asche. Hunderte von Kamelen räkelten sich im Kies, während sich die Esel zum Dösen im Schatten der Felswände zusammendrängten. Die Afar, die hier lebten, brachten uns Tee, schenkten uns ansonsten aber kaum Beachtung. Sie hatten scharf geschnittene, asketische Gesichter, schmale Nasen und feine Lippen.

Um 3 Uhr nachmittags zogen wir weiter. Der Weg führte aus dem Flusstal heraus in eine steinige Ebene, in der Ferne glitzerte das Weiß der Salzsenke. Das Wasser des Sabba versickerte im Boden. Am Rande der Senke machten die Karawanen Halt für die Nacht. Bei den Kameltreibern war es üblich, dass jeder Neuling, der in die Salzwüste kam, den Tanz der Tigre-Karawanenmänner vollführen musste. Wir lagen im Sand und tranken Arak, als einige Männer ihren monotonen Gesang anstimmten und in die Hände klatschten. Es war die Aufforderung zum Debütantenball. Wir konnten uns nicht drücken und reihten uns in den Kreis der Wüstenneulinge ein. Der behäbige Tanz erinnerte an die Bewegungen der Priester bei den Kirchenzeremonien.

Der Rand der Salzsenke war mit einer dicken Dreckschicht bedeckt. In der Regenzeit schießt das Wasser aus den Bergen herunter und trägt sehr viel Schlamm in die Wüste. Mit jedem Schritt wurde der Boden heller und heller, bis wir schließlich die harte Kruste puren Salzes erreichten. In grauer Vorzeit hat sich hier eine Bucht des Roten Meeres befunden. Dann erhoben sich Vulkane und schoben dem Meer einen Riegel vor. 250 Kilometer lang ist der Teil, der unter dem Meeresspiegel liegt, und bis zu 70 Kilometer breit. Nur die tiefsten Stellen sind mit Salz bedeckt, ansonsten hat die Lava die Vorherrschaft übernommen. Die Danakil-Wüste brodelt.

Eine Stunde vor Sonnenaufgang zeigte das Thermometer noch 28° Celsius, was für Anfang März angenehm kühl ist. Doch von Tag zu Tag wurde es heißer. Im Juni und Juli ist die Hitze unerträglich. Die Karawanenmänner, die Salzbrecher, sie kommen alle aus dem Hochland. Und sie bleiben dann im Hochland. Die Einzigen, die dazu verdammt sind, auch im Juli hierzubleiben, sind die Afar. Sie halten sich an die Flächen zwischen der Lava, wo ein paar Gräser wachsen, von denen sich die Ziegen ernähren. Die Kamele zehren von den Akazien, die in den Wadis, den sandigen Trockenflüssen, wachsen.
Das Salz reflektierte das Sonnenlicht mit unbarmherziger Härte. Ich zog mir den Hut noch tiefer über die Augen. Die Salzkarawanen, die vor uns am frühen Morgen aufgebrochen waren, flimmerten in der Ferne wie Fantasiegebilde. Hätten wir es nicht besser gewusst, wären wir nie auf die Idee gekommen, dass sich dort am Horizont Kamele bewegten. Wir hatten das Gefühl, über eine raue, heiße Eisfläche zu wandern.
Das »Eintrittsgeld« von einem Wassersack und einem Brot brauchten wir nicht zu entrichten. Touristen waren hier willkommen, allerdings wurden wir von den Salzbrechern angestarrt wie Marsmenschen. Oder Stripperinnen. Auch sie hätten nicht mehr Aufmerksamkeit erregen können. Assale hieß das Dorf, das kein Dorf ist. Es gab einige wenige Hütten aus übereinandergeschichteten Salzplatten, auch für den Verwalter. Er spendierte uns ein köstlich knuspriges Steinbrot und frisches, kühles Wasser. Es war die ausschließliche Diät der Salzarbeiter – Brot und Wasser sowie Tee mit Zucker. Nichts anderes, kein Gemüse, keine Fruchtsäfte, keine Cola. Nichts außer Wasser und Brot. Die Salzbrecher hatten weder ein Dach über dem Kopf noch die geringste Abwechslung, nur Salz und Sonne. Fürwahr das Höllenloch der Schöpfung. Aus Stöcken und Tüchern bauten sie sich einen Sonnenschutz. Sie schliefen auf einfachen Bastmatten. Ghidey erzählte, dass die Männer im

Durchschnitt zwei Monate in Assale arbeiteten und dann für einige Wochen zu ihren Familien ins Hochland zurückkehrten. Mit langen Holzstangen brachen die Männer große Salzplatten aus dem Boden heraus. Mit Haumessern und kleinen Handhobeln wurden gleichmäßig große Blöcke geformt. Für 60 dieser Blöcke bekam ein Arbeiter drei Dollar Lohn. Solch ein Salzbarren wurde im Hochland als kostbare Währung gehandelt, die im Wert sogar noch stieg, je weiter die Hochlandprovinz von der Salzwüste entfernt lag. Der Salzstock soll circa 1000 Meter tief sein. Es gibt also noch genügend Salz für einige tausend Jahre.
Heute besitzen wir gar keine Vorstellung mehr, welch eine Kostbarkeit Salz früher einmal darstellte. Im Bioladen kaufen wir Himalajasalz mit derselben Selbstverständlichkeit wie Erdbeeren im Winter. Früher wurden Kriege geführt um das lebenswichtige Mineral. Salzstädte wie Lüneburg brachten es zu großem Reichtum.
»Sag mal, Ghidey, was bringt diese Menschen nur dazu, sich solch ein Leben auszusuchen?«, wollte ich wissen.
»Sie suchen es sich nicht aus. Eine andere Arbeit finden sie nicht«, war seine Antwort.
Nie wieder habe ich solch ein entbehrungsreiches Leben kennengelernt wie in der Danakil-Salzwüste.
Unsere Maultiertreiber hatten den Auftrag, uns bis nach Assale zu bringen. Dort mussten wir uns also nach einem neuen Transportmittel umsehen. Zufällig kam ein Lastwagen aus Mersa Fatma, einem Fischerhafen am Roten Meer, vorbei. Der Fahrer nahm uns nach Dallol mit, zu einem Vulkangebiet, das etwa 20 Kilometer nördlich von hier lag. Der Wagen fuhr langsam über die holperige Salzfläche, die 125 Meter unter dem Meeresspiegel liegt und somit fast die tiefste Stelle Afrikas ist. Der Vollständigkeit halber sei erwähnt, dass sich die absolut tiefste Stelle des Kontinents ebenfalls in der Danakil-Wüste be-

findet: am Assal-See in Dschibuti, 155 Meter unter dem Meeresspiegel. Dies ist nicht nur die tiefste Stelle Afrikas, sondern auch die heißeste Stelle der Welt: Von 1960 bis 1966 wurde kontinuierlich eine Durchschnittstemperatur von 34,6° Celsius ermittelt. In der Enge des Fahrerhauses rann der Schweiß in Strömen.
Was uns nach Dallol zog, war eine amerikanische Firma, die sich auf diesem unwirtlichen Geröllhaufen niedergelassen hatte. Die Parson's Company war hier, um zu prüfen, ob es sich lohnte, die Pottaschevorkommen (Kaliumcarbonat) auszubeuten. Die Prüfung lief allerdings unter annehmbaren Bedingungen ab; der Kontrast zu den Salzbrechern hätte nicht größer sein können. Kein Amerikaner ging freiwillig in die Hölle, um dort auf seine gewohnten Annehmlichkeiten verzichten zu müssen. Alle wohnten und arbeiteten in zwei großen klimatisierten Baracken mit allem Komfort. Zweimal in der Woche brachte ein zweimotoriges Flugzeug frisches Gemüse und Proviant aus Asmara, der Hauptstadt Eritreas. In Tanklastwagen wurde täglich frisches Wasser aus Eritreas Bergen herangekarrt. Das Öl zum Speisen der Aggregate, besonders der riesigen Kühlanlagen, kam aus Mersa Fatma. Dr. Lynn, der Geologe, und Mr. Pikard, ein Ingenieur, ahnten sofort, wovon Wüstenwanderer träumen – von einer kalten Dusche. Unsere dreckigen Klamotten wurden gewaschen. Es wurden verschiedenste Gemüsesorten, Kartoffeln, Eier, Beefsteak und Karamellpudding aufgetischt – für ein Höllenmahl ganz schön vielfältig! Christian und ich speisten zusammen mit den Amerikanern. Unsere beiden Begleiter, Ghidey und Abrahim, aßen in einem anderen Raum zusammen mit dem äthiopischen Personal. Allerdings bekamen alle das gleiche reichhaltige Essen. Das Betriebsklima schien recht gut zu sein, was bei der Größe der Kühlanlage kein Wunder war …
Der Dallol-Vulkan war erloschen, trotzdem brodelte es an

allen Ecken und Enden. 80 Meter ragte er aus der Salzfläche empor. Der Gipfel lag damit immer noch über 40 Meter unter dem Meeresspiegel. Ein merkwürdiges Gefühl überkam uns, als wir abseits der amerikanischen Station über den Vulkanboden liefen. Das dunkle, poröse Gestein klirrte so hell wie Glas, das unter den Schritten zusammenbricht. An anderen Stellen pfiff und zischte es unter uns. Oder der Boden klang so dumpf und hohl, als liefen wir Gefahr, jeden Moment durch die Erdkruste zu brechen. Der Gipfel des Vulkanhügels war mit einer rötlichen, bröckeligen Masse bedeckt, die unter den Stiefeln nachgab und einen gelblich-grünen Brei aus Schwefelverbindungen ans Tageslicht brachte. Aus dem Boden sprudelten Fontänen, teils einen halben Meter hoch. Es zischte, gurgelte, gluckste und blubberte. Es knackte und prasselte, als würden Rieseneier in einer Riesenpfanne gebrutzelt. An vielen Stellen beulte sich der Boden aus, als säßen dort Hunderte von liebestollen Fröschen mit pulsierenden Schallblasen. Hin und wieder platzten diese Blasen und ergossen sich an der Oberfläche. Mit dem Wasser traten Schwefel- und Kaliummineralien hervor. Die Fontänen schossen glasklar aus 1000 Metern Tiefe nach oben, doch rings um die »Ventile« spielte die Natur verschwenderisch mit ihren Farben: Rot, Gelb, Grün und Blau vermischten sich in allen Schattierungen. Es war ein geradezu surrealistisches Schauspiel.

Die Amerikaner fuhren uns am nächsten Tag zurück nach Assale. Der Verwalter in seiner Salzhütte besorgte uns zwei Mulis für unser Gepäck. Nach zweistündigem Marsch erreichten wir den Rand der Salzwüste, an ihre Stelle trat eine sandige Buschlandschaft. Die Vegetation wurde üppiger. Zwischen hohen Doumpalmen hatten die Nomaden ihre Hütten aufgebaut. Der Balabat, der Häuptling des kleinen Ortes namens Fia, war ein Bekannter von Abrahim. Der Namensgeber der Dörfer war eigentlich immer der des Brunnens. Fia war also der

Lebensspender, ein Wasserloch von einem Meter Durchmesser. Mit Wassersäcken aus Ziegenleder wurde das Wasser aus der Tiefe geholt. Es war Männerarbeit. Neben dem Brunnen war aus Lehm eine flache, kreisrunde Wanne geformt worden, die als Tränke für Kamele, Schafe und Ziegen diente.
Anstelle der Maultiere stellte uns der Häuptling für die nächste Etappe zwei kräftige Kamele zur Verfügung. Im Osten lag der Kebrit Ale, der Schwefelberg. Er war der erste in einer Kette von aktiven Vulkanen. Einen der Feuerberge wollten wir in den nächsten Tagen besteigen. In Eiarre brachten uns die Einheimischen Bastmatten für die Nacht und eine mit Wasser gefüllte Waschschüssel. Das Wasser war allerdings nicht zum Waschen, sondern zum Trinken da. Begierig ließen wir die braune Brühe unsere durstigen Kehlen hinunterlaufen, allen touristischen Vorsichtsmaßnahmen – Chlortabletten, Wasser abkochen – zum Trotz. Gut schmeckte es nicht, das Wasser hatte einen sumpfigen, bitteren Beigeschmack. Nesbitt hatte 1928 schon darüber berichtet, dass einige Brunnen in der Nähe der Salzwüste überaus mineralhaltiges Wasser hatten, sodass sich seine Männer manchmal vor Schmerzen krümmten, wenn die Mineralienverbindungen und – so schreibt er – die Eisenpartikel sich durch Nieren, Blase und Harnleiter zwängten. Wir kamen an die selben Brunnen wie 36 Jahre zuvor die Expedition von Nesbitt, nur dass wir südwärts liefen, entgegen der Nesbitt-Route. Von Nierenkoliken sind wir zum Glück verschont geblieben.
Am nächsten Morgen weckte uns ein kleiner Strauß, der neugierig an unseren Sachen zupfte. Im Osten tauchten aus dem Dunst neue Vulkane aus der Erta-Ale-Kette auf: der Alu mit seinen beiden Kratergipfeln, der Gabuli, der Borele-Ale, der Erta-Ale sowie der schönste und größte von allen mit seinem kegelförmigen Gipfel, der Amaytoli-Ale. Über einigen Bergen sahen wir deutlich Rauch aufsteigen, besonders über dem

Erta-Ale stand eine hohe Rauchfahne. Einige Male wurden wir durch Staubwirbel getäuscht und hielten diese turmhohen Zyklone zunächst für Rauch aus den feuerspeienden Bergen. Nesbitt und seine Begleiter Pastori und Rosina hatten die Erta-Ale-Vulkankette 1928 als erste Europäer entdeckt.

Der Erta-Ale, der sich nur 613 Meter hoch aus der Salzsenke erhebt, ist heute ein Lieblingsberg der Vulkanforscher. In seiner Caldera befindet sich ein permanenter Lavasee, und von diesen glühenden Lavaseen gibt es weltweit nur ganz wenige. Allerdings klettern die Vulkanologen nicht, sondern sie nutzen den Helikopter, um sich am Rand des Vulkankessels absetzen zu lassen.

In Mandelu übergab uns der Balabat, der uns ab Fia begleitet hatte, der Obhut eines neuen Häuptlings. Abrahim erzählte ihm, dass wir am nächsten Tag die Feuerberge besteigen wollten. »Das ist unmöglich«, sagte er. »Keiner hat das bisher getan. Selbst Tullio ist wieder umgekehrt.« Mit allen möglichen Argumenten versuchten die Männer, uns von unserem Vorhaben abzuhalten. Mit Tullio meinte der Alte Nesbitts italienischen Begleiter, Tullio Pastori. Sonderbar, dass der Name auch nach 36 Jahren noch ein Begriff war. Nesbitts Karawane hatte hier in Mandelu ebenfalls Rast gemacht. Pastori und Nesbitt hatten den Gabuli damals allein besteigen wollen, wegen der Hitze und des Wassermangels jedoch aufgeben müssen. Dennoch wollten wir uns von den Beschwörungen der Männer in Mandelu nicht einschüchtern lassen.

»Es ist zu heiß. Ihr verbrennt euch!«, lautete die nächste Warnung.

»Woher wisst ihr, dass es zu heiß ist, wenn es nie jemand ausprobiert hat«, hielten Christian und ich ihnen entgegen. Schließlich konnten wir die Afar zumindest von unserem eisernen Willen überzeugen. Am Abend erklärten sich die Mandelu-Männer bereit, uns Wassersäcke zu geben und von Kamelen bis zum Rand des Lavafelds bringen zu lassen. Doch schon am nächsten Morgen schienen sie ihre Zusagen wieder vergessen zu haben. Die Alten diskutierten, während wir uns an Kamelmilch und Domar laben durften, dem alkoholischen Getränk der muslimischen Afar. Domar wurde aus den Doumpalmen gewonnen, indem die Männer die Äste abhackten und an den Wunden der Bäume ein aus Palmblättern geflochtenes Füllhorn befestigten. In dieses Gefäß floss der Saft, der wie Buttermilch aussah und auch einen ähnlichen süß-säuerlichen Geschmack hatte. Nach einigen Tagen entwickelte dieses Getränk eine so enorme Wirkung, dass es die Afar, die an geistige Getränke nicht gewöhnt sind, mit zwei Teilen Wasser verdünnten.

Um 8 Uhr, die Sonne strahlte schon recht kräftig, brachen wir am nächsten Morgen auf. Unser Plan war es, noch heute einen der Krater zu erreichen. Im dunstigen Gegenlicht stieg an drei Stellen der Vulkankette silbrig-weißer Rauch in die Höhe. Schon nach einer halben Stunde erreichten wir das Lavafeld, die Basis der Feuerberge. Das Kamel, das unsere beiden Wassersäcke aus Ziegenfell hierhergetragen hatte, war auf diesem Terrain nicht mehr zu gebrauchen. Außer Abrahim hatten wir noch einen weiteren Afar-Begleiter. Das Kamel wurde »gehobbelt«, das bedeutet, dem Tier wurden Fußfesseln angelegt, sodass es nicht weglaufen konnte. Mit unserem zweiten Wassersack ließen wir es am Lavarand zurück. Den anderen Wassersack mit gut 15 Litern Wasser mussten wir wohl oder übel selbst schleppen, zusätzlich zu Christians Filmausrüstung mit dem schweren Stativ und meiner eigenen Fotoausrüstung. Wir glaubten, den Krater in zwei bis drei Stunden erreichen zu können. Der Schlot stieß von Zeit zu Zeit ruckartig Rauch aus, wie ein verstopfter Ofen. Ich hatte meine hohen Stiefel angezogen, und schon nach wenigen Minuten zeigte sich, wie notwendig sie in diesem Gelände waren. Dicke, schwarze Lavabrocken türmten sich übereinander. Wir mussten von einem

Stein zum anderen balancieren. Das poröse Gestein brach klirrend wie Porzellan unter unserer Last. Die Lavabrocken gerieten ins Rutschen und fielen teilweise in sich zusammen – wie Kohle in einem Ofen, in dem man mit einem Schürhaken herumstochert. Abrahim und der zweite Afar hatten denkbar ungeeignetes Schuhwerk, sie trugen Sandalen, die aus alten Autoreifen angefertigt waren. Langsam und vorsichtig arbeiteten wir uns vorwärts. Mit dem Tragen des undichten Wassersacks, den wir uns über die Schulter werfen mussten, wechselten wir uns ab. Wassertropfen spritzten uns ins Gesicht, vermischten sich mit dem Schweiß und brannten in den Augen. Nach einem zweistündigen Balanceakt über dieses Trümmerfeld wurden die ersten Stimmen laut, doch besser umzukehren.

»In zwei Stunden haben wir's geschafft«, beschwichtigte ich die Leute. »Solange wir genug Wasser haben, brauchen wir uns keine Sorgen zu machen. Eine Strapaze ist es in jedem Fall, ganz gleich, ob wir nun umkehren oder nicht.«

Die Hitze stieg, das dunkle Gestein heizte sich immer stärker auf. Zum Tragen des Wassersacks standen nur vier Männer zur Verfügung: Ghidey, Abrahim, Christian und ich. Unser Afar-Begleiter begnügte sich mit den leeren Kamerataschen. Der wahre Grund stellte sich später in Mandelu heraus.

»Wassertragen ist Frauensache und Aufgabe der Kamele«, übersetzte Ghidey.

Das Wassertragen wurde von den Männern als Schande betrachtet. Deshalb hatten die vielen Männer, die uns gestern Abend noch helfen wollten, während der Nacht wohl ihre Meinung geändert.

Bis 14 Uhr kletterten wir noch weiter. Dann hatten die meisten von uns die Nase gestrichen voll. In der Tat war unsere Situation ziemlich entmutigend. Über die Hälfte des Wasservorrats hatten wir bereits verbraucht, der Vulkan lag zwar recht nah vor unseren Augen, doch wussten wir, dass er in Wahr-

heit noch ziemlich weit entfernt war. Von unserem Rastplatz aus konnten wir den Rand des Lavafelds sehen. Dort lag unser Kamel mit der Wasserreserve, etwa fünf bis sieben Kilometer entfernt. Zum Krater hätten wir noch mindestens vier Stunden gebraucht, spätestens dort wären unsere Wasservorräte aufgebraucht gewesen. Und der quälendste Durst, das wussten wir, würde noch kommen. Missmutig gaben Christian und ich auf. Nach Nesbitt und Pastori waren auch wir an den Erta-Ale-Vulkanen gescheitert. Auf dem Rückweg dachten Christian und ich krampfhaft darüber nach, wie wir diese lächerlichen Hügel doch noch bezwingen könnten. Dazu müsste man Wasserdepots anlegen. Nach insgesamt neun Stunden in der Lavawüste waren wir wieder in der Sandwüste. Neun Stunden hatten wir uns vergeblich abgemüht. Meine derben Stiefelsohlen hatten sich an dem scharfkantigen Gestein gewaltig abgeschmirgelt. Das Profil wäre nicht mehr durch den Bergstiefel-TÜV gekommen. Wir waren von oben bis unten verschwitzt, verdreckt und verstaubt und außerdem völlig erledigt.
In Mandelu schienen die Leute zunächst glücklich darüber, uns lebend wiederzusehen. Danach ging es Sheikh Abrahim an den Kragen. Er war der erste Afar-Mann, der »jemals« einen Wassersack getragen hatte. Der arme Abrahim, der uns gegenüber so loyal gewesen war, musste nun Hohn und Spott über sich ergehen lassen. Doch war er stark genug, sich das nicht allzu sehr zu Herzen zu nehmen.
Am nächsten Morgen hatten wir endgültig die Träume von der Erstbesteigung der Erta-Ale-Vulkane begraben. Wir zogen weiter. Schon nach einer Stunde Marsch hatten wir Grund zur Freude. In einem *Wadi*, einem ausgetrockneten Fluss, der während der Regenzeit das Wasser in die Wüste führt, gab es einen richtigen kleinen Buschwald aus Akazien, Doumpalmen und Tamarisken.
Zwischen den Bäumen entdeckten wir sechs Gazellen. Sie hat-

ten uns schon bemerkt, doch wir redeten weiter, um sie nicht zu beunruhigen. Christian pirschte sich in einem Bogen auf gut 50 Meter an die Tiere heran. Mit einem wohlgezielten Blattschuss streckte er einen ausgewachsenen Bock nieder. Fürst Mengasha Seyoum hatte Ghidey ein kleinkalibriges Gewehr für die Jagd mitgegeben.
»Klaus, komm schnell und schneide dem Tier die Kehle durch!«, rief Ghidey, der Christ war. Im selben Moment kam einer der Einheimischen herbeigeeilt und erledigte den blutigen Job. Weshalb Ghidey und der Afar es so eilig hatten, wurde mir erst hinterher klar – Ghidey war Christ, die Afar sind Muslime. Und ein wahrer Christ wie Ghidey wollte niemals das Fleisch eines von einem Muslim geschlachteten Tieres essen, was umgekehrt erst recht galt. Dabei ist das Ritual des Schlachtens sehr ähnlich. Das äthiopisch-orthodoxe Christentum enthält noch viele jüdische Elemente. Sie schächten die Tiere wie die Juden und wenden sich dabei in Richtung Jerusalem. Die Muslime schächten in Richtung Mekka, während sie murmeln: »Bismillah, ir-rachman, ir-rachim.« Im Namen Allahs, des Erbarmers, des Barmherzigen. Dabei liegen Mekka und Jerusalem nur wenige Grade in nördlicher Richtung auseinander – Mekka auf 351° Nord und Jerusalem auf 343°. Wegen dieser lächerlichen acht Grad Unterschied darf man doch nicht verhungern! Gott oder Allah wird es zudem völlig egal sein, in welche Richtung wir uns wenden. Schließlich betonen beide Religionen, dass Er der Barmherzige, der alles Verzeihende ist. Er ist nicht für »Peanuts« zuständig, sondern für das große Ganze. Ist das so schwer zu begreifen?
Im Schatten einiger Palmen wurde das Tier blitzschnell ausgenommen und über offenem Feuer zubereitet. Christian und ich waren während der Prozedur eingenickt, und als wir nach einer Stunde wieder aufwachten, war der Braten schon verteilt. Das ganze Dörfchen labte sich an Christians Gazelle. Nur

Ghidey weigerte sich beharrlich, von dem köstlichen Braten zu essen: »Das Fleisch ist unrein. Das Tier ist von einem Moslem geschlachtet worden.«
Wer sich in die Wildnis begibt, der darf im Prinzip nicht sehr wählerisch sein. Unsere Grundration, die Christian und ich aus Mek'ele mitgebracht hatten, bestand aus Haferflocken, Rosinen, Zucker und Kakaopulver. Da war Gazelle schon eine grandiose Abwechslung.
Die Wüste wurde immer grüner. Wahrscheinlich staute die Erta-Ale-Vulkankette das Wasser, das aus dem Hochland heruntersickerte. Kühe, Ziegen und Fettschwanzschafe – mit einem dicken Fettbeutel anstelle eines Schwanzes – grasten auf den angetrockneten Grasflächen. Der Balabat, Häuptling Ali Bella Hus, trug als Zeichen seiner Würde einen grün-weiß gestreiften Schirm. Wir ließen uns für die Nacht im hohen Gras nieder, die Frauen brachten uns zwei Krüge mit Kuh- und Kamelmilch, die sehr sättigend ist. Kamelmilch war wieder etwas, das für einen Christen und somit für Ghidey »ungenießbar« war. Wen wundert's, dass es bei so viel Intoleranz – die ja auf beiden Seiten besteht – immer wieder zu Reibereien kommt. Auch bei den gelegentlichen Auseinandersetzungen zwischen christlichen Hochlandbewohnern und den Afar ging es meistens um ganz banale Streitpunkte, um Wasser- und Weiderechte oder um Steuern.
Konflikte gab es vor allem im Süden, wo der Awash-Fluss in die Danakil-Wüste hinabfließt. Kurz bevor der Fluss das Rote Meer erreichen könnte, ergießt sich das Wasser, das noch nicht verbraucht und verdunstet ist, in den Abbé-See an der Grenze zu Dschibuti. In Flussnähe gab es ausreichend Wasser und Weideland, um das man sich streiten konnte. Konflikte gab es auch beim Bau der Eisenbahnlinie von Dschibuti nach Addis Abeba. Als der Bau der Linie 1894 von Kaiser Menelik II. beschlossen wurde, fanden die Afar immer wieder Gründe,

diesen zu sabotieren. Wahrscheinlich waren auch Hoheitsrechte des Afar-Sultans ignoriert worden. In jedem Fall entwickelte sich zur Zeit des Eisenbahnbaus unter den Afar ein Hobby – sie schmiedeten aus Eisenbahnschienen ihre wuchtigen Krummschwerter, die sie Gilles nennen. Und die setzten sie auch ein. Nicht nur gegenüber Christen, sondern auch gegenüber anderen Afar-Clans. Als Beweis ihrer Tapferkeit und Männlichkeit brachten sie als Trophäe die Genitalien des Gegners mit nach Hause. Hier im Norden an den Erta-Ale-Vulkanen war der Brauch eingeschlafen – wie ein schlummernder Vulkan, der jeden Tag wieder ausbrechen konnte.

In den 60er-Jahren, als ich in Äthiopien lebte, hieß der berühmteste Maler Äthiopiens übrigens Afowork Tekle. Der Künstler war eine imposante Erscheinung, stets in wehende Tücher gehüllt, hatte jedoch eine sehr hohe Stimme. Es hieß, er sei als Kind von den Afar kastriert worden.

Die Befürchtung, dass wir etwas verlieren könnten, hatten Christian und ich bislang nicht. Wie wohl sich Ghidey in seiner Haut fühlte, konnte ich nicht beurteilen. Wir brachen sehr früh auf in Argale Dello, doch schon nach einer Stunde hielt unser Tross an. Wir sollten kurz warten, weil neue Kamele beschafft werden mussten. Nach Stunden kam Abrahim mit dem Dorfältesten und dem Balabat des Nachbarstammes wieder. Sie diskutierten heftig miteinander.

Ghidey musste übersetzen, was Abrahim ihm erzählte: »Sie haben die Kamele noch nicht gefunden.« Die Afar sprachen Afaraf, Abrahim sprach zusätzlich Tigrinja, die Amtssprache der Provinz Tigre. Ghidey übersetzte das Tigrinja für uns ins Englische. Schließlich erfuhren wir, dass der Clan, dessen Land wir durchqueren wollten, keinen Sinn in unserem Abenteuer sah. Wir kamen zwar mit Empfehlung des Fürsten, des Provinzgouverneurs, aber hier in der Wüste galten andere Gesetze. Es bedurfte des ganzen diplomatischen Geschicks von Abrahim, um die Männer von der »Wichtigkeit« unserer Reise zu überzeugen. Abrahim genoss als Richter und aufgrund seiner Abstammung großes Ansehen unter seinen Stammesbrüdern von Dallo bis Gherikibou, der Siedlung, die vor uns lag. Weiter aber reichte sein Einfluss nicht.

Ghidey kam am Nachmittag mit einer neuen Nachricht: »Die Kamele sind noch immer nicht gefunden. Das Suchen kann unter Umständen drei Tage dauern.«

»Das kennen wir schon«, entgegnete ich. »Wenn die Leute dich zum Aufgeben zwingen wollen, sagen sie immer, es dauert noch mehrere Tage. Wenn es sein muss, dann warten wir eben noch drei Tage!«

Die Afar fuhren sofort ein neues, schwereres Geschütz auf. Vor ein paar Tagen, sagten sie, seien zwei Stämme miteinander in Streit geraten. Sechs Männer seien dabei getötet worden. Das war im wahrsten Sinne des Wortes ein Totschlagargument. Alles hing nun von Abrahims Haltung ab: »Bist du bereit, uns bis zum Afdera-See zu begleiten?«, fragten wir ihn. Abrahim war bereit. Die Männer diskutierten nochmals eine Stunde, und dann waren plötzlich zwei Kamele zur Stelle.

Als eine der Frauen die Bastmatte zusammenrollen wollte, auf der Christian geschlafen hatte, entdeckte sie darunter eine Schlange. Vor Schlangen haben alle Afrikaner eine enorme Angst. Sie wurde sofort mit der Gille enthauptet und auf einen angespitzten Stock gespießt.

Gegen Mittag des nächsten Tages zogen wir weiter in Richtung Gherikibou. »Wasser wird jetzt kostbar. Trinkt langsam«, ermahnte uns der Balabat. Am späten Nachmittag erreichten wir Marca, dessen Wasser bereits Nesbitt als ekelhaft und ungenießbar bezeichnet hatte. Für fünf Dollar kauften wir eines der Fettschwanzschafe von den Nomaden. Diesmal schlachtete Ghidey, und die Muslime mussten uns beim Essen zusehen. Christian und ich teilten uns die Kamelmilch, die uns die Frauen brachten. Milch war das Hauptnahrungsmittel der Afar, aber sie hatten genug davon und verschenkten sie großzügig. Die Reste des Schaffleischs legten wir in der Nacht zwischen unsere Lagerstätten.

»Mr. Klaus, Mr. Klaus, wach auf!«, weckte mich Ghidey früh am nächsten Morgen, noch vor Sonnenaufgang. »Unser Fleisch ist gestohlen worden«, jammerte er.

Da die Afar kein »Christenfleisch« anrühren, kam nur der Hund infrage. Es war der einzige Hund, den wir bisher auf der gesamten Danakil-Reise gesehen hatten. Bloß das Fell hatte er uns gelassen.

Nach einstündigem Marsch erreichten wir Gherikibou, wo sämtliche Menschen und Tiere der Umgebung ihren Wasserbedarf deckten. Hunderte von Rindern, Schafen, Ziegen, Eseln und Kamelen scharten sich um die vielen Wasserlöcher. Frauen und junge Burschen entleerten die Ledersäcke, mit denen das Wasser aus den Brunnen gehievt wurde, in die Tränken. Kleine Kinder legten sich über den Lehmrand des runden Wasserbeckens und schlürften gemeinsam mit den Tieren die graubraune Flüssigkeit. Der Balabat dieses Ortes zeigte sich etwas williger, uns zu helfen.

»Wartet bis zum frühen Nachmittag. Dann bekommt ihr Kamele und einen Führer, der euch bis Afdera begleitet«, ließ Abrahim verlauten. Im spärlichen Schatten einiger lichter Mimosensträucher suchten wir Schutz vor der Sonne. Christian und Abrahim machten sich auf den Weg, um ihr Jagdglück zu versuchen. Ghidey und ich blieben bei unserer Ausrüstung. Während wir im Schatten dösten, näherte sich uns vorsichtig eine Danakil-Schönheit. Zaghaft blieb sie 20 Meter von uns entfernt stehen, lachte leise vor sich hin und zog sich wieder zurück. Irgendetwas musste ihre Neugier geweckt haben, ein ganz außergewöhnlicher Charakterzug bei den Afar. Niemals zuvor hatte ein Afar uns so offen seine Neugierde gezeigt. War

es meine Sonnenbrille, die sie so interessierte? Erneut kam sie näher, lächelte und versuchte mit uns zu reden. Beim ersten Ton von unseren Lippen lief sie wieder zurück, lachte und hob achselzuckend die Schultern. Ghidey verstand kein Afaraf, und sie verstand kein Tigrinja, letztere eine semitische Sprache wie das Arabische, während Afaraf zur kuschitischen Sprachfamilie gehört. Vorsichtig näherte sie sich zum dritten Mal, auf zehn Meter, auf acht, dann sieben, sechs Meter fünfzig, sechs Meter, fünf Meter achtzig und noch ein Schritt. Ich stand auf, um das charmante Geschöpf einzufangen – mit der Kamera natürlich. Aufgeschreckt wie eine Gazelle machte sie kehrt und lief wieder davon. Einige ihrer Altersgenossen kamen und ließen sich bei uns nieder. Nun wagte sich auch unsere Freundin heran. Lächelnd, sich an die Schultern ihres Bruders klammernd, betrachtete sie uns, wagte einen Blick durch den Sucher der Kamera, blickte misstrauisch in den Spiegel meines Kompasses. Abrahim und Christian kehrten ohne Beute von ihrem Jagdausflug zurück. Die jungen Männer zeigen nur Interesse für das Gewehr. In Marca hatten wir schon beobachtet, dass die meisten Männer die Gille, das geschwungene Haumesser, vor dem Bauch trugen. Die Bewaffnung und Wildheit der Männer schien nach Süden hin zuzunehmen.
»Sie ist noch zu haben«, sagte Abrahim und blickte lächelnd zu dem Mädchen hinüber, das etwa 15 Jahre alt war, eine junge Frau im heiratsfähigen Alter. In dem Moment, als er dies aussprach, spuckte die Schönheit mit zischendem Laut zwei Meter hinter sich. Alles, was sie trug, war ein knöchellanges Wickeltuch und eine Halskette, auf der sich Glasperlen mit kleinen Lederamuletten abwechselten. Die Haare waren zu dünnen Zöpfen geflochten. Verheiratete Frauen hingegen mussten ihre Haare bedecken. Wir hatten kaum Gelegenheit, ihre Frisuren zu bewundern, stattdessen musste man sich mit dem Betrachten der häufig sehr wohlgeformten Oberkörper begnügen. Die

Afar sind wunderschöne Menschen mit asketischen, scharf geschnittenen Gesichtszügen. Ihre Hautfarbe ist dunkler als der bronzefarbene Teint der Hochlandbewohner; die Ursache ist wahrscheinlich in der unbarmherzigen Sonneneinstrahlung zu suchen. Die Hitze ist es auch, die die Menschen sehr schnell altern lässt. Wenn die Frauen zwei, drei Kinder bekommen haben, dann haben sie bereits so viel Substanz eingebüßt, dass sie alt aussehen.

»100 bis 200 Dollar musst du für das Mädchen bezahlen, außerdem noch einige Schafe und Ziegen für die Eltern«, fuhr Abrahim fort.

Um 13 Uhr hatten wir keine Frau, aber auch noch keine Kamele. Glück für uns, denn die Luft war schwül, kein Windhauch rührte sich. Gegen 17 Uhr brachen wir schließlich auf, und schon nach einer Stunde änderte sich das Wetter schlagartig. Die Schwüle wandelte sich zu einem heftigen Sandsturm, den wir zunächst als angenehm erfrischend empfanden. Der Wind, der von Norden durch die Senke fegte, blies immer stärker. Anstelle von Grasland hatten wir jetzt reine Sandwüste vor uns, die Aidito-Ela-Ebene. Der Sand drang in Nase, Augen und Ohren und vermischte sich mit dem Schweiß zu einer klebrigen Masse. Von der Umgebung war kaum noch etwas zu erkennen. Sobald der Wind für eine Minute nachließ, tauchte mal ein Stern am dunklen Himmel auf, um im nächsten Moment wieder hinter den Sandfahnen zu verschwinden. Der Boden wurde immer dunkler. Der Sand wurde weniger, der Lavauntergrund nahm zu. Glücklicherweise hatte die Lava eine »glatte« Oberfläche, wie rissiger Asphalt. Unsere Führer kannten sich anscheinend blind aus in diesem Gebiet. Obwohl man keine zehn Meter weit sehen konnte, fanden sie einen Weg durch den Sand und die riesigen Lavablöcke. Am späten Abend ließ der Wind etwas nach, die Sterne zeigten sich am Himmel, und wir ließen uns im Schutz eines Steinhaufens für die Nacht nieder.

Schon um 3 Uhr früh wurden wir von unseren beiden Führern geweckt. Vor uns lag eine Durststrecke von 40 Kilometern, und die hatten wir bis zum Mittag zu bewältigen. Zwei Stunden stolperten wir über Lava und Sand vorwärts, dann brach der Tag an und erleichterte das Marschieren. Auf einigen Sandflächen zeigte sich spärliche Vegetation. Gazellen zogen auf der Suche nach wenigen grünen Blättern über die Ebenen. Gegen Mittag glaubte ich, den Afdera-See erkennen zu können, einen Salzsee, der etwa 15 Kilometer von uns entfernt liegen musste. In jedem Fall war der Afdera-Vulkan nicht zu übersehen. Der See lag 110 Meter unter dem Meeresspiegel, der mächtige Vulkankegel stieg am südlichen Ufer jäh 1400 Meter in die Höhe. Am Mittag hatten wir unser Ziel, den Alo-Brunnen, erreicht. Er war eine kleine Oase in der Kalk- und Lavawüste. Es gab Schatten und frisches Wasser. Der sandige Kalkboden war mit Milliarden kleiner spiralförmiger Muscheln übersät, ein Zeugnis für die ehemalige Verbindung der Danakil-Senke mit dem Roten Meer. Nach erfrischender Rast in Alo zogen wir weiter in Richtung des Sees. In einer winzigen Siedlung namens Koma konnten wir den ganzen See überblicken. Es war fast dunkel, als wir dort ankamen. In den letzten 24 Stunden hatten wir rund 60 Kilometer zurückgelegt. Die Einheimischen belohnten uns mit Mengen von Domar, ein Hochgenuss nach dem langen Tag. In der Ferne war ein schwaches Licht zu erkennen, vermutlich die Salzmine des Italieners d'Alessandro. Nach 13 Tagen Wüstenmarsch hatten wir unser erstes Etappenziel erreicht.

Verwalter dieser kleinen Salzmine am südlichen Ende des Salzsees war kein Geringerer als Abdul Kader, von dem bereits in Nesbitts Buch *Hell-hole of Creation* die Rede ist. Er war der loyale Führer und Dolmetscher bei der ersten erfolgreichen Danakil-Durchquerung vor 36 Jahren. Seit gut zehn Jahren gehörte die Mine dem Italiener d'Alessandro. Er hatte sich eine wüste Piste vom Afdera-See nach Sardo gebaut, 190 Kilometer,

die ausschließlich durch Lavageröll führten. Aber von Signore d'Alessandro war nichts zu sehen. Er war vor drei Wochen geflüchtet, weil er Probleme mit dem Häuptling der Region hatte.
»Abdul Kader! Salam aleikum! Was für eine schöne Überraschung, Ihre Bekanntschaft zu machen.«
Abdul Kader, ein kleiner alter Mann, freute sich, dass ich ihn aus Nesbitts Buch kannte. Seit Tagen schon wartete er auf seinen italienischen Chef. Er wartete ebenso auf frischen Proviant für sich und seine Handvoll Salzarbeiter wie auf Zigaretten und Zucker – für den Tee. Sogleich servierte er uns Tschai, allerdings nur mit einem Löffelchen Zucker statt der üblichen drei Löffel.
»Signore d'Alessandro hat Probleme mit Yayo Ali, dem Balabat von Afdera. Er hat immer Probleme mit Yayo Ali«, jammerte Abdul Kader. »Er will immer mehr Geld haben. Aber woher soll das Geld kommen? Das ist doch nur eine kleine Mine.«
Für uns gab es nun zwei Möglichkeiten weiterzukommen: Entweder mit dem Auto des Italieners nach Sardo, denn es existiert in der Danakil-Wüste eine Überlandstraße, die das Hochland mit Assab, dem Hafen am Roten Meer, verbindet, oder aber Häuptling Yayo Ali stellte uns für die letzte Etappe Kamele und Führer zur Verfügung.
Yayo Ali war etwa 35 Jahre alt und eine filmreife Persönlichkeit – schade, dass seine Bühne nur die Salzsenke der Danakil war. Über der breiten, blanken Brust trug er ein Sakko, das durch Staub, Schweiß und Hitze schon ziemlich ramponiert aussah. Während die jüngeren Krieger die Haare zu feinen Locken aufdrehten, standen die des Häuptlings in alle Richtungen vom Kopf ab. Als Zeichen seiner Würde trug er eine Sonnenbrille – der coolste Typ in der heißesten Wüste der Erde.
Seine Mimik glich manchmal den Gebärden eines Halbstarken, dann schlug er plötzlich die verbindlichen Töne eines Diplomaten an, um im nächsten Moment mit großer Geste die ganze Bedeutsamkeit seiner Person hervorzukehren – weshalb muss

ich beim Schreiben nur immer wieder an Guido Westerwelle denken?

»Warum seid ihr zuerst in das Camp des Italieners gegangen? Warum seid ihr nicht zu mir gekommen?«, fragte er.

»Das Camp lag am Weg. Wir mussten Abdul Kader ja erst mal fragen, wo wir dich finden können«, redeten wir uns heraus.

»Wenn euch Signore d'Alessandro versprochen hat, euch nach Sardo zu bringen, dann wartet nur«, entgegnete er süffisant. »Fühlt euch wie zu Hause. Esst von seinen Vorräten. Ihr seid seine Gäste. Wenn ihr vom Gouverneur kommt, warum habt ihr dann kein offizielles Schreiben mitgebracht?«

»Ich komme im Auftrag des Gouverneurs, Fürst Mengasha Seyoum. Ich habe den Auftrag, die Europäer sicher durch die Wüste zu begleiten«, erklärte Abrahim, der vom Auftreten seines Stammesbruders sichtlich beeindruckt war.

»Hier in Afdera habe *ich* das Sagen. Anscheinend kennt Mengasha Seyoum mich nicht, den Balabat von Afdera. Wofür zahle ich eigentlich so viele Steuern?« Yayo Ali, Sprössling einer alten Balabat-Familie, fühlte sich offenbar in seiner Ehre gekränkt. Doch sein Verhalten konnte sich von einem auf den anderen Moment ändern. Hatte er eben noch lamentiert und mit den Armen gefuchtelt, so zeigte er sich wenig später von seiner versöhnlichen Seite und schenkte uns als Zeichen der Gastfreundschaft einen Ziegenbock, eine willkommene Abwechslung auf unserem Speisezettel.

Zehn Jahre lang hatte Signore d'Alessandro geschuftet, um hier Salz abbauen zu können. Er hatte 190 Kilometer Piste gebaut und neun Verdunstungsbecken angelegt, ein jedes 30 mal 30 Meter groß. Mit Dieselpumpen wurde das Seewasser mit 18 Prozent Salzgehalt in die Becken geleitet. Wehte ein heißer Chamsin von Süden, so dauerte es 15 Tage, bis das Wasser in den Becken verdunstet war. Ansonsten konnte dies bis zu 30 Tage dauern. Übrig blieb pures weißes Salz. In diesem Jahr hatte man erstmals mit der Salzernte begonnen, d'Alessandro wartete nur noch auf die Genehmigung zum Abtransport des Salzes. Sei das Unternehmen erfolgreich, sollten weitere Verdunstungsbecken gebaut werden. Aber nicht nur der Italiener wollte von dem See profitieren.

»Auch ich möchte einen Gewinn haben von dem Land meiner Väter und Urgroßväter. Das Wasser und auch das Trinkwasser gehören meinem Volk«, erklärte uns Yayo Ali gestenreich. Wie viel er haben wollte, erzählte er uns nicht, aber offensichtlich war es d'Alessandro zu viel, schließlich hatte er zehn Jahre lang nur investiert.

Wir warteten auf Kamele und auf d'Alessandro. Um den See herum gab es unzählige heiße Quellen. Teilweise betrug die Temperatur 50 bis 70° Celsius. Doch einige Quellen waren erträglich, und so aalten wir uns im heißen Wasser. Stiegen wir dann aus den Pools, empfanden wir die 45° Lufttemperatur als richtig angenehm. Zehn Tage lang konnten und mussten wir den »Kurort Afdera« mit seinen Quellen genießen.

Am Nachmittag des 24. März vernahm ich ein fremdes Geräusch, das rasch lauter wurde. Nach wenigen Minuten bog an der Flanke des Afdera-Vulkans ein Jeep um die Kurve und rollte den holprigen Abhang zum Camp hinunter. Der Fahrer war Italiener. Er konnte es gar nicht fassen, hier Europäer zu treffen. Es war Tonino d'Alessandro. Nach zehn Tagen Linsensuppe gab es an diesem Abend endlich mal wieder frisches Gemüse – und zum Nachtisch frische, reife Papayas. Auch Yayo Ali kam an diesem Abend noch vorbei. Doch nicht, um wie üblich Krach zu schlagen, sondern um sich Medizin abzuholen.

Am nächsten Morgen verließen wir Afdera. Unser zuverlässiger Führer Abrahim kehrte zu Fuß nach Berhale im Norden der Danakil-Wüste zurück. Ghidey fuhr mit uns im Jeep nach Sardo, insgesamt acht Personen plus Fracht stapelten sich in dem Fahrzeug. Vor uns lag die nach Opfern dürstende Sodonta-

Ebene. Mehrere Arbeiter aus der Salzmine sind hier schon verdurstet. Tonino bekreuzigte sich, wenn wir die schlichten Grabhügel aus Steinen passierten. Zwischen den Steinen stand graues verdorrtes Gras, das sich nicht so recht zwischen Leben und Tod entscheiden konnte. Nach 40 Kilometern erreichten wir die erste Wasserstelle südlich von Afdera. Verborgen in der tiefen Schlucht eines Basaltberges kannte Tonino ein natürliches Wasserbecken, das acht Monate nach dem letzten Regen immer noch zur Hälfte mit klarem Wasser gefüllt war. Um das Wasserloch zu erreichen, mussten wir einige Meter am Felsen emporklettern und durch einen engen Torbogen treten. Möglicherweise haben die Afar den Bogen aus dem Fels gehauen, um sich einen bequemeren Zugang zu dem Bassin zu verschaffen. Wir hatten eben unsere Wasserbehälter gefüllt, da kam ein junger, spindeldürrer Afar herbeigeeilt. Er hatte einen feindseligen Gesichtsausdruck und fluchte fürchterlich, nachdem er unseren Wagen oben an der Straße gesehen hatte.

»Gebt mir mein Wasser zurück, das ist mein Eigentum!«, schimpfte er. Tonino konnte den Mann mit ein wenig Geld beruhigen. Wenig später überquerten wir den ausgetrockneten Tio-Fluss.

»Hier wurde Bianchis Expedition vor 80 Jahren Opfer der wilden Afar«, wusste Tonino zu berichten. »Auch damals ging es um die Verteidigung ihrer Lebensgrundlagen. Ein Wasserloch hat früher gereicht, um einen Krieg zwischen zwei Clans ausbrechen zu lassen.

In 15 Tagen beginnen wir mit dem Abtransport des Salzes«, fuhr Tonino fort. »Fürst Mengasha Seyoum hat uns zugesagt, einige bewaffnete Polizisten nach Afdera zu entsenden.« Die Polizisten sollten auch sicherstellen, dass jeder Sack Salz registriert und versteuert wurde.

»Vor einiger Zeit hatten wir 500 Säcke Salz gepackt«, erzählt Tonino mit Zorn in der Stimme. »Aus der ganzen Umgebung kamen die Afar mit Kamelen herbeigeeilt, beluden die Tiere und verkauften das Salz im Hochland. Den Rest, den sie nicht mitbekamen, kippten sie wieder in den See. Ohne Pistole unter dem Kopfkissen würde ich in diesem Land kein Auge zukriegen. Etliche Male ist Yayo Ali schon mit seinen schwer bewaffneten Männern angerückt und hat meine Leute gezwungen, ihre Arbeit niederzulegen. Er will mir nur zeigen, wer hier der Herr im Hause ist.«

Während Toninos Abwesenheit war schon mehrmals sein Eigentum zerstört und sein Haus verwüstet worden. »Einmal war ich nahe daran, zehn Leute aus sicherer Entfernung zu erschießen«, räumte Tonino freimütig ein. »Es ist schon ein verdammtes Land. Zehn Jahre in der Hölle. Zehn Jahre mit diesen Menschen.« Zehn Jahre, in denen seine Gesundheit und seine Nerven sehr gelitten hatten.

»Einmal wurde ich von einem Balabat zum Essen eingeladen, konnte die Einladung aus Zeitgründen aber nicht annehmen. Als ich am nächsten Tag den Ort des Häuptlings passierte, verstellten mir zehn Afar mit dem Balabat an der Spitze den Weg. Man gab mir zu verstehen, dass dies ihr Land sei und ich hier nicht durchfahren könne.«

Doch Tonino holte nur seelenruhig seine Kamera hervor und machte eine Aufnahme von den grimmigen Männern, worauf der Balabat sein geschwungenes Messer zückte und zum Schlag ausholte. Tonino machte Foto Nummer zwei. Der Balabat war so verdutzt, dass er aufgab: »Warum läufst du nicht weg? Du musst den Teufel in dir haben. Schlag ich dich in zwei Stücke, so bleibst du immer noch am Leben.«

Tonino hatte nicht den Teufel in sich, sondern seine Pistole unter dem Hemd. Darauf hatte er eiskalt vertraut.

Doch so beinhart, wie es hier klingt, war Tonino d'Alessandro nicht. Einige Monate später hörte ich, er habe einen schweren Zusammenbruch erlitten.

Nach 24 Tagen waren wir wieder zurück in der Zivilisation. Sardo war ein an der Straße gelegenes Schmugglernest zwischen Dschibuti am Roten Meer und dem äthiopischen Hochland. Der Freihafen Dschibuti war zollfreie Zone. Klar, dass es für Radios und Zigaretten zahllose Wüstenrouten gab, um nach Äthiopien zu gelangen. Sämtliche Fahrzeuge wurden auf der Asphaltstraße von der Zollfahndung angehalten. In Sardo gab es nicht einmal Wasser, das kostbare Nass musste vom 50 Kilometer entfernten Awash-Fluss mit Tanklastwagen herangekarrt werden. Es gab ein paar Kramläden und Cafés sowie einige Männer, die scheinbar wegen des trockenen Wetters in Sardo lebten, und es gab Zollbeamte, die zu den Strippenziehern des Schmuggels ein prächtiges Verhältnis hatten. Ghidey, unser Dolmetscher, fuhr von Sardo mit dem Bus nach Dese im Hochland und dann zurück nach Mek'ele.

Sardo gehört zum Sultanat Aussa, dem mächtigsten Sultanat des gesamten Danakil-Dreiecks. Munzingers Expedition wurde hier vernichtet. Aussa ist eine Art Paradies in der Wüste. Durchflossen wird es vom Awash, einem Fluss, der im Hochland entspringt und sich wie ein grünes Band durch die Wüste zieht. Der Awash, der ganzjährig Wasser führt, erlaubt es den Afar, mehr Tiere zu züchten, und mehr Tiere bedeutet mehr Nahrung, mehr Handel, mehr Macht.

Hauptstadt des Sultanats Aussa ist Assaita, ein Städtchen, das 40 Kilometer von der Grenze zu Dschibuti und ebenso weit vom Abbé-See entfernt liegt. Der Bus von Sardo nach Assaita sollte um 15 Uhr abfahren, aber da nicht alle Plätze besetzt waren, wartete der Fahrer anderthalb Stunden, bis der Bus voll war. Die verlorene Zeit holte er locker auf, indem er seinen Bus wie ein Besessener durch den puderweichen Sand jagte. In Assaita fanden Christian und ich – in Ermangelung eines Hotels – Unterkunft in einem Bordell. Wir durften auf dem Flachdach des Hauses schlafen. Und das auch noch kostenlos.

Nach ausgiebigem Schlaf suchten wir ein Restaurant und entschieden uns für eine arabische Kneipe. Auf dem Zementboden hockten Gestalten, die ein wenig benommen auf grünen Qat-Blättern kauten. Qat war und ist das bevorzugte Rauschmittel am Horn von Afrika. Auf der anderen Seite des Bab el Mandab – dem Tor der Tränen, wie die Meerenge am südlichen Ende des Roten Meeres genannt wird – ist diese Droge noch begehrter. Nachmittags im Jemen lässt der Qat-Konsum jeden möglicherweise vorhandenen Arbeitseifer erlahmen. Alkohol ist streng verboten im Jemen, aber an der Droge Qat nimmt niemand Anstoß.

Hellgrüner Speichel rann den Männern aus den Mundwinkeln. Ziegen und Schafe labten sich an den Qat-Resten und den Zweigen. Ein alter Ziegenbock stieg auf eine Sitzbank und fuhr mit der Zunge über die leeren Essteller. Als der Wirt unsere lächelnden Mienen bemerkte, jagte er den Bock schleunigst in die Flucht. Mindestens 20 Katzen suchten in allen Winkeln der halb dunklen Kneipe nach Speiseresten, die von den Ziegen liegen gelassen worden waren.

Asaita war für uns eine große Bühne, auf der wir wunderbar die unterschiedlichsten Menschentypen studieren konnten. Die Aussa-Afar sahen bedeutend wilder aus als ihre Stammesbrüder im Norden. Auch sie hatten die Haare zu langen, dünnen Locken gedreht, den Nacken bis in Augenhöhe ausrasiert. Diese Frisuren, die ein wenig an die Haarschnitte der 20er-Jahre erinnerten, sowie ihre glatten Gesichtszüge gaben ihnen ein fast amazonenhaftes Aussehen. Doch ihre obligatorische Bewaffnung ließ keinen Zweifel aufkommen, dass es sich bei allen um echte Kerle handelte. Jeder junge Afar war hier schwer bewaffnet, mit Gewehren, Patronengürteln und der Gille. Viele Männer, aber auch Mädchen hatten sich die oberen Schneidezähne spitz zugefeilt. Ob das ebenfalls eine Form von Bewaffnung war, konnte ich nicht herausfinden.

Die Kinder trieben das Vieh zum Tränken an den Fluss, Frauen wuschen die Wäsche und schöpften an derselben Stelle Trinkwasser. Frauen, Mädchen und Kinder hängten sich an die Schwänze der Kamele, wenn sie den Awash überqueren wollten. Selbst kleine Kinder hatten keinerlei Scheu vor dem Wasser. Eigentlich wimmelte es im Awash von Krokodilen und Flusspferden. Aber in Assaita schienen die Reptile Respekt vor den Menschen zu haben.

War das Sultanat Aussa noch vor 30 Jahren von Fremden gefürchtet, so ist seine Hauptstadt Assaita heute ein Schmelztiegel. Araber, Somalis, Oromo und selbst christliche Amharen verdienen dort ihren Lebensunterhalt. Einer von ihnen war Teklu Desta, der Direktor der Schule, die vor zehn Jahren erbaut worden war.

»Während der ersten Zeit kamen die Schüler mit langen Messern, Gewehren und Pistolen in die Schule, und der Unterricht war eine recht mulmige Angelegenheit«, erzählte er. »Später konnte ich die Schüler davon überzeugen, dass sie die Waffen während des Unterrichts nicht brauchten.« Teklu nahm Messer und Feuerwaffen in Gewahrsam, und schließlich kamen die Jungen waffenlos zur Schule.

150 Schüler besuchten die Schule. Etwa 50 von ihnen wohnten ständig in der Schule, während die Eltern mit ihrem Vieh die Danakil-Wüste durchstreiften.

»Manchmal«, fährt Teklu schmunzelnd fort, »kommen einzelne Jungen wochenlang nicht zum Unterricht. Mit unschuldigen Gesichtern kehren sie schließlich zurück und erklären: ›Ich konnte es einfach nicht mehr aushalten, ohne Kamelmilch zu leben.‹«

1964, als wir die Wüste durchquerten, wussten wir noch nicht, dass in der Danakil die ältesten fossilen Knochen des Vormenschen ruhten.

Am letzten Novembertag 1974 stieß der amerikanische Paläoanthropologe Donald Johanson in der Nähe des Awash auf das Skelett eines menschenähnlichen Wesens. Im Radio des Forscherteams lief währenddessen der Beatlessong »Lucy in the Sky with Diamonds«. Johanson taufte die Dame, die er ausgegraben hatte, auf den Namen Lucy – die unsterbliche Frau aus der Danakil-Wüste.

1964 bewunderten Christian und ich die anmutigen Afar-Frauen, hörten aber nicht ein Sterbenswörtchen über die schreckliche Sitte der weiblichen Genitalverstümmelung. Am Horn von Afrika, also in der Danakil-Wüste, in Dschibuti und Somalia wurde die schlimmste Form der Verstümmelung, die sogenannte »pharaonische Beschneidung« praktiziert.

Im Jahr 2002 war es Sultan Ali Mirah Hanfare, der es Rüdiger und Annette Nehberg erlaubte, in Assaita die erste Konferenz der von ihnen gegründeten Menschenrechtsorganisation »Target« abzuhalten. Target hat es sich zum Ziel gesetzt, die furchtbare Tradition der Beschneidung weiblicher Genitalien als unvereinbar mit der Ethik des Islams und zur »Sünde« erklären zu lassen – was die Teilnehmer der Konferenz schließlich auch taten!

Assaita hat den Sprung in die Neuzeit geschafft. Heute wird in den Awash-Niederungen Baumwolle und Gemüse angebaut.

In Berhale, Assaita und vielen anderen Orten gehen die Kinder zur Schule. Paläoanthropologen graben weiterhin erfolgreich nach unseren Vorfahren.

Und mit ein bisschen Wehmut lese ich noch einmal in Nesbitts *Hell-Hole of Creation* über die Begegnung mit dem Sultan von Aussa. Nesbitts Leute lebten zwischen Todesangst und Neugier. Wie würden sie empfangen werden? Würden sie massakriert werden wie Munzingers Expedition? Nach Tagen des bangen Wartens kam ein Bote des Sultans und überbrachte die Kunde, dass der Sultan die Europäer zu empfangen wünschte. Als Vorboten des Sultans kamen 100 Reiter her-

angeprescht, schrille Schreie ausstoßend und Gewehrsalven in die Luft feuernd. Die Reiter machten kehrt, preschten davon und kamen wieder in vollem Galopp angedonnert. Die Pferde stoppten jäh, stiegen auf die Hinterbeine und verschwanden in einer mächtigen Staubwolke. An drei Seiten des Empfangsplatzes hatten sich die Krieger des Sultans aufgereiht. Eine schiere Demonstration der Macht. Ein Hofbeamter versicherte, dass sich die Gäste als persönliche Freunde des Hanfare, des Sultans Muhammad Yaio, betrachten könnten.
Was dann geschah, beschreibt Nesbitt mit folgenden Worten:
Wir versicherten ihnen, dass Seine Hoheit größer sei als die Sonne und der Awash zusammen, und fügten hinzu, dass die Brandzeichen – ein Stern –, die wir auf seinen Kamelen gesehen hatten, wohl bedeuteten, dass er der Herr der Sterne sei. Und wir seien ganz sicher, dass die Minister alle Monde waren. Diese astronomischen Komplimente wurden mit großem Wohlwollen aufgenommen. Die Höflinge begannen daraufhin, eine Reihe von Fragen zu stellen: »Ist es wahr, dass es in eurem Land überall Eisenbahnen gibt und dass eiserne Vögel mit Menschen darin durch die Luft fliegen? Ist es wahr, dass sich in eurem Land manchmal Wasser zu Stein verwandelt und Menschen durch die Kälte sterben?«
Der Sultan erkundigte sich, ob wir wirklich planten, das Biru-Sultanat zu durchqueren und danach das Land des Feuers zu erreichen, womit er die aktiven Vulkane in der nördlichen Danakil-Wüste meinte. Er sagte, er könne uns versprechen, dass uns in seinem Herrschaftsbereich nichts passieren werde. Aber sobald wir das Biru-Sultanat betreten würden, müssten wir es auf eigene Gefahr tun. Und er fügte hinzu, dass wir unsere Köpfe offenbar mehr gebraucht hätten als unsere Gewehre, da wir so weit gekommen seien.
(aus *Hell-Hole of Creation. The Exploration of Abyssinian Danakil* von L.M. Nesbitt, aus dem Englischen von Klaus Denart)

Ein Sarg treibt auf dem Blauen Nil

»Günteeerr, ich hab's!« Krachend schlug ich mir auf die Schenkel und konnte mich vor Freude kaum wieder beruhigen. Günter guckte mich verständnislos an. »Was ist denn in dich gefahren? Spinnst du?«

»Halt dich fest, Günter! Wir fahren mit einem Sarg den Blauen Nil runter.«

»Mit einem Sarg? Kerle, Kerle« – der übliche Ausruf des Hessen Günter –, »ich glaub, du bist doch verrückt geworden.«

»Wieso verrückt? Guck doch mal da drüben. Da in der Tischlerei. Siehst du die Särge? Das ist doch die einfachste Form, ein Boot zu bauen.«

In der kleinen Seitenstraße an der Churchill Road reihten sich die Sargtischlereien aneinander. In eine der Werkstätten gingen wir hinein.

»Wie viel kostet der?«, wollte ich wissen. Meine Hand lag auf der Kante eines halb fertigen Sarges.

»200 Birr,« antwortete der Schreiner kurz und fuhr dann fort, goldene Ornamente auf die Seitenwände zu pinseln.

»Das ist ja 'ne Menge Geld«, wandte ich mich an Günter, der etwas ungläubig abseits stand. »Sterben ist auch in Addis kein billiges Vergnügen.«

»Und wie viel würde er ohne Goldrand und dies hier kosten?«, fragte ich weiter. Bei »dies hier« zeigte ich auf die kitschigen Verzierungen.

»150 Birr.«

»Hm … aber die Zinkeinlage brauchen wir nicht. Und auf den Deckel können wir auch verzichten. Mensch, Günter! Das wäre doch ein Ding – im Sarg den Blauen Nil runterzufahren.«

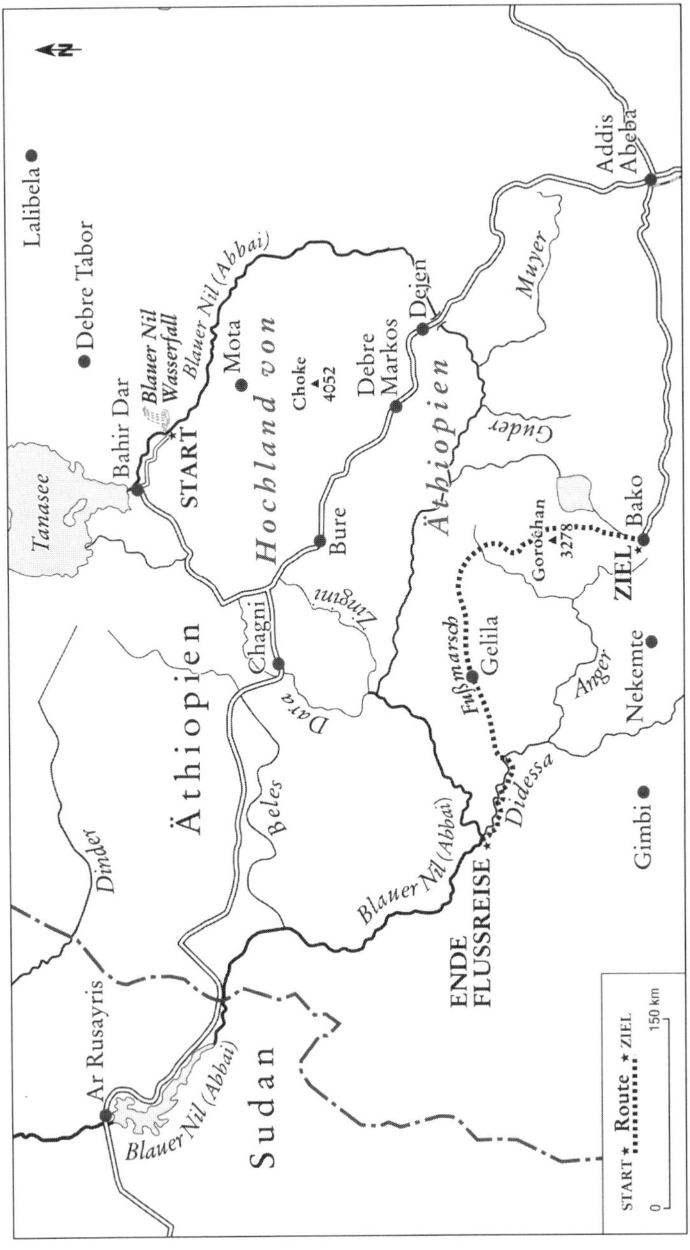
N
Lalibela
Debre Tabor
Tanasee
Bahir Dar
START
Blauer Nil Wasserfall
Blauer Nil (Abbai)
Mota
Hochland von Äthiopien
Choke 4052
Debre Markos
Dejen
Muyer
Addis Abeba
Guder
Bure
Bako
ZIEL
3278
Chagni
Äthiopien
Gelila
Fußmarsch
Anger
Nekemte
Didessa
Gimbi
Beles
Dinder
Blauer Nil (Abbai)
ENDE FLUSSREISE
Ar Rusayris
Sudan
Blauer Nil (Abbai)
START Route ZIEL
0
150 km

Ich jauchzte vor Vergnügen, während die Tischlergesellen mich wahrscheinlich für meschugge hielten, war doch ein Sargladen normalerweise kein Ort unbeschwerter Fröhlichkeit. Wir stöberten noch eine Weile zwischen den halb fertigen Särgen, Brettern und Hobelspänen herum, maßen Länge und Breite der Holzkästen, stellten den Handwerkern hin und wieder einige Fragen und machten wahrhaftig keinen sehr betrübten Eindruck.

Der Meister, der klein von Gestalt war und einen hellbraunen Teint besaß, sah erstaunt von seiner Arbeit auf und legte Hammer und Stecheisen beiseite. Er verstand zwar nichts von der Sprache der beiden Fremden, unser Gehabe hatte jedoch seine Neugierde geweckt. Wie, um Himmels willen, konnte ein Sarg so viel Vergnügen bereiten? Waren die beiden Fremden möglicherweise so frohgemut, weil eine dicke Erbschaft bevorstand? Wir ließen den Meister im Ungewissen, bedankten uns für die Auskünfte und traten hinaus in die Dezembersonne.

»Sag mal, eigentlich könnten wir uns doch selbst solch einen Sarg zusammenzimmern«, sagte ich. »Was hältst du davon, Günter?«

»Könnten wir schon«, gab er mäßig begeistert zurück.

»Das ist doch das ideale Wasserfahrzeug!«, fuhr ich fort. »Wir bauen uns einen Sarg in Übergröße, so einen Riesenbacktrog. Der könnte vier Meter lang und breiter als ein normaler Sarg werden.«

Allmählich gelang es mir, Günter mit meiner Euphorie anzustecken. Während wir auf der Suche nach einer Holzhandlung durch Straßen und Gässchen schlenderten, ließen wir unserer Fantasie freien Lauf.

»Wie taufen wir den Kahn eigentlich?« Eine wahnsinnig wichtige Frage, bevor wir überhaupt den ersten Hammerschlag getätigt hatten. Im Geiste malte ich einen Namen nach dem anderen an die Bordwand: *Sarg* – nein, das klang zu schlicht.

Paradieskutsche – zu kitschig. *Krokodilschreck* – das war's! Unser Sarg sollte natürlich auch die Krokodile abschrecken, die am Blauen Nil ein beschauliches Leben führten. Die tiefe Schlucht des Stroms war so unzugänglich, dass die Reptilien von professionellen Krokodiljägern unbehelligt blieben.

So, nachdem der Name feststand, brauchten wir nur noch die Bretter zusammenzunageln. Wir landeten wieder in der Sargstraße und durften in einer der Tischlereien Sägen und Werkzeug benutzen. Eine Woche dauerte die Zimmerei, ohne dass die Schaulustigen mit dem Gebilde etwas anzufangen wussten. Sollte das ein Sarg sein? Aber welcher Europäer baut sich schon seinen eigenen Sarg? Vielleicht ein Backtrog oder eine Badewanne? Günter und ich hatten unseren Spaß an den ratlosen Gesichtern der Neugierigen. Niemand wollte uns glauben, dass dies ein Boot werden sollte.

Boote gab es nicht in Addis, und mit einem herkömmlichen Boot hatte unser Gefährt so viel gemeinsam wie eine Tanne mit einem Regenschirm. Der Kahn bestand aus einem 50 Zentimeter breiten massiven Bodenbrett und zwei Seitenbrettern von einem halben Meter Höhe. Zwischen Boden und Seitenbrettern versiegelten wir die Stoßkanten mit Streifen flacher Gummidichtung und verschraubten die Bretter miteinander. Alle zehn Zentimeter drehten wir eine Schraube hinein. Um den Rumpf verwindungssteif zu bekommen, bauten wir Spanten ein. Bug und Heck wurden ebenfalls mit massiven Brettern abgedichtet. Der Bootsrumpf wurde abschließend mit grüner Farbe gestrichen. Nilgrün – so hieß die Farbbezeichnung auf der Dose. An den beiden Bugkanten brüsteten sich zwei halbe Autoreifen, die dem Boot einen Hauch Weiblichkeit verliehen – wie die wohlgerundeten Schönheiten am Klüver alter Segelschiffe. Für uns hatten die Rundungen den schlichten Sinn, als Stoßdämpfer zu dienen und den Aufprall auf Felsen im Fluss abzufedern.

Der Kahn war von Anfang an »pottdicht«, allerdings fehlten uns noch Auftriebskörper. Am Tana-See, am Oberlauf des Blauen Nils, wollten wir uns Papyrus besorgen. Aus den kräftigen Binsenstängeln des Papyrus schufen die alten Ägypter nicht nur Papier(us), sondern sie bauten daraus auch superleichte Boote mit großem Auftrieb. Die meterlangen Halme dieses Sumpfgrases haben einen dreieckigen Querschnitt, die Zellen bilden große Luftkammern, die für die außergewöhnliche Auftriebskraft verantwortlich sind. Backbords und steuerbords wollten wir dicke Papyrusbündel befestigen, die unseren »Krokodilschreck« unsinkbar machen würden.

Gut zwei Monate vor dem Bootsbau hatte ich Günter Kriegk kennengelernt. Er war mir schon seit einigen Tagen aufgefallen, wenn er – sportlich, stämmig, kurzsichtig – mit federnden Schritten durch die Straßen in Addis lief. Ein Brillenträger, so wie ich. Günter sah nach einem Traveler aus, also sprach ich ihn an. Traveler sprechen sich immer an – aus Neugier, was die anderen so für Abenteuer erleben, und um nützliche Informationen zu erhalten.

»Hallo! Was führt dich denn nach Addis?«

»Ich will mit ’nem Faltboot den Blauen Nil runter«, antwortete er, als sei es das Selbstverständlichste der Welt. Günter kam aus Friedberg in Hessen. Im Gepäck hatte er eines der legendären Klepper-Faltboote. Auf den Flüssen des Balkans war er tatsächlich gepaddelt und ab Griechenland mit einem Frachtschiff nach Äthiopien gefahren. Sein Idol war Herbert Rittlinger, jener legendäre Kajakabenteurer, der unter anderem den Amazonas von den Höhen der Anden bis zur Mündung am Atlantik befahren hatte.

»Faltboot-Papst« Rittlinger hatte auch den Blauen Nil befahren wollen, doch nach zwei Tagen auf dem Fluss waren beide Zweierboote von Krokodilen zerfetzt worden.

»Und du willst mit einem Faltboot den Blauen Nil befahren?

Glaubst du nicht, dass es dir genauso ergehen wird wie Rittlinger?«, fragte ich Günter, da auch ich Rittlingers Buch gelesen hatte.
Günter wollte immer noch.
»Ich würde ja mitkommen. Aber nicht mit einem Faltboot.«
Innerlich war ich längst zu einem Bootsabenteuer bereit. Ich hatte zwar nicht die geringste Erfahrung mit Kanus oder Wildwasser, doch schon als Kind in Kiel hatte ich oft wehmütig den Paddelbooten nachgeschaut, die auf der Schwentine scheinbar mühelos an mir vorbeiglitten, während ich aus eigener Kraft schwimmen musste. Aber es liegt ja in der Natur des Menschen, dass er seinen Geist dafür einsetzt, um seinen ewigen Traum von Höher-schneller-weiter zu verwirklichen, um sich Vorteile gegenüber seinen Nebenbuhlern, Konkurrenten zu verschaffen, um sich das Leben leichter zu machen und letztlich jeden Spaß, den er kennengelernt hat, noch zu überbieten. Paddeln war solch ein Spaß, es war eine solche Leichtigkeit der Fortbewegung, dass ich ins Träumen verfiel. Jede Insel, jede Bucht war mit einem Kajak spielerisch zu erreichen. Ich bin in Kiel aufgewachsen. Die ganze Stadt war für uns Jungen ein einziger Abenteuerspielplatz. Wir kletterten – was verboten war – in der völlig brüchigen Schlossruine herum, bis in den im Zweiten Weltkrieg zerbombten Turm hinauf. Wir Kinder erzählten uns, dass es unter den Kriegstrümmern einen unterirdischen Gang gäbe, der zur Nikolai-Kirche führte und in dem Totenschädel und Gebeine herumlägen. Gefunden haben wir den Gang nie, aber der Gedanke, diesen Gang zu finden und plötzlich auf Totenköpfe zu stoßen, verschaffte uns ein herrlich gruseliges Gefühl. Schauergeschichten gehören bekanntlich zum Grundbedürfnis der Menschen. Mythen, Märchen …
Der ehemalige Treppenaufgang zum Turm war durch eine zwei Meter hohe Mauer gesichert. Wir waren so aufgeregt, erstens wegen des verbotenen Abenteuers an sich, aber auch

aus Angst, dass uns irgendein Wächter den Spaß verderben und uns auf der nahen Polizeiwache am Alten Markt abliefern könnte. Vollgepumpt mit Adrenalin war die Sperrmauer ein Kinderspiel. Wir kletterten den zerbombten Schlossturm hinauf, hinter uns rollten die Trümmer wie auf einem Steilhang abwärts. Von der Spitze der Turmruine hatten wir einen Blick über den Kieler Hafen, den außer uns kaum jemand je genossen hatte. Der Hafen war unser! Unser Lieblingsspielplatz. Ohne Haken, nur mit Würmern, die wir an einer Schnur befestigt hatten, angelten wir Taschenkrebse, die wir zu Hause in heißes Wasser schmissen, kurz brühten und dann genüsslich auslutschten. Irgendwann wollten wir unseren Traum von einem Boot, den wir alle träumten, verwirklichen. Wir kauften für 150 Mark ein völlig marodes Ruderboot. Manni, Wolfgang und ich waren von da an begeisterte Bootsbauer und tagelang damit beschäftigt, am Strand an der Reventlow-Brücke den lecken Rumpf mit Pech und Hanfwolle abzudichten. Was uns auch einigermaßen gut gelang. Beim Stapellauf sickerte zwar noch ein wenig Wasser durch die Wände, aber im Wasser würde sich das Holz so stark ausdehnen, dass wir mit unserem Boot auf »große Fahrt« gehen konnten. Stolz vertäuten wir den Kahn an den Brückenpfeilern und fuhren mit unseren Fahrrädern nach Hause nach Kiel-Hassee.

Am nächsten Tag gleich nach der Schule – es gab für uns Wichtigeres als Schularbeiten – rasten wir wieder zum Hafen. Das blanke Entsetzen fuhr uns in die Glieder, als wir unser Boot sahen. Es hing buchstäblich in den Seilen. Wir hatten es zu kurz angebunden und nicht bedacht, dass es auch an der Ostsee Ebbe und Flut gab, zwar nicht so stark wie an der Nordsee, aber an diesem traurigen Tag war das ablaufende Wasser wohl weit unter Normal gefallen. Diese Extrembelastung hatten die mehr oder weniger morschen Bootsbretter nicht mitgemacht. Unser Boot war nur noch ein Häufchen Elend, in sich leicht zusammengeknickt, aber schwer genug, dass wir den Schaden nicht mehr reparieren konnten. Es blieb alles beim Alten: Wollten wir das Wasser genießen, dann mussten wir weiterhin schwimmen.

In Äthiopien eröffnete sich mir jetzt nach so vielen Jahren erstmals wieder die Chance, meinen Kindheitstraum von einem eigenen Boot zu realisieren. Und darüber hinaus sollte es ein echtes Abenteuer werden. Tagelang dachten Günter und ich über eine Alternative zu einem Faltboot nach. Wildwassertaugliche Schlauchboote gab es allenfalls beim Militär, aber nicht beim äthiopischen. Wir hätten uns ein Floß aus Baumstämmen bauen können, aber Holz wäre zu schwer gewesen. Und leere Ölfässer unter dem Floß zu befestigen hätte das Risiko geborgen, mit den Fässern in den zahllosen Stromschnellen hängen zu bleiben. Auch dies war nicht realistisch. Einige Wochen vergingen, und wir kamen auf keine befriedigende Lösung.
Zu allem Überfluss war mein Visum abgelaufen. Ich war schon über ein Jahr in Äthiopien. Ich entschied mich für den naheliegendsten Ausweg, nämlich mit der einzigen Eisenbahn in Äthiopien nach Dschibuti zu fahren. Es reichte, in die ehemalige französische Kolonie einzureisen; innerhalb von zwei Tagen erhielt man eine neue Aufenthaltserlaubnis für ein weiteres Jahr.
Der Zug schlich am südlichen Rand der Danakil-Wüste entlang nach Dire Dawa. Dieses relativ ordentliche Städtchen hatte seine Existenz ausschließlich der Eisenbahn zu verdanken. Es war Sitz der Franco-äthiopischen Eisenbahngesellschaft und lag auf halber Strecke zwischen Addis Abeba und dem Rotmeerhafen Dschibuti. Da der Zug erst am Abend weiterfuhr, musste ich den Tag in Dire Dawa verbringen. Gebucht hatte ich die dritte Klasse, doch die Zugbeamten hielten es für angebracht, dass ich als Europäer zweiter Klasse reisen sollte –

ohne Aufpreis. So hatte ich einen ganzen Waggon für mich allein.
Stunden später, kurz hinter der Grenze, war es mit der Ruhe vorbei. Eine Horde lärmender Fremdenlegionäre stürmte den Waggon. Sie waren an der Grenze stationiert und hatten die Erlaubnis zu einem Kurzurlaub in die Hauptstadt des Ministaates erhalten. Die athletisch gebauten, drahtigen Jungs waren schon voll in Partylaune. Einer von ihnen stach heraus, weil er zwei Köpfe kleiner war als seine Kameraden. Die meisten von ihnen waren Deutsche, doch gab es auch zwei Jugoslawen, Schweizer und Belgier. Die Deutschen fragten mich, wie die Stimmungslage in der Heimat sei.
»Ich weiß es selbst nicht«, antwortete ich. »Ich bin seit anderthalb Jahren auf Achse.«
Gern wäre der eine oder der andere mal wieder nach Deutschland gereist, doch zum einen ließ das die Fremdenlegion nicht zu, zum anderen hätten manche zu Hause erst mal Ärger mit der Justiz bekommen. Es waren keine schweren Verbrechen, von denen sie berichteten: hier ein Diebstahl, dort eine Schlägerei, versäumte Unterhaltszahlungen etc. Die harten Machos dürfte in der Eintönigkeit des Wüstenforts öfter das Heimweh gepackt haben, nicht nur im Suff.
In Dschibuti lernte ich Monsieur Laupie kennen. Er war Apotheker und zugleich deutscher Honorarkonsul. Er half mir, einen Bericht über meinen Danakil-Trip an die lokale Zeitung zu verkaufen, und händigte mir sogleich das Honorar aus, auf das ich normalerweise einige Wochen hätte warten müssen. Monsieur Laupie sorgte auch dafür, dass sein Kollege in der äthiopischen Botschaft mir umgehend ein neues Visum in den Pass stempelte.
Schon einen Tag später saß ich wieder im Zug Richtung Addis Abeba. Meine Legionärsfreunde vom Vortag waren ebenfalls an Bord. Sie hatten reichlich getankt in Dschibuti, aber das reichte

ihnen offenbar nicht. Die Unmengen von zollfreiem Wodka, Rum, Whiskey und Bier, die sie im Gepäck hatten, füllten sie vorzugsweise in halb leere Cola-Dosen. Das »knallte« natürlich am dollsten. Ihre Kondition ließ darauf schließen, dass sie ständig trainierten, ihre Promilletoleranz zu erhöhen. Der Kelch mit dem Legionärscocktail ging auch an mir nicht vorüber, während die netten Raubeine ihre Lieblingslieder grölten, darunter »Brennend heißer Wüstensand« von Freddy Quinn. Nach zwei Stunden hielt der Zug im Grenzort Ali Sabien. Die Söldner waren immer noch erstaunlich standfest, mit Ausnahme des Kleinen. Zwei Jungs schnappten sich den zu kurz Geratenen und zogen ihn an seinen Armen hoch. Er hängte sich um ihre Schultern, wobei seine Beine in der Luft baumelten. So trugen sie ihn zurück zu ihrer Einheit.
Ich war wieder allein in meinem Waggon und fiel augenblicklich ins Koma. Irgendwann, nach zwei oder drei Stunden, wurde ich unsanft geweckt: »Sir! Your passport, please!«, vernahm ich entfernt hinter einem Wahrnehmungsschleier. Doch ich hatte begriffen, dass es sich um äthiopische Grenzbeamte handeln musste. Nur mit Mühe gelang es mir, meinen Pass aus meinem Brustbeutel zu friemeln. Im selben Moment meldete sich mein überforderter Magen, sodass ich dem Beamten, dem ich gerade meinen Pass ausgehändigt hatte, direkt vor die Füße kotzte. Der blieb trotzdem freundlich, stempelte meinen Pass und ließ mich wieder ins Koma fallen. Ich hatte nie wieder im Leben das Bedürfnis, mich so sinnlos zu besaufen. In Dire Dawa angekommen, legte ich mich auf dem Bahnsteig in den Schatten und schlief in Ruhe meinen Rausch aus.

Am Neujahrstag 1965 sollte unser Bootsabenteuer beginnen. Zwei Wochen zuvor hatten wir eine überraschende Neuigkeit erfahren. Es kursierte das Gerücht, dass ein Österreicher mit einem Floß auf dem Blauen Nil unterwegs sei. Am Tag

vor unserer Abreise war er nach Addis Abeba zurückgekehrt: Gerald Matzner, ein Kunststudent aus Wien. Wir trafen ihn in einer Cafeteria bei Kaffee und Sahnekuchen. Ein prüfender Blick verriet, dass er die Schlemmerei dringend nötig hatte. Gerald war Anfang November an der neuen Nilbrücke, rund 200 Kilometer unterhalb des Tana-Sees gestartet. Er hatte sich ein Floß aus Eukalyptusstämmen gebaut, unter dem er zwei Fässer als Auftriebskörper befestigte. Schon bei der Abfahrt lag das Fahrzeug 30 Zentimeter unter Wasser. Doch dieser kleine Mangel brachte den Wiener nicht aus der Ruhe.
»Die ersten Tage verliefen ruhig«, erzählte er. »Krokodile sonnten sich friedlich auf den Sandbänken, Flusspferde grasten am Ufer. Doch in den folgenden Tagen versuchten riesige Krokodile aus reiner Neugier, das unter Wasser treibende Floß zu besteigen. Sie wollten mir Gesellschaft leisten. Aber schon ein kurzer Stoß mit einer Stange genügte, um sie von Bord zu jagen.«
Weitaus unangenehmer waren die massigen Nilpferde, die manchmal völlig unerwartet vor dem steuerlosen Fahrzeug auftauchten. Das Floß war nur sehr schwer manövrierbar. Am elften Tag schlug der Abbai, wie der Fluss von den Einheimischen genannt wird, endgültig zu. Schon von fern hörte Gerald das Donnern eines Wasserfalls. Er hatte keine Möglichkeit, vor dem Gefälle das Ufer zu erreichen. Verzweifelt klammerte er sich an die hintere Tonne. Sechs Meter ging es hinunter. Gerald fand sich im reißenden Strudel wieder, von seiner Ausrüstung fand er nichts mehr. Das Floß war geborsten, sämtliche Kleidungsstücke, die Fotoausrüstung sowie den Proviant hatte der Abbai verschlungen. Zehn Tage lang lief Gerald, nur mit einer Badehose bekleidet, am Flussufer stromaufwärts, ernährte sich von den Früchten der Affenbrotbäume, fing einmal einen Fisch. Schließlich schlug er sich auf Tierpfaden ins Hochland zurück.

»Was für ein großartiges Abenteuer!«, rief ich und war wirklich beeindruckt. Abschrecken ließen wir uns von Geralds Erzählung nicht. Dass uns ein ähnliches Schicksal ereilen könnte, verdrängten wir geflissentlich. Natürlich wussten wir, dass es im Blauen Nil riesige Krokodile gibt, darüber hatte Rittlinger ja bereits in seinem Buch berichtet. Aber wir waren gewappnet. Unsere Holzpaddel hatten wir mit Stahlblättern versehen, deren Kanten wir – wie riesige Macheten – messerscharf geschliffen hatten. Außerdem hatten wir uns auf dem großen Markt in Addis Speere gekauft. Die Krokos sollten nur kommen!

Auch in Addis gab es natürlich eine Klatschbörse, an der man sich mit den neuesten Nachrichten versorgen konnte. Meist sind es irgendwelche Europäer, die mehr als alle anderen wissen und jedes Gerücht begierig in sich aufsaugen. In Addis war dies in erster Linie Herr Keller, der eine kleine Druckerei betrieb. Herr Keller wusste alles: »Haben Sie neulich gesehen, wie sich der armenische Patriarch beim Empfang in der Deutschen Botschaft am Kopf gekratzt hat? Der hat bestimmt Läuse unter seiner Mitra.« Wahrscheinlich hörte Herr Keller auch die Flöhe in der Unterwäsche der Sekretärin der Deutschen Schule husten. Seine Druckerei war *die* Informationsbörse in Addis. Vermutlich gehörte der Tratsch zu seinem Marketingkonzept. Wer etwas Neues über seine Landsleute hören wollte, der ging zu Herrn Keller. Ein ebenso einfaches wie effektives Geschäftsmodell!

Der Hauptstadttratsch hatte den zwei oder drei professionellen Krokodiljägern in Addis zugetragen, dass zwei verrückte Deutsche den Blauen Nil hinabfahren wollten. Der Abbai gehörte zwar nicht zu ihrem Jagdrevier, aber dass es dort riesengroße Krokodile gibt, das wussten sie natürlich.

»Wenn ihr wieder nach Addis zurückkehrst, müssen wir uns unbedingt treffen. Das interessiert mich brennend, wo es am Abbai die meisten Krokodile gibt«, sagte ein Armenier. Klar,

schwammen dort doch Tausende von potenziellen Krokohandtaschen herum. Doch die Gelüste der Krokodiljäger interessierten uns nicht im Geringsten.
Dafür hatten wir die Straßenbaubehörde davon überzeugen können, dass es ein einmaliges Privileg sei, unseren »Krokodilschreck« zur Provinzhauptstadt Debra Markos transportieren zu dürfen. Der zuständige Beamte namens Ato Gennet (was wortwörtlich »Herr Paradies« bedeutet), war voller Sorge, als wir ihn in unsere Pläne einweihten: »Was wollt ihr denn anstellen, wenn ihr Krokodilen oder anderen wilden Tieren begegnet? Nicht für 10000 Dollar würdet ihr mich in euren Kahn bekommen.«
Das mochten wir Herrn Paradies gern glauben, denn mit seiner Leibesfülle hätte er das Boot an den Rand seiner Tragfähigkeit gebracht.
»Ihr Deutschen schreckt auch vor nichts zurück! Ihr seid wirklich ein abenteuerliches Volk«, sagte Herr Paradies schließlich.
Ein Chevrolet-Transporter brachte uns nach Debre Markos. Wir schlugen unser Lager auf dem verschlafenen Flugplatz auf. Kühe und Schafe weideten auf und neben der Landebahn. War eine Maschine angesagt, dann mussten die »Cowboys« – meist barfüßige kleine Jungen – das Vieh vom Flugfeld treiben.
Eines der Flugplatzschafe kam uns zu Ehren unters Messer, als wir in Debre Markos eintrafen. Wir waren bei der Familie Georgieff zum Festmahl eingeladen. Dr. Georgieff arbeitete – soweit ich mich erinnere – für die Weltgesundheitsorganisation WHO. Sein Spezialgebiet war die Pockenbekämpfung. Die Pockenerreger waren damals noch eine Geißel der Menschheit. Erst seit 1979 gelten die Pocken weltweit als ausgerottet.
Dr. Georgieff kannte sich nicht nur mit den Seuchen Äthiopiens aus; durch seine Arbeit war er auch einer der besten Kenner von Land und Leuten. Frau Georgieff arbeitete am Goethe-Institut in Addis Abeba, das direkt gegenüber der

Universität liegt. War die Uni mein Schlaf- und mein Esszimmer, so konnte ich das Goethe-Institut als mein Wohnzimmer bezeichnen. Wenn ich in Addis war, führte mich mein Weg tagtäglich in das deutsche Kulturinstitut, wo Frau Georgieff die Seele des Hauses war. Das Goethe-Institut stillte mein Bedürfnis nach Heimat. Hier konnte ich die neuesten deutschen Zeitungen lesen, hier fand ich deutsche Literatur und eine große Bibliothek über äthiopische Geschichte, Politik und Landeskunde. Die hübschen äthiopischen Mitarbeiterinnen des Instituts erfreute ich mit meinen neuesten Amharischkenntnissen. Das umwerfende Lächeln der amharischen Schönheiten konnte mir den ganzen Tag aufhellen.
Doch gab es auch richtige Scheißtage in Addis. Ständig musste ich auf meine kümmerlichen Honorare für Fotos oder Berichte warten, wie einige Tagebucheinträge belegen:

8. September 1964: *Mein 22. Geburtstag. Bin trunken – nicht vom Alkohol, sondern vom Hunger. Ein Brot und ein Brötchen gegessen. Vergeblich auf Geld vom* Ethiopian Herald *gewartet.*

19. Oktober 1964: *Einen Bericht im Auftrag der* Voice of Ethiopia *geschrieben. Bekomme heute, nach einer Woche, die Nachricht, dass in der Redaktion kein Geld mehr vorhanden ist. Meine finanzielle Lage hat mein Gewicht mal wieder auf 63 kg gedrückt (bei einer Körpergröße von 178 cm).*

Ja, es gab trübe Tage in Addis, an denen das warme Lächeln der Sekretärin im Goethe-Institut mir die warme Suppe ersetzen musste. Wenn ich mein Tagebuch heute lese, muss ich feststellen, dass ich ziemlich oft am Existenzminimum gelebt habe. Dafür habe ich die Tage umso mehr genossen, an denen ich wieder Geld in der Tasche hatte.
»Du musst es doch so gewollt haben. Ansonsten wärst du ja

nach Deutschland zurückgekehrt«, hält meine Frau Rosi mir unter die Nase. Recht hat sie. Hunger ist eine Grunderfahrung, die für die Menschen in früheren Jahrhunderten selbstverständlich war. Heute ist der Überfluss das Selbstverständliche, jedenfalls für die Bewohner der Industriestaaten. Überfluss auf Kosten der armen Länder. Wie gut, dass ich den Hunger am eigenen Leib erlebt habe. Ach was! Richtigen Hunger habe ich doch gar nicht erlebt. Ich bin wohl ein paar Mal für einige Tage hungrig wie ein Wolf in der Sahara gewesen, hatte aber immer die Gewissheit, dass ich früher oder später wieder an Geld herankommen würde. Wie oft bin ich von Freunden oder Bekannten in Addis zum Essen eingeladen worden, die das laute Knurren meines Magens wahrscheinlich gar nicht gehört haben? Wie oft habe ich die herzliche Gastfreundschaft der Äthiopier genießen dürfen? Unzählige Male. Verglichen mit den Armen Äthiopiens war ich stets reich.
Doch zurück zu den Georgieffs in Debre Markos, die für uns ein Schaf geschlachtet hatten. Freilich hatten die Georgieffs nicht eigenhändig geschlachtet, sondern dies dem Sabanjer, dem Nachtwächter des Anwesens, überlassen. Der hatte dem Fettschwanzschaf mit scharfer Klinge die Kehle durchgeschnitten, es mit den Hinterbeinen an einem Jacaranda-Baum festgebunden und es ausgeweidet. Es sollte ein letztes fürstliches Mahl vor dem Abenteuer auf dem Blauen Nil werden, wo es die nächsten Wochen nur noch Haferflocken mit Milchpulver, Kakao, Rosinen und Nilwasser geben würde. Dr. Georgieff kannte zwar sehr viele Regionen in Äthiopien, aber das Tal des Blauen Nils war auch ihm völlig fremd. Die Schlucht kannte anscheinend niemand außer den wenigen Flussanrainern.
Als Arzt musste uns Dr. Georgieff natürlich vor der Schlafkrankheit (ausgelöst durch den Stich der Tsetsefliege) und vor der Bilharziose warnen: »Seht euch vor in stehenden Gewässern. Wo der Fluss schnell fließt, besteht keine Gefahr. Aber

wenn der Abbai ins Tiefland kommt und ruhiger wird, wenn Menschen am Flussufer siedeln, dann besteht auch die Gefahr, dass ihr euch mit Bilharziose infiziert.«
Bilharziose ist nach der Malaria die zweithäufigste Tropenkrankheit. Das Problem ist, dass die Auslöser der Krankheit sehr anhängliche Tierchen sind. Es sind die Larven des Schistosoma-Wurms, die ohne den Menschen aussterben würden. Leute, die nahe am Wasser arbeiten, Felder bewässern, fischen, im Fluss ihre Wäsche waschen oder das Wasser ungefiltert trinken, sind die überlebensnotwendigen Freunde der Larven, die sich an ihre Haut heften. Dieser winzige, weiche Wurmnachwuchs bohrt sich durch die Haut in die Blutbahn des ungefragten Gastgebers. Im Blut reifen die Larven zu kleinen Würmchen heran, die dann in Leber, Milz oder Blase ein sorgenfreies Leben führen und Eier legen, die über die Blase oder den Darm ausgeschieden werden. Eigentlich ist es wahnsinnig kompliziert, wie der Schistosoma-Nachwuchs kämpfen muss, um seine Art zu erhalten. Er muss sich eine bestimmte Schneckenart suchen, in der Schnecke Unterschlupf finden und zu einer Larve heranreifen. Hat er es so weit gebracht, dann muss sich nur wieder ein freundlicher Mensch finden, an dessen Haut sich die Schnecke heften kann. Mit dieser Überlebensstrategie hat es das Schistosomia-Würmchen sehr weit gebracht. In Ägypten war damals der größte Teil der Landbevölkerung mit Bilharziose infiziert, hatte mit Leber- und Blasenentzündungen zu kämpfen und litt unter Blutarmut.
Aber das ist heute größtenteils Vergangenheit. Der Wurm braucht zwei Gastgeber, um zu überleben, die Schnecke und den Menschen. Schaltet man einen Wirt aus, dann hat Schistosomia keine Chance mehr. Mensch oder Schnecke. Ich weiß nicht, ob es eine schwierige Entscheidung war, dass die Wissenschaft sich für die Schnecke entschieden hat. Also dafür, die Schnecke auszurotten und nicht den Menschen. Da hat der

Mensch ja noch mal Glück gehabt. Manchmal könnte man ja glauben, dass der Mensch der größte Parasit ist, den die Evolution bisher hervorgebracht hat. Das könnte böse enden.

Der Nil war noch das reinste Paradies für die Schistosomia-Würmer, als der deutsche Arzt Dr. Theodor Bilharz 1852 nach Ägypten kam und den Übeltäter für die schlimme Volkskrankheit entdeckte.

Doch was rede ich hier eigentlich über Krankheiten? Ich war doch nicht nach Afrika gefahren, um Krankheiten kennenzulernen.

»Auf euer Wohl!«, prosteten uns die netten Georgieffs ein letztes Mal zu, bevor wir uns in unser Zelt auf dem Flugfeld zurückzogen. Mitten in der Nacht weckte uns das aufgeregte Bellen des Flughafenhundes, der einige streunende Hyänen zu vertreiben versuchte.

Am nächsten Morgen fuhr Günter mit dem Bus nach Bahir Dar am Tana-See, um Papyrus zu besorgen. Kühe und Schafe wurden von der Rollbahn getrieben, eine zweimotorige DC-3 der Ethiopian Airlines landete, unser Sarg wurde im Rumpf verstaut, die Passagiere ebenfalls. Über das 4100 Meter hohe Choke-Bergmassiv brummte die DC-3 nach Mota, einem Dorf, das nur 60 Kilometer nördlich von Debre Markos liegt. Alle Segnungen der Zivilisation mussten mit der DC-3, dem unermüdlichen Schlachtross der zivilen Luftfahrt, nach Mota gebracht werden: Cola, Wellblech und andere merkwürdige Dinge, die die Menschen jahrhundertelang nicht entbehrt hatten. Hingegen wurde alles, was die Menschen schon seit Jahrhunderten brauchten, nach wie vor auf Maultierpfaden zu den umliegenden Marktplätzen transportiert: Schafe als Tauschgut für Teff-Mehl, Honig, Kräuter zum Brauen von Talla-Bier, Baumwolle für die Kleidung. Worku, der Flugplatzleiter, erlaubte mir, mein Zelt neben dem Abfertigungsgebäude aufzuschlagen.

Das äthiopische Hochland muss man sich wie einen riesigen runden Brotlaib vorstellen, in den der Bäcker einige tiefe Rillen gezogen hat. Die Kruste sind die über 4000 Meter hohen Berge. Die Rillen dienen als Abflussrinnen, um die enormen sommerlichen Regenmengen ins Tiefland abzuleiten. Die größte dieser Rinnen ist der Blaue Nil, dessen Schlucht teilweise zwanzig Kilometer breit ist. Das Gebirge fällt in gewaltigen Stufen zum Flussbett hin ab. Der Blaue Nil fließt genau wie der Takaze in Richtung Westen zum Sudan. Der wilde Omo führt seine Wassermassen nach Süden in den Turkana-See. Der Awash hat sich seinen Weg im Osten gesucht und versickert nach etlichen hundert Kilometern in der Danakil-Wüste. Die fünfte große Abflussrinne ist der Wabi Shebele, der bei Mogadischu in Somalia den Indischen Ozean erreicht.

In den nächsten Tagen erkundete ich die Umgebung von Mota. Der Ort liegt zehn Kilometer Luftlinie vom Blauen Nil entfernt in über 2000 Metern Höhe. 1000 Meter darunter tost, brüllt und schäumt der Fluss durch eine dunkle, menschenfeindliche Schlucht. Der Bürgermeister hatte mir einen ortskundigen Begleiter zur Seite gestellt. Ich wollte einen passablen Weg finden, auf dem wir unseren Sarg in die Schlucht hinunterbringen konnten. Die Menschen in den winzigen Dörfern lebten wie in biblischen Zeiten. Sie besaßen Kühe und Schafe. Sie bauten Teff-Getreide an und lebten in Tukuls, runden Hütten, die aus Ästen geformt und geflochten und mit Lehm abgedichtet wurden. Die Menschen glaubten an Gott und waren Mitglieder der Koptisch-orthodoxen Kirche. Fremden bot man Schutz und Brot. Diese Gastfreundschaft war selbstverständlich. Und für mich war es selbstverständlich, die Sitten und Gebräuche der amharischen Landbevölkerung anzunehmen. Ich aß die Injera-Fladen samt Soße mit den Fingern, ich guckte nicht skeptisch, wenn die Gläser, in denen das säuerlich schmeckende Talla-Bier gereicht wurde, nicht ganz sauber aussahen. Die Kräuter wurden nicht herausgefiltert, sondern blieben beim Trinken an den Lippen hängen und wurden anschließend auf den Boden gepustet. Ich genoss ganz einfach die Herzlichkeit der Menschen, die es mir ermöglichten, die Seele des Landes kennenzulernen.

Am fünften Tag kam Günter mit einer DC-3 aus Bahir Dar angeflogen – mit dicken Bündeln Papyrus im Gepäck. Außerdem hatte er ein *Tankwa* gekauft, ein schmales Papyrusboot, wie es die Einheimischen auf dem Tana-See benutzen. Ich hatte zwei Fieberattacken, ohne die Ursache dafür zu kennen, was mich aber auch nicht weiter beunruhigte. Am nächsten Tag war ich wieder auf den Beinen. Wir engagierten sechs Träger, zwei Polizisten und ein Maultier samt Treiber. Die sechs Sargträger luden sich unser Boot auf die Schultern. Das übrige Gepäck banden wir dem Maultier auf den Lastensattel. Die beiden Polizisten trugen die Verantwortung. Verantwortung für unsere Sicherheit, die sie mit ihren Karabinern garantierten. Acht Stunden brauchten die Männer, um die sperrige Last über steinige, steile Pfade bis in die Schlucht zu transportieren. Es war kein viel benutzter Maultierpfad, der zwei Marktflecken miteinander verband, sondern er endete quasi im Niemandsland. Nur sehr wenige Menschen zog es in die Tiefe. Die Schlucht war heiß, abweisend und bedrohlich, ja, auch gefährlich. Oben in Mota, in 2200 Metern Höhe, war das Klima angenehm mild. Dort gab es weder Malariamücken noch Tsetsefliegen, die Mensch und Rind piesackten. Nur in Dürrezeiten trieben die Bauern ihr Vieh auf den leichter begehbaren Passagen zum Tränken an den Strom.

Der Blaue Nil dient als Entwässerungssystem für das gewaltige äthiopische Hochland. In Jahrmillionen haben sich die sommerlichen Monsunregenmassen tief in das Gestein hineingefräst. Über seine Nebenflüsse sammelt der Blaue Nil so viel Wasser und trägt so viel Schlamm aus den Bergen zusammen, dass 4000 Kilometer flussabwärts mitten in der Wüste eine Hochkultur entstehen konnte. Das alte Ägypten verdankte seinen Wohlstand den Schlammmassen aus dem äthiopischen Hochland. Der Nilschlamm war und ist Äthiopiens größter Exportartikel, für den das arme Land jedoch noch nie einen einzigen Cent bekommen hat. Im Gegenteil, die Bodenerosion schwemmt immer mehr fruchtbares Ackerland aus dem Hochland fort.

Der Steig wurde immer beschwerlicher, selbst für das äußerst geländegängige Maultier. Schließlich drückte uns der Maultiertreiber die beiden Papyrusbündel in die Hand, die wir auf den Köpfen bergab balancierten. Ich war zufrieden, als wir die letzte Terrasse des Abbai-Canyons erreichten. Unser Boot war in sicheren Händen, und tief unten in der Schlucht lag der Fluss, der von hier äußerst friedlich aussah. Unser Ziel war die sogenannte Portugiesenbrücke, die im 17. Jahrhundert unter Kaiser Fasilidas wohl mit Hilfe der Portugiesen gebaut worden war, die seit Mitte des 16. Jahrhunderts geholfen hatten, das christliche Hochland vor islamischen Angriffen zu schützen. Der Abbai zwängte sich an dieser Stelle durch eine extrem enge, vielleicht zehn Meter breite Basaltschlucht. Die Bogenbrücke war noch relativ gut erhalten; allerdings war der Mittelteil im Kampf gegen die italienischen Faschisten zerstört und provisorisch mit Balken und Zweigen repariert worden, sodass Fußgänger hinübergehen konnten. Die Portugiesenbrücke liegt etwa 50 Kilometer unterhalb der gewaltigen, 400 Meter breiten Tisissat-Fälle, des zweitgrößten Wasserfalls in Afrika, dessen Wassermassen sich in eine enge Basaltschlucht ergießen. Ich fragte mich, wie solch ein kleines Rinnsal nur so viel Wasser aufnehmen kann. Das Flussbett müsste ja unendlich tief sein. Dass die Strecke zwischen den Tisissat-Fällen und der Brücke befahrbar sein könnte, hielt ich für ausgeschlossen.

Unsere Träger hatten es extrem eilig. Einige nahmen noch ein

Bad im Abbai, um den Schweiß der Schinderei abzuspülen, während die anderen schon hastig davoneilten. Ich hatte das Raunen unter den Männern bemerkt, als zwei Fremde auf der nördlichen Seite der Brücke laut zu singen, besser gesagt, zu grölen anfingen.

»Shiftas!«, flüsterte einer unserer heldenhaften Träger. Das Wort spornte offensichtlich zur Eile an. Shiftas, Räuber, Wegelagerer, das war ein Wort, das überall in Äthiopien Furcht auslöste. Deshalb hatte der Gouverneur in Mota uns auch die beiden Polizisten mit auf den Weg gegeben. Günter und ich verschwendeten keine Gedanken an Shiftas, wir waren völlig mit dem Abbai beschäftigt, der sich aus der Froschperspektive doch nicht so friedlich zeigte, wie wir aus luftiger Höhe noch angenommen hatten.

Eine leise Unsicherheit beschlich mich plötzlich. Das Wasser schoss mit enormer Geschwindigkeit durch die dunkle, blank geschliffene Basaltschlucht. Wie würde es wohl hinter der nächsten Kurve aussehen? Und hinter der übernächsten? Mit lauten Liedern versuchten wir, unsere, vielleicht auch nur *meine* Beklommenheit zu verscheuchen: »Rolling home, rolling home, rolling home across the sea«.

Der Mond, der ein Viertel seines Gesichts zeigte, stand senkrecht über der Schlucht, als wir unsere Reisevorbereitungen beendeten. Wir suchten uns einen ebenen Felsen und breiteten unser Nachtlager darauf aus. Einen Meter vom Fluss entfernt kuschelte ich mich, so gut es ging, in eine Mulde zwischen den Steinen und ließ mich vom Brausen des Abbai, das wie ein Novembersturm klang, in den Schlaf singen.

Am nächsten Morgen setzten wir unsere Bootsarbeiten fort. Die Papyrusrollen, die einen halben Meter Durchmesser hatten, mussten sorgfältig an den Sarghenkeln vertäut, das Ruder befestigt werden. Noch vor Sonnenaufgang – das heißt, ehe die Sonne so hoch stand, dass ihre Strahlen in die Abbai-Schlucht fielen – sammelten sich die ersten Neugierigen. Die Kunde von den beiden »Ferenjis«, den Fremden, hatte sich offenbar herumgesprochen. Die Ersten kamen mit Gewehren, in denen allerdings keine Magazine steckten. Einige brachten uns selbst gebrautes Talla-Bier und selbst gebrannten *Kattikalla*, das äthiopische Feuerwasser.

Ich war beim Zähneputzen und ließ zwischen Putzen und Gurgeln ein wildes Lied erschallen, als die ersten bewaffneten Männer erschienen. Viele Männer in Äthiopien besaßen noch alte Karabiner aus dem Krieg gegen die Italiener, die von 1935 bis 1941 versucht hatten, die einzige unabhängige Nation in Afrika zu kolonialisieren. Es ist doch merkwürdig – Männer mit Gewehren machen immer einen finsteren Eindruck. Ich kann mich nicht erinnern, schon jemals einen Mann mit Knarre im Arm und freundlichem Gesicht gesehen zu haben. Es muss wohl der gleiche Mechanismus sein wie bei Kettenhunden, die weder freundlich gucken noch mit dem Schwanz wedeln können.

»Wohin wollt ihr?«, fragte der mutmaßliche Anführer.

»In den Sudan.«

»In den Sudan?«, fragten einige fast im Chor. Wir hätten ebenso gut sagen können, dass wir zum Mond wollten; es wäre ihnen nicht unwirklicher erschienen. Bis Mittag hatten sich so viele Leute an unserem »Arbeitsplatz« angesammelt, dass ihre Anwesenheit fast lästig war. Doch wer konnte ihnen ihre Neugierde verdenken? Da fahren einmal in 1000 Jahren – ach was, in 10 000 Jahren – zwei Fremde mit einem Sarg den Blauen Nil hinunter, da wird man ja wohl noch gucken dürfen!

Alle unsere Sachen und jede unserer Bewegungen schienen von Interesse zu sein. Wir nahmen noch eine kräftige Mahlzeit zu uns: Haferflocken, Rosinen, Zucker und Nilwasser, dann ließen wir unser Boot in einer winzigen, ruhigen Bucht vom Stapel laufen. Der Sarg schien wasserfest zu sein. Nirgends drang

Wasser durch die Gummidichtungen. Das Tankwa-Boot nahmen wir ins Schlepptau.

»Pack deine Kamera lieber in ein wasserdichtes Säcksche«, riet mir Günter. Ich Neuling auf dem Gebiet des Wildwasserpaddelns schlug seinen Ratschlag glatt in den Wind: »Ich muss noch Fotos von unserer Abfahrt machen.«

Doch schon Sekunden, nachdem uns die Strömung erfasst hatte, war ans Fotografieren nicht mehr zu denken. Eine Woge kam über das Spritzdeck geschossen. Ich versuchte, die Kamera vor dem überschäumenden Abbai zu bergen – keine Chance. Das Boot bewegte sich in einem wahren Höllentanz. Ich schluckte schwer, so überrascht war ich. Die Wellen kamen in rasender Geschwindigkeit. Trug uns die eine Welle empor, so rollte die nächste mit ihrer ganzen Wassermenge ins Boot. Schon nach wenigen Minuten wurde unser Kanu nur noch von den Papyrusauftriebskörpern getragen. Felsen blockierten den Lauf des Flusses. Der stoßdämpfende Autoreifen am Bug verhinderte schon in den ersten Minuten, dass das Boot leckschlug.

»Scheiße!«, brüllte Günter hinter mir. »Das Ruder ist abgerissen! Und mein Paddel ist weg!«

Anhalten war nicht möglich. Schon trug uns der reißende Strom – eher eine brüllende See – vorwärts, schleuderte uns gegen Felsen und drehte den Kahn, sodass wir rückwärts mit dem Strom trieben. Wir waren machtlos. Gefangene entfesselter Naturgewalten. Nach einer halben Stunde schafften wir es endlich, uns in eine geschützte Bucht am rechten Ufer zu retten. Ich war mit den Nerven am Ende – hatten wir uns den Abbai so brutal vorgestellt? Ich hatte mir Bücher mitgenommen, um während der Fahrt zu lesen. Der Fotoapparat war zur Unterwasserkamera mutiert und völlig im Eimer. Wir fragten uns, wie lange der Abbai so gewalttätig bleiben würde, und ich wunderte mich, wie naiv ich doch gewesen war.

In meinem Tagebuch vom 11. Januar 1965 finde ich folgenden Eintrag:

Keine Gefahr auf dem Lande hatte ich gescheut. Aber nun als Spielball des Abbai zwischen den steilen Abhängen der Schlucht? Ich, der noch Tage vorher gefragt hatte: Was ist schon das Leben? So viel ist es nun auch nicht wert. Nun klammerte ich mich plötzlich an dieses fragwürdige »Etwas«, fragte nicht nach Sinn und Zweck, sondern wollte nur noch leben. Plötzlich merkte ich, dass ich meine Aufgabe noch lange nicht erfüllt hatte. In diesem Dilemma suchte ich nach Trost, so wie jeder nach Trost sucht, der in die Mahlzähne der Natur gerät.

Sämtliche Sachen waren nass geworden, die Schlafsäcke, eine meiner Kameras, die Bekleidung … Wir breiteten alles auf den Ufersteinen aus. Wir waren so deprimiert, dass wir nur wenige Worte fanden. Keiner wollte laut eingestehen, dass wir die ungestüme Kraft des Blauen Nils unterschätzt hatten.

Vor acht Monaten hatte ich einen kleinen Abschnitt des Flusses kennengelernt, als ich im Auftrag von James Blair, dem National-Geographic-Fotografen, Menschen am Blauen Nil fotografieren sollte. James war der Fluss wohl zu gefährlich. Ich dagegen freute mich, dass ich für das berühmte Magazin fotografieren konnte. Ich musste mir in der Nähe der neuen Brücke (circa 300 Kilometer flussabwärts von unserem Startpunkt) zwei Führer suchen. Aber die Suche war ein einziger Kampf gegen die Ängstlichkeit der Äthiopier, die das Tal des Abbai mit der Hölle gleichsetzten und dort nichts als Shiftas, Schlangen und andere Ungeheuer vermuteten. Schließlich fand ich zwei Halbwüchsige, die für eine Handvoll Dollar die Angst vor der Hölle überwanden. Zwei Tage lang wanderten, krochen, kletterten wir stromaufwärts durch die Wildnis am Flussufer. Menschen trafen wir keine. Von Stunde zu Stunde wuchs die Angst meiner beiden Begleiter. Begründen konnten

sie ihre Angst nicht. Sie sagten nur immer wieder: »Es ist sehr gefährlich.«
Gefährlich schien es mir eigentlich nicht zu sein, auch wenn es kein gemütlicher Spaziergang war. Wir kletterten über Geröll und wühlten uns durch dichtes Ufergestrüpp. Der Fluss selbst floss in schnellem Tempo, hin und wieder gab es Stromschnellen. Das Tal war in dieser Gegend verhältnismäßig breit. Es war keine Furcht einflößende, sondern eine freundliche Schlucht. Menschen, die das Flussufer in irgendeiner Form für Ackerbau oder Viehzucht nutzten, sahen wir nicht. Am zweiten Tag waren meine Begleiter so verängstigt, dass wir ins Hochland zurückklettern mussten. In mein Tagebuch schrieb ich voller Wut und Enttäuschung: *Nachdem mich die grenzenlose Blödheit der Führer zur Rückkehr gezwungen hatte, brachen wir mein Vorhaben ab.* Als ich mich beruhigt hatte, war mir klar: Es war nicht die Blödheit, sondern die schiere Angst der Jungen vor der Ungewissheit gewesen.
Günter und ich kletterten den steilen Hang hinauf, um uns von oben einen Überblick über den weiteren Lauf des Abbai zu verschaffen. Auf steinigen Feldern ernteten zwei Burschen Baumwolle. Neugierig eilten sie herbei, als sie uns sahen, und luden uns ein, mit ins Dorf zu kommen: »Kommt mit. Es ist nicht weit.«
Was die Jungen als »nicht weit« bezeichneten, entpuppte sich als einstündige Klettertour. Der Vater der beiden führte uns den Berg hinauf. Er hatte ein schlankes, bronzefarbenes Gesicht und eine schmale Nase. Sein Haupt wurde von einer Caesarfrisur gekrönt. Unglaublich, diese edlen Gesichter der Äthiopier, denen man immer wieder in der tiefsten Provinz begegnet! Sie haben nichts Derbes oder Bäuerliches an sich und müssen eine Herausforderung für jeden Bildhauer sein.
Das Dorf zog sich um einen Berg herum, an dessen Hängen die Bauern terrassenförmige Felder angelegt hatten. Aus dem

Tukul, der Rundhütte des Gastgebers, brachte ein Mädchen zwei Ziegenfelle für die Gäste, um die sich binnen einer Minute die jungen Männer und die Weisen des Dorfes geschart hatten. Es wurde beraten, was die Gäste wohl zu speisen beliebten. Unsere Gastgeber mussten lange überlegt haben, denn eine Stunde lang ließ man uns auf den Fellen hocken – Günter nur mit einer Badehose, ich zusätzlich mit einem T-Shirt bekleidet –, bis sie uns schließlich das Essen servierten: Erbsen und Bohnen. Zwar kein kulinarischer Höhepunkt, aber der Körper brauchte Kalorien, und so hauten wir kräftig rein. Das Feuer strahlte Gemütlichkeit und Geborgenheit aus, auch wenn die Flamme inmitten einer armseligen Hütte loderte. Mit Schrecken dachte ich an die nassen Schlafsäcke unten im Tal. Der edle Alte bot uns an, in der Hütte zu schlafen. Wir nahmen dankend an, ließen uns auf dem flachen Lehmabsatz nieder, der Sitz und Bett zugleich war, und bekamen kaum ein Auge zu – was an den Flöhen und der zunehmenden Kälte lag. Am nächsten Morgen begleiteten uns sämtliche Neugierigen des Dorfes an den Fluss, wohl nicht ganz ohne den Hintergedanken, etwas erben zu können. Unsere Sachen lagen noch so, wie wir sie am Abend zuvor säuberlich ausgebreitet hatten, auf den Uferfelsen. Die Meute setzte sich zwischen unsere Habseligkeiten; sie lachten, schwatzten und betasteten jeden Gegenstand. Mein Fahrtenmesser muss einem besonders gut gefallen haben. Er bettelte gar nicht erst, sondern steckte es ungefragt ein.

Etwas widerwillig stieg ich ins Boot, aber es musste ja weitergehen. Der Höllentanz auf dem Abbai setzte sich so fort, wie er gestern aufgehört hatte, und uns kamen erste Zweifel am Sinn unseres Abenteuers. Schwebten wir gar in Lebensgefahr? Oft ist es ja schwer einzuschätzen, wann eine Situation tatsächlich lebensbedrohlich ist. Genauso wenig, wie es einem bewusst wird, wenn man haarscharf am Tod vorbeigeschrammt ist. Wir waren machtlos in unserem Sarg, den chaotischen Kräften des Flusses ausgesetzt. Wir hatten weder Wildwasserhelme noch Schwimmwesten. Von einer Steuerung ganz zu schweigen. Das hatte mit einem sportlichen Raftingvergnügen nicht das Geringste zu tun. Ich änderte meine Einstellung: Scheiß doch auf die Ausrüstung! Dass unsere Habseligkeiten verloren gehen könnten, damit mussten wir uns abfinden. Dass eine meiner Kameras unbrauchbar geworden war? Schicksal. Es war nicht zu ändern.

Nach einer Viertelstunde zeigte sich der Abbai erstmals von seiner gnädigen Seite. Er floss schnell dahin, aber das Boot wurde nicht hin und her geworfen. Zum ersten Mal hatten wir das Gefühl, Herr über unseren Sarg zu sein. Unsere Nerven erholten sich. Das war auch bitter nötig. Wenig später mussten wir unsere Kiste wieder den tosenden Wassermassen überlassen.

»Des is Wildwasser 5«, konstatierte Günter in breitem Hessisch, der sich mit reißenden Flüssen auskannte, allerdings in einem manövrierfähigen Klepper-Faltboot. Immer wieder stießen wir gegen aus dem Wasser ragende Felsen. Nur die Papyrusrollen und der Autoreifen am Bug federten jedes Mal den Aufprall ab. Mit Suppentöpfen schöpften wir das Wasser aus dem Boot. Plötzlich hörten wir ein dumpfes Donnern.

»Ein Wasserfall!«, brüllte ich. Unser Wurfanker verfing sich am Ufer. Wir kletterten an Land und besahen uns den vermeintlichen Wasserfall. Riesige Felsblöcke versperrten das Fahrwasser und gaben nur schmale Öffnungen frei, durch die sich der Fluss mit ungeheurer Gewalt hindurchzwängte.

»Mensch, da haben wir ja noch mal Glück gehabt! An dieser Stelle hätte es garantiert Kleinholz gegeben.«

Unser Tankwa, das Rettungsboot aus Papyrus, hatte sich vom »Mutterschiff« losgerissen und war zwischen den Felsen hängen geblieben. Alleine konnten wir es nicht schaffen, das Boot um die Gefahrenstellen herumzutragen. Das Ufer bestand

aus großen Felsbrocken, über die wir zwar klettern, aber kein zentnerschweres Boot schleppen konnten.
»Wenn wir Glück haben, treffen wir vielleicht Menschen, die uns beim Bootstransport helfen«, sagte ich.
Es dauerte gar nicht lange, bis sich die ersten Neugierigen einfanden: ein Kind und zwei Halbwüchsige. Ein dritter Mann mit einem Messingring im Ohr kam wenig später hinzu. Keiner von ihnen schien unser Problem zu begreifen. Günter und ich starteten nun doch einen Versuch, das Boot über Land zu transportieren. Aber nach zehn Metern Schinderei waren wir völlig fertig. Es trafen immer mehr Leute ein, einige Jugendliche und ein Alter, der ständig dieselbe Frage stellte: »Wohin wollt ihr?«
Dass wir in den Sudan wollten, schien ihm völlig abwegig zu sein. Noch nie war ein Mensch mit einem Boot in den Sudan gefahren. Wie sollten die Menschen an diesem abgelegenen Ort der Welt auch einen Sinn darin erkennen können, dass zwei Fremde in diesem seltsamen Fahrzeug den Fluss hinunterfuhren?
Wozu sollte das gut sein? Abenteuerlust ist kein Grundbedürfnis bei Menschen, die immerfort ums tägliche Brot kämpfen müssen. Ich bat die Männer mit meinen mäßigen Amharisch-Kenntnissen um Hilfe.
»Kuschascha!«, krähte ein groß gewachsener älterer Mann mit vorgeschobenem Unterkiefer und hoher Fistelstimme. Kuschascha bedeutete, dass ihnen die Arbeit zu *schmutzig* war. Ich zog eine kleine Faltkarte aus meinem Gepäck, verziert mit dem Löwen von Juda, dem Wappentier Äthiopiens. Es war ein Empfehlungsschreiben der äthiopischen Tourismusbehörde: Die Fremden seien Gäste des Landes, und die Einheimischen sollten sich hilfsbereit und gastfreundlich verhalten, stand darin.
Doch keiner der Männer schien des Lesens kundig zu sein,

sonst hätte das Begleitschreiben ihren Arbeitseifer vielleicht ein wenig angespornt. Als letzter einer ganzen Horde von Männern kam einer, der mal das Alphabet erlernt haben musste. Laut lesend, um jede Silbe ringend, gelang es ihm, sich durch den Text zu kämpfen. Doch bezweifelte ich, dass er ihm irgendeinen Sinn entnahm, denn auf die Zuhörer schien das Schreiben, das sonst bei Äthiopiern großen Respekt auslöste, keinerlei Wirkung auszuüben.

Während die Männer sich dem Schwatzen hingaben, allen voran der Lange mit der Mädchenstimme, trugen Günter und ich unsere Reiseutensilien 100 Meter flussabwärts zum vorgesehenen Einsetzpunkt und hofften darauf, dass wir auch unser Boot dorthin bekommen würden. Kaum hatten wir uns von dem Gepäck abgewandt, als einer der Taugenichtse begann, unser Gepäck aufzuschnüren, und sich eiligst aus dem Staub machte, als Günter auf ihn zulief.

Die Papyrusrollen hatten wir abgebaut, um das Boot etwas leichter zu machen. Es wog wohl immer noch 150 Kilogramm. Wir schwenkten es von Stein zu Stein, deren Ausmaße denen der großen Findlinge an der Ostsee entsprachen. Sechs Stunden lang schauten uns die Männer bei der Schinderei zu. In den Pausen hielt ich ihnen immer wieder das Empfehlungsschreiben der Ethiopian Tourist Organisation vor die Nase: »Wir sind Gäste eures Landes. Hier steht es.«

Kein Finger krümmte sich. Doch nach gut sechs Stunden überkam die Männer ein plötzlicher Sinneswandel – jetzt erklärten sie sich bereit, uns zu helfen. Allerdings waren sie nicht sonderlich ausdauernd. Nach vierzig Metern erklärte der Lange, sie hätten für heute genug getan. Irgendwie gelang es mir, die Männer noch mal aufzumuntern. Sie wuchteten das Boot schließlich bis auf zehn Meter an unseren Einsetzpunkt heran.

Es war doch merkwürdig, wie lange 15 Männer brauchten, um

den Holzkasten um 70 Meter zu versetzen. Genauso wundere ich mich immer noch darüber, wie es die sechs Träger aus Mota fertiggebracht hatten, ihn so sicher in acht Stunden aus dem Hochland in die Abbai-Schlucht hinunterzubugsieren.
Unser Boot war nun fast im Wasser, und wir hofften inständig, dass uns die Leute, die uns einen halben Tag lang wie die Fliegen umschwirrt hatten, jetzt ein wenig in Ruhe ließen.
Der zunehmende Mond leuchtete in die Schlucht, doch statt an die eheliche Schlafstätte oder den eigenen Herd zurückzukehren, quasselten die Männer so laut, als hätten sie sich monatelang nicht mehr gesehen. Um 22 Uhr saßen sie immer noch neben dem Boot. Wir packten unser Gepäck direkt neben unsere Lagerstätte und krochen in unsere Schlafsäcke. Ich schlief recht gut und wachte nur auf, wenn mir ein Stein allzu sehr in die Rippen stach.
Früh am nächsten Morgen weckte uns das Geschnatter unserer Nachtwächter. In ihrer Mitte brannte ein Lagerfeuer. »Wir helfen euch. Es sind genügend Männer gekommen«, verkündete die Fistelstimme. Ich rieb mir den Schlaf aus den Augen. Tatsächlich waren noch mehr Leute als am Abend zuvor an den Fluss gekommen, einige von ihnen mit Gewehren, gottlob ohne Magazine.
»Du, Günter! Hattest du gestern Abend die Säcke nicht zugebunden?«, fragte ich, weil mir die ganze Situation etwas eigenartig erschien.
»Klar, doch. Natürlich hab ich die Säcke zugebunden.«
Nach diesem Satz war ich hellwach. Ich sprang auf. Die Packsäcke waren geöffnet. Es sah aus, als hätten Wildsäue darin gewütet. Eine Kamera und die Pistole fehlten.
»Ich könnte heulen vor Wut!«, jammerte ich und fragte in die illustre Runde: »*Manno Leba?*« Wer war der Dieb?
Meine Frage schien gottesfürchtige Leute getroffen zu haben, denn ich sah nur unschuldige Gesichter.

»Fehlt etwas?«, wagte auch noch einer zu fragen.
»Wer war der Dieb?«, wiederholte ich. »Die Sachen kommen wieder, oder es werden bald 100 Polizisten aus Addis Abeba hier auftauchen. Verdammte Shiftas!« Als absolute Krönung meiner Androhung fügte ich hinzu: »Haile Selassie, muut!« Ein fürchterlicher Schwur im Namen des Kaisers.
Keine Regung bei den Männern. Nachdem ich meine Drohung einige Male wiederholt hatte, kam mein spezieller Freund, der Kleine mit dem Messingring im Ohr, lächelte freundlich, aber verschmitzt und gab mir die Pistole. Zum Dank wollte ich meine aufgestaute Wut an ihm auslassen, doch seine Komplizen verhinderten ein Blutbad. Es sei angemerkt, dass sich kein Magazin in meiner Pistole befand, und ich hoffte, dass keiner der Männer ein Magazin in seinem Gewehr hatte. Die Spiegelreflexkamera blieb verschwunden.
»100 Polizisten kommen, wenn nicht … Haile Selassie, muut!«, drohte ich abermals. Die Bande stellte sich dumm.
Kamera? Noch nie gehört. Was soll das sein?
Fast war ich geneigt, ihnen zu glauben. Woher sollten die Männer am Arsch der Welt auch wissen, was eine Kamera ist? Aber vielleicht ahnten sie dennoch, dass man so etwas für einige Dollar in Bahir Dar verkaufen konnte.
Schließlich tauchte ein neues Gesicht auf, ein alter Mann mit der Flinte über der Schulter und einem Gesichtsausdruck, der um einen Deut ehrwürdiger erschien als die Ganovenvisagen der anderen.
»Ababa!«, sagte ich, was die höfliche Anrede für einen weisen Mann ist. »Ababa! Es gibt hier einen Dieb. Er hat unsere Kamera gestohlen. Der Apparat kommt wieder, oder es werden bald hundert Polizisten aus Addis hier sein. Im Namen Haile Selassies, glaub es oder stirb!«
Fast unmerklich runzelte der Alte die faltige Stirn. Welch schreckliche Verheißung, noch dazu im Namen des Kaisers. Er

rief einige Männer zu sich. Zwei von ihnen verschwanden nach kurzer Unterredung den Hang hinauf und kamen einige Zeit später wieder. Günter bekam seinen Fotoapparat zurück. Ich bedachte die Männer mit sämtlichen mir bekannten Schimpfwörtern und Flüchen und bedankte mich bei dem ehrwürdigen Alten. Die Angelegenheit war aus der Welt geschafft. Gut gelaunt half uns die Bande, den Kahn ins Wasser zu setzen, und als wir zehn Minuten später in See stachen, standen alle Mann am Ufer, schwenkten die Arme und sprachen gütige Abschiedsworte. Nach weiteren zehn Minuten mussten Günter und ich bereits über diese Episode lachen.

Das Boot schoss flussabwärts, hart an den Felsen vorbei, durch schäumendes, tosendes Wasser, wie an den ersten beiden Tagen. Wir waren gerade dabei, uns an die rasende Irrfahrt zu gewöhnen, als ich mich unversehens unter Wasser wiederfand. Ich glaubte, immer tiefer gezogen zu werden, bekam dann aber doch den Bootskörper zu fassen. Günter und ich tauchten fast gleichzeitig an der Oberfläche auf. Der Sarg schwamm kieloben. Ein großer, breiter Felsen blockierte den Flusslauf. Zu beiden Seiten strömten die Wassermassen an dem Basaltbrocken vorbei, um sich danach wieder zu vereinen.

Hinter dem Felsen hatte sich ein Trichter gebildet, der alles ansaugte, was der Fluss mit sich führte: Baumstämme, Äste und zum ersten Mal, seit Lucys menschenähnliche Sippschaft (der Australopithecus afarensis) vor vier Millionen Jahren in Äthiopien Fuß gefasst hatte, ein Boot mit ihren germanischen Nachfahren. Mich erinnerte dieser Trichter an eine riesengroße Klospülung. Ich fühlte, dass ich nur noch eine Sandale besaß, und auf der Nase, wo vorher meine Brille gesessen hatte, fühlte ich gar nichts mehr. Einen der wasserdichten Säcke, der neben dem Boot auftauchte, konnte ich bergen. Die rauschende Fahrt ging weiter, wenn auch kieloben.

»Na, die Rucksäcke sind wohl fort«, befürchtete Günter. »Halt

dich gut an den Seiten fest. Versuch, die Leine zu fassen zu kriegen.«
In diesem Moment wurde das Boot schon in den nächsten Strudel hineingerissen. Nachdem wir auch diese Gefahr gemeistert hatten und für einige Minuten tief durchatmeten, konnte ich mir trotz der Dramatik des Augenblicks ein Lachen nicht verkneifen. »Findest du nicht auch, Günter, dass wir saukomisch aussehen – zwei nasse Pudel, die sich krampfhaft an einer Holzkiste festhalten?«
Es war schon erstaunlich, wie schnell wir uns mit unserer beschissenen Lage abgefunden hatten. Es war wohl eine Art unterbewusste Überlebensstrategie.
Das einzig Trockene war Günters Antwort: »Wir haben zwei Möglichkeiten. Entweder wir treiben kieloben bis in den Sudan, oder wir müssen zusehen, dass wir bald das Ufer erreichen.«
Ich stellte fest, dass der Anker am Seil hinter dem Boot hertrieb. Günter bekam das Seil zu fassen und konnte den Anker ans steinige Ufer werfen. Beim zweiten Wurf hakte er sich hinter einem Stein fest. Günter zog sich am Seil an Land. Es gelang uns schließlich, das Boot in eine ruhige, kleine Bucht zu manövrieren, die normalerweise von Krokodilen als Sonnenbank benutzt wurde. Es war der erste Ort, an dem wir Spuren der Reptilien sahen.
Wir drehten das Boot wieder um. Einer der Seesäcke, die wir schon verloren geglaubt hatten, war die ganze Zeit unter dem Boot gewesen. Meinen Rucksack mit zwei Speerspitzen, einem Buschmesser, Zahnbürste und einigen Landkarten hatte uns der Abbai für immer entrissen. Unser Papyrus-Rettungsboot und das letzte Paddel waren ebenfalls verschwunden. Der Verlust der Landkarten war für mich als Kartenfan besonders traurig.
Aus kräftigen Zweigen hackten und schnitzten wir uns Be-

helfspaddel, sodass wir wenig später unsere Fahrt fortsetzen konnten. Der Abbai war zur Abwechslung gnädig mit uns. Er schoss immer noch rasch dahin, aber unsere größten Feinde – große Felsen, die den Fluss blockierten, sowie die Mahlstrudel, die sich dahinter bildeten – waren fürs Erste verschwunden. Eine Angst war uns genommen, aber eine andere wuchs – die Fallangst. Steile, teils überhängende Felsen, 20 bis 30 Meter hoch, säumten den Abbai. Dunkel und drohend erhoben sie sich zu beiden Seiten. Der Fluss war hier etwa 20 Meter breit. Sollte sich uns jetzt ein Hindernis in den Weg stellen oder ein Wasserfall in die Tiefe ziehen, so wären wir verloren, da es kein rettendes Ufer, keine Ausweichmöglichkeit mehr gab. Dennoch schlug uns die urtümliche Schönheit dieser gewaltigen Schlucht in ihren Bann. Die hellgrauen Wurzeln der Bäume am Ufer erstreckten sich teils bis in den Fluss und hoben sich wie Silberfäden vom roten Sandstein ab. Zwei riesige Felssäulen reckten sich aus dem Fahrwasser. Sie erinnerten ein wenig an die »Lange Anna« vor Helgoland. An mehreren Stellen hatte das Wasser Höhlen in das Gestein der Schlucht gefressen. In 10, 15 Metern Höhe entdeckten wir vier Höhlen, die Menschen mal als Versteck gedient haben mussten und nur von oben mit Strickleitern zu erreichen waren. Die Höhleneingänge waren zum Schutz halb zugemauert. Hatten hier Mönche, Christen Zuflucht gesucht, als Ahmed Granj vor 400 Jahren Angst und Schrecken verbreitete?

Dieser Ort spendete geradezu Trost und Geborgenheit nach dem Chaos der letzten Tage. Nach zwei Stunden hatten wir die spektakuläre Kulisse hinter uns gelassen. Hinter der wohl 20 Kilometer langen Schlucht fanden wir eine grüne Aue, eine flache Landzunge, an der ein kleiner Nebenfluss in den Abbai plätscherte. Wir hofften auf eine geruhsame Nacht ohne menschliche Belagerung. Doch schon waren wir von Leuten auf der anderen Seite des Abbai entdeckt worden. Sie hüpften an einer seichten Stromschnelle ins Wasser und kamen schwimmend und springend zu uns herüber. Es waren zwei freundliche junge Brüder. Wir zeigten ihnen unsere Papiere, worauf sie uns strahlend ihre Hände entgegenstreckten. Wir erzählten ihnen, was wir vorhatten. Wahrscheinlich hatten sie schon über das »Buschtelefon« erfahren, dass da zwei Ferenjis mit einem seltsamen Fahrzeug auf dem Abbai unterwegs waren. Nach kurzer Zeit verabschiedeten sie sich mit dem Versprechen, morgen früh um sieben Uhr mit Talla-Bier wiederzukommen. Günter und ich setzten uns rittlings auf einen entwurzelten Baumstamm, nahmen unseren Kochtopf in die Mitte und verzehrten, da der Abbai auch unsere Löffel geraubt hatte, mit den Fingern unser Einheitsgericht – Haferflocken mit Rosinen, Zucker und Nilwasser.

Tatsächlich brachten uns die beiden Jungen am nächsten Morgen Talla ans Bett. Die beiden hatten noch einen Dritten mitgebracht, ihren etwas älteren Bruder. Keiner der drei hatte mit dem anderen auch nur die geringste Ähnlichkeit, abgesehen von der Tatsache, dass jeder von ihnen eine Flasche Kräuterbier in den Händen hielt.

Das Tal weitete sich allmählich. Statt steiler Felswände und aufragender Berghänge zeigte die Landschaft einen völlig neuen Charakter. Die Böschungen wurden sanfter, die Berge waren etwas zurückgedrängt. Bei guter Strömung verlief die Fahrt den ganzen Tag verhältnismäßig ruhig. An den Hängen standen kahle Bäume, die Blätter wahrscheinlich von Heuschrecken abgefressen. Die Vegetation am Boden war gelb und verbrannt. Nur unmittelbar am Flussufer zog sich ein Streifen Grün entlang. An den breiteren Stellen dösten Ziegen und Kühe im Schatten dichter Bäume. Diese Flusslandschaft war ein ideales Krokodilbiotop. Hatten wir am Tag zuvor das erste Reptil gesehen, so zogen wir heute Dutzende von neugierigen Echsen an. Erst am Abend säumten wieder steile Felswände das Ufer.

Sämtliche Bewohner dieser Region zieht es an den Abbai. Dort gibt es Wasser, und an den Uferböschungen können die Amharen Baumwolle anbauen. Abends klettern sie hinauf in ihre Bergdörfer, wo sie nicht von Moskitos geplagt werden. Der Abbai war hier sehr breit, sodass er fast wie ein See anmutete und nur noch langsam dahinzog. Die mäßige Geschwindigkeit war ein Nachteil, denn die Amharen waren nicht nur neugierig, sie waren obendrein mutig. Schon am Vortag hatten wir erlebt, dass die Menschen riefen und uns zuwinkten, um uns zum Anlegen zu bewegen. Heute aber schrien sie: »Makina, makina!« und alarmierten damit das ganze Tal. Aus allen Ecken tönte ein markerschütterndes Gebrüll. Ich fühlte mich ins uralte Afrika zu Stanleys Zeiten zurückversetzt. So muss es vor 150 Jahren geklungen haben, wenn Sklavenjäger von den aufgeschreckten Einwohnern entdeckt wurden. Makina hatte aber nichts mit Sklaverei zu tun. Das Wort war aus dem Italienischen übernommen worden und bedeutete schlicht und einfach Maschine. Jedes Fortbewegungsmittel heißt in Äthiopien Makina. Es gibt auch Worte für Boote, aber nicht in diesem Gebiet, weil man hier keine Boote kennt. Schon Kilometer vorher waren die flussabwärts lebenden Menschen gewarnt worden, dass etwas im Busch, vielmehr im Fluss war. Schließlich stürzten sich nackte Jungen und Männer ins Wasser, die sich nicht im Geringsten um die Krokodile scherten, aber ein gellendes Kriegsgeschrei ausstießen. Zuerst begnügten sie sich damit, ans Boot heranzuschwimmen und nach einer Weile, als ihre Neugier befriedigt war, wieder abzudrehen. Andere liefen kilometerweit am Ufer neben uns her.

Doch das Unglück ließ sich nicht aufhalten – im Stauwasser vor einer Stromschnelle fielen wir in die Hände von Flusspiraten. Sie zogen unser Boot an Land, und im Nu waren wir von 30 splitternackten Männern umringt. Weitere 20 aufgescheuchte Amharen kamen vom anderen Flussufer herüber-

geeilt. Ich spulte mein Repertoire von amharischen Flüchen herunter, aber es half nichts. Also versuchten wir es mit Diplomatie. Wir schüttelten den Ältesten die Hände, dann übergab ich einem kahlköpfigen Alten unser Empfehlungsschreiben. Ratlos hielt er das Papier in den Händen und blickte sich Hilfe suchend in der halben Hundertschaft um, bis er einen Lesekundigen entdeckt zu haben schien. Der Vorleser war als Einziger mit einem Hemd bekleidet, das ihm fast an die Knie reichte. Bedächtig, Wort für Wort, las er das Schreiben vor. Man war beeindruckt. Jedermann hatte es nun eilig, uns die Hände zu schütteln und ein »Salam« (Friede) zu murmeln. Hatten sie uns möglicherweise für Feinde gehalten?
Günter und ich wollten sogleich unser Boot ins Wasser zurückschieben, doch einige Hände hinderten uns daran. Sie bettelten, wollten Medizin und schließlich auch Kleidung. Nach zehn Minuten waren wir wieder so weit wie am Anfang. Sie wollten uns nicht in Frieden ziehen lassen, sondern warnten uns eindringlich vor Krokodilen und Wasserfällen.
»Vor Krokodilen haben wir keine Angst«, entgegnete ich, »wir müssen weiter.« Ein Alter forderte 100 Birr Lösegeld. Ich antwortete auf seine Forderung mit einem kräftigen Fluch: »Wuscha!« (etwa: Du Hund!) Dem Obernackten mit der Glatze kamen plötzlich Zweifel, ob unsere Dokumente echt seien. Ich rief den im Hemd, und nochmals las er Wort für Wort vor: »Unterzeichnet: Tafesse Berhane.«
»Wer ist dieser Tafesse Berhane?«, wollte der misstrauische Alte wissen. Wie kam es, dass er nichts von einem Ato Tafesse in Addis Abeba wusste? Und warum hatte der Kaiser nicht persönlich unterschrieben?
»Er ist ein Freund des Kaisers«, klärte ich die Männer auf. Ein drittes Mal ließ sich der Obernackte das Schreiben vorlesen. Er war der Einzige, der noch Misstrauen zeigte. Plötzlich ertönte das Brummen von Flugzeugmotoren, das immer lauter wurde,

ehe es schließlich über den Berg herangeflogen kam. Günter und ich setzten wichtige Mienen auf, redeten geheimnisvoll und blickten erleichtert nach dem Silbervogel. Mit einem Mal ertönte aus jedem Munde: »Salam. Salam …«
Eiligst halfen sie uns, das Boot ins richtige Fahrwasser zu schieben, und schon zog uns die sanfte Stromschnelle von den wild gewordenen Amharen fort. Das Flugzeug, wahrscheinlich auf dem Weg von Bahir Dar nach Addis, war längst hinter dem Horizont verschwunden.
Nach acht Tagen Fahrt erreichten wir die große Straßenbrücke. Rund 300 Kilometer Flussfahrt hatten wir hinter uns gebracht. Damit war das erste Etappenziel erreicht. Den Sarg überließen wir der Obhut der Brückenpolizei. Hoch oben auf einem Lastwagen fuhren wir nach Addis zurück, um verloren gegangene Ausrüstung zu ersetzen. Wir bauten neue Paddel mit machetenscharfen Kanten, kauften Speere und erfuhren den neuesten Klatsch über uns: Günter sei von Krokodilen gefressen worden, und ich hätte einen Nervenzusammenbruch erlitten. Die Wahrheit war: Günter hatte dicke Füße und ich geschwollene Lippen.

Etwas zutiefst Trauriges ereignete sich in diesem Gebiet zehn Jahre später: Der Kameramann Michael Teichmann, der mit Rüdiger Nehberg und Andreas Scholtz die Felsenhöhlen in der Abbai-Schlucht besucht hatte, wurde von Shiftas erschossen.

Blauer Nil – der Tragödie zweiter Teil

Nachdem wir die Kanten des Boots mit Dachlatten und die Ecken mit Blechwinkeln verstärkt hatten, um den Rumpf noch stoßfester zu machen, legten wir um 4 Uhr nachmittags wieder ab. Der Bug war um einen weiteren Autoreifen bereichert worden.

Zunächst kamen wir zügig voran, doch nach anderthalb Stunden braute sich das inzwischen vertraute allabendliche Gewitter zusammen. Der Wind blies so stark von vorn, dass wir glaubten, auf einem See unterwegs zu sein. Wir hatten das Gefühl, flussaufwärts statt flussabwärts zu schwimmen. In aller Eile schlugen wir am linken Ufer unser Zelt auf, um nicht, wie in der vorherigen Nacht, im Regen schlafen zu müssen. Unser Rastplatz lag auf einer breiten Landzunge, die landeinwärts bewaldet war. Ein Flüsschen, das aus einem Seitental kam, hatte hier eine Geröllbank mit üppiger Vegetation geschaffen. Nach der Gewitternacht schauten wir uns den idyllischen Platz näher an. Plötzlich flüsterte Günter aufgeregt: »Die Speere! Komm, das gibt einen Braten…« Günter hatte im dichten Grün ein Rudel Wildschweine entdeckt. Wir schlichen uns an den Braten in spe heran. Besonders scheu schienen die Tiere nicht zu sein, keine Menschenseele machte hier Jagd auf Wildschweine. Als wir ihnen zu nahe kamen, trabten die Tiere gemächlich ins Unterholz. Die einzige Beute, die wir machten, waren bohnenförmige Hülsenfrüchte, die uns tags zuvor schon die Brückenpolizei gegeben hatte. Die Wachmänner hatten sie als *Ronka* bezeichnet. Die Früchte schmeckten säuerlich, sollten aber gut für den Magen sein, wie uns die Polizisten versichert hatten.

Der Abbai meinte es gut mit uns. Entspannende Fahrt. Die einzige Spannung war das Warten auf Rittlingers Riesenkrokodile, die er in seinem Buch voller Zorn als die schlimmsten Geschöpfe auf Gottes Erde – als mordlustige, blutrünstige, stinkende, fauchende Monster – beschrieben hatte. Wir näherten uns dem Mugar, einem linken Nebenfluss, wo Rittlingers Gruppe wegen der aggressiven Krokos mit zerfetzten Booten hatte aufgeben müssen. Aus Wut und Rachlust erschossen sie eines der urweltlichen Ungeheuer, nachdem sie sich ans Ufer gerettet hatten.

Unser Sarg schien den Riesenechsen mehr Respekt einzuflößen als Rittlingers Klepper-Faltboote. Sie schwammen neugierig ans Boot heran und glotzten uns mit großen, grünen Augen an. Kamen wir ihnen zu nahe, tauchten sie geräuschlos ab und kamen hinter dem Boot wieder an die Oberfläche, wobei nur die Augenhöcker aus dem Wasser ragten. Einige bissen neugierig in die Autoreifen. Aber sie beunruhigten uns nicht. Nach den ersten Begegnungen hatten wir schnell entdeckt, dass ihr Verhalten sehr berechenbar war. Außerdem passte ein Sarg garantiert nicht in ihr Beuteschema, wobei der Inhalt des Holzkastens ihnen gewiss gefallen hätte. Durch die Papyrusrollen waren wir ohnehin nicht in unmittelbarer Bissnähe. Erstaunlich ist es, wie sehr sich das Aussehen von Krokodilen im Lauf ihres Lebens verändert. Die Jüngeren haben einen langen, schmalen Kopf, der mit einem wulstigen Nasenhöcker beginnt, sich dann stark verjüngt und erst vor den Augenhöckern trichterförmig in die Breite geht. Ältere Exemplare haben keinen keilförmigen Kopf, sondern schlicht und einfach eine riesengroße Klappe. Allein das Maul ist über einen Meter lang und 80 Zentimeter breit. Insgesamt dürften solche Riesen wohl sechs bis sieben Meter lang und hinter den Vorderbeinen einen Meter breit sein. Nein, eigentlich ist der visuelle Unterschied zwischen jüngeren und alten Exemplaren wohl doch nicht so erstaunlich. Bei uns Menschen ist es doch genauso. Käme ein Außerirdischer auf die Erde und sähe einen ranken Teenie und wenig später einen betagten, korpulenten Homo sapiens, würde er sich wahrscheinlich auch fragen, ob beide derselben Gattung angehören. Eines dieser Monster verweilte seelenruhig neben unserem Kahn.

»Kerle, Kerle! Ist des 'n Tiersche!« So drückte Günter sein Erstaunen auf Hessisch aus. Angst muss wohl anders klingen. Aber wir waren ja auch gut gewappnet, hatten wir doch die Kanten der Stahlpaddel beilscharf angeschliffen.

»Ich probier mal aus, wie es wirkt«, sagte ich und schlug der

Panzerechse das Paddel auf die Schnauze. Erschrocken ließ sich der Drache sinken und riss dabei sein gewaltiges Maul auf. Er hinterließ ein Stückchen Haut am Paddelblatt und ward nicht mehr gesehen. Krokodile haben gewaltige Zähne, aber sie verschlingen ihre Beute nicht augenblicklich, sondern ziehen sie unter Wasser, zerfetzen sie und warten einige Tage mit dem Gaumenschmaus, bis die Beute die Konsistenz von puddingweichem Gammelfleisch hat. Krokodile wachsen ihr Leben lang, und sie sollen wohl weit über 100 Jahre alt werden. Eines dieser Ungetüme – mindestens 99 Jahre alt – kam zielsicher mit gewaltigem Rauschen auf den Kahn zugesteuert, stupste mit der Nase gegen den gummibewährten Bug. Es riss seinen furchterregenden Rachen auf und schlug zu. Ich auch, mit meinem Paddel. Ein anderes Riesenexemplar startete kurze Zeit später einen Unterwasserangriff und stieß fortwährend mit seinem Riesenmaul gegen den Bootsboden. In einem Augenblick, als es an die Oberfläche kam, stieß Günter zu. Aber bei dieser Attacke ging es erstmals richtig ums Überleben. Günters Speer drang in den Panzer. Speer und Krokodil verschwanden in der Tiefe.

Merkwürdig – als dumpfe, nichtsnutzige, alles verschlingende Saurier haben wir die Krokodile (im Gegensatz zu Rittlinger) nicht empfunden. Schließlich sind *wir* ja in ihren Lebensraum eingedrungen, nicht umgekehrt. Es gibt nichts Sinnloses in der Natur, jedes Lebewesen hat seine Daseinsberechtigung, und Krokodile haben das Recht, alles zu fressen, was in ihr Biotop eindringt, auch Menschen. Doch jedes potenzielle Beutetier hat natürlich die Möglichkeit, sich zu wehren. Die Panzerechsen bevölkern seit über 250 Millionen Jahren die Erde. Echsen waren die ersten Quadrupeden, die ersten Vierfüßler. Ohne Krokodile gäbe es folglich den Menschen nicht! Ich glaube, viele Tiere spüren die Arroganz des Menschen, der glaubt, die Krone der Schöpfung zu sein.

Furchteinflößender als die Krokodile waren die Nilpferde.

Das erste, das wir erblickten, hielten wir zunächst für ein Krokodil, weil wir nur seine Augenhöcker sahen. Doch plötzlich zuckten ein paar Ohren lebhaft hin und her. Die nächsten Hippos ließen nicht lange auf sich warten. Wir hatten eine starke Stromschnelle durchfahren und schöpften mit den Kochtöpfen das Wasser zurück in den Nil, da dröhnte es so laut, als würde jemand schwere Schränke über Holzparkett schieben. Von den Tieren sahen wir keine Spur. Das hohe Ufergras zeigte an, dass dieser Flussabschnitt ideales Hipporevier sein musste. Plötzlich setzte sich das, was wir für einen Felsen gehalten hatten, in Bewegung. Vier Tiere konnten wir in der rosig-braunen Masse unterscheiden, ein Paar mit zwei Jungen. Wir grüßten höflich im Vorbeifahren, überlegten noch, wie wir die Flusspferde bei Laune halten konnten, da tauchte zehn Meter neben uns ein riesiger Koloss prustend und schnaubend aus dem Wasser. Doch augenscheinlich war auch er uns wohlgesinnt. Noch eine Weile betrachteten wir aus respektvollem Abstand das Treiben der Nilpferde, sahen Fontänen in die Luft steigen und hörten ihr Schnauben, das so laut war, dass nicht nur wir, sondern auch die Luft erzitterte.
Am Nachmittag änderte sich die Landschaft. In den letzten Tagen war die Schlucht sehr tief, aber auch sehr weit gewesen. An der neuen Abbai-Brücke ist sie wohl mindestens 15 Kilometer breit. Doch hinter dem Zufluss des Guder verengte sich die Schlucht wieder. Der rötliche Sandstein der letzten Tage wurde abgelöst durch dunklen Basalt und farbigen Granit. Nun war der Fluss nicht mehr als 20 bis 30 Meter breit und wurde auf beiden Seiten von steilen Hängen und gewaltigen Felsen begrenzt. Vom Oberland war nichts mehr zu sehen. Die Wasserkraft hatte in Tausenden von Jahren ein fantastisches Gebilde der unterschiedlichsten Formen und Farbschattierungen geschaffen, von verschiedensten Braun- und Grautönen bis zu tiefstem Schwarz. Mal sah das Gestein wie Wachs aus,

das von einer mehrfarbigen Kerze heruntergetropft war, dann erschien es uns wie schwarzes Gusseisen oder wie ein durchlöcherter, schartiger Stahlblock. In den Aushöhlungen nisteten Tauben und Schwalben. In den Löchern dicht über der Wasseroberfläche gluckste und hämmerte der nimmermüde Abbai. Der Übergang zwischen Tag und Nacht ist in den Ländern zwischen den Wendekreisen extrem kurz. Zwölf Stunden Tag, zwölf Stunden Nacht. Es war schon fast dunkel, und wir hatten noch keinen passenden Platz zum Anlegen gefunden. Im letzten Dämmerlicht steuerten wir schließlich eine winzige Sandbank zwischen den Felsen an. Spuren im Sand zeigten, dass sich diese Sandbank auch bei den Krokodilen großer Beliebtheit erfreute. Erst am nächsten Morgen entdeckten wir, dass wir uns ganz in der Nähe einer Brücke niedergelassen hatten, deren Bau im Anfangsstadium stecken geblieben war. Im Jahr 1903 hatte Kaiser Menelik den italienischen Ingenieur Castanio beauftragt, eine stabile Brückenverbindung zwischen den Provinzen Shoa und Gojjam zu bauen. Ein Seil überspannte noch den Fluss, an dem bei den Bauarbeiten wahrscheinlich das Baumaterial hinübertransportiert worden war. Während die Brückenfundamente aus schweren Granitblöcken gebaut wurden, wartete Signore Castanio auf den Brückenstahl, den er in Mailand bestellt hatte. Die stählernen Brückensektionen kamen per Schiff in Dschibuti an, wurden mit der neu erbauten Eisenbahn bis Dire Dawa transportiert und sollten von dort aus von Kamelen über Addis Abeba an die Ufer des Blauen Nils gebracht werden. Doch sie kamen niemals an. Signore Castanio bestellte einen zweiten Brückensatz in Italien. Auch dieser Brückenbausatz verschwand auf unerklärliche Weise zwischen Dire Dawa und dem äthiopischen Hochland im »Bermudadreieck« der Danakil-Wüste. Die Afar-Krieger hatten die Baumaterialien offenbar in Schwerter verwandelt. Auch andere große Projekte am Blauen Nil sind nie realisiert worden. Die Weltmacht Großbritannien spielte schon vor hundertfünfzig Jahren mit dem strategischen Gedanken, am Blauen Nil einen Staudamm zu bauen, das Wasser zu rationieren und damit Ägypten vom Wohlwollen der Imperialisten abhängig zu machen. Schon seit Jahrhunderten hatten die Ägypter Angst, dass die Äthiopier ihnen das Wasser abgraben oder das Wasser vergiften könnten. Das Wüstenland Ägypten verdankt seinen Reichtum, ja seine Existenz vor allem den Schlammmassen aus dem äthiopischen Hochland. In Khartoum, der sudanesischen Hauptstadt, vereinigen sich der Weiße Nil, der am Ruwenzori-Massiv im Grenzgebiet von Kongo, Ruanda und Uganda entspringt und in Khartoum bereits fast 4000 Kilometer zurückgelegt hat, sowie der Blaue Nil, der mit 1800 Kilometern bedeutend kürzer ist, aber eine vielfache Wassermenge in den gemeinsamen Lauf nach Ägypten einbringt. Der Erosionsschlamm der sommerlichen Regengüsse im äthiopischen Hochland wird bis nach Ägypten getragen und überflutet die Felder zu beiden Seiten des Flussbetts. Der Reichtum der Landwirtschaft hat das Aufkeimen einer Hochkultur vor 6000 Jahren erst ermöglicht.

Es war Januar/Februar, also Trockenzeit, als wir mit dem Sarg den Blauen Nil hinabfuhren.

»Was glaubst du, welche Wassermassen hier in der Regenzeit runterrauschen, Günter?«

»Der Wasserstand wird wohl um einige Meter höher sein. Die vielen Felsen liegen dann ein ganzes Stück unter Wasser, und die Stromschnellen sind bestimmt leichter zu passieren. Wahrscheinlich würde das Boot im Eiltempo den Fluss hinabschießen.«

Der letzte Tag im Januar hielt noch eine Überraschung für uns bereit. Ich traute kaum meinen Augen. Eilig paddelten wir an die nahe Steinbank, sprangen aus dem Boot und liefen einige Meter zurück.

»Was is des denn für 'n Tiersche? Des is ja 'n Löwe«, staunte Günter. Er stand hoch über uns auf einer Klippe – der erste Löwe, den ich in freier Wildbahn erblickte. Ich brüllte ihn herausfordernd an, die Klippe trennte uns ja von ihm. Er missachtete uns.

Der nächste Morgen war trübe. Das Grau des Himmels wirkte sich auf unsere Gemütsverfassung aus. Vor allem die mäßige Verpflegung nagte an unserer Laune. Es gab zwei Gerichte zur Auswahl: Haferflocken mit Zucker und Nilwasser oder getrocknete Datteln und eine Dose Sardinen. Dieser erste Februartag hatte es in sich, reißende Stromschnellen lösten sich mit still stehenden Flusspassagen ab. Am Nachmittag wehte dicker Qualm durch die Schlucht. Das Nordufer hatte sich durch die Hitze wohl selbst entzündet, und die Flammen fanden genug Nahrung an Bäumen und Sträuchern. Es prasselte und knallte mit lautem Widerhall zwischen den Uferhängen.

Dann entdeckten wir auf den Felsblöcken des Ufers eine Gestalt. Der Mann war mit einem Speer bewaffnet und blickte suchend ins Wasser.

»Guck mal! Da ist ein Hund im Wasser!«, rief Günter.

»Nee. Das ist eine Gazelle. Die holen wir uns!«

Mit kraftlosen Bewegungen versuchte das erschöpfte Tier, ans andere Ufer zu schwimmen.

»Schnell! Sonst zieht uns die Stromschnelle weg!«

Wir hatten alle Mühe, den Kahn abzubremsen und zur Gazelle zu paddeln. Im letzten Augenblick bekam ich das Tier an den Ohren zu fassen und zog es an Bord. Im nächsten Moment erfasste uns die Strömung. Unterhalb der Stromschnelle landeten wir am Ufer. Das Tier schien dankbar zu sein, dass wir es gerettet hatten; es ahnte ja nichts von seinem bevorstehenden Ende. Es blutete aus zwei Wunden. Ich klopfte dem Tier beruhigend den Hals: »Wenn du wüsstest, was dir bevorsteht, würdest du mir nicht die Hände lecken. Wir haben Hunger.«

Außer dem Mann mit dem Speer sahen wir noch zwei weitere Männer, die sich scheu wie geprügelte Hunde umblickten und hinter einigen Bäumen versteckten. Ich winkte sie zu uns heran. Nur zögerlich kamen sie näher. Zwei von ihnen, wahrscheinlich die Wildschützen, trugen Kleinkalibergewehre. Sie waren ängstlich und murmelten etwas von »Regierung«. Sie gehörten dem Gurage-Volk an und waren vermutlich Muslime. Wir begrüßten sie mit »Salam«, womit ihnen die Angst genommen war. Einer der Männer wetzte sein Messer an einem Felsen, um gleich darauf der Gazelle die Gurgel durchzuschneiden. Wie ruhig war das Tier gewesen, als ich es an Bord gezogen hatte. Jetzt stieß es Angstschreie aus, als der Schlachter sich näherte.
»Schade um das schöne Tier«, murmelte ich, freute mich aber zugleich auf den herrlichen Braten. Endlich würden wir uns mal wieder richtig satt essen können. Die Männer trauten dem Frieden immer noch nicht so richtig. Sie bedeuteten uns, das ganze Tier mitzunehmen.
»Nein. Ihr bekommt eine Hälfte, die andere Hälfte nehmen wir«, schlug ich vor. Sie guckten verunsichert, Betteln ist bei den Gurage verpönt. »Ja, nehmt nur!«
Als sie sicher waren, dass wir es ernst meinten, lachten sie erleichtert, scherzten miteinander und freuten sich, doch noch etwas von der verloren geglaubten Beute zu bekommen. In wenigen Minuten hatte einer der Gurage dem Tier das Fell über die Ohren gezogen, und noch beim Ausnehmen begann er, sich genüsslich rohe, blutige Fleischbrocken in den Mund zu schieben. Ein Zweiter nahm ein ledernes Füllhorn von seiner Schulter und streute Berberi, den höllisch scharfen Chili, auf einen Felsbrocken. Sie zeigten uns, wie wir es machen sollten, tauchten kleine Fleischfetzen in den roten Chili und aßen mit großem Vergnügen. Rohes Fleisch hat Tradition in Äthiopien. Zu großen Festgelagen bei den Fürsten wurden stets große Mengen blutigen Fleisches verzehrt. Mit Chili ist es gut genießbar.

Der Schotte James Bruce, der 1770 die Quelle des Blauen Nils für die Außenwelt entdeckte, berichtet in seinem Buch *Travels to discover the sources of the Nile* über die beliebten höfischen Fress- und Sauforgien:
Die Gäste versammelten sich in einer großen Hütte, ein Bulle oder ein Ochse wurde hereingeführt, mit Stricken festgebunden, und mit einer unglaublichen Brutalität wurden Steaks aus dem lebenden Tier herausgehackt. Das Fell wurde anschließend über die Wunde gelegt und mit Lehm verklebt. Frauen und Männer nahmen an der Orgie teil.
Bruce: *Liebe entzündet alle ihre Feuer, und alles ist erlaubt in absoluter Freiheit. Da gibt es keine verschämte Koketterie, kein Zögern, keine Notwendigkeit, sich zu verabreden, keine Notwendigkeit, sich zurückzuziehen, um Wünsche zu befriedigen. Es gibt keinen Raum außer dem einen, in dem sie sich Bacchus und Venus hingeben. Zwei Männer, die einem Pärchen auf der Bank am nächsten saßen, halten ihre Oberbekleidung wie einen Wandschirm vor die beiden, als sie sich vor der Bank niedergelassen haben. Wenn wir die Geräusche beurteilen dürfen, so scheinen sie es für eine große Schande zu halten, Liebe in Verschwiegenheit zu machen. Zurück auf ihren Sitzen, trinkt die Gesellschaft auf des glücklichen Paares Gesundheit. Und ihrem Beispiel folgen, als alle Paare entkleidet sind, die anderen an verschiedenen Stellen der Tafel. Alles das passiert, ohne dass sich irgendjemand aufregt. Kein unzüchtiges Wort wird geäußert, und es wird nicht der geringste Witz bei der Darbietung gemacht.*
Das war 1770. Wir befanden uns im Jahr 1965 und nicht bei Hofe, sondern in der Wildnis am Blauen Nil.
Wir packten uns zwei Keulen, Leber und eine Niere ins Boot und verließen die Wildschützen. Wenige Kilometer abwärts fanden wir eine idyllische Sandbank, auf der wir in Ruhe grillen konnten. Ich sammelte Brennholz, und Günter entzündete

ein großes Feuer. Während ich das Zelt aufbaute, machte sich Günter daran, das Wildbret zuzubereiten. Er war so eifrig bei der Sache, dass ich ihn für einen geeigneten Küchenchef hielt. Ich hatte eben den letzten Zeltnagel im Boden verankert, da brüllte Günter: »Schnell, schnell! Das ganze Fleisch verbrennt!« Er hatte ein wahres Osterfeuer entfacht und das Fleisch hineingelegt. Der Braten war außen verkohlt, innen noch roh. Trotzdem war dies einer der unvergesslichen kulinarischen Höhepunkte meines Lebens. Wir hockten uns auf einen Felsblock, und jeder nahm einen Fleischklumpen zwischen beide Hände. Wie zwei Eisbären, die nach langem Winterschlaf die erste Robbe reißen, fielen wir über das Fleisch her. Bärenhunger eben.

»Du! Königin Elisabeth müsste heute in Addis sein. Um diese Uhrzeit wird sie mit dem Kaiser beim Diner sitzen.«

»Kerle, Kerle, was du alles weißt!«, staunte Günter. »Woher eigentlich?«

Als passionierter Zeitungsleser hatte ich letzte Woche, als wir in Addis waren, im *Ethiopian Herald* von dem bevorstehenden Staatsbesuch gelesen.

»Ich glaube aber nicht, dass den erlauchten Herrschaften das Essen so gut schmeckt wie uns«, fügte ich hinzu.

Es gibt Geschmackserlebnisse, an die ich mich bis heute erinnere. Sie haben sich regelrecht in meine Geschmacksnerven eingebrannt: die Rentiersuppe bei Sofie in Lappland, die würzige Gazelle, die wir in der Danakil-Wüste geschossen hatten, oder ihr Artgenosse am Blauen Nil, der uns solch ein nachhaltiges Vergnügen bereitet hat. Merkwürdigerweise war es immer Fleischeslust, die sich so tief in der Erinnerung verankert hat. Doch natürlich gab es auch andere Nahrung, die meine Sinne nachhaltig beeindruckte, und stets war es der enorme Hunger, der die Gaumenlust zu etwas Unvergleichlichem machte.

Im italienischen Restaurant des Shoa Hotels in Addis höhlten

wir mit den Fingern die Brötchen aus – bevor die Pasta serviert wurde – und füllten sie anschließend bis zur Oberkante mit Parmesan. Oder ich holte mir beim Kaufmann gegenüber der Uni ein *panino*, ein großes Brötchen, und *muus* genannte köstlich aromatische Bananen. In das ausgehöhlte Brötchen schob ich die Banane. Ich hätte wochenlang nur von Bananenbrötchen leben können, so gut schmeckte mir diese preiswerteste aller preiswerten Frühstücksmahlzeiten. Der Genuss wird stärker durch den Mangel stimuliert als durch den Überfluss.
Während die englische Königin bei Kaiser Haile Selassie dinierte und die Etikette wahrscheinlich mehr Aufmerksamkeit beanspruchte als das Festmahl, fraßen wir wie die Neandertaler. Die Zähne schlugen in die Fleischbrocken, rissen Stücke heraus. Meine Zunge zeigte erstaunlicherweise keinen Widerstand, sobald sich halb verbranntes Fleisch den Geschmacksknospen näherte. Im Gegenteil, es war ein Festtag für den Gaumen. Viele Köstlichkeiten glaubte ich herauszuschmecken: rohen Schinken, geräucherten Aal, den Rinderbraten meines Vaters und manchmal auch Wildbret.
Doch was das Erstaunlichste war – am nächsten Morgen weckte mich der Hunger. Die Völlerei am Abend hatte ein solches Loch in meinen Magen gerissen, dass ich jetzt schier unersättlich war. Während der letzten Wochen hatten sich unsere Körper an karge Kost gewöhnt. Jetzt war der Magen plötzlich so verwöhnt worden, dass er den Mangel ganz schnell ausgleichen wollte. Also machten wir uns über die Reste des kalten, verkohlten Fleisches her.
Dem guten Essen folgte eine unruhige, hektische Fahrt, bei der wir die aufgenommenen Kalorien schnell wieder verbrannten. Den ganzen Tag hatten wir immer wieder Wasser im Boot. Am Nachmittag wurde der schwerfällige Kahn wie eine Billardkugel hin und her gestoßen, wobei das Heck frontal auf einen Felsen knallte. Wasser drang ins Boot ein. Aber es war

eigentlich egal, ob das Wasser von unten durch die Ritzen kam oder von oben durch die Wogen der Stromschnellen. Kaum war das Tosen des letzten Gefälles verklungen, so ertönte von vorn schon das Brüllen des nächsten. Ich musste an Gerald, den österreichischen Floßfahrer, denken: »Mensch, Geralds Nerven müssen in diesem Chaos ja gewaltig strapaziert worden sein.«
Günter sah es genauso: »Aber der Wasserstand war vor drei Monaten noch höher. Vielleicht hat er mit den Felsen weniger Probleme gehabt als wir.«
Es dauerte gar nicht lange, da entdeckten wir Geralds Floß zwei Meter über dem Wasserspiegel auf dem Geröll. Du meine Güte! Sagte ich Floß? Es war mehr eine Hühnerleiter mit einer Tonne drauf, gut vier Meter lang und anderthalb Meter breit. Die zweite Tonne, die ursprünglich der Hühnerleiter Auftrieb verliehen hatte, war von der Wucht des Wassers abgerissen worden. Gerald hatte sein Adressbuch, einen Speer, drei Messer und – ach, wie herrlich – eine halbe Dose Marmelade zurückgelassen. Doch wo war der sechs Meter tiefe Wasserfall, von dem Gerald gesprochen hatte? Reißende Stromschnellen hatten wir ja oft genug durchfahren, aber den großen Wasserfall musste er wohl im Wahn gesehen haben. Durch die getrübte Wahrnehmung hatte ihn offenbar der Mut verlassen.
Ich setzte die Fahrt mit einem gewissen Unbehagen fort. Was würde uns in den nächsten Tagen erwarten? Günter versuchte, seine Verunsicherung durch Überschwang zu vertuschen. Eine halbe Stunde später drang das Unheil unüberhörbar an unsere Ohren und trat unübersehbar vor unsere Augen. Von Weitem sahen wir weiße Gischt aufsteigen, dahinter war von dem Flusslauf nichts mehr zu sehen. 20 Meter vor der Stelle, wo die spiegelglatte Fläche abbrach, legten wir am Steilufer an und kletterten den Felsen hoch.
»Kerle, Kerle! Das sieht ja bitterbös' aus«, bemerkte Günter etwas ratlos.

Mit ungeheurer Kraft schossen die Wassermassen durch einen Engpass und prallten schäumend gegen einen Felsen in der Flussmitte. Jenseits des Felsungetüms bildete sich ein Tal, ein alles verschlingendes Loch, hinter dem sich das Wasser sogleich wieder zu einer steilen Brandungswelle auftürmte. Die einzige Möglichkeit bestand darin, ganz hart rechts an der Felswand zwischen kleineren Felsen hindurchzuschießen. Dort schien der Fluss etwas ruhiger zu sein. Aber in welche Bahn würden uns die Wassermassen drücken? In die linke oder in die rechte? »Heute nicht mehr!«, sagte Günter und sprach mir damit aus dem Herzen. Direkt unterhalb der steil abfallenden Stufe tummelte sich ein Nilpferd, das hin und wieder neugierig zu uns herüberblickte, um sich im nächsten Moment wieder der schwerelosen Planscherei im Wildwasser hinzugeben. Eigenartigerweise sahen wir zwischen den Treppen viele Flusspferde, obwohl die Steilufer den Tieren wahrlich nicht viel Weidefläche bieten konnten. Ich freute mich, Hippos in der Schlucht zu sehen, und wertete dies als Zeichen, dass wir bald an ihr Ende gelangen müssten.
An diesem Abend war Günter erneut Küchenchef, und der Haferbrei gelang ihm vorzüglich. Es gab Haferflocken, Nilwasser, Zucker, Kakao und Geralds halbe Dose Marmelade. Herrliche Nahrung für unsere strapazierten Nerven.
Nach ausgiebigem Schlaf sah unser Wasserfall nicht mehr ganz so bedrohlich aus wie am Tag zuvor. »Es wird 'ne Dusche geben, aber wir kommen durch«, waren wir uns einig. Fünf Sekunden nach der Abfahrt war schon alles vorbei. Wir hatten Glück gehabt und waren nicht in das Loch, die Zentrifuge, hineingezogen worden.
Mir fiel ein Stein vom Herzen. Doch schon warteten die nächsten Wasserstufen und Strudel auf uns. Es war der bislang feuchteste Tag unseres Nilabenteuers. Es gab kaum einen Augenblick, an dem wir kein Wasser im Boot hatten.

»Da ist Gerald allerhand erspart geblieben! Die Strecke heute hätte ihm den Rest gegeben«, stellte ich nach endlosen Stromschnellen fest, die auch gewaltig an unserem Durchhaltewillen zehrten. Doch hatte ich mich längst damit abgefunden, dass wir alles verlieren könnten. Sollte doch kommen, was da wollte. Ich hatte mich in einen dicken Mantel der Gleichgültigkeit gehüllt. Materielle Dinge waren nie so wertlos gewesen wie in diesen Stunden. Was sind schon Fotoapparate, Fernglas und selbst Geld? Leben wollte ich, aber braucht man zum Leben einen Fotoapparat? Nichts außer dem Leben zählte. Diese Leck-mich-am-Arsch-Mentalität half mir.

Das zweite Mal an diesem Tag kenterten wir in einem der berüchtigten Löcher, die sich hinter großen Felsen im Strom bilden. Die nachfolgenden Wassermassen begruben das Boot unter sich, und mir schlug etwas ins Kreuz, bevor wir in die Tiefe gerissen wurden. Automatisch suchten wir Halt, griffen orientierungslos nach etwas, an das man sich klammern konnte. Ich bekam eine Leine zu fassen und zog mich wieder ans Boot heran. Günter tauchte eine Sekunde später auf.

»Der Tag hat's in sich«, stammelte ich zwischen Luftholen und Wasserspucken. Meine zweite und letzte Brille hatte ich verloren, Günter einen Gummischuh und ein wenig von seinem Mut. Außerdem hatte sich der Abbai unsere Nageldose, Schraubenzieher und ein Messer geholt.

Gegen Abend beruhigte sich der Abbai, und das Tal weitete sich. Der erste Lichtblick seit Tagen, der darauf hoffen ließ, dass wir das Schlimmste überstanden und die Treppenfahrten nun wohl ein Ende hatten. Voller Zuversicht setzten wir die Fahrt am nächsten Tag fort. Wir fuhren eine gute Stunde, als sich fernes Rauschen zu einem Brüllen und Donnern verstärkte. Uns schwante nichts Gutes. Wir gingen an Land und sondierten die Lage. Auf 50 Metern Länge fiel der mit Felsen gespickte Fluss um fünf bis zehn Meter ab. Was sich unter uns abspielte, erfüllte uns mit kaltem Grausen. Es war ein Tosen und Toben, ein Wirbeln und Schäumen, der Fluss ein rasendes Ungeheuer. Wir konnten keine Stelle entdecken, durch die wir mit einer 50-prozentigen Chance hindurchgekommen wären. Ein Versuch wäre glatter Selbstmord gewesen. Doch nach all diesen Anstrengungen aufgeben? Nie im Leben!

»Lass uns das Boot auf die Felsen hinaufzerren und hinter den Stromschnellen wieder einsetzen«, schlug ich vor.

»Das dauert doch mindestens zwei Tage, in denen wir nur unnötig Proviant verbrauchen«, wandte Günter ein. »Ich bin dafür, dass wir das Boot allein auf die Reise schicken und versuchen, es unterhalb der Stromschnellen abzufangen.«

»Und wie, denkst du, kommt es unten aus der Mühle wieder heraus? Bestimmt als Kleinholz! Guck mal, fünf Meter weiter gibt es eine Treppe, an der die Nilpferde an Land klettern können. Dort könnten wir das Boot rausholen.«

Ausgerechnet heute, nach drei grauen, trüben Tagen, schien die Sonne wieder mit aller Kraft. Ausgerechnet heute diese Mordshitze. Beim Auseinanderpulen der Knoten, um die Taue von den Papyrusauslegern zu lösen, brachen wir uns die Fingernägel ab. Danach begann die Schinderei, das Boot über die Felsen auf die Halde hinaufzuzerren. Wir konnten kaum so viel trinken, wie es aus den Poren herausströmte. Wir brauchten Stunden, um den Kahn hinter die Stromschnellen zu schleppen. Die Ausleger wurden wieder vertäut, und bis alles fertig war, ging die Sonne schon unter.

»Dann hoffen wir mal, dass hinter der nächsten Kurve nicht noch ein Ungeheuer lauert«, sagte ich.

Es lauerte keines mehr, doch auf die Pest folgt ja bekanntlich die Cholera, diesmal in Gestalt von Amharen, also Angehörigen der dominierenden Volksgruppe.

»Wohin wollt ihr?«, fragten sie.

»Nach Shogali«, antwortete ich.

»Was? Somali?«, schrie der glatzköpfige Anführer, dessen geografischen Kenntnisse offenbar nicht ausreichten, um zu erkennen, dass der Abbai nicht zum Erzfeind nach Somalia, sondern in Richtung Sudan fließt. Unser amtliches Schreiben verfehlte völlig seinen Zweck, keiner der Männer konnte lesen.
»Wenn uns die Armleuchter wenigstens etwas Essbares bringen würden«, fluchte ich, um meinen gewaltigen Frust ein wenig abzubauen.
»Kommt«, forderte uns der Glatzkopf auf.
»Wohin?«
Sein rechter Arm reckte sich zum Hochland: »Zur Polizei.«
»Du kannst mich am Arsch lecken!«, antwortete ich undiplomatisch. Meinen wütenden Tonfall verstand er. Der nächste auf der Karte eingezeichnete Ort hieß Lagamsa, und der lag einen strammen Tagesmarsch entfernt. Sie begannen unser Gepäck zu durchsuchen, nahmen jedes Stück in die Hand, staunten, lachten.
»Bringt die Polizei hierher! Wir warten«, schlug ich dem Glatzkopf vor. Zwei Nächte zuvor hatte ich mir an einem spitzen Stein die Ferse aufgeschlagen. Glück oder Unglück? Ich streckte ihm die offene rote Wunde entgegen. Das half – die Gesichter verzogen sich mitfühlend. Ich hatte sie überzeugt, dass ich nicht stundenlang laufen konnte. Allgemeine Ratlosigkeit griff um sich. Günter zeigte nochmals mit dem Finger auf unser Empfehlungsschreiben: »Hier! Haile Selassie!«
Die Köpfe beugten sich angestrengt über das Papier. »In Ordnung«, sagte der Glatzkopf. »Geht!«
Schleunigst packten wir unseren Kram zusammen und paddelten davon. Wie viel netter waren doch die Menschen, die von den verrückten Amharen geringschätzig als »Wilde« bezeichnet werden und auf deren Ansiedlung am Fluss wir am Abend stießen. Die Menschen winkten uns zu. Es war geradezu erlösend, endlich mal neue Gesichter zu sehen. Ein schwarzhäu-

tiges Männchen mit lachenden Augen und einem schmalen Stirnband aus Baumrinde empfing uns mit drei Frauen, von denen jede ein Kind auf der Hüfte trug. Diese »Wilden« wurden im Hochland verächtlich als *Shangila* bezeichnet – Menschen, die eigentlich nur als Sklaven taugten.

Die Amharen waren die Herrenmenschen Äthiopiens, mit hellbrauner Haut, christlichem Glauben und der Überzeugung von der Überlegenheit der eigenen Rasse. Die Shangila waren schwarz und hatten heidnische Götter. Die Frauen trugen nur winzige Lendenschurze, die wolligen Haare hatten sie mit rotbraunem Ton verklebt, wohl um sich vor Insekten zu schützen. Der optische Anziehungspunkt war nicht der knappe Minischurz aus Leder, sondern der seltsame Schmuck, den die Frauen trugen. Aus den Nasenflügeln ragten zwei streichholzlange Stäbchen aus bunten Glasperlen, die wie die Fühler eines Insekts vom Gesicht abstanden.

Sie forderten uns wohlwollend auf, am Ufer zu übernachten, und da sie unbekümmert und freundlich wirkten, nahmen wir die Einladung an. Diese Menschen hatten sicherlich keinerlei Kontakt zur Außenwelt. Sie lebten offenbar vom Fluss und von dem Gemüse, das in der Uferregion gedieh. Sie bestaunten unsere armselige Habe: die Seesäcke, die Kochtöpfe und Schlafsäcke. Die Frauen lachten und tratschten, aber hinter all ihrer Neugier steckte doch eine gehörige Portion Zurückhaltung. Sie waren das krasse Gegenteil der Amharen, die ihre Neugierde unverhohlen auslebten.

»Wir könnten ihnen ein paar Bonbons geben«, schlug ich Günter vor. »Vielleicht springt etwas dabei heraus.«

War das eine Sensation! Karamella ist das beliebteste Wort, das aus der italienischen Besatzungszeit von 1935–1941 allen Äthiopiern – selbst in den entlegensten Winkeln, in die kein Italiener je seinen Fuß gesetzt hat – in Erinnerung geblieben ist. Was dabei heraussprang, war, dass sie am nächsten Morgen noch mehr Karamella begehrten. Wir hatten unsere redliche Mühe, etwas Essbares einzutauschen. Offensichtlich schienen ihre Ackerprodukte nicht im Überfluss zu wachsen. Schließlich bekamen wir für zwei Schachteln Streichhölzer und eine kräftige Glastasse (eine Beilage aus einem Haferflockenpaket) als Gegenleistung zwei Melonen und eine Frucht von der Größe einer Zuckerrübe, die roh wie eine Mischung aus ungekochten Kartoffeln und Rüben schmeckte.

Die Menschen lebten anscheinend nur von diesen beiden Feldfrüchten und – sehr wahrscheinlich – von Fisch. Kühe, Schafe oder Ziegen sahen wir keine, auch an den folgenden Tagen nicht. Wahrscheinlich waren die berüchtigten Tsetsefliegen die Ursache. Vor gefährlichen Insekten schützten sich die Menschen, indem sie ihre Körper mit Asche einrieben. Fisch – welch ein Traum! Aber an unsere Angel hatte sich bislang noch kein Fisch verirrt, obwohl wir den Angelhaken in ruhigem Wasser stets hinter dem Boot herzogen. Vielleicht lag es ja daran, dass die Fische, die es mit Sicherheit in Mengen gab, unser Boot aus ihrer Sicht für ein Krokodil hielten und deshalb das Weite suchten. Jetzt, da der Fluss ruhiger wurde, hatten wir unser Angelzeug, den Haken samt Schwimmer, verloren. Entweder hatte tatsächlich mal was angebissen, dann muss es ein Fünfzigpfünder oder ein Krokodil gewesen sein, oder der Haken war einfach an einem Stein hängen geblieben und abgerissen. Da in dieser Gegend genug Menschen am Fluss siedelten, würden wir keinesfalls verhungern.

Günter schlief noch, und auch ich döste vor mich hin, als Stimmen vor dem Zelt laut wurden. Ich streckte neugierig den Kopf heraus und wurde von mindestens 15 lächelnden Gesichtern begrüßt.

»Aufstehen, Günter! Wir haben Gäste.«

Wir begrüßten die freundlichen »Wilden« per Handschlag und ließen uns bestaunen. Natürlich bestaunten wir auch sie: Mädchen mit »Fühlern« in den Nasenflügeln, Männer mit großen Schmucknarben an Armen, Oberkörpern und wulstigen Zeichen im Gesicht.

Schmucknarben sind in Afrika weitverbreitet. Bei vielen Völkern waren es nur dezente »Schmisse« im Gesicht – kleine vernarbte Schnittmuster, die eine bestimmte Clan- oder Stammeszugehörigkeit bezeugten. Hier bei den Shangila waren es großflächige Schmuckornamente, die Jahr für Jahr erweitert wurden. Die Haut wurde mit Dornen oder Messern punktuell aufgeritzt und die Wunde mit Holzkohle bestrichen, sodass wulstige Narben zurückblieben. Die Ornamente geben dem, der sie »lesen« kann, Auskunft über den sozialen Status des Schmuckträgers. Einige Frauen hatten sich die oberen Lippen durchbohrt und zigarettengroße Elfenbeinstäbchen durch die Öffnungen geschoben. Dieser Schmuck ragte über den Mund bis zur Nasenspitze.

Der Vielvölkerstaat Äthiopien war eine Fundgrube für unterschiedlichsten Körperschmuck. Tätowierungen mit christlichen Motiven sind bei den Amharen noch heute sehr beliebt. Die exotischste Form der Verschönerung pflegen die Surma und die Mursi-Frauen am Omo. Ähnlich wie bei den Shangila am Blauen Nil bohren sie sich Löcher in die Unterlippe, dehnen sie zunächst durch kleine Pflöcke und weiten sie durch zunehmend größere Gegenstände so stark, bis nach Jahren schließlich das Ziel des Schönheitsideals erreicht ist: Das »Loch« in der Unterlippe ist dann so ausgeleiert, dass Lippenteller aus Ton hineinpassen. Zunächst kleine und schließlich von der Größe einer Keilriemenscheibe, auch mit einer ähnlichen Nut, in die sich die Keilriemenlippe einpasst. Sollen die großen Scheiben richtig gut sitzen, müssen sich die Mursi-Mädchen beizeiten die unteren Schneidezähne herausschlagen, um Platz für den Schmuck zu schaffen. War es übertriebener Schönheitswahn? War es der ultimative erotische Kick

für die Mursi-Männer? Oder war diese Selbstverstümmelung möglicherweise ein Fluchtweg, um der Sklaverei zu entgehen? Welcher arabische oder europäische Sklavenhalter wollte eine Frau, die sich mit Keilriemenlippen verunstaltet hatte?
Äthiopische Sklaven waren bis ins 19. Jahrhundert hinein auf den Sklavenmärkten des Orients sehr begehrt. Frauen waren kostbarer als Männer, und für die hübschesten Frauen wurde natürlich am meisten geboten. Äthiopien war eine nicht versiegende Quelle wunderhübscher Weiblichkeit.
Ein berühmter deutscher Globetrotter, der 130 Jahre vor mir den Orient bereist hatte, war dem Charme abessinischer (äthiopischer) Sklavinnen erlegen, obwohl er die Sklaverei als solche strikt ablehnte. Hermann Fürst von Pückler-Muskau, ein äußerst amüsanter Draufgänger und Freigeist, war 1837 mit zwei Booten auf dem Nil nach Oberägypten gereist. Begleitet wurde er von seinem »Reiseäskulap« Dr. Koch, seinem Kammerdiener Ackermann sowie von einigen weiteren Bediensteten, wie in seinem originellen Reisebuch nachzulesen ist:
… eine abessinische Sklavin, die ich erst wenige Tage zuvor für eine ziemlich ansehnliche Summe gekauft hatte. Den Charakter dieses originellen Mädchens zu studieren, an der die Zivilisation noch nichts hatte verderben noch verbessern können, war im Verfolg der Reise eine unerschöpfliche Quelle von Vergnügen für mich, und es tat diesem Studium durchaus keinen Abbruch, dass der Gegenstand desselben zugleich an Schönheit der Formen die treueste Kopie einer Venus von Tizian war, nur in schwarzer Manier. Als ich sie kaufte, und aus Furcht, dass mir ein anderer zuvorkommen möchte, ohne Handel den geforderten Preis sogleich auszahlen ließ, trug sie noch das Kostüm ihres Vaterlandes, das heißt nichts als einen Gürtel aus schmalen Lederriemen mit kleinen Muscheln verziert. Doch hatte der Sklavenhändler ein großes Musselintuch über sie geworfen, das aber vor den Kauflustigen abgenommen wurde (…)

Aber ihr Körper! Woher in des Himmels Namen haben diese Mädchen, die barfuß gehen und die Handschuhe tragen, diese zarten, gleich einem Bildhauermodell geformten Hände und Füße; sie, denen nie ein Schnürleib nahekam, den schönsten und festesten Busen; solche Perlenzähne ohne Bürste noch Zahnpulver, und obgleich meistens nackt den brennenden Sonnenstrahlen ausgesetzt, doch eine Haut von Atlas, der keine europäische gleichkommt und deren dunkle Kupferfarbe, gleich einem reinen Spiegel, auch nicht durch das kleinste Fleckchen verunstaltet wird? (…)
Übrigens versteht sich von vornherein, dass ich ein zu gewissenhafter und selbst zu freier Preuße bin, um sie jetzt noch als Sklavin zu behandeln. Mit dem Eintritt in mein Haus war sie eine Freie.«
(aus *Aus Mehemd Alis Reich. Ägypten und der Sudan um 1840* von Hermann Fürst von Pückler-Muskau).
Ajiamé hieß die Schöne. Fürst Pückler-Muskau kehrte nach fünfjähriger Reise mit zwölf arabischen Pferden und mit abessinischen Sklavinnen nach Schloss Muskau zurück, das seine Frau Lucie für ihn verwaltet hatte. Eine der ehemaligen Sklavinnen, Machbuba, machte er zur Fürstentochter.
Heinrich Laube, ein Freund des exzentrischen Adligen, schreibt über Pferd und Fürstentochter:
Hama ist… ein idealisches Damenross, welches bis nach Deutschland von der schönen Abyssinierin Machbuba geritten wurde und welches dieses braune geniale Naturkind wie ein Vogel über Gräben und Hecken setzt.
Des Fürsten geliebte Machbuba starb nach kurzem Aufenthalt in Deutschland an der Schwindsucht, worauf auch ihre Stute Hama immer schwächer wurde und kurz nach ihrer Herrin starb.
Wie war ich vom Blauen Nil auf den Globetrotter Fürst Pückler gekommen? Ach ja, wegen der Keilriemenlippen und Skla-

venmärkte. Viele äthiopische Sklavinnen wurden ja als Konkubinen oder Dienerinnen in wohlhabende osmanische Familien und arabische Fürstenhäuser integriert und in die Gesellschaft aufgenommen. Und wer wollte schon eine Frau mit Tellerlippen an seiner Seite? Gut möglich, dass der vermeintliche Schmuck vor Sklaverei schützte.

Für die Shangila am Abbai waren wir die staunenswerten Exoten. Solche Hemden und Hosen hatten sie ja noch nie gesehen, Europäer kannten sie nur vom Hörensagen.

»Habt ihr Rüben?« Ich fragte nach der Frucht, die keine Rübe war, aber ähnlich aussah. Achselzucken. Wie ich später erfuhr, waren es Maniokknollen, die in vielen Regionen Afrikas als stärkehaltiges Grundnahrungsmittel angebaut werden. Sie verstanden weder Deutsch noch Amharisch. Aber meine Gesten begriffen sie. Doch wer war bereit, sogleich zum Dorf zu laufen, um Rüben zu holen? Erst als einige Erwachsene drohend zum Schlag ausholten, trollten sich einige Buben davon. Wenige Minuten später brachten sie nicht nur Rüben, sondern noch weitere Einheimische mit, die uns mit Eiern beschenkten.

»Wo sollen wir denn die Eier unterbringen?«, fragte Günter.

»Die stecken wir in meine Stiefel«, antwortete ich. »Wird schon kein Rührei geben.«

Und so verstauten wir das gute Dutzend Eier in meinen Wildlederstiefeln.

Wir schoben das Boot ins Wasser und mussten – wie so oft in den letzten Tagen – paddeln. Kleine Stromschnellen erlösten uns zeitweise von der Plackerei. Schönes, gleichmäßig dahinfließendes Wildwasser, das nur einen Haken hatte: Dicht unter der Oberfläche war es mit kaum sichtbaren Felsbrocken gespickt, die wir mehrmals rammten. Das Flussbett wurde wieder enger, zwängte sich durch Lava- und Granitmassen.

Dennoch freuten wir uns, auf dem abschüssigen Fluss so gut

voranzukommen. »Morgen sind wir am Didessa«, sagte ich optimistisch.
»Ja, es geht abwärts«, entgegnete Günter ironisch. Man konnte es sehen, dass der Fluss bis zur nächsten Biegung beträchtlich abfiel. Der Fluss brüllte nicht mehr wie noch vor wenigen Tagen. Dafür war jetzt ein helles Rauschen zu hören, das sanft und vertrauenerweckend klang.
Am rechten Flussufer folgte uns seit einiger Zeit eine Horde Einheimischer. Was bewog sie, uns so hartnäckig zu folgen? Mehr als ein paar hundert Schritte lief doch selten jemand hinter dem Boot her. Was sie dann zu sehen bekamen, war der Mühe sicherlich wert. Sie sahen, wie das kleine USO (Unidentifiziertes Schwimm-Objekt) mit den beiden Weißen an Bord von einer gewaltigen Strömung fortgerissen wurde und gegen einen kaum aus dem Wasser ragenden Felsen krachte. Sie sahen, wie der Kahn sich aufbäumte und überspült wurde. Sie sahen, wie einer der Weißen mit weit aufgerissenen Augen durch die Luft flog und im Wasser landete, ehe er mit hektischen Zügen zum Kahn zurückschwamm. Das war doch ein Erlebnis!
»Das ist das Ende!«, war Günters trockener Kommentar, nachdem er in unsere Badewanne zurückgeklettert war.
Durch das Grundbrett zog sich ein langer, breiter Spalt.
»Wir dürfen jetzt nicht aufgeben! Es muss weitergehen!«, beschwor ich ihn. Wie oft hatten wir in den letzten drei Wochen das Ende vor Augen gehabt? Hatten wir nicht schon am ersten Tag gesagt, dass es ein riesiger Erfolg wäre, die große Brücke zu erreichen?
Die große Brücke hatten wir längst erreicht, hatten neuen Mut geschöpft und unser Abenteuer fortgesetzt. Als dann die gefährlichen Wasserstufen an unseren Nerven zerrten und zehrten, da hieß es: »Wenn wir doch nur den dritten großen Abbai-Bogen erreichen, dann haben wir es geschafft.«
Der Blaue Nil floss jetzt für die nächsten 200 Kilometer nach

Südwesten. Wir kämpften mit den Wirbeln, die sich hinter der Stromschnelle gebildet hatten, und wir kämpften mit der schweren Badewanne, die sich dagegen wehrte, ans Ufer gerudert zu werden. Da saßen wir also, drehten uns wie in einem Karussell und kamen nicht von der Stelle, während die Meute am Ufer vergeblich auf uns wartete. Irgendwann gaben uns die Wirbel frei, sodass wir zur Sandbank paddeln konnten.

»Wir müssen versuchen, den Kahn möglichst hoch über dem Wasser zu halten«, überlegte ich. »Dazu müssen wir die Papyrusrollen so weit wie möglich nach unten binden.« Zwei Stunden später war die Wanne zur Weiterreise bereit. Den Riss hatten wir nicht abdichten können, das ganze Boot hatte sich verzogen. Wir würden also weiterhin in einer Badewanne reisen müssen.

Auf der Karte waren Wege eingezeichnet, die in der Nähe des Didessa ins Hochland führten.

»Es muss weitergehen«, murmelte ich vor mich hin.

»Warum wiederholst du das immer?«, fragte Günter genervt.

»Stell dir vor, wir wären auf einem Fluss im dichtesten brasilianischen Urwald. Ohne Menschen in der Nähe. Dort müsste es eben auch weitergehen«, argumentierte ich.

In der Nacht würde uns schon eine Lösung einfallen. Für heute hatten wir jedenfalls genug gebadet und zogen das Boot auf eine Steinbank.

»Ach du liebe Zeit! Der Seesack hat ein Loch, die ganzen Klamotten sind nass.«

»Hoffentlich hab ich kein Rührei im Stiefel.«

»Nein, die Eier sind alle heil geblieben«, stellte Günter freudig fest.

»Gut, dann essen wir Zuckerei!«

Braten konnten wir die Eier nicht mehr, denn unsere Kochutensilien hatte sich der Abbai geholt. Unseren Haferbrei mussten wir jetzt im Apothekenkästchen anrühren.

»He! Von wegen, die Eier sind heil geblieben. Nur an einer Seite! Schweinerei!«
Von dem Dutzend war die Hälfte in meinen Stiefeln ausgelaufen. Günter begann, die Eier in seinen Becher zu schlagen.
»Leuchte mal! Ich glaube, ein Ei ist angebrütet.«
Tatsächlich, da schwamm doch ein halbes Küken in dem Brei. Was von dem Zuckerei übrig blieb, reichte gerade, um unseren Appetit noch zu steigern.
Am nächsten Morgen musste Günter seine Luftmatratze opfern. Wir wollten alles versuchen, um die Badewanne wieder seetüchtig zu machen. Wir schnitten den Kopfteil der Matratze ab und befestigten ihn am Heck. Wir wollten uns dann hinten ins Boot setzen, wodurch der Bug weiter aus dem Wasser ragen würde. Alles vergebliche Mühe! Das Heck hob sich zwar um drei Zentimeter, aber es standen immer noch 30 Zentimeter Wasser im Kahn! Das waren mehr als zehn Zentner Zuladung. Dazu die lahme Strömung …
Ich zermarterte mir den Kopf auf der Suche nach neuen Möglichkeiten. Bei guter, regelmäßiger Kost hätten wir vielleicht sogar diese Wanne voranbringen können. Doch der Kalorienmangel nagte an unseren körperlichen und seelischen Kräften. Hatten wir unsere morgendliche Mahlzeit verschlungen, so kreisten die Gedanken sogleich um das nächste Essen, das aber erst in zwölf Stunden zu erwarten war. Wie war es doch am letzten Abend gewesen? Günter bereitete gerade den allerletzten Haferbrei im Medizinkasten zu, als die Zuckerdose von unserem Tisch, einem Stein, herunterkippte und sich der halbe Inhalt auf dem steinigen Boden verstreute. Mit Teelöffeln füllten wir zurück, was zu retten war, mitsamt einer Unmenge von Sandkörnern. Wir verschlangen unseren Haferbrei, dann gab's Dessert.
»Was für ein Glück, dass Sand genauso knirscht wie Zucker«, sagte ich und leckte mir genüsslich die Finger. In diesem Mo-

ment hatte ich das unwirkliche Gefühl, mir von einer höheren Warte aus selbst zusehen zu können. Ich sah uns zwei Gestalten am Boden hocken. Eine surreale Szenerie. Von Zeit zu Zeit stieß ich ein glucksendes Lachen aus und schüttelte ungläubig den Kopf: »Junge, Junge! Jetzt müsste mein Vater mich mal sehen.« Dabei dachte ich nie an meinen Vater. Wieso ausgerechnet jetzt in dieser aberwitzigen Situation am Nil? Es war einer dieser tragikomischen Augenblicke, in denen man vor lauter Verwunderung über sich selbst lachen muss.

»Glaubst du nicht auch, dass wir genauso viel Genuss verspüren wie einer, der im Waldorf-Astoria Kellerasseln verspeist? Wahrscheinlich schmecken die Viecher gar nicht. Am meisten Genuss bereitet denen wahrscheinlich das spleenige Geldausgeben. Solche Typen sollten mal zum Blauen Nil kommen. Hier können sie lernen, was wahrer Genuss ist.«

»Kerle, Kerle, was du für seltsame Ideen hast…«, wunderte sich Günter.

Von Zucker und Sand gestärkt beschlossen wir, die Badewanne in ein Floß umzubauen. Für die Bauarbeiten suchten wir uns eine geeignete Sandbank und wurden von einer ganzen Flusspferdsippe mit lautem Prusten und Trompeten begrüßt. Aufmerksam reckten sie die Hälse, beobachteten, wie wir den Kahn an Land zogen, und senkten dann zornig schnaubend ihre Köpfe. Wir waren in ihre Kolonie eingebrochen. Was würden die Hippos wohl unternehmen? Für einen Moment fand ich Gefallen an dem Gedanken: *Boot von Flusspferden zertrampelt!* Das wäre doch wenigstens ein ruhmvolles Ende. Jedenfalls viel besser als das Eingeständnis des Scheiterns: *Mussten aufgeben wegen zu starker Stromschnellen.* Scheitern ist Mist! Scheitern ist ein Eingeständnis von Schwäche. Hatten wir uns etwa auf den Blauen Nil gewagt, um uns unserer Schwäche bewusst zu werden? Im Gegenteil, wir hatten das Abenteuer gesucht, um uns unsere Stärke zu beweisen. Nicht ausschließlich, aber wer Krokodile und Flusspferde in freier Natur erleben und unbekannte Welten kennenlernen will, der muss stark sein. Abenteuer ist eine ständige Herausforderung, ein permanentes Abwägen, ein Hineinhorchen in sich: Sind die Krokodile, die auf uns zukommen, angriffslustig? Können wir an diesem Ufer schlafen, ohne von Flusspferden überrannt zu werden? Können wir den Wasserfall meistern oder müssen wir das Boot darum herumtragen?

Abenteuer ist ein ständiger Wechsel von erhöhter Adrenalinzufuhr und der körpereigenen Belohnung mit Glückshormonen. Ein Wechsel zwischen Furcht und Befriedigung. Man schöpft Stärke daraus, Gefahren vernünftig einzuschätzen und übertriebene Furcht abzubauen.

Jeder Mensch will Stärke zeigen! Nicht jeder will auf den Blauen Nil, aber jeder will sich selbst beweisen, wie stark oder wie fähig er ist. Nur in Quantität und Qualität der Selbstdarstellung unterscheiden wir uns. Der eine übertrumpft seine Nachbarn in der Weihnachtszeit, indem er sein Eigenheim mit fassadenkletternden Weihnachtsmännern, Rentieren und Tausenden von Lichtern verkitscht. Ein anderer muss auf vierzehn Achttausender klettern, um sich selbst etwas zu beweisen, um sein Selbstwertgefühl zu stärken.

Der Konkurrenzkampf beginnt schon beim Zeugungsakt, beim Wettlauf der Samen in Richtung Eizelle, er zieht sich durch das ganze Leben und hört erst auf in der Demenz.

Darin unterscheiden wir uns in keiner Weise von den Tieren, denn auch das Zusammenleben der Menschen ist von ständigen Rangkämpfen geprägt: Es beginnt mit den Rangeleien in der Sandkiste, setzt sich fort in der Partnerschaft, im Beruf, in der Politik, im Zusammenleben der Nationen. Das ist das Tragische an der Politik, dass wir von Menschen gelenkt werden, die vorgeben, nur das Wohl des Volkes im Auge zu haben, die aber in erster Linie an sich selbst denken: an die Rangordnung in der eigenen Partei, den Sieg über den politischen Gegner, das unentbehrliche Gefühl, zu den Stärkeren zu gehören.

»Alle Menschen denken an sich, nur ich denk an mich«, sagt schon ein alter Spontispruch.

Deshalb ist bisher auch jeder Sozialismus gescheitert, deshalb ist bislang auch das Christentum gescheitert. Total gescheitert. Schon die Jünger haben sich nach der Kreuzigung von den Idealen ihres Meisters entfernt. Seitdem ist die Distanz von Christus zu den Menschen stets größer geworden. Die Institutionen des Glaubens sind mit sich selbst beschäftigt. Oder etwa nicht? Ist Hitler von seiner Kirche exkommuniziert worden? Wurden die Kulturvölker Südamerikas aus christlicher Nächstenliebe abgeschlachtet? Sind Hunderttausende von Afrikanern aus christlicher Nächstenliebe auf amerikanische Plantagen verschleppt worden?

Mein Freund Schorsch hat das Dilemma des Menschen auf den Punkt gebracht: »Sobald der Mensch auf die Welt kommt, wird er sich seiner Unzulänglichkeit bewusst. Und das zermürbt ihn sein Leben lang.«

Deshalb wollen wir nicht scheitern, sondern unsere Unzulänglichkeit mit vermeintlicher Stärke kompensieren.

Aus dem Wrack bauten wir also ein provisorisches Floß. Das Hauptproblem war, dass wir außer einer Axtklinge keinerlei Werkzeug und keine Schrauben hatten. Wir wollten die beiden Papyrusrollen als Auftriebskörper benutzen und auf diese mit den restlichen Seilen die Seitenbretter und das zerborstene Bodenbrett binden.

»Was machst du? Ich denk, wir bauen den Kahn um?«, fragte Günter plötzlich. Ich hockte auf dem Boden, befeuchtete meinen Zeigefinger und tauchte ihn wie am Abend zuvor in den Sand. Doch ich hatte es nicht auf Zuckerkrümel abgesehen.

»Ich sammle Gold. Hier!« Ich hielt Günter meinen Finger unter die Augen: »Reines Gold.«

Ein kleines Goldblättchen haftete auf der Fingerkuppe. Dann kramte ich ein leeres Tablettenröhrchen aus der Tasche und streifte das Goldblättchen an der Innenseite des Röhrchens ab, in dem sich schon etliche Krümel befanden.
»Was? Das ist doch kein Gold! Rohgold ist viel schmutziger«, belehrte mich Günter.
»Natürlich sieht Gold so aus. Ich hab doch schon mal Goldwäschern am Lemmenjoki in Nordfinnland zugeguckt«, verteidigte ich meinen Fund. Und während wir über die Farbe rohen Goldes diskutierten, schielte ich schon wieder mit einem Auge auf den sonnenbeschienenen Sandhang, auf dem es golden glitzerte.
»Mensch, Klaus! Wollen wir Gold sammeln oder ein Floß bauen?«
»Beides. Ich komm schon.«
Wir kletterten, uns an herabhängenden Baumwurzeln festhaltend, den Hang hoch, wo kleine Bäume mit heller Rinde wuchsen. Mit der Axtklinge mühten wir uns ab, um drei armdicke Bäumchen zu fällen. Eine ziemliche Plackerei bei der brütenden Hitze. Noch schweißtreibender war es, den Sarg auseinanderzubrechen. Mit roher Gewalt zerlegten wir den Kahn in zwei Einzelteile. Mit den drei Baumstämmchen als Verstrebungen fixierten wir die Papyrusrollen. Auf diesen Unterbau schnürten wir dann die beiden Seitenbretter. Die zwei Hälften des geborstenen Bodenbretts, die noch mit den Seitenbrettern verschraubt waren, dienten als Reling und sollten einen Sicherheitsabstand zu den Krokodilen gewährleisten.
Die Sonne hatte sich schon aus der Schlucht zurückgezogen, als unser Floß endlich fahrbereit war. Mir war vor Hunger und Müdigkeit die Lust am Goldauflesen vergangen. Von unserem neuen Wasserfahrzeug war ich jedoch restlos begeistert.
Wir hatten das Floß soeben in die seichte Bucht geschoben, als es auch schon von der ersten kleinen Stromschnelle erfasst wurde und tänzelnd den Fluss hinabglitt.

»Mensch, Günter, wenn das so weitergeht, dann schaffen wir es doch noch bis zum Sudan.« Ich war verzückt von der Schwimmfähigkeit des Floßes. Es sah fabelhaft aus. Am Bug ragten die Bretter gut 15 Zentimeter über den Wasserspiegel. Das Heck lag zwar von Anfang an einige Zentimeter unter Wasser, aber wir hatten ja noch die niedrige Reling, die uns ein vages Gefühl der Sicherheit vor Krokodilattacken gab. Die Ufer wurden sanfter, bald würde es keine reißenden Schnellen, keine schwarzen Schluchten mehr geben. Die zahlreichen Krokodile waren neugierig, aber sie beunruhigten uns nicht. Wir hatten inzwischen Hunderte von ihnen gesehen und wussten ihr Verhalten einzuschätzen. Was waren die Krokodile doch harmlos, verglichen mit viel kleineren Tierchen. Seit Tagen plagten uns Bremsen, vielleicht auch Tsetsefliegen.

Doch auch der Abbai hatte nach wie vor seine Tücken. Er steckte voller Felsen, die nicht aus dem Wasser herausragten. Mehrfach schlitterte das Floß über die Hindernisse, jedes Mal scheuerten die Felsen heftig an den Papyrusrollen. Bis zum Abend ließ die Tragfähigkeit der Auftriebskörper merklich nach, während die Aufmerksamkeit der Krokodile merklich zunahm. Am nächsten Tag saßen wir immer tiefer im Wasser. Das Fahrzeug entwickelte sich allmählich zu einem Unterwasserfloß. Die Krokodile wurden aufdringlich. Wir nutzten unsere eisernen Paddelblätter wie Hellebarden, schlugen kräftig zu und konnten uns auch einigen Respekt verschaffen. Doch hinter der nächsten Kurve lauerten die nächsten Krokodile und dahinter …

Die Tragfähigkeit der Papyrusrollen wurde immer mieser, so auch unsere Stimmung. Der Proviant war aufgebraucht, die Gastfreundlichkeit der Krokodile ließ immer mehr zu wünschen übrig. Sie hatten uns längst als potenzielle Beute ausgemacht. So wie Geier aus großer Höhe eine lahmende Gazelle erkennen können und geduldig auf den richtigen Augenblick

zum Angriff warten, hofften und warteten die Krokodile auf den totalen Zusammenbruch unseres Floßes. Seit zwei Tagen hatten wir keine Menschenseele mehr gesehen. Wir waren zermürbt. Gestern Morgen war ich noch euphorisch gewesen, doch jetzt musste auch ich einsehen, dass wir gescheitert waren. Ende! Aus! Feierabend!
Am 13. Februar 1965, nach 25 Tagen auf dem Wasser, mussten wir aufgeben. Circa 700 Kilometer hatten wir zurückgelegt, noch 200 Kilometer wären es bis zur sudanesischen Grenze, unserem eigentlichen Ziel, gewesen. In 1500 Metern Höhe hatten wir unser Bootsabenteuer gestartet. Hier, kurz vor der Einmündung des Didessa, an der Pforte zum Flachland, waren es nur noch 500 Meter. Wir hatten also ein Gefälle von 1000 Metern überwunden.
14. Februar 1965. Das letzte Frühstück. Eine Dose Sardinen und zwei Hände voll Milchpulver. Nach der opulenten Mahlzeit las ich Tschechows *Kirschgarten*. Warum, um Himmels willen, musste ich in dieser Ausweglosigkeit den *Kirschgarten* lesen? Nachmittags schulterten wir die beiden Rucksäcke mit den Resten unserer Ausrüstung – Zelt, Schlafsäcke, zwei Kameras, Fernglas, Feldflasche, eine Pistole, Stiefel, ein paar Klamotten – und brachen auf zum Didessa, der irgendwo flussabwärts in den Blauen Nil münden sollte. Wir krochen und krabbelten durch dichtes Buschwerk und spürten mit einem Mal, wie viel Kraft wir in den letzten Wochen verloren hatten. Bei Mondschein erreichten wir unsere erste Etappe, die Didessa-Mündung. In zwei, drei Tagen hofften wir auf Menschen zu stoßen.

2. Tag: Was wir am nächsten Morgen bei Tageslicht sahen, hellte unsere Stimmung nicht gerade auf. Der Didessa zwängte sich durch eine steil abfallende Schlucht. Das Flussbett war durch Felsen blockiert, über die wir hinwegklettern mussten. Mit gut gefülltem Magen mag man so etwas als sportliche

Herausforderung betrachten. Für uns mit leerem Bäuchen – mit Badehose bekleidet und Sandalen aus alten Autoreifen an den Füßen – war es ein Kampf ums Überleben. Es gab auch Stellen mit flachem Ufer, aber die waren von Dickicht überwuchert. Der Hunger quälte uns, darum pumpten wir uns den Bauch mit Didessa-Wasser voll, um überhaupt etwas im Magen zu haben. Aus dem Nichts überfiel uns ein Schwarm wild gewordener Bienen. Im Nu waren wir zerstochen. Wir schmissen die Rucksäcke ans Ufer und tauchten unter Wasser. Sobald wir wieder auftauchten, um Luft zu holen, war die Armada der verrückten Bienen wieder da.

»Wir müssen ein Feuer machen, wenn wir die Viecher loswerden wollen!«, rief ich prustend und tauchte wieder ab. Beim nächsten Auftauchen sprangen wir ans Ufer zu den Rucksäcken.

»Scheiße! Die Streichhölzer zünden nicht. Die sind feucht«, fluchten wir. Als es uns endlich gelang, ein wenig trockenes Gestrüpp in Brand zu setzen, hatten die Bienen ihre Munition verschossen. Wir waren übersät mit Einstichen. Sorgfältig drückten und zogen wir die Stacheln mit den Fingernägeln aus dem Fleisch. Wie ich selbst aussah, konnte ich nicht feststellen. Günter jedenfalls war völlig entstellt, sein Gesicht geschwollen, die Augen zu schmalen Schlitzen verengt …

3. Tag: Die mühselige Kletterei durch die Schlucht wollte kein Ende nehmen. Heute waren es nicht die Bienen, die uns malträtierten, sondern Bremsen. Unsere Ruhepausen wurden immer länger, die Mutlosigkeit größer. Unter einem Busch fanden wir ein paar verdorrte Früchte in Rosinengröße. Sie schmeckten süßlich, aber was sind ein paar lächerliche Kalorien für einen ausgehöhlten Magen? Der Fluss war nun so tief, dass wir nicht mehr darin waten konnten. Das schmale Ufer war ein Chaos aus Felsblöcken.

»Komm! Wir versuchen, den Steilhang raufzuklettern. Lass uns mal gucken, wie es oben aussieht.«
Ohne Seil kletterten wir die Steilwand hoch. Wir klebten förmlich an den Felsen, ächzten und schwitzten und kamen kaum voran.
Gedanken quälten mich: Was passiert, wenn einer von uns abstürzt? Würde ich Menschenfleisch futtern, um zu überleben? Geht Günter vielleicht das gleiche durch den Kopf? Würde er… mich…?
Der Gedanke daran stärkte meinen Überlebenswillen, ich schöpfte neue Energie. Am Nachmittag hatten wir die 50 Meter hohe Steilwand endlich bezwungen. Statt Dschungeldickicht oder zermürbender Felsen erwartete uns hier oben lichter Baumwuchs und verdorrtes Steppengras, das in unsere Fußgelenke schnitt. Doch kamen wir erheblich schneller voran als unten im Flussbett, allerdings machte uns der Durst zu schaffen. Unsere Feldflaschen hatten wir in der Steilwand ausgetrunken. Nach einer Stunde waren wir so erschöpft, dass wir wieder zum Fluss hinunterkletterten und uns die Bäuche mit Wasser vollschlugen.

4. Tag: Unsere Kräfte erlahmten. Immer öfter legten wir eine Pause ein. Immer schwerer fiel es uns, wieder auf die Beine zu kommen: »Komm, Günter. Wir müssen weiter!« Wenn ich Günter nicht antrieb, dann musste Günter mich antreiben. Wir waren völlig auf uns allein gestellt. Uns vermisste keiner, niemand suchte nach uns. Das einzig Essbare, das wir kurz erblickten, war ein kleiner Affe, der sogleich wieder im Dickicht verschwand. Wir konnten die Pistole stecken lassen.
Plötzlich ein Hoffnungsschimmer! Wir waren wie elektrisiert! Hoch in einem Baum hingen Bienenrollen, geflochtene Bastmatten, die zu Bienen-»Körben« zusammengerollt waren. Hier mussten Menschen gewesen sein. Wir versuchten, den meter-

dicken Stamm hochzuklettern. Aber wir waren zu schwach. Es wurde nichts mit einer Honigmahlzeit. Am Nachmittag kletterten wir aus der Schlucht heraus. Auf der flachen Savanne erhob sich ein kleiner Berg. Gegen Abend, als die Hitze nachließ, kletterten und quälten wir uns den Berg hinauf. Nachts, so unsere Hoffnung, würden wir vielleicht ein Feuer menschlicher Siedlungen entdecken können. Im Mondschein erreichten wir den Gipfel. Mit dem Fernglas starrten wir zum Horizont, suchten nach einem Feuerschein.

5. Tag: Es musste in der Steppenlandschaft doch irgendeine Unregelmäßigkeit zu erkennen sein, die auf eine Siedlung schließen ließ. Doch wir sahen nur das geschlossene Dach der Baumkronen. Das Zelt, die Schlafsäcke und unsere Klamotten ließen wir auf dem Berg zurück und marschierten geradewegs durch die Wildnis in Richtung Hochland. Irgendwann würden wir auf Menschen treffen müssen. Hunger verspürten wir überhaupt nicht mehr. Das Riesenloch in unseren Mägen war verschwunden, der Hunger totaler Schlaffheit gewichen. Wir stolperten über unsere eigenen Füße. Übernachteten am Fluss.

6. Tag: Wir schleppten uns voran wie fußkranke Greise. Nach einer Stunde schöpften wir Hoffnung. Wir waren auf einen schmalen Trampelpfad gestoßen, der uns nach einer weiteren Stunde zu ein paar Hütten führte. Kein Mensch war zu sehen, kein Zeichen von Leben. Wir ließen uns auf den Boden fallen und kamen nicht wieder hoch. Nach einer Stunde rafften wir alle Kräfte zusammen. Der Pfad wurde breiter, und nach drei weiteren Stunden hörten wir Stimmen. Auf einer Lichtung erreichten wir ein kleines Dorf, das aus etwa zehn ärmlichen Hütten bestand. Die Frauen und Kinder liefen weg, als sie die beiden ausgemergelten Gestalten erblickten. Nur die Greise blieben sitzen. Es waren Shangila, die kein Wort Amharisch verstanden. Aber dass wir Hunger hatten, die sprechende Geste, die zusammengepressten Finger zum Mund zu führen, verstanden sie sofort. Obwohl wir kein Hungergefühl hatten, mussten wir unbedingt etwas essen, um zu Kräften zu kommen. Die alten Frauen brachten uns Mais und große, halb gare Kartoffeln. Unsere Mägen krampften sich zusammen, verweigerten die Nahrungsaufnahme. Unendlich langsam und lustlos kauten wir auf einzelnen Maiskörnern und den harten Kartoffeln herum, aber wir waren gerettet. Die Frauen kehrten mit ihren Kindern ins Dorf zurück, die Männer kamen von den Feldern. Sie zeigten fragend zum Himmel, was wohl bedeutete: Seid ihr mit dem Flugzeug abgestürzt?

»Nein. Wir kommen vom Abbai. Abbai! Versteht ihr?«

Wir lagen auf Bastmatten und nagten an den Kartoffeln, während mein Magen von Milch und Honig, Joghurt und Bananen träumte.

Am nächsten Tag begleiteten uns zwei Shangila zu einem Dörfchen namens Bariso. Es ist etwas höher gelegen, das Klima nicht so stickig und heiß wie im Didessa-Tal. Dort gab es Injera, den *Birz* genannten süffigen Honigwein und zu Ehren der geretteten Ferenjis rohes Fleisch. Ich zeigte auf meinen Magen, dem noch nicht nach dieser Delikatesse zumute war.

»Was? Du hast Probleme mit dem Magen? Dann musst du die Früchte von diesem Busch essen«, empfahl mir einer der Männer und pflückte mir sogleich welche. Es waren Früchte mit langen Stacheln, die wie kleine Seeigel aussahen. Er schnitt sie mit dem Messer auf und enthüllte bohnenförmige Kerne.

»Nimm! Sehr gesund.« Ich aß drei, vier dieser Bohnen. Wird schon nicht schaden, dachte ich mir. Jahre später wurde mir bewusst, was ich da gegessen hatte: nichts Geringeres als Rizinuskerne, die auf Sträuchern mit handförmigen Blättern wachsen. Botaniker nennen diesen Strauch auch Christuspalme oder Wunderbaum. Die Rizinuskerne enthalten das Gift Ricin, das die roten Blutkörperchen verklumpen lässt. Was hörte ich kürzlich in der Sendung »Naturwunder«? Eine Handvoll Rizinussamen sind tödlich, und weil der so schön giftig ist, diente er früher als Rattengift. Zum Sterben hatte ich damals vermutlich ein, zwei Bohnen zu wenig gegessen. In jedem Fall bekam ich fürchterlichen Durchfall, der mich tagelang plagte. Auf eine detaillierte Beschreibung möchte ich hier verzichten …

Nachdem wir wieder einigermaßen bei Kräften waren, schlugen wir uns bis nach Haro durch, wo wir amerikanischen Missionaren begegneten, die uns zum Essen einluden und anschließend auf ihrem Landrover nach Gelila mitnahmen. Wir saßen oben auf dem Dachgepäckträger und wurden auf der unebenen Piste kräftig durchgeschüttelt. Während der Fahrt reichten die frommen Baptisten eine Schachtel mit Keksen herum, die Günter und mir wunderbar schmeckten, den Missionaren aber nicht. Meine Großmutter hatte mich gelehrt, Nahrung als etwas Wertvolles zu begreifen. Auch mein Vater wäre nie auf die Idee gekommen, etwas Essbares wegzuwerfen. Doch die Missionare, die den Menschen unweit des Blauen Nils das Seelenheil bringen wollten, schmissen die eben angebrochene Packung in hohem Bogen aus dem Auto. Sie fiel in eine kleine Schlucht, die mit üppiger Vegetation überwuchert war.

»Warum schmeißt ihr die Cookies weg?«, fragte ich verwundert.

»Ach, die schmecken doch nicht«, antwortete einer der Christen, die genau wussten, dass wir fünfeinhalb Tage lang nichts gegessen hatten. Außerdem hätten die Kekse bestimmt auch bei den Kindern im nächsten Dorf einen bleibenden Eindruck hinterlassen.

Ich beugte mich vom Dachgepäckträger hinunter zum Fahrerhaus: »Wir würden die gerne noch essen. Wir haben Hunger.«

Der Landrover hielt an. Günter kämpfte sich durch das Dickicht den Hang hinunter, um die angebrochene Kekspackung zu suchen, und scheuchte dabei eine kleine Horde von Colobusaffen auf, wunderschöne Tiere mit seidigem, schwarz-weißem Schultermantel und langen Quastenschwänzen. Das dunkle Gesicht umrahmt von einer weißen Binde. Die paviangroßen Menschenaffen sind wahre Flugkünstler, wenn sie die Arme zu einem Gleitschirm ausbreiten und von Baumwipfel zu Baumwipfel segeln. Unsere Missionare waren völlig aus dem Häuschen. Sie, die so gerne von Gottes Schöpfung redeten, rannten zur Heckklappe ihres Landrovers und kramten ein Gewehr hervor. Einer der Missionare drückte wahllos ab, nicht wissend, ob er auf ein Muttertier zielte. Er traf. Das Tier stürzte in die Schlucht, die nur etwa 20 Meter tief, aber so dicht überwuchert war, dass man den toten Körper im Dickicht nicht mehr erkennen konnte.

»Schade! Wäre solch ein hübsches Souvenir gewesen«, sagte der Schütze bedauernd. Zwei hirnlose Dummheiten innerhalb von wenigen Minuten ließen mich vom Glauben abfallen. Vom Glauben an die menschliche Vernunft.

Im Dorf Keramo, hoch in den Bergen, verabschiedeten wir uns von den Missionaren. Sie wollten hier die Welt verbessern, wir wollten zurück nach Addis. Acht Tage nach unserer Rettung erreichten wir in Bako die erste richtige Straße. Von dort aus nahmen wir den Bus nach Addis Abeba. Das Fernsehen, die Zeitungen und Krokodiljäger rissen sich um uns. Der jugoslawische Jäger Mattamovic sabberte vor Aufregung, als er von unseren Krokodilabenteuern hörte. Sein Kollege, der Österreicher Löwinger, wollte mich als Führer zu den besten Jagdgründen am Blauen Nil engagieren, was ich dankend ablehnte. Dreieinhalb Wochen nach unserer Rückkehr nach Addis bekam ich hohes Fieber. Klarer Fall – Malaria. Ich schluckte Resochin. Ohne Erfolg. Der deutsche Arzt Dr. Rohwedder stellte eine schwere Gelbsucht fest und überwies mich ins

Haile-Selassie-Hospital, wo ich die nächsten sechs Wochen verbrachte, um meine Leberentzündung auszukurieren. Über die Ursache kann ich nur spekulieren. Waren meine Abwehrkräfte nach der Hungerkur so geschwächt, dass Viren oder Bakterien leichtes Spiel mit meinem Organismus hatten? Wir hatten auf unserem Rückmarsch ja aus jedem Bächlein ungefiltertes Wasser getrunken, so wie ich es die letzten anderthalb Jahre in Äthiopien immer gemacht hatte. Oder hatte ich meine Leber mit den mir noch unbekannten Rizinusbohnen vergiftet?

Die Ärzte und Pfleger im Krankenhaus waren furchtbar nett zu mir. Ich bekam – ganz exklusiv – ein Einzelzimmer zugewiesen. Es war das Sterbezimmer, in das die Todkranken in ihren letzten Stunden gelegt wurden. Einem Ferenji wollte der deutsche Chefarzt nicht zumuten, in einem Saal mit 25 Betten quasi dritter Klasse zu liegen. Die Todkranken mussten im Massensaal sterben. Und es passierte alle paar Tage, dass ein Patient starb. Viele Kranke aus der Provinz gingen ja erst zum Arzt, wenn sie todkrank waren. Es war weithin zu hören, wenn Familienangehörige und laut trällernde Klageweiber den Leichnam aus dem Krankenhaus abholten.

»Sie dürfen kein fettes Fleisch essen, nur Hühnchen. Und Quark ist gut für die Leber«, wurde ich vom Arzt belehrt. Ich hatte auch keine andere Wahl. An einem Tag gab es Hühnerfrikassee, am folgenden gekochte Hähnchenkeule mit Erbsen. Und Quark. Ich fühlte mich wunderbar umsorgt und schon nach wenigen Tagen wieder kerngesund. Doch meine Leberwerte sprachen eine andere Sprache. Immerhin durfte ich aufstehen und war tagsüber mehr im Krankenhaus unterwegs als in meinem Sterbezimmer.

Nach sechs Wochen hatte ich das erste Mal Ausgang und wollte zum Postamt latschen. Kaum war ich draußen am Sedist Kilo, dem großen Kreisel, da hörte ich einen Riesenlärm am Arat

Kilo, dem Platz, wo sich die Universität befand. Eine Studentendemonstration? Ich rannte die Straße hinunter. Hatte ich da nicht eben einen Schuss gehört? Das war keine der normalen Demos der Studenten gegen den Kaiser, das war ein blutiger Aufstand. Hunderte von Polizisten und Soldaten mit Karabinern hatten den Campus gestürmt. Die Polizisten schlugen mit Knüppeln wahllos auf die Studenten ein. Die Soldaten rissen einen Zaun zum benachbarten Gymnasium nieder. Alles, was sich den Polizisten in den Weg stellte, wurde niedergeknüppelt. Doch es war keiner der üblichen Straßenkämpfe, kein Aufbegehren der Studenten gegen die Ordnungsmacht des Kaisers. Es war eine Strafexpedition, die alles niederwalzte, was nicht in einer Uniform steckte. Der Kaiser fühlte sich von den ungeliebten Studenten provoziert und ließ in ohnmächtiger Wut seine uniformierten Kampfhunde von der Leine.

Ich als Weißer konnte mich ungehindert auf dem Universitätsgelände bewegen; keiner der Uniformierten wagte es, einen Ferenji zu attackieren. Dennoch ließ sich von den europäischen Dozenten keiner blicken. Wahrscheinlich hatten sie sich in ihren Büros verschanzt. Verletzte, blutende Studenten lagen auf dem Boden, Mädchen der benachbarten Highschool rannten schreiend umher und versuchten, sich vor der blindwütigen Staatsmacht zu retten. Ich sah, wie die Polizisten auf ausländische afrikanische Stipendiaten einschlugen, Jungs, die ich aus der Uni kannte. Ich konnte es nicht mit ansehen. Als ein Polizist gerade ausholte, um Matthew aus Uganda seinen Knüppel über den Kopf zu ziehen, streckte ich beherzt meinen Arm aus und hielt den Knüppel von hinten fest. Wutentbrannt drehte sich der hirnlose Gehilfe des Kaisers um und sah einen Weißen vor sich.

»Was ist hier los? Warum schlägst du auf ausländische Studenten ein? Sie sind Gäste deines Landes!«, brüllte ich ihn an.

Einen Moment lang hielt der Polizist verdutzt inne, schaltete für Sekundenbruchteile sein Gehirn ein, ehe er sich ein neues

Opfer aus der kommenden äthiopischen Elite suchte, die gegen Feudalismus, Analphabetismus und Unterdrückung aufbegehrte. Es war der Anfang vom Ende der Monarchie, die ihren Ursprung auf die Königin von Saba und König Salomon vor 3000 Jahren zurückführte. 1974 wurde der König der Könige, Haile Selassie, vom Militär gestürzt.
Auf meinem Rückweg zum Krankenhaus fand sich schnell ein Begleiter, der offensichtlich zum Geheimdienst gehörte und mich aushorchen wollte. Ich hatte das Gefühl, dass meine Zeit in Äthiopien abgelaufen war. Es war eine unglaublich intensive Zeit gewesen, geprägt von Hunger und Leidenschaft, dem Hunger auf Nahrung ebenso wie dem Hunger auf Liebe und Erfolg, von unendlicher Euphorie und großer Niedergeschlagenheit, von beglückenden Momenten, aber auch tiefer Frustration und Enttäuschung, wobei ich im Nachhinein keines dieser Gefühle und keine dieser Erfahrungen missen möchte.
Als Kinder zählten wir an stürmischen Tagen die Wellen der Ostsee. Jede siebte oder achte war gewaltiger als die übrigen. Dann stürzten wir uns kopfüber in die Brandung, ließen uns von den Wassermassen durcheinanderwirbeln, schluckten gelegentlich Wasser, ließen uns treiben und genossen das unberechenbare Spiel der Wogen. So ist der Reiz des Reisens: Man erlebt Höhen und Tiefen, lässt sich treiben, verliert gelegentlich den Boden unter den Füßen und steht wieder auf.
»Sunny side up?«, fragte mich Ato Daniel, der für mich und einige Freunde ein Abschiedsessen im Hotel Daniel neben der Uni spendierte.
»As always! Sunny side up, afellegum!« Wie immer. Die sonnige Seite nach oben!, wünschte ich mir das Spiegelei zur letzten Mahlzeit in Addis.
Nach 20 Monaten in einem der schönsten, geschichtsträchtigsten Länder Afrikas kehrte ich im Juni 1965 mit der Lufthansa nach Deutschland zurück.

Abenteuer Berufsleben

Als ich im Juni 1965 in Frankfurt landete, bekam ich sogleich das Gefühl, die letzten beiden Jahre auf einem anderen Planeten gelebt zu haben. In Deutschland war die Beatlemania ausgebrochen, die Jungen liefen mit langen Haaren herum. Die Musik gefiel mir richtig gut, die hatte ich auch schon in Addis gehört, aber Männer mit Pilzköpfen hatte ich in Deutschland noch nie gesehen. Da fehlten mir einfach zwei Jahre Evolution des Lifestyles. Meine Verwandten, die ich in Frankfurt besuchte, steckten entsetzlich im Berufsstress. Überall spürte ich nichts als Hektik. Deutschland erschien mir – Ende Juni – kalt und abweisend, sodass ich am liebsten ins nächste Flugzeug gestiegen und nach Addis zurückgeflogen wäre.
Wieder in Kiel hatte ich das Bedürfnis, zu meinen Wurzeln zurückzukehren, also fuhr ich kurzerhand mit dem Fahrrad nach Gelting an der Flensburger Förde. Dort hatte meine Mutter mit mir und meinem Bruder das Ende des Krieges abgewartet. Dort hatten mir meine Großeltern unendlich viel Liebe und Geborgenheit geschenkt, nachdem meine Mutter 1948 an ihrem zehnten Hochzeitstag an Krebs gestorben war. Gelting war mir in den ersten beiden Schuljahren zu einem unbeschwerten Zuhause geworden, das mir so gut wie möglich half, über den Verlust meiner Mutter hinwegzukommen. In Gelting kannte ich nichts Böses, alles war für mich Harmonie. Dort fühlte ich mich rundum wohl, selbst wenn die Männer in der verräucherten Barbierstube meines Opas lautstark politisierten. Als Sechsjähriger hegte ich kein Misstrauen, wenn der Kaufmann aus der Nachbarschaft hier seine Nazivergangenheit »bewältigte«. Und dass Deutschland das Volk der Dichter und Denker ist, bewies schon der Blick in den Wäscheschrank meiner Oma. Die weißen Regalbordüren waren mit zierlicher blauer Schrift bestickt:

Die Wäsche fein und zart
im Schranke aufbewahrt
ist deutscher Hausfrauen Art.

Ich habe diesen Spruch, der seit ihrer Eheschließung in der chauvinistischen Kaiserzeit ihren Wäscheschrank zierte, als Kind nie begriffen. Der Liebe zu meiner eigentlich sehr aufgeweckten Großmutter hat er auch später keinen Abbruch getan. Gelting bedeutete für mich Abenteuer und Geborgenheit zugleich. Zum einen war da die Backstube von Onkel Willi, wo ich – mit freundlicher Unterstützung seiner beiden Schweine – jederzeit helfen durfte, die Kuchenreste genüsslich zu beseitigen. Zum anderen gab es direkt gegenüber den Kuhstall von Bauer Jürgensen, wo wir an ungemütlichen Herbsttagen nach Herzenslust im Heu toben konnten. Wenn wir Hunger hatten, labten wir uns an den Runkelrüben, die für die Kühe bereitlagen. Und an den Sommernachmittagen trieben wir Jungs die Kuhherde von der Weide durch das Dorf zum Melken in den Stall. Das war Arbeit für echte Cowboys.

Weil ich die vielen Tiere liebte, wollte ich als Kind unbedingt zum Zirkus. Weil ich nicht nur die Tiere, sondern auch Jesus liebte, wäre allerdings auch Pastor infrage gekommen.

Am 29. Juni 1965 kehrte ich also aus Afrika nach Gelting zurück. Mein Großvater Johannes »Babeer«, damals 89 Jahre alt, war infolge eines Schlaganfalls schon seit Monaten bettlägerig. Richtig bei Bewusstsein war er nicht, sondern befand sich fortwährend in einem Dämmerzustand. Dennoch sah ich seine Augen unter den Lidern flackern, als ich ihn ansprach. Sicherlich hat er wahrgenommen, dass »de Jung t'rüch is« (der Junge zurück ist), wie er sich selbst ausgedrückt hätte.

Wenige Stunden später schlief er, aller Sorgen ledig, friedlich ein. Zum ersten Mal hatte ich den Tod als ganz natürliches Ereignis erlebt. Damit konnte ich leben.

In der aufstrebenden Bundesrepublik fasste ich schnell Fuß und bekam bei der United Baltic Corporation einen Job als Waterclerk am Nord-Ostsee-Kanal. Unsere Kunden waren vor allem englische, russische und polnische Schiffe, deren Papiere die Waterclerks von den Kapitänen abholten, sobald die Frachter in einer der Schleusen festgemacht hatten. Die Dokumente gaben über Tonnage, Frachtvolumen, Eigentümer etc. Auskunft. Aufgrund dieser Daten berechnete die Kanalverwaltung die Höhe der Durchfahrtsgebühren. Wir orderten Treibstoff, wenn einer der Kapitäne den Bunkerhafen in Kiel-Holtenau oder Brunsbüttel anlaufen wollte. Oder wir lieferten mitten in der Nacht an der Südschleuse 500 Rollen Klopapier und 35 Kisten Holsten Pilsener vom Schiffsausrüster Zerssen an. Der Kanal war rund um die Uhr geöffnet, folglich mussten wir auch nachts unseren Dienst verrichten. Es war ein sehr angenehmer Job mit netten Kollegen und sehr lieben Kolleginnen.

Ein Kumpel von mir war Hans Homann. Wenn wir morgens um fünf Feierabend hatten und die Straßen noch leer waren, dann fragte Hans: »Na, Klaus! Willst du fahren?«

»Klar will ich fahren!«

Ich hatte mit meinen 23 Jahren noch keinen Führerschein, hatte ja auch nie einen gebraucht – weder auf dem Blauen Nil noch in der Danakil-Wüste –, aber im Dschungel der Großstadt konnte es nicht schaden, einen Lappen zu haben. Hans gab mir die ersten verbotenen Fahrstunden in seinem NSU Prinz.

Beruflich zog es mich zu der Zeitung, für die ich schon Fotos geschossen und kleine Berichte über meine Reisen geschrieben hatte. Ich bewarb mich bei der *VZ – Kieler Morgenzeitung*, einer sozialdemokratischen Tageszeitung.

»Sie waren in Afrika? Das klingt ja spannend.« Ich hatte das Interesse von Chefredakteur Karl Rickers geweckt. Und nachdem ich über Kaiser Haile Selassie, über Studentenunruhen

Ein Sarg schwimmt auf dem Blauen Nil. Mit diesem Boot haben wir 700 km Wildwasser gemeistert.

Jnfreiwillige Pause am Blauen Nil. Neugierige Äthiopier haben unser Boot an Land ;ezogen.

Überholen im Kongo. Der LKW (links) steckt im Schlamm. Unser Unimog muss durch den Graben.

Soziale Fellpflege mit einem Pavian. Claudia lässt sich pflegen. Sonja guckt zu.

Links: Zulu-Frau, Südafrika

Rechts: Samburu-Frau, Kenia

Links: Afar-Führer Scheich Yunus, Danakil-Wüste.

Rechts: Afar-Krieger, Danakil-Wüste

Afar-Schönheit von der Küste des Roten Meeres, Eritrea

Afar-Frau, Danakil-Wüste

Who is who? Horst Walther links, Rüdiger Nehberg zwischen unseren Kamelen. Danakil-Wüste, 1977.

Danakil-Wüste – von Vulkanen übersät. Auf dem Foto sind fünf Krater zu sehen; im Hintergrund ein größerer Vulkan.

.inks: Völlig neue Einsichten – der allererste Blick durch ein Fernglas, Danakil-Wüste.
.echts: Keine alltägliche Kost in der Danakil-Wüste – Algensuppe.

Handkuss ist die Begrüßungsform unter Freunden in der Danakil-Wüste.

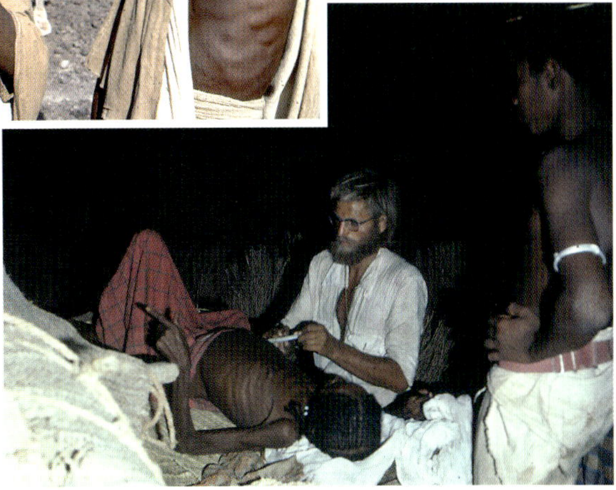

rau mit Bauchwasser-
ıcht. Wir ziehen mit
ıner Spritze circa
Liter Flüssigkeit
ıs der Bauchhöhle.

Schwefelquellen auf dem Dallol-Vulkan, Danakil-Wüste.

Unten: In Gedanken versunken in der Danakil-Wüste, 1977.

Links: Flüssiger Lava-See im Krater des Erta-Ale Vulkans, Danakil-Wüste.

Spärliche Körperpflege an einer Tränke in der Danakil-Wüste, Äthiopien, 1977.

Salzkarawane in Assale, Danakil-Wüste. 125 m unter dem Meeresspiegel, heißeste Wüste der Erde!

Links: Kamel – du bist hinreißend!

Unten: Panama – mit urwüchsiger Kraft stakt Pablo den Einbaum flussaufwärts.

Afdera-See, Danakil-Wüste. Eines unserer Kamele kämpft im Salzschlamm ums Überleben.

Fußmarsch von Panama nach Kolumbien, 1981.

Human Race in Australien, 1996. Ich dar- reiten, Rüdiger Nehberg muss laufen.

Human Race – Pause mit Rüdiger Nehberg, der sich 700 km durch den Busch schlagen musste im Wettkampf mit einem Aborigine und einem amerikanischen Ultra-Marathonläufer.

und meinen Kampf mit den Krokodilen erzählt hatte, war alles perfekt. Nach drei Monaten als Waterclerk wurde ich als Volontär in der Redaktion eingestellt. Ich genoss die Zeit, konnte schreiben und fotografieren und übernahm an Sonntagen hin und wieder die Verantwortung für die Lokalseiten, für den Seitenumbruch und den Andruck, der spätabends erfolgte, wenn die Sportredaktion noch die letzten aktuellen Meldungen unterbringen wollte und Chefmetteur Hans Vogel mit den Korrekturfahnen über den Redaktionsflur polterte. Zwar stöhnten dann alle über die Hektik, doch so war eben das Zeitungmachen, und keiner hätte es weniger quirlig haben wollen. Wenn eine halbe Stunde vor Mitternacht die Rotationsmaschine anlief, war wieder ein neues »Kind« geboren und alle Hektik jäh verflogen. Dann war das eine oder andere Bier fällig, vor allem, wenn wir einen aktuellen Bericht druckten, den die *Kieler Nachrichten* noch nicht im Blatt hatten.

Gründe zum Feiern gab es immer, und so endeten viele Arbeitstage spät in der Nacht im Starpalast, einem Ableger des Hamburger Starclub. Die Beatles kamen zwar nie nach Kiel, aber auch weniger namhafte Bands brachten Redakteure und Sekretärinnen rasch in Stimmung.

Eine der Redaktionssekretärinnen hieß Rosemarie Wallenburg. Freundlich, wie ich war, fuhr ich mal die eine, mal die andere nach Feierabend nach Hause. Auch Rosemarie.

Als das erste Mal die Scheiben meines Autos beschlugen, weil Rosi und ich uns so viel zu erzählen hatten, da hörte sie von mir auch den Satz: »Ich will wieder nach Afrika.«

Ich sehnte mich zwar nach familiärer Geborgenheit, doch auch nach der Freiheit des Reisens. Warum sollte man nicht beides miteinander verbinden können, dachte ich mir.

Nach zweijährigem Volontariat bekam ich ein Angebot vom Norddeutschen Rundfunk in Kiel, als Realisator für das Fern-

sehen zu arbeiten. Realisatoren hießen früher die Reporter, die für den Text und die Dreharbeiten verantwortlich waren. Ich erinnere mich noch genau an die ersten Tage beim NDR. Es war der Sommer '67, die Zeit der aufkeimenden Studentendemonstrationen. Rosi und ich waren zum Holstenplatz in Kiels Mitte gefahren, um uns eine Demo anzusehen. Es wurde viel demonstriert in jenem Sommer: gegen den Schah von Persien, gegen die Ermordung von Benno Ohnesorg, gegen Fahrpreiserhöhungen, gegen den »Muff von tausend Jahren«.
»Was wollen Sie hier?«, in schroffem Ton wurden wir von der Seite angequatscht; von einem Bullen. Polizisten waren damals Bullen. Besonders dieser, schätzungsweise Jahrgang 1915, 1933 alt genug für eine Schupo-Karriere. Ein Exemplar, das noch nicht so recht mitbekommen hatte, dass sich Deutschland seit 1948 demokratisch nannte. Die Macht ging doch vom Volke aus …
»Ich bin Journalist. Ich bin beruflich hier.«
»Sooo? Für wen arbeiten Sie denn?«
»Für den NDR. Für's Fernsehen.«
»Für's Fernsehen? Dann müsste ich Sie ja kennen«, brummte der Bulle.
»Ja, ich kenne Sie. Ich hab' Sie heute Morgen am Landeshaus gesehen. Ich hatte ein Statement mit Lemke gemacht.«
»Wer ist Lemke? Bäcker Lemke?«, fragte er provozierend.
»Bäcker Lemke kenne ich nicht. Ich war im Landeshaus.«
»Ach, Sie meinen den Herrn Ministerpräsidenten Lemke. Sagen Sie das doch gleich«, belehrte mich der Alte. Das war Deutschlands Obrigkeit 1967, die wollte keine Kontrolle, die wollte Demonstranten ungestört knüppeln dürfen.
Ende der 60er-Jahre, das war die Zeit der mühsamen und oft halbherzigen Aufarbeitung von Naziverbrechen. Der mehrfach verurteilte Naziverbrecher Arnold Strippel, der 1949 wegen gemeinschaftlichen Mordes – begangen 1939 im KZ

Buchenwald – in 21 Fällen zu 21 Mal lebenslänglich verurteilt worden war, wurde 1969 aus der Justizvollzugsanstalt Butzbach entlassen und erhielt auch noch 121 500 DM Haftentschädigung. Strippel war 1945 als SS-Obersturmführer verantwortlich für alle Außenlager des KZ Neuengamme. In dieser Position ließ Strippel in den letzten Kriegstagen 20 jüdische Kinder, mit denen medizinische Versuche gemacht worden waren, in der Schule Bullenhuser Damm in Hamburg erhängen. Seine Mittäter wurden bereits 1946 hingerichtet. 21 Jahre später wurde das Verfahren gegen Strippel durch Staatsanwalt Münzberg eingestellt.
Wen wundert's? Konnte doch ein gnadenloser, erzkonservativer NS-Marinerichter wie Hans Filbinger noch 1966 Ministerpräsident von Baden-Württemberg werden und sich als Widerstandskämpfer bezeichnen. 1978 berichtete das Fernsehmagazin *Panorama* darüber, dass Filbinger noch in den letzten Kriegstagen Todesurteile gefällt hatte. Filbinger trat schließlich auf Druck der Öffentlichkeit mit den Worten zurück: »Dies ist eine Folge der Rufmordkampagne, die in dieser Form bisher in der Bundesrepublik noch nie vorhanden war. Es ist mir schweres Unrecht angetan worden.« Bei so viel Heuchelei musste jeder wahre Christ doch das Kotzen kriegen!
Was für ein Glück, dass ich Filbinger begegnet bin. Der wäre damals bestimmt nicht so gnädig mit mir gewesen wie Regierungsamtmann Jahrmarkt vom Kreiswehrersatzamt Kiel. Der leitete im November 1969 ein Bußgeldverfahren gegen mich ein, weil ich dem Kreiswehrersatzamt im Jahr 1963 nicht mitgeteilt hatte, dass ich die Bundesrepublik Deutschland für längere Zeit verlassen wollte.
Nach meiner Stellungnahme wurde das Verfahren eingestellt.

»Fischfang im Atlantik« war ein Filmthema, das mich im Oktober 1967 beschäftigte. Es sollte eine Dokumentation über das harte Leben der Hochseefischer werden. Auf der Nordsee tobte ein heftiger Sturm, als wir von Bremerhaven mit dem Fischtrawler »Nordstern« ausliefen. Ziel war der Nordatlantik nördlich von Irland und den Hebriden, wo der Kapitän reichen Fang vermutete. Uns interessierte aber nicht nur die Fischerei – Kameramann »Fiete« Bahr und ich wollten vor allem die rauen Kerle zeigen, die sich solch einer brutalen Maloche verschrieben hatten. Sie mussten bereit sein, bei jedem Wetter und zu jeder Tages- und Nachtzeit ihr Ölzeug überzuziehen, an Deck zu eilen und den Fang zu bergen, ganz gleich ob die Brecher über das Schiff rollten oder die steife Brise ihre Bewegungen lähmte.

Für ihre Arbeit wurden sie mäßig bezahlt, abhängig vom Fangerfolg. Und es war eine gefährliche Arbeit. Auf unserer Fahrt wurde ein Matrose mitten in der Nacht von einem Scherbrett – Scherbretter halten das Netz beim Fischen weit offen – schwer verletzt. Der Kapitän forderte über Funk den Seenot-Rettungskreuzer an. Doch aufgrund des starken Seegangs auf dem Atlantik gestaltete sich die Rettungsaktion äußerst schwierig.

Der Trawler steuerte Barra Head, den südlichsten Punkt der Hebriden an. Draußen auf dem Atlantik war der Seegang so stark, dass es dem Rettungskreuzer nicht möglich gewesen wäre, längsseits an den Trawler zu kommen.

Erst im Windschatten der Hebriden gelang es den Rettungskräften schließlich, den Schwerverletzten an Bord zu nehmen. Die Laderäume waren recht gut mit Kabeljau gefüllt, als die »Nordstern« wieder Kurs auf Bremerhaven nahm. Für die Matrosen war es das Signal, Erntedankfest zu feiern. Der Plattenspieler wurde hervorgekramt. Nur – ihr iPod-Freaks – wie funktionierte ein Plattenspieler auf einer stampfenden, schaukelnden Nussschale? Der Plattenspieler musste über eine Umlenkrolle mit Bändern kardanisch aufgehängt werden. Das Gerät musste sich also stets waagerecht ausrichten, damit der

Tonarm auf der Platte nicht hin und her sprang. Scratchen war damals noch nicht angesagt. Der absolute Hit des Abends waren nicht die Beatles, sondern »Rosamunde! Schenk mir dein Sparkassenbuch. Rosamunde! 10000 Mark sind genug«. Dazu grölten die Jungs und tanzten, besser gesagt, wankten und schwankten miteinander, dass Neptun vor Schreck in den Südatlantik flüchtete. Während der Fangtage galt an Bord ein absolutes Alkoholverbot. Mit »Rosamunde« wurde Versäumtes nachgeholt, der normale Alkoholpegel wieder aufgefüllt.
Gegen Mittag krabbelten wir aus den engen Kojen, die kaum größer waren als unser Sarg auf dem Blauen Nil. Und damit die Matrosen bei schwerer See nicht aus den Kojen rollen konnten, verriegelten sie ihre »Särge« mit Schiebetüren. Als wir am Mittag nach dem Erntedankfest in die Kombüse staksten, kam der Steuermann herein:
»Klaus! Anruf für dich auf Norddeich!«
Norddeich Radio – das war der offene Kanal für den Nordatlantik. Auf dieser Frequenz konnten die Kapitäne miteinander klönen oder der Reederei mitteilen, dass der Fang beschissen war. Die Konkurrenz hörte natürlich mit, woraufhin gutgläubige Trawlerkapitäne sofort andere Fanggründe ansteuerten, während die Reederei umgehend das Schwesterschiff in das »beschissene« Revier beorderte. Zu Weihnachten war Norddeich Radio die legendäre Verbindung der Seeleute zu ihren Familien. Dann schluchzten hartgesottene Seebären am Mikrofon, wenn ihnen ihre Kinder »Frohe Weihnachten« wünschten und »Papi, wir vermissen dich!« über den Äther säuselten. Norddeich Radio, das war kein diskretes Telefon, sondern Sprechfunk, auch Tratschfunk genannt, der von allen mitgehört werden konnte.
Ich eilte unverzüglich auf die Kommandobrücke.
»Klaus? Hier ist Rosi! Stell dir vor, ich bin schwanger. Hörst du mich, Klaus? Ich bin schwanger.«

Natürlich hörte ich sie. Und mit mir der ganze Nordatlantik. Der Kapitän und der Rudergänger grienten sich an. »Na, denn man herzlichen Glückwunsch!«, brummte der Kapitän. Fiete Bahr kam aus der Kombüse hochgeeilt, auch dort war Rosis SOS-Funkspruch mitgehört worden: »Mensch, Klaus! Da kann ich dir ja nur gratulieren.« Aus seinen Augen blitzte ein klein wenig Schadenfreude, wusste er doch, dass ich wieder nach Afrika reisen wollte.

Am nächsten Tag hatte ich meinen Reiseplan schon aktualisiert. Sicher war ich perplex gewesen über Rosis »frohe Botschaft«. Andererseits sehnte ich mich nach einer Familie, die ich als Kind entbehren musste, und zu einer richtigen Familie gehörten nun mal Kinder. Nun wollte das Schicksal, dass das erste Kind viel früher kommen sollte als jemals gedacht.

»Ist doch auch nicht schlecht, Fiete«, sagte ich. »Dann gehen wir eben mit Kind auf Weltreise! Stell dir nur vor, mit einer richtigen Familie durch Afrika zu reisen.«

Zurück in Kiel musste ich Rosi erst mal von meiner »fixen Idee« überzeugen, was keine leichte Aufgabe war. Eine geborene Abenteurerin war sie nicht, doch hatte ich ja noch reichlich Zeit, sie zu überreden. Erst einmal mussten wir heiraten. Wir ließen uns im Frankfurter Römer trauen, mussten uns vor dem Rathaus erst einmal Trauzeugen suchen. Abends gingen wir mit Günter Kriegk in Friedberg essen, und am nächsten Tag flogen wir nach Teneriffa, wo es 1967 noch keine modernen Hotelburgen gab. Aus unserem traditionsreichen Hotel Niniña in Puerto de la Cruz schickten wir Karten an unsere Familien:

Wir mussten heiraten.

Herzliche Grüße aus Teneriffa.

Zum Empfang am 1. Dezember 1967, 16 Uhr, seid Ihr herzlich eingeladen.

Keiner kam! Was organisatorisch auch schwierig gewesen

wäre, Teneriffa wurde ja nur ein- oder zweimal die Woche angeflogen.
Der Hauptgrund bestand jedoch darin, dass die ganze Familie ziemlich sauer auf uns war. Hingegen war die allgemeine Freude groß, als im Mai 1968 unsere Tochter Claudia geboren wurde.

Wenige Monate später, im Herbst '68, bekam ich einen Anruf von einem Typen aus Hamburg.
»Wie heißen Sie?«, fragte ich, »ich hab Ihren Namen nicht ganz verstanden.«
»Nehberg! Rüdiger Nehberg«, wiederholte die Stimme am anderen Ende nun betont deutlich. »Ich hab gehört, dass Sie den Blauen Nil hinuntergefahren sind. Dasselbe habe ich auch vor. Können wir uns nicht mal kennenlernen?«
Am folgenden Wochenende besuchte uns Rüdiger Nehberg mit seiner Frau und brachte ein Riesenkuchenpaket aus seiner Konditorei mit.
»Ich habe von der Deutschen Botschaft in Addis Abeba von Ihrem Nilabenteuer gehört. Stimmt es, dass es dort haufenweise Krokodile gibt? Habt ihr auch viele Schlangen gesehen?«
Rüdigers Fragen wollten nicht enden. Zwei Wochen später trafen wir uns bei Nehbergs in Hamburg-Wandsbek. Das Gästezimmer mutete ein wenig afrikanisch an – wir durften in unmittelbarer Nachbarschaft zu Rüdigers Schlangen schlafen, die er damals in Terrarien im Nachbarzimmer hielt: Pythons, Puffottern und Anacondas. Seitdem sind Rüdiger und ich dicke Freunde. Rüdiger wollte mich überreden, mit ihm an den Blauen Nil zu reisen. Aber die Rechnung hatte er ohne die junge Mutter Rosemarie gemacht.
Dafür fuhren Rosi und ich im Dezember 1968 mit einem 13 Jahre alten VW Käfer nach Marokko, Claudia blieb in Omas Obhut. Die Heizungsklappen im Motorbereich lie-

ßen sich nicht schließen. Die Motorabwärme wurde nicht ins Wageninnere geleitet, sondern an die Außenluft. Mit Holzpflöcken verkeilte ich die Klappen, sodass wir im Auto nicht erfroren. In Südspanien waren die Holzpflöcke vor den Klappen so weit weggeschmort, dass – rechtzeitig in Marokko – die heiße Luft nicht mehr ins Auto gepustet wurde. Aus Marokko brachten wir uns ein besonderes Andenken mit: ein »Tropi«-Kind (trotz Pille). Rosi war wieder schwanger. Sonja kam Ende August 1969 auf die Welt, und die ganze Familie freute sich.
Zwei Kinder bedeutete, dass wir für die geplante Afrikareise ein größeres, familiengerechtes Auto brauchten. Außerdem musste Sonja erst mal aus den Windeln rauswachsen und ich ordentlich Geld verdienen.
Als fester freier Mitarbeiter des NDR hatte ich gute Einkünfte, sodass ich einiges für die Reise zurücklegen konnte. Die sogenannten Festen standen dem Sender stets zur Verfügung. Für aktuelle Berichterstattung im Regionalprogramm, für Magazinbeiträge über Land und Leute, für Tagesschau-Berichte, für Übertragungen aus dem Kieler Landtag, wobei wir stets darauf achten mussten, dass wir die Politiker von ihrer Schokoladenseite aufnahmen.
»Lemke immer etwas von rechts filmen, sonst gibt's Ärger. Er möchte nicht, dass man sein Glasauge erkennt«, hieß es beim NDR über den Ministerpräsidenten.
Am interessantesten waren natürlich die längeren Reportagereisen nach Skandinavien. Eine Reise führte mich nach Kopenhagen. Der dänische Professor Willi Dansgaard hatte eine leichte Abkühlung des Weltklimas prognostiziert. Der Physiker Dansgaard hatte mit seinem Forscherteam aus dem kilometerdicken Eispanzer auf Grönland 1400 Meter lange Eisbohrkerne herausgeholt. Anhand dieser riesigen Eisstange ließ sich die Klimageschichte, insbesondere diejenige der letzten 800 Jahre, analysieren. Nach Dansgaards These hatten wir

die letzte Wärmeperiode um 1930 herum. Seitdem waren die Temperaturen um Grönland herum gefallen. Das Temperaturminimum sagte er für das Jahr 1985 voraus, bis zum Jahr 2015 werde die Temperatur wieder ansteigen und danach erneut abfallen. Dieser Temperaturrhythmus deckte sich mit der schwankenden Sonnenfleckenaktivität. 1970 sprach noch niemand von der Klimakatastrophe, und Professor Dansgaard räumte ein: »Diese Prognosen setzen natürlich voraus, dass nichts passiert, was früher noch nicht da gewesen ist, wie zum Beispiel die Verseuchung mit Kohlendioxid, Staub und Wasserdampf von Überschallflugzeugen. Diese Effekte können das Klima der Zukunft beeinflussen.«

Das Wärmemaximum um 1930, so wusste der Physiker, hatte in den grönländischen Gewässern zu großem Fischreichtum, besonders von Kabeljau, geführt. Klima und Kabeljau, das war ein großes Thema an der Küste. Fiete Bahr und ich mussten wieder hinaus auf den Atlantik. An einem nasskalten Januartag 1971 gingen wir in Bremerhaven an Bord des Trawlers »Hanseat«.

Die Crew hing gelangweilt an der Reling, als ein kleiner, stämmiger Mann die lange Gangway hinaufstapfte.

»Hallo, Reinhold, dir rieselt ja schon der Kalk aus der Hose!«, brüllte ihm einer der Matrosen entgegen. Alle Kumpel johlten vor Lachen.

»Na, das kann ja 'ne lustige Fahrt werden«, grübelte Fiete.

»Ja, lacht man, Jungs. In ein paar Tagen werdet ihr euch den Arsch aufreißen«, entgegnete Reinhold ungerührt. Reinhold Adebar war der Kapitän des Schiffs. Er kannte seine Männer mit der großen Klappe.

»Die sind noch blau«, sagte er zu uns gewandt. »Aber ab morgen fressen sie mir aus der Hand.«

Zwei Stunden später ging es bei Windstärke 8 hinaus auf die Nordsee. Zum Abendbrot saßen wir mit Reinhold zusammen

in der Kombüse. Direkt neben ihm saß Kameraassistent Bernd Wolf.
Die »Hanseat« stampfte gegen den Sturm an, tauchte mit dem Bug in die Wellen, der ganze Schiffskörper schüttelte sich. Alltag auf einem Fischdampfer. Reinhold ließ sich die Suppe schmecken, während Bernd Wolf starke Schluckbeschwerden hatte. Der Kapitän bemerkte, dass sein Nachbar den Seegang nicht zu genießen schien.
»Junge!«, sagte Reinhold und genehmigte sich den letzten Löffel Suppe, »wenn's dir nicht gut geht, musst du tüchtig reinhauen. Dann geht's dir gleich besser.«
Kaum hatte er das ausgesprochen, da konnte Bernd sich nicht mehr zurückhalten. Er schnappte sich Reinholds Teller und erbrach sein unverdautes Essen direkt in die Kapitänsschüssel. Mein Magen fühlte sich angespornt, es Bernd gleichzutun.
Halt dich zurück!, befahl ich meinem Verdauungsorgan, und es gehorchte. Ich verkroch mich bis zum nächsten Mittag in meiner Koje. Fortan hatte mein Magen seinen Frieden mit der Seefahrt geschlossen.
Nach fünf Tagen erreichte die »Hanseat« die grönländische Ostküste. Einen Tag fischten wir. Der erste Fang war vielversprechend. Nachts verstärkte sich der Sturm zu einem Orkan. Ans Fischen war nicht mehr zu denken. Stattdessen hatte der Wachgänger seine Augen stets auf dem Wetterradar, um die Eisberge im Blick zu behalten. Alles Routine für Reinhold Adebahr, der unter den Trawlerkapitänen den Ruf besaß, einen der besten Riecher zum Aufspüren der Fische zu haben. Doch wir brauchten auch Fotos. Reinhold rief über Funk das Schwesterschiff herbei, die »Nordstern«, mit der wir vor drei Jahren vor der irischen Küste gefischt hatten. Fiete gelangen unglaublich schöne Aufnahmen. Die »Nordstern« fuhr in 150 Metern Entfernung an uns vorbei – ein einmaliges Schauspiel, das die Kraft der Natur und die Seetüchtigkeit der Traw-

ler deutlich machte. Wenn der Bug des Trawlers in einem Wellental verschwand, guckten nur noch die beiden Masten aus dem Wasser heraus. Dann tauchte der Rumpf wieder auf, der Bug stieg hoch wie eine Schiffsschaukel, verharrte eine Sekunde auf dem höchsten Punkt, um im nächsten Moment erneut in die Tiefe zu rauschen.

Wie sich dieses Schauspiel anfühlte, das spürten wir auf der »Hanseatic« am eigenen Leib. Das Schiff ächzte unter den Brechern, wurde gestaucht und verzogen, und sobald es wieder auf der Höhe der Welle war, erbebte der ganze Schiffskörper. Und der Mensch wunderte sich, wie es möglich war, dass diese eiserne Nussschale solch einer rohen Gewalt standhielt. Aber der Mensch gewöhnt sich an vieles. Er gewöhnt sich so sehr, dass er sich der Nussschale schließlich ganz und gar anvertraut und es sogar genießt, wenn sie zwischen den Wellen wie ein Spielball hin und her geschleudert wird.

Mit der relativen Ruhe war es plötzlich vorbei. Ein Brecher fegte einen Teil des Fanggeschirrs über Bord, worauf sich eine Stahltrosse in der Schiffsschraube verfing. Käpten Adebar stoppte sofort die Maschine. Es gelang, die Trosse wieder freizubekommen. Das wäre in der Tat dramatisch geworden, wenn die »Hanseat« manövrierunfähig im Orkan herumgetaumelt wäre.

Von der Westküste Grönland wurde bestes Wetter gemeldet. Als der Orkan nachließ, steuerte Reinhold sein Schiff um Kap Farvel herum in die Labradorsee. Die Südspitze Grönlands war bei den Fischern genauso gefürchtet wie einst Kap Hoorn bei den Segelschiffkapitänen. Dort stürmte es häufig, und die Eisberge, die an der Ostküste vom Polar- und vom Irmingerstrom nach Süden getrieben wurden und an der Westküste wieder nach Norden, stauten sich am Kap Farvel. Mit Radar und Eisscheinwerfern tastete sich der wachhabende Steuermann durch das Treibeis.

Die Lufttemperatur lag in diesen Tagen um den Nullpunkt. Es gab Fangfahrten in der Vergangenheit, da gefror jeder Tropfen, der an Bord spritzte, sofort zu Eis. Fingerdicke Trossen wuchsen zu Eissäulen, und bald war das ganze Schiff mit einem dicken Eispanzer bedeckt. Dann musste die gesamte Mannschaft raus zum Eishacken. Das Schlimmste, was die christliche Seefahrt in arktischen Gewässern zu bieten hat, ist der »Schwarze Frost«, wenn neblig-feuchte Luft an kaltem Stahl gefriert und das Schiff in einen schwimmenden Eisberg verwandelt. Am 26. Januar 1955 waren drei Trawler, zwei englische und ein isländisches Fischereischiff, durch das Übergewicht gekentert und spurlos verschwunden. Ende Februar 1967 sank der deutsche Fischdampfer »Johannes Krüss« südlich von Kap Farvel mit 22 Mann an Bord, ohne SOS gesendet zu haben.

Am 18. Januar 1971 brach Jubel auf der »Hanseat« aus. Beim ersten Hol an der Westküste flutschten 300 Zentner Rotbarsch in die Laderäume, am Ende des Tages waren es 800 Zentner. Das ist ein außergewöhnlich gutes Ergebnis. Reinhold Adebahr, der für seine Matrosen auf hoher See eine unbestrittene Respektsperson war – und zwar nicht durch autoritäres Gebrüll, sondern durch sein feines Gespür für das Schiff und den Fang –, hatte sich für seine rauen Jungs wieder einmal als bester Trawlerkapitän des Nordatlantiks erwiesen.

Wir ließen uns vor der westgrönländischen Küste von einem kleinen Fischerboot abholen und durch das dichte Treibeis nach Julianehaab in Südgrönland bringen. Unweit von diesem Hafenstädtchen mit seinen bunten Holzhäusern entfernt liegt der Ort Narsarsuaq, wo dänische Forscher eine Ionosphärenstation betrieben. Die Eisanalyse der Dänen deckte sich genau mit den Geschichtsdaten. Als Erik der Rote vor 1000 Jahren nach Grönland segelte, stieß er auf grünes Land vor dem Hintergrund riesiger Gletscher. 1970 befürchteten die Forscher,

dass die Vegetationsgrenze in Europa nach Süden gedrängt werde und die »Hanseat« und all die anderen Trawler nichts mehr zu fangen hätten, wenn dem Kabeljau das Wasser zu kalt würde. Unter zwei Grad Celsius erfriert der Fischlaich.
Mit einer Douglas DC-4 der Königlich Dänischen Luftwaffe flogen wir im Auftrag der Eiszentrale um Kap Farvel herum und dann entlang der Ostküste in Richtung Norden. Da sich die Eisberge und das Treibeis damals ausbreiteten, erstellte die Eiszentrale für die Fischerei Eiskarten. Heute schmilzt das Grönlandeis, und man darf gespannt sein, wann die Wissenschaft wieder neue Theorien aufstellt.

Beim NDR hatte ich viel zu tun, das Sparkonto füllte sich, und wenn ich Zeit hatte, träumte ich von meiner Reise mit der ganzen Familie. Ein Unimog sollte es sein, kein anderes Fahrzeug kam für mich infrage. Zwar gab es den Landrover als klassisches Geländefahrzeug, aber der schien mir zu klein zu sein. Der Unimog war größer, sehr geländegängig, aber auch ziemlich teuer.
Also mussten wir noch länger sparen, und unsere »Goldstücke«, die Kinder, konnten noch ein wenig wachsen. Es war die Zeit der antiautoritären Erziehung, deren Segen uns sofort einleuchtete. Allerdings war gerade die antiautoritäre Erziehung ein Musterbeispiel dafür, wie interpretationsbedürftig eine neue Lehre sein kann und wie unterschiedlich sie zuweilen von den Leuten verstanden wird. Einige Eltern verwechselten antiautoritäre Erziehung mit Zügellosigkeit, aber Zügellosigkeit hat weder etwas mit Erziehung noch mit Freiheit zu tun. Andere orientierten sich an den Strukturen früherer Großfamilien, als die Eltern auf dem Feld gearbeitet und die nachsichtigen Großeltern sowie die älteren Geschwister sich um die Kleinen gekümmert haben. Zügellosigkeit war nicht mein Ideal, doch erinnerte ich mich an die Freiheiten, die wir als

Kinder genossen hatten – wohl auch deshalb, weil die Eltern in den Nachkriegsjahren anderes zu tun hatten, als ständig ihre Kinder zu gängeln. Bei meinen Großeltern auf dem Land kümmerte sich doch kein Mensch darum, ob wir auf die fünf Meter hohen Strohdiemen kletterten, um anschließend fast senkrecht hinunterzurutschen. Heute stehen vor den Diemen Schilder mit der Aufschrift »Eltern haften für ihre Kinder«. Niemand hielt uns zurück, wenn wir im Kieler Hafen unter den Dampferanlegebrücken auf den Verstrebungen herumkletterten und dort Krebse angelten. Wir hatten die Freiheit, uns spielerisch zu entwickeln. Diese Art der Freiheit hat nicht unmittelbar etwas mit Erziehung zu tun, aber wir lernten spielerisch, was Eigenverantwortung und Selbstständigkeit bedeutet.

Erziehung, eigentlich ein furchtbares Wort, das nach Erziehungsanstalt, nach Zucht und Ordnung klingt. Tiere machen uns genau vor, was Erziehung bedeutet und wie sie funktioniert. Das ausgiebige Spielen junger Tiere ist nicht dazu geschaffen, dass wir Menschen uns an den niedlichen Kleinen erfreuen, sondern eine zielstrebige Vorbereitung auf den Ernst des Lebens. Bei unseren Katzen ist es die Übung des Beutefangens, bei unseren Pferden das Überlebenstraining, das Erlernen der Pferdesprache, die durch Körperhaltung und Ohrenspiel ausgedrückt wird. Die Fohlen lernen die Einordnung in die Hierarchie der Gemeinschaft, die wilden Pferden in freier Wildbahn das Überleben sichert. Aber nie würden Tiereltern ihre Kinder prügeln, sie verachten oder für ihre eigenen Fehler verantwortlich machen. Werden Fohlen frech oder zu grob, dann werden sie von der Mutter gezwickt, und das Fohlen lernt sofort, was es falsch gemacht hat. In den ersten drei Lebenstagen läuft die Mutterstute so dicht neben ihrem Fohlen, dass sie sich fast ständig berühren. Danach darf sich das Kleine schon mal zwei Meter entfernen. Täglich vergrößert sich der Radius zur Mutter, die Stute führt ihr Fohlen quasi an der langen – unsichtbaren – Leine. Und letztlich fühlt sich jedes Tier in dieser Herde für den Nachwuchs mitverantwortlich.

In der primären Sozialisation des Menschen – wie die Soziologen die frühkindliche Prägung nennen – werden, genau wie im Tierreich, die Grundlagen für Persönlichkeitsentwicklung und soziale Umgangsformen vermittelt. Rosi und ich verstanden unter antiautoritärer Erziehung, die Kinder an der langen Leine laufen zu lassen. Sie hatten viel (Bewegungs-)Freiheit, und andere Kinder blickten oft neidisch, wenn Claudia und Sonja barfuß auf unseren VW Variant klettern und von der Haube hinunterspringen durften. Andere Eltern nahmen ihre Kinder sicherheitshalber an die Hand, wenn sie am Kai spazieren gingen. Unsere hingegen durften auch dort laufen und toben, doch wäre ich natürlich sofort hinterhergesprungen, wäre eines versehentlich im Hafenbecken gelandet. Die Kinder waren lebhaft und selbstständig und – was mich natürlich sehr freute – absolut fernreisetauglich. Außerdem haben wir versucht, ihnen Werte zu vermitteln, ihnen für soziale Ungerechtigkeit und den Unterschied zwischen Arm und Reich die Augen zu öffnen.

Alles, was mir interessant erschien, das wollte ich auch ausprobieren. Beim NDR hatten wir eine Tauchergruppe gegründet, die irgendwann mal Unterwasserfilme drehen sollte. Unter der Anleitung von Feuerwehrmann Rudi Knieriemen lernten wir Streckentauchen und Rettungsschwimmen. Wir tauchten in der Ostsee mit Geräten und machten Notfallübungen. Rudi machte es möglich, dass wir aus einem Bundeswehrhubschrauber über dem Wasser abspringen konnten und anschließend mit der Winde aus der Ostsee geborgen wurden.

Die Fliegerei war die nächste Leidenschaft, die mich packte. In Rendsburg machte ich meinen Flugschein, den sogenannten

PPL (Private Pilot License). Immer wenn ich Zeit hatte und das Wetter mitspielte, absolvierte ich meine Flugstunden, meist auf einer Cessna 150. Als ich den Schein in der Tasche hatte, musste ich natürlich meiner Familie Schleswig-Holstein von oben zeigen – in einer Cessna 172. Wir hatten wunderschönes Wetter, es herrschte freie Sicht von der Nordsee bis zur Ostsee. Als wir gerade von Eckernförde an der Küste entlang in Richtung Kiel-Schilksee flogen, fragte meine Tochter Claudia: »Papa? Kannst du kurz anhalten? Ich muss mal.«

Die schönsten Flugerlebnisse hatte ich wiederum mit meinem Kameramann Klaus »Fiete« Bahr. Die olympischen Segelwettbewerbe 1972 fanden in Kiel-Schilksee statt. Aus diesem Anlass waren Großsegler aus aller Welt eingeladen worden, nach Kiel zu kommen. Eine Gruppe von ihnen hatte sich vor der englischen Küste versammelt und segelte gemeinsam um die Nordspitze Dänemarks herum in die Ostsee. Die zweite Gruppe kam aus Helsinki. Fiete und ich flogen also nach Norden, um die Zwei- und Dreimaster zu filmen, wenn sie vor Skagen den Ort passierten, an dem Nord- und Ostsee zusammenfließen.

»Haben Sie irgendwelche Informationen, wann die Segelschiffe Skagen passieren werden?«, fragte ich bei der Luftaufsicht im Tower, nachdem wir mit unserer zweisitzigen Cessna in Frederikshavn gelandet waren. Der Mann hatte keine Ahnung, das war ja auch nicht sein Job. Aber er telefonierte und gab uns den Rat, an der Küste entlang nach Südwesten zu fliegen: »Skagen hat noch kein Schiff passiert. Wenn ihr Richtung Hirtshals fliegt, dann müssen euch die Schiffe ja entgegenkommen.«

Ich flog zuerst 40 Kilometer nach Norden bis zur Nordspitze Dänemarks. Kein Schiff in Sicht. Wir drehten ab nach Südwesten, wie uns der Luftaufseher empfohlen hatte, und es dauerte gar nicht lange, da tauchten die ersten Masten in der Ferne auf. Fiete und ich waren völlig aus dem Häuschen. Wir reduzierten die Flughöhe von 2000 Fuß auf 150 Fuß. Es war ein ergreifendes Bild: Die Segler waren direkt unter uns und zum Greifen nahe. Vor vier Tagen waren die Windjammer vor der Isle of Wight im Ärmelkanal gestartet. Es war eine regelrechte Sturmregatta geworden, zwölf Schiffe hatten das Rennen schon vor der belgischen Küste abbrechen müssen. Als erstes Schiff kam die »Stella Polare«, ein Zweimaster der italienischen Marine, Fiete vor die Kamera. Insgesamt flogen wir an rund 30 Segelschiffen vorbei, zum Schluss an dem polnischen Segelschulschiff »Dar Pomorza« und der »Gorch Fock«, dem Ausbildungsschiff der Bundesmarine.

Ich fuhr die Landeklappen aus, wodurch die Maschine noch mehr Auftrieb bekam, und flog schließlich in circa zehn Metern Höhe an den Großseglern vorbei. Wir waren die Einzigen, die dieses Schauspiel von oben aus nächster Nähe miterlebten. Windjammer unter vollen Segeln, von der Kraft des Windes in Schräglage gedrückt – es gibt kein erhabeneres, kein ästhetischeres Symbol für die Auseinandersetzung des Menschen mit den Kräften der Natur. Und Zehntausende von Segelschiffen haben diesen Kampf bei der Eroberung der Erde verloren. Das letzte Drama eines deutschen Großseglers spielte sich 1957 südwestlich der Azoren ab. Dort sank die stolze Viermastbark »Pamir« in schwerem Sturm und nahm 80 Seeleute mit in die Tiefe. 150 Schiffe beteiligten sich an der Suche nach Überlebenden. Sechs Männer konnten schließlich gerettet werden.

Eine Woche nach dem Skagen-Schauspiel flog ich mit Bernd Wolf in den Luftraum Malmö/Kopenhagen, wo sprichwörtlich der Teufel los war. 60 Großsegler hatten sich im Öresund versammelt, um gemeinsam unter Segeln nach Kiel zu fahren, begleitet von Hunderten kleinerer Segelschiffe. Der Öresund war so voll, dass man fast zu Fuß von Dänemark nach Schweden hätte laufen können. Und auch in der Luft herrschte ein reger Verkehr. Ein Hubschrauber und mehrere Sportmaschinen flogen dicht über den Schiffen »nach Gehör« kreuz und quer.

Es war unmöglich zu überblicken, ob über uns noch eine andere Maschine flog, es war ungewollter Kunstflug, aber atemberaubend schön. Bei Kaiserwetter, wie man angenehme Brise und Sonnenschein an der Küste bezeichnet, liefen die Segler schließlich in den Kieler Hafen ein. Mit einem Hubschrauber der Bundeswehr flogen wir der Armada entgegen. Wenn ich heute die Fotos dieses Großereignisses betrachte, dann bekomme ich immer noch eine gewaltige Gänsehaut.

Im Frühjahr 1972 kauften wir uns einen drei Jahre alten Unimog mit Pritschenaufbau, mit dem die Firma Prakla-Seismos zuvor geologische Untersuchungen in Libyen durchgeführt hatte. Die Pritsche kam runter. Stattdessen setzten wir den Aufbau eines kleinen Möbelwagens darauf, der vier Meter lang und über zwei Meter breit war. Den überaus durstigen Benzinmotor ließen wir durch einen Mercedes-Dieselmotor ersetzen. Dass Denarts auf eine lange Reise gehen wollten, war nicht mehr zu übersehen.

Mit zwei kleinen Kindern kreuz und quer durch Afrika

Im März 1973 ging es los – mit Rosi und unseren Kindern Claudia und Sonja. Wir sind fast dreieinhalb Jahre kreuz und quer durch Afrika gereist. Gewohnt haben wir während der Reise in einem Mercedes Unimog mit Kastenaufbau. Den Unimog haben wir in Südafrika verkauft und uns stattdessen einen VW-Bus zugelegt, mit dem wir Anfang 1976 nach Deutschland zurückgereist sind.
Es würde den Rahmen dieses Buches sprengen, wenn ich in aller Ausführlichkeit über diese Reise berichten würde. Ich habe mich hier auf einige Kapitel beschränkt, die die Schwierigkeiten einer solchen Reise durch einen Kontinent zeigen, in dem das Straßennetz damals mehr als abenteuerlich war.

»Und denkt dran! Wenn einem der Kinder was passiert, braucht ihr gar nicht erst wiederzukommen!« Das waren die letzten Worte meines Schwiegervaters, als wir im März 1973 in unseren Unimog stiegen, um die nächsten dreieinhalb Jahre kreuz und quer durch Afrika zu reisen. Unsere Kinder – Claudia war knapp fünf Jahre alt, Sonja anderthalb Jahre jünger und gerade damit beschäftigt, aus den Windeln herauszuwachsen – waren in dicke Teddymäntel eingemummelt.
Und im Gegensatz zu meinem Nilabenteuer besaß ich diesmal sogar eine schriftliche Genehmigung, dass ich den Geltungsbereich des Wehrpflichtgesetzes verlassen durfte.
Die Kinder hatten wir pädagogisch auf die Reise vorbereitet. Wir hatten ihnen erzählt, dass »oben« in Afrika Araber leben und sich Schwarzafrika »weiter unten« befindet. Geduldig hatten sie sich gegen Gelbsucht und Pocken impfen lassen. Als

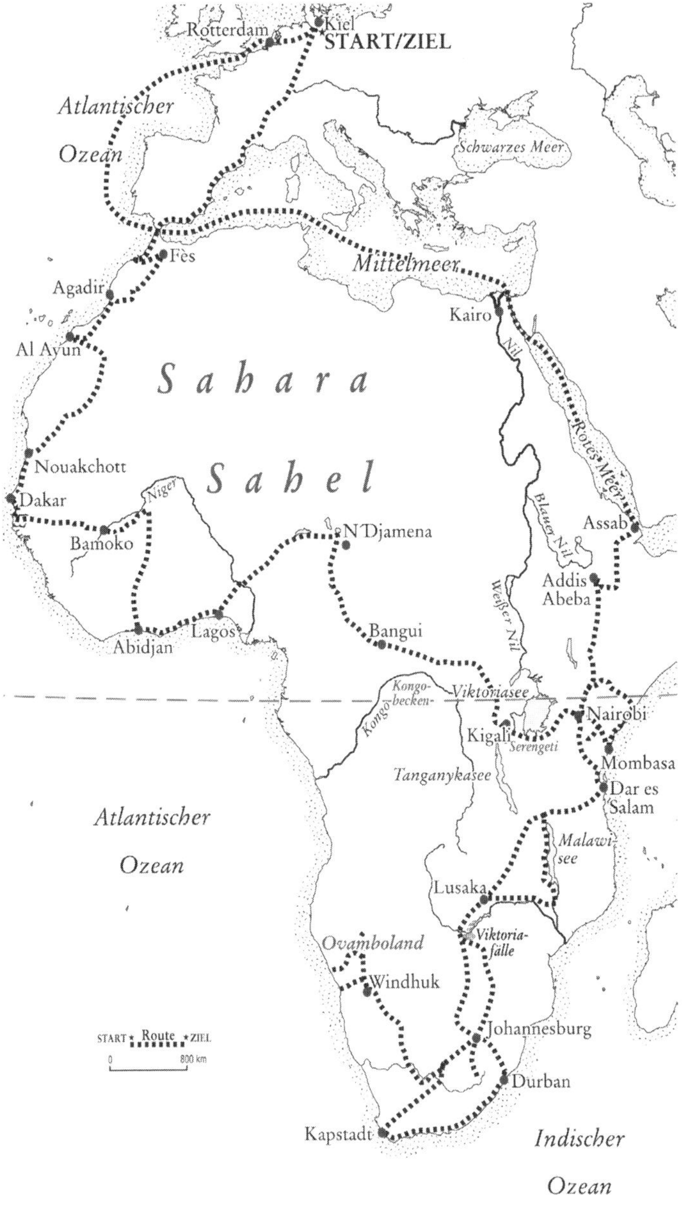
Rotterdam
Kiel
START/ZIEL
Atlantischer
Ozean
Schwarzes Meer
Fès
Mittelmeer
Agadir
Kairo
Al Ayun
Nil
Sahara
Rotes Meer
Nouakchott
Sahel
Dakar
Niger
Blauer Nil
Assab
Bamoko
N'Djamena
Addis
Abeba
Weißer Nil
Abidjan
Lagos
Bangui
Kongo-
becken
Kongo
Viktoriasee
Nairobi
Kigali
Serengeti
Mombasa
Tanganykasee
Dar es
Salam
Atlantischer
Ozean
Malawi-
see
Lusaka
Viktoria-
fälle
Ovamboland
Windhuk
START Route ZIEL
0
800 km
Johannesburg
Durban
Kapstadt
Indischer
Ozean

wir zum zweiten Impftermin ins Hygiene-Institut der Uni Kiel kamen, sagte Sonja dem Impfarzt selbstbewusst: »Tetanus hab ich schon.«

»Nein, so hab ich mir meinen 32. Geburtstag nicht vorgestellt!«, beschwerte sich Rosi. Sie hatte natürlich Angst um unsere Kinder. Anstatt Marokkos wunderschönes Atlasgebirge, insbesondere den schneebedeckten Gipfel des Jebel Toubkal genießen zu können, musste Rosi Todesängste ausstehen. Auf einer engen, nicht asphaltierten, ausgewaschenen und bröckeligen Passstraße kroch unser Unimog den Tizi-n-Test-Pass hinauf. Weder eine Schutzmauer noch Leitplanken trennten uns vom schwindelnden Abgrund. Die beiden äußeren Räder rollten stets dicht an der Kante entlang. Wenn Rosi aus dem Seitenfenster schaute, sah sie also keine Fahrbahn, sondern blickte unmittelbar in die Tiefe. Dass dort unten bereits manches Autowrack lag, trug auch nicht gerade zu ihrer Beruhigung bei.
»Keine Bange, Rosi, da ist noch viel Platz«, sagte ich verwegen, während sich unser Gefährt im Schneckentempo den 2100 Meter hohen Pass hinaufquälte, als wollte er Rosis Albtraum absichtlich in die Länge ziehen.
Doch schon der Abend dieses denkwürdigen Geburtstags entschädigte sie ein wenig. Wir erreichten den nördlich von Agadir gelegenen Hippiestrand von Tarhazoute. Die Hauptsaison war vorbei, die Hippies zog es im Frühjahr nach Amsterdam und London, die europäischen Rentner, die hier überwintert hatten, wieder heimwärts.
Mit Kindern durch Afrika? Schnell versammelte sich ein buntes Völkchen an unserem Lagerfeuer. Darunter Detlef und seine Frau, die vor zehn Jahren von Deutschland nach San Francisco ausgewandert waren und dort so viel Geld verdient hatten, dass sie nun schon seit drei Jahren mit ihrem komfortablen Wohnmobil um die Welt reisten.

»Reisen muss Spaß machen«, erklärte Detlef im Brustton der Überzeugung. »Wir fahren nur dorthin, wo es schön ist, und auch nur auf asphaltierten Straßen.« Offenbar fanden sie es in Tarhazoute besonders schön, denn die »Familie Detlef« befand sich bereits seit drei Monaten hier und beschallte den Atlantikstrand mit deutscher Stimmungsmusik wie »Schöne Maid«. Direkt neben unserem Unimog parkte ein luxuriöser Mercedes Camping-Lkw. Der Mann war Deutsch-Engländer in den Fünfzigern. Sie war weißhaarig und vermutlich beträchtlich älter. Wir wunderten uns, dass neben dem sehr geräumigen Fahrzeug noch ein Zelt stand. Die Hermanns aus Hamburg klärten uns flüsternd auf: »Der Mann, der als Kriegsgefangener nach Great Britain kam, soll der Butler der älteren Dame sein.« Ein skurriles Pärchen gaben die beiden kanadischen Brüder ab, die mit ihrem schwarzen Cadillac auf der Mauretanien-Piste durch die Sahara gefahren waren. Der eine von ihnen war stämmig, hatte markante Kieferknochen und eine lange Wikingermähne; der andere war dünn und schüchtern, hatte vorstehende Zähne und trug einen breitkrempigen Damenhut.

»Warum, um Himmels willen, seid ihr mit einem Cadillac durch die Wüste gefahren?«, wollte ich wissen.

»Weil das eben der Wagen ist, den wir besitzen. Warum hätten wir einen anderen nehmen sollen?«, antwortete der Stämmige. Klang eigentlich ganz logisch – sofern man ein wenig durchgeknallt war.

Von den verrückten Brüdern hatte uns schon »Dr. Volkswagen« in Ceuta erzählt. Dr. Volkswagen, Rufname Heinz, war ein Automechaniker aus Deutschland, der sich in Marokko mit großer Leidenschaft um die vielen VW-Busse kümmerte, mit denen vorwiegend Studenten durch die Sahara fuhren, die Autos in Westafrika verkauften und wieder nach Hause flogen.

»Willst du denn nicht selbst mal mit deinem Bulli durch die Sahara fahren?«, fragte ich Heinz.

»Niemals! Das ist mir viel zu riskant. Ich sehe doch jeden Tag, was an den Autos alles kaputtgehen kann.«
»Du könntest dein Auto doch ohne Probleme reparieren.«
»Schon, aber ich bleibe lieber in Marokko. Das ist mir Abenteuer genug«, entgegnete er.

Seit acht Wochen waren wir mit unserem Haus auf Rädern nun schon unterwegs. Endlich hatten wir richtige Wüste vor uns, endlich konnte der Unimog zeigen, was in ihm steckte. In Jahrmillionen hatten sich steile Schluchten ins Gestein gefressen und Wadis, ausgetrocknete Flussbetten, hinterlassen, die bei gelegentlichen Regenfällen zu gewaltigen Sturzbächen anschwellen konnten. Es war eine steinige Rumpelpiste, die den Aufbau des Unimogs gewaltig hin und her schaukeln ließ. Claudia und Sonja hatten einen Riesenspaß in dem schwankenden Mobil. Rosi guckte eher skeptisch, wenn das Gefährt einen steilen Abhang hinaufkletterte, um sich aus einem Wadi zu befreien. Eine gewisse Anspannung konnte auch ich nicht verhehlen, musste ich mich mit dem Fahrzeug in dieser neuen Umgebung ja erst mal vertraut machen. Doch mit jeder Stunde, die verging, wurde unsere Anspannung geringer, und wir genossen die bizarren Gesteinsformationen in vollen Zügen.
Am Nachmittag erblickte ich durch das Fernglas eine kleine Siedlung, über der träge eine marokkanische Flagge flatterte. Nichts Böses ahnend fuhren wir ins »Dorf« und gerieten unversehens in eine Polizeikontrolle, was uns zunächst nicht weiter beunruhigte, denn Polizeikontrollen waren in Marokko an der Tagesordnung. Der Offizier in Uniformjacke und Trainingshose fragte mürrisch nach den Papieren und wollte wissen, was auf dem Dach unter der Plane verborgen sei.
»Ein Schlauchboot«, antwortete ich arglos.
Ein Schlauchboot in der Sahara? Das wollte er genauer wissen. Also schickte er zwei Mann aufs Dach, die das Schlauchboot

sorgsam inspizierten. Nachdem sie damit fertig waren und ich die Plane wieder festzurrte, rief Rosi ganz aufgeregt von unten: »Klaus! Die Typen räumen die Bettkästen aus.«

Sie durchwühlten einfach alles: den Küchenschrank, den Kühlschrank, die Regale... Vor allem unser Satellit-Weltempfänger von Grundig hatte es dem Offizier angetan. Die beiden Soldaten hockten mit ihren schweren Stiefeln auf den Bettkästen und entfernten eine Lage nach der anderen. Ich hatte, was selten vorkommt, gewaltiges Muffensausen. Denn ganz unten im rechten Bettkasten hatte ich mein Gewehr versteckt, ein Kleinkaliber Magnum, das ich für schlechte Zeiten gekauft hatte. Konnte ja sein, dass ich meiner Familie gelegentlich mal einen Braten schießen musste. Der Soldat riss die Bettdecken heraus. Ganz unten lag noch ein dicker Parka. Das Herz schlug mir bis zum Hals. Was würde passieren, wenn sie das Gewehr fänden? Rosi sah mich wohl schon im Knast sitzen und sich selbst allein mit den Kindern in Afrika. Sie sah sich mit den Kleinen vor dem Gefängnis parkend auf Papas Freilassung warten. Der Soldat guckte auf den Parka, sah den Linoleumboden und glaubte, alles gesehen zu haben.

»D'accord!«. Das war's. Der Soldat gab sich zufrieden.

Doch nichts war d'accord! Denn der zweite Soldat hatte im linken Bettkasten soeben meine Taucherausrüstung entdeckt. Triumphierend hielt der Chef mein stabiles Tauchermesser in die Höhe. Er wog das Messer in der Hand, strich mit den Fingern über die Sägezahnung. Ich fragte mich, was er alles angestellt hätte, wäre er auf das Gewehr gestoßen.

»Klar. Der Arsch will was abstauben. Solch ein großes Auto – da müsste doch etwas für ihn dabei sein.«

Toll, dass wir unsere eigene Sprache hatten, die hier niemand verstand. Es war geradezu erleichternd, dass wir uns absprechen und fluchen konnten.

Und plötzlich kam mir die rettende Idee – wir hatten einen

Prospekt dabei, in dem die marokkanische Tourismusbehörde auch für den Tauchsport in Marokko warb. Diese in Englisch verfasste Broschüre, die eindeutig illustriert war, hielt ich dem Boss unter die Nase und übersetzte für ihn: »Willkommen in Marokko. Das Land bietet herrliche Tauchreviere. Vergessen Sie deshalb nicht, ihre Taucherausrüstung mitzubringen inklusive Taucherflasche, Tauchermesser …« Das stand da zwar nicht wortwörtlich, aber der Typ kam ins Grübeln.

»Was ist dir mehr wert? Das Messer oder das Radio?«, fragte er mich.

»Ich hab's doch gewusst! So ein Arschloch!«, fluchte Rosi in Anbetracht dieser Erpressung.

Tja, dann müsse er wohl das Messer einbehalten, erklärte er mir mit gespieltem Bedauern. Ich könnte es mir später in Tan-Tan wieder abholen. Zwei jüngere Offiziere, denen das Verhalten ihres Chefs offenbar peinlich war, redeten auf ihn ein. Und das Unwahrscheinliche geschah: Ihr Chef ließ sich überreden. Einer der jungen Offiziere entschuldigte sich sogar bei uns, als wir endlich weiterfahren konnten. Wir übernachteten auf einem kleinen, trockenen Salzsee und erholten uns von den Schrecken der Polizeikontrolle.

Am nächsten Morgen fuhren wir nach Sebcha Tah, der Grenzstation zu Spanisch-Sahara. Spanisch-Sahara war eine spanische Kolonie in Nordwestafrika, die zwischen 1884 und 1975 bestand. Freundlich belehrten uns die Beamten, dass wir nach Tarfaya an der Atlantikküste fahren müssten, um uns dort den Ausreisestempel zu holen. Es war eine 30 Kilometer lange Piste, die so aussah, als hätte man ein Kopfsteinpflaster umgepflügt. Wir nahmen einen jungen Händler mit, der in Tarfaya wohnte. Zehn Kilometer vor dem Küstenstädtchen riet er uns, auf die Dünen hinaufzufahren. Und tatsächlich, im Sand war das Fahren erheblich angenehmer. Bei wunderschöner Abendstimmung fuhren wir in den roten Sonnenuntergang hinein.

Die Stadt war schon in Sichtweite, als die Scheinwerfer ein paar Mal aufflackerten, ehe sie erloschen. Anstatt nur den Lichtschalter zu betätigen, drehte ich auch die Zündung aus – ein verhängnisvoller Fehler. Das war das Ende, der Anlasser rührte sich nicht mehr. Kurzschluss!

Am nächsten Morgen machte ich mich an die Fehlersuche. Ich baute die Schalter aus. Im Anlassschalter waren die Kupferkontakte zerschmolzen, die beiden Batterien völlig leer.

»Ich latsch mal in die Stadt, Hilfe holen«, erklärte ich, als sei die Lösung unseres Problems nur ein Kinderspiel. Das einzige Fahrzeug, das ich auftreiben konnte, war ein ramponierter Willys-Jeep, der einem alten Fischer gehörte. Bevor der »Sahara-Pannendienst« ausrücken konnte, mussten wir mit einer Handpumpe die Räder aufpusten, des Fischers Söhne füllten den Kühler mit Wasser auf und verschlossen den Einfüllstutzen mit einem Lumpen, weil es keinen Deckel gab. Aber Willys müde Batterie reichte nicht aus, um unserem 24-Volt-Akku neues Leben einzuhauchen. Allerdings gab es im Ort auch ein kleines Kraftwerk. Vielleicht, dachte ich, könnten sie uns dort behilflich sein.

»Was machst du beruflich«?, wollte der zuständige Mechaniker wissen.

»Ich arbeite beim Fernsehen.«

»Très bien! Wenn du meinen Fernseher reparierst, lade ich dir kostenlos deine Batterien auf. Sonst musst du 20 Dirham fürs Laden zahlen.« Nun, ich wusste zwar, wie man Filme dreht, nicht aber, wie man die Filme in der Glotze sichtbar macht. Unsere letzten Dirham hatten wir in Tan-Tan ausgegeben, und auf deutsches Geld legte niemand Wert in Tarfaya. Ein Lkw-Fahrer bot an, den Unimog für 100 Dirham aus dem Sand zu ziehen. So viel Gleichgültigkeit und Habgier brachten mich auf die Palme. Während Rosi mit den Kindern den Wagen hütete, ging ich zum Kadi. Der ordnete eine kostenlose Aufladung der

Batterien an. Lustlos machten sich ein paar Männer an die Arbeit und fragten mich sogleich: »Hast du destilliertes Wasser?« Ich hatte keines, also tauschte ich meine restlichen spanischen Peseten ein, und für 5 Dirham füllten die Männer die Batterien vor dem Laden mit Wasser auf.
Am nächsten Morgen – ein Amperemeter gab es nicht – machten die Männer den Funkentest und befanden, dass die Batterien ausreichend geladen seien. Doch wie sollte ich die Batterien zu unserem Unimog bekommen? Ein Schlachter bot mir seinen Eselkarren an – für 10 Dirham.
Ich fluchte. Wir hatten ja nicht damit gerechnet, dass wir an der Grenze zu Spanisch-Sahara noch einmal marokkanisches Geld benötigen würden.
Hier in Südmarokko wurde uns zum ersten Mal bewusst: Wer mit einem Auto quer durch Afrika reiste, der galt als reich! Was im Grunde ja auch stimmte – es kommt eben nur auf die Relationen an: großes Auto, immer Geld zum Tanken. Und natürlich interessierte es hier niemanden, dass wir ein sehr knappes monatliches Budget zur Verfügung hatten: 300 D-Mark für Diesel, 300 Mark für Lebensmittel, 100 Mark für Reparaturen.
Ich lud mir eine der 15 Kilogramm schweren Batterien vor den Bauch, schleppte sie ächzend durchs Dorf und durch den tiefen Sand bis zu unserem Fahrzeug. Das erzeugte eine gewaltige Wut, setzte aber auch viel Energie frei: *Euch werd ich's zeigen!* Während ich mich mit der zweiten Batterie abmühte, überholte mich ein Junge auf einem Esel.
»Monsieur! Ich will Ihnen helfen. Stellen Sie die Batterie auf den Rücken des Esels.« Er verlangte kein Geld. Einen Dirham hatte ich noch von dem Pesetenwechsel übrig. Es gab tatsächlich jemand, der sich über einen Dirham freuen konnte.
Vorglühen. Starten. Der Wagen sprang nicht an, die Batterien waren zu müde, nicht ausreichend geladen. Ein Funker, der auf dem Weg zu seiner Dienststelle an der Grenze war, hielt

an und wollte uns helfen. Aber wie? Er hatte kein Überbrückungskabel.

Während er zu seinem Landrover hinüberging, drehte ich noch einmal den Zündschlüssel. Und der Motor sprang tatsächlich an. Der Funker eilte sofort zu mir zurück und war sichtlich gerührt.

»Das ist ein Wunder Allahs!«

Zwei Stunden später waren wir an der Grenze in Sebha Tah. Wir durften Marokko verlassen, aber die Grenze zu Spanisch-Sahara war verschlossen. Es war Freitag, und die Polizei-Kolonie öffnete sich nur donnertags und montags. Am Nachmittag setzte ein heftiger Sandsturm ein, der im Laufe der Nacht immer heftiger wurde.

Als der Morgen kam, war die Luft immer noch von so viel Staub und Sand gesättigt, dass man nicht mehr sah als im dicksten Nebel. Wir saßen im Wagen, die Kinder spielten Quartett, oder wir lasen ihnen aus Kinderbüchern vor.

»Papa, was wäre passiert, wenn die Soldaten das Gewehr gefunden hätten?«, fragte Claudia plötzlich. Offensichtlich mussten die Kinder noch die Aufregungen der letzten Tage verarbeiten.

»Dann säße Papa jetzt im Gefängnis.«

»Warum darf man kein Gewehr haben?«

»Weil man mit Gewehren auch viel Blödsinn machen kann. Man kann mit Gewehren jagen, aber mit Gewehren werden auch Kriege zwischen den Menschen geführt.«

Die Kinder wurden schon zu Beginn der Reise mit Themen konfrontiert, von denen in Deutschland kein Kind etwas mitbekommt: Krieg, Diktatur, Gewalt etc. Sie stellten viele Fragen, und wir waren stets gezwungen, kindgerechte Antworten zu finden. Andererseits war es erstaunlich, wie anpassungsfähig Kinder sein können.

Aus dem gelblichen Nebel tauchte plötzlich ein gelbes Auto

auf, wie ein U-Boot, das unerwartet an die Oberfläche kommt. Es hielt uns nicht mehr in unserem gemütlichen Wohnmobil. Der Fahrer kam aus Augsburg. Es war Clark Stede, ein Fotograf, der schon einige Male in der Sahara gewesen war und nun wie wir über die Mauretanien-Piste nach Dakar im Senegal wollte. Clark war ein kerniger Typ, dem die Willensstärke in sein kantiges Gesicht geschrieben stand. Für 700 Mark hatte er sich einen ausgemusterten Mercedes-Paketbus von der Post gekauft. Clark stammte aus der DDR, hatte 1966 versucht, über Ungarn sein sozialistisches Paradies zu verlassen, war geschnappt worden und durfte wegen versuchter Republikflucht für einige Jahre im Knast in Bautzen über sein unsozialistisches Verhalten nachdenken. Die Bundesrepublik hatte ihn gemeinsam mit anderen Gefangenen freigekauft. So war er in Augsburg gelandet.

»Und jetzt genießen wir den Sozialismus in Spanisch-Sahara«, scherzte er auf Sächsisch, dem vorherrschenden Dialekt in seiner Knastzeit. Kaum dass wir uns beschnuppert und in groben Zügen unsere Lebensläufe geschildert hatten, tauchte das nächste Fahrzeug aus dem Sanddunst auf. Aus dem Landrover stieg ein frisch vermähltes Pärchen: Wolfram »Wulli« und Susi Lutterkort. Wulli wollte nach Südafrika, wo er früher einmal als Konstrukteur gearbeitet hatte.

Sebcha Tah, der Grenzort, zeigte sich nach dem Abflauen des Sandsturms in seiner ganzen »Schönheit« – auf marokkanischer Seite stand eine Steinbude, auf spanischem Territorium ein kleines, weißes Fort. Todo por la patria – alles für das Vaterland! prangte in großen Lettern über dem Tor. Zwischen Bude und Burg gab es einen schmalen Streifen Niemandsland, in dem gut 20 Wellblechhütten standen. Eine davon nannte sich Café Sahara, in dem Schweppes und amerikanische Zigaretten angeboten wurden. Zwischen den Hütten hatten Nomaden ihre Zelte aufgeschlagen. Ziegen und Schafe suchten nach

verdorrten Gräsern, und wir wunderten uns, wie die Tiere in dieser Steinwüste überleben konnten.
Marokko machte in diesen Hütten wahrscheinlich dicke Geschäfte mit dem Erzfeind Spanien, Schmuggler vermutlich noch bessere. Die Franco-Kolonie Spanisch-Sahara war zollfreie Zone, das garantierte profitable Arbeitsplätze. Am Montagmorgen standen 150 spanische LKWs an der Grenze, luden Radios, Kühlschränke, Fernseher, Kaffee, Tee und Zigaretten ab. Von Norden kamen marokkanische Lastwagen mit frischem Gemüse. Marokko versorgte seinen ärgsten Feind mit Vitaminen und hoffte, sich die spanische Kolonie eines Tages einverleiben zu können. Im »Café Sahara« und den anderen Buden herrschte geschäftiges Treiben, allerhand buntes Volk hing herum: Afrikaner, die auf dem Weg nach dem goldenen Europa waren, Hippies und kiffende Transportarbeiter.
So entrückt die Stimmung im Niemandsland war, so hirnlos war die Militärbürokratie auf spanischer Seite. In Doara, 30 Kilometer hinter der Grenze, musste jedes Fahrzeug nochmals zur Polizei. Die Touristenfahrzeuge mussten in Doara stehen bleiben und wir mit dem Taxi zur Hauptstadt El Aaiun fahren. Die Polizei verlangte, dass wir eine Versicherung abschlossen. Die sich daraus ergebende Odyssee, mit ihren grotesken Zügen, hier in aller Kürze:
Mit dem Taxi ins 40 Kilometer entfernte El Aaiun.
Trafen mittags dort ein – überall Siesta. Die Banken waren geschlossen, konnten kein Geld mehr wechseln, sollten bis zum nächsten Tag warten. Fanden doch noch einen hilfsbereiten Bankbeamten.
Die Versicherung öffnete um 16:30 Uhr, sollten 50 Mark für vier Tage bezahlen. Rannten zu einer anderen Versicherung und wurden zur ersten Versicherung zurückgeschickt.
Konnten uns schließlich auf 200 Peseten einigen, nachdem ich den Unimog als Mercedes 220 deklariert hatte.

Suchten ein Taxi. Die meisten hatten aber keine Genehmigung, nach Doara zu fahren.
Wurden an der Kontrollstelle am Stadtausgang zurückgeschickt, weil die Taxilizenz wohl abgelaufen war.
Ärger mit dem Taxifahrer, weil er jetzt mehr Geld haben wollte. Mussten aber mit ihm fahren, weil wir mit ihm an der Kontrollstelle registriert waren.
Fuhren zum Militär, um Taxilizenz erweitern zu lassen. Mussten dort eine Stunde warten, weil Big Boss nicht da war zum Unterschreiben.
Die Kontrollfuzzis durften uns eigentlich nicht mehr passieren lassen, weil es schon dunkel war. Sie hatten aber vorher schon unseren Passierschein mit dem heutigen Datum abgestempelt.
Waren um 21:30 wieder in Doara.

Von wegen Todo por la patria! – Todo por el diablo! Alles für den Teufel. »Verdammte Scheißkolonie!«, fluchte ich.
So viel Ignoranz, so viel Dummheit, so viel sinnlose Bürokratie konnte es nur in einer Militärdiktatur geben. Der Grund für diese politische Zwangsneurose war, dass Spanisch-Sahara außer Sand und Steinen einen unermesslichen Reichtum besaß. Quer durch das Land hatten die Firmen Krupp und Klöckner riesige Förderanlagen gebaut, um die Phosphatschätze aus der Wüste an die Küste zu transportieren. Phospat ist sehr knapp und als Rohstoff für Pflanzendünger unerlässlich. Wo es so viel Reichtum gibt, ist der Neid der Nachbarn nicht weit.
Als Diktator Francos Selbstherrlichkeit 1975 mit seinem Tod endete, erlosch auch Spaniens Kolonialherrschaft in der Westsahara. Das Land wurde unter die Verwaltung von Marokko und Mauretanien gestellt. Marokko annektierte den größten Teil der Westsahara. Die Unabhängigkeitsbewegung Polisario kontrolliert einen schmalen Streifen im Osten, jenseits des Phosphatreichtums von Bou Craa.

Spanisch-Sahara hatte einen Vorteil. Alle Waren waren zollfrei, Diesel kostete 5 Pfennig pro Liter. Wir tankten 250 Liter.
Es gibt drei große Nord-Süd-Verbindungen in der Sahara:
Die Tamanrasset-Route von Algier nach Agadir im Niger war die einfachste Strecke und damit die klassische »Trans-Sahara-Autobahn«.
Die Tanezrouft-Piste im Westen Algeriens führt nach Gao in Mali und hat sehr sandige Teilstücke.
Die Mauretanien-Piste galt als die sandigste Autoroute, und auf der befanden wir uns jetzt.
Unsere Reisegruppe war inzwischen angewachsen. Edward, ein Modellathlet aus Gambia, wollte seine Arbeitskraft in Europa zur Entfaltung bringen, wurde aber schon an der Grenze von Mauretanien zu Spanisch-Sahara daran gehindert. Seinem »Kollegen« Fab erging es nicht anders.
»Wir wollen zurück nach Gambia. Könnt ihr uns nicht mitnehmen?«, bettelte Ed.
»Unser Auto ist voll. Ich weiß nicht, wo wir dich unterbringen könnten.«
»Ich bin doch ganz klein. Ich hock mich auf den Fußboden«, lachte Ed aus vollem Halse, war er doch zwei Meter groß und muskelbepackt. Wir ließen uns breitschlagen und redeten auf Clark ein, der noch genug Platz in seinem Postauto hatte, um Fab mitzunehmen.
»Das war schon mein dritter Versuch, nach Europa zu gelangen«, erzählte Ed. »Das erste Mal habe ich mich in Dakar als blinder Passagier auf einen Frachter geschlichen. Ich hab mich nachts an einer Trosse hochgehangelt und mich in der Kiste mit den Rettungswesten versteckt. Eine Woche lang hab ich nichts gegessen, dann wurde ich kurz vor Le Havre doch noch entdeckt. Der Kapitän hat mich in eine Kabine gesperrt und gleich wieder zurück nach Dakar mitgenommen. Aber immerhin hab ich sehr gutes Essen bekommen.«

Ed amüsierte sich immer noch über seinen missglückten Asylversuch und strahlte wie ein Kind.
Es war nicht übertrieben, was wir über die Mauretanien-Piste gehört hatten – sie war eine riesengroße Sandkiste. Unser Unimog war auf diesem Terrain ganz in seinem Element, und Clark zeigte mit seinem Postbus (ohne Allradantrieb), dass er ein passionierter Wüstenfahrer war. Die Piste war mehrere Kilometer breit. Jeder suchte sich seinen eigenen Weg. Am leichtesten war es dort, wo der Sand noch vollkommen unberührt war. An den Staubfahnen erkannten wir immer, wo sich die beiden anderen Fahrzeuge befanden. Am Abend, circa 60 Kilometer südlich von Bor Moghrein, dem ersten Ort in Mauretanien, stießen wir an einem Brunnen auf zwei junge Franzosen. Ausgerechnet auf dieser Route wollten die beiden mit einem nagelneuen VW Käfer nach Westafrika reisen. Möglich ist alles … Schließlich hatten uns ja die beiden kanadischen Brüder gezeigt, dass man auch mit einem Cadillac durch die Wüste fahren kann.
Unter Akazien saßen wir abends in dieser Minioase zusammen. Typisch französisch – die beiden waren echte Gourmets, die uns mit einer damals supermodernen Kaffeemaschine leckeren Mokka aufbrühten. Richtige Schaufeln, Sandbleche und Wasservorräte für mehrere Tage hatten sie allerdings nicht dabei.
Am nächsten Morgen wurde der Sand immer tiefer. Zwangsläufig blieben die Fahrzeuge ohne Allradantrieb immer wieder stecken. Doch für Clark war das kein Problem. Wir konnten gar nicht so schnell gucken, wie er seine Sandbleche aus der Halterung holte, wie ein Roboter schaufelte, die Bleche unter die Räder schob und sich aus dem tiefen Sand befreite.
»Mensch, Clark! Warst du im früheren Leben ein Maulwurf?«, fragte ich anerkennend.
»Nee. Man muss sich nur zu helfen wissen, wenn man nach Afrika fährt, oder?«

Nicht so die Franzosen. Sie waren total verblüfft, als ihr dunkelgrüner Käfer plötzlich stecken blieb. Sie kramten eine kurze Schaufel hervor, wussten aber nichts damit anzufangen. Ich hängte den Käfer an ein Seil und zog ihn mit dem Unimog auf tragfähigen Boden. Das wiederholte sich so oft, bis mir der Geduldsfaden riss. Der Käfer wurde zur Plage. In den Wadis, den trockenen Flussbetten, war der Sand besonders weich und tief.

»Papa!« Die Franzosen sind schon wieder steckken geblieben«, rief Claudia aus dem Wohnaufbau.

»Ach, du Scheiße! Nicht schon wieder«, fluchte ich. »Allmählich müsst ihr mal lernen, euch selbst zu helfen!«, brüllte ich aus dem Beifahrerfenster. Aber sie saßen bis zur Achse im Sand, da half auch kein Schaufeln mehr. Also spannte ich den Unimog erneut vor den Käfer und gab Gas, doch der Wagen rührte sich nicht von der Stelle. Irgendwann fing die Kupplung an zu stinken, und mir stank es auch gewaltig.

»Ich mach mir doch nicht den Motor kaputt, nur weil ihr euch nicht auf die Wüste vorbereitet habt!«, rief ich.

Ed scherzte: »Bis Zouerat sind es nur 100 Kilometer. Das schafft ihr zu Fuß in drei Tagen.«

»Wir nehmen euch mit bis Zouerat. Dort könnt ihr euch Hilfe beim Militär holen«, empfahl ich den Franzosen. Wulli und Susi nahmen einen Franzosen in ihrem Landrover mit, nachdem er das Gepäck aus dem Käfer auf unsere Fahrzeuge verteilt hatte. Der andere war zwischenzeitlich in Ohnmacht gefallen und lag nun delirierend in unserem Wagen. Ed saß neben ihm, unsere »Mäuse« drängelten sich auf Mamas Schoß auf dem engen Beifahrersitz.

Als wir abends am sogenannten Wendekreis des Krebses – dort, wo jedes Jahr am 21. Juni die Sonne im Zenit steht – mit vertrockneten Akazienzweigen ein kleines Lagerfeuer entfachten, kam unser sensibler Monsieur Käfer wieder zu sich.

»So hab ich mir die Wüste nicht vorgestellt. Uns haben sie in Marokko erzählt, dass alles kein Problem wäre«, entschuldigte sich der Franzose. »Ich will ja nur meinen Bruder in Abidjan besuchen.«

»In Zouerat gibt es Militär und viele Franzosen. Die können euren Wagen abholen«, sagte Ed, der auf seiner Odyssee Richtung Europa schon mehrmals durch die Eisenerzstadt gekommen war.

Früh am nächsten Morgen traute ich meinen Augen nicht. In der allerersten Morgenröte kam eine Ente angefahren, ein 2CV, auch nicht gerade das ideale Wüstenfahrzeug. Als sich das winzige Auto unserem Camp am Wadi näherte, blieb es prompt stecken. Heraus sprang ein katholischer Priester in Soutane! »Himmel, was macht der denn hier?«, rief ich. Er schien es sehr eilig zu haben, zog zwei Bretter von der Rückbank, legte ein Brett neben den rechten Vorderreifen, dann drückte er immer wieder die Stoßstange nach unten und brachte den Wagen zum Schaukeln, bis das rechte Rad auf das Brett wippte. Die gleiche Prozedur auf der linken Seite. Schon war die Ente wieder flott. »Frühmorgens trägt der Sand am besten!«, rief er uns zu. Unsere Franzosen staunten nicht schlecht, wie wüstentauglich ihr frommer Landsmann war.

Mittags erreichten wir Zouerat, eine kleine Minenstadt mit einfachen, sauberen Reihenlehmhäusern für die Einheimischen und schlichten Villen für die französischen Bergwerksingenieure, die mit viel Wassereinsatz versuchten, ihre steinigen Grundstücke in kleine Oasen zu verwandeln. Zouerat besaß auch eine echte kleine Oase, die bei allen Trans-Sahara-Reisenden *der* Geheimtipp war. Wasser in der Wüste, der Traum aller Beduinen – in Zouerat war er wahr geworden. Die Europäer hatten sich einen großen Swimmingpool gebaut, der das Zentrum ihres Klubs war, in dem Cocktails und Bier serviert wurden. Schwarze Kellner brachten den weißen Ehefrauen des Ortes leckeres Essen

an die Liegestühle. Kein Wunder also, dass der Klub mit dem erfrischenden Nass für Kehle und Korpus auch unsere kleine Gruppe magisch anzog: die Familie Denart, Susi, Wulli, Clark, eine der beiden geschundenen Seelen aus Frankreich und Fab. (Ed und der zweite Franzose waren unterdessen mit zwei Militärgeländewagen losgefahren, um den VW Käfer zu bergen.)
Alle Augen im Klub waren auf uns Wüstenfahrer gerichtet. »Oh, guck mal. Die fahren mit Kindern durch die Wüste«, hörten wir sogleich. »Ach, sind das süße Mädchen.«
Wir waren offenbar eine willkommene Abwechslung zum langweiligen gesellschaftlichen Wüstenleben. Zunächst beachtete keiner unseren schwarzen Begleiter. Doch als Fab mit uns in den Pool stieg, rief eine der Ladies entsetzt: »Schaut mal, da schwimmt ein Schwarzer!« Und die empörte Lady war nicht die Einzige, die fürchtete, Fab könnte den Pool schwarz färben. Der Bademeister wurde vorgeschickt: »Der Afrikaner muss aus dem Wasser kommen.«
»Bitte? Ich kann Sie so schlecht verstehen«, rief ich ihm zu.
Schließlich kam ein leitender Angestellter des Klubs: »Das Schwimmbad für die Afrikaner ist dort drüben in der Siedlung der Einheimischen«, erklärte er. »Ich möchte Sie bitten, den Klub zu verlassen.«
D'accord. Wir hatten ja unseren Spaß gehabt. Als wir abends in der Bar ein Bier trinken wollten, wurden wir abgewiesen. Wie gut, wenn man Freunde hat – der Franzose, der gestern kollabiert war, kaufte das Bier und reichte es uns nach draußen.
Spät am Abend trafen Ed und der Franzose mit dem Käfer in Zouerat ein. Mit Militärbegleitung und gegen gutes Geld hatten sie alle Widrigkeiten der Wüste überwunden. Die beiden Ahnungslosen feierten ausgiebig die Rettung ihres Käfers.
In Zouerat wird Eisenerz abgebaut, mitten in der Stein- und Schotterwüste. Um das Erz ans Meer zu bekommen, hat die Minengesellschaft eine 700 Kilometer lange Eisenbahnstre-

cke gebaut, die sich bis zur Atlantikküste bei Nouadhibou erstreckt. Die Züge waren unglaublich lang. Drei oder vier Lokomotiven zogen bis zu zweieinhalb Kilometer lange Waggonketten. Die Gleise, deren Schwellen vom Sand bedeckt waren, hatten aber auch für Saharareisende ihren Vorteil. Clark fuhr mit seinem gelben Postbus auf dem Schienenstrang, was eigentlich verboten war, aber von Saharafahrern immer wieder missachtet wurde. Es rumpelte zwar, doch der Wagen konnte nicht stecken bleiben. Aber ohne Nachteil kein Vorteil – die schweren Erzwaggons frästen Stahlsplitter von den Schienen ab, die sich in jeden Autoreifen hineinbohren können. Und so ließ der erste Plattfuß nur ein paar Kilometer auf sich warten.
Am nächsten Tag fuhr Clark – wie wir – auf der Piste. Der Sand wurde wieder weicher, sodass selbst Clark zu verzweifeln begann. Wir halfen ihm beim Schaufeln und legten Sandbleche unter die Räder. Trotzdem schafften wir an diesem Tag nur 21 Kilometer. Clark fuhr alleine weiter, um die Kühle der Nacht zu nutzen.
Bei Choum schwenkte die Erzbahnlinie gen Westen ab. Unsere Piste führte nach Süden. Der Sand wurde fester, dafür schüttelte ein furchtbares Wellblech die Fahrzeuge durch. Wellblech- oder Waschbrettpisten waren der Schrecken aller Trans-Afrika-Reisenden. Das hatte mit Blech nichts zu tun, der Boden verformte sich unter dem Druck vieler Autoreifen zu einem kaum befahrbaren Querrillenprofil.
Zwei weitere Tage später erreichten wir Nouakchott, die Hauptstadt Mauretaniens am Meer, wo die Ziegen in den Straßen herumliefen und außer Sand alles fraßen, was herumlag, selbst Klopapier, ob neu oder gebraucht.

Im Einbaum nach Kamerun

»Ich werde über den Fluss schwimmen. Ihr könnt bei der Sekretärin der Botschaft übernachten.«
»Bist du verrückt? Das kannst du doch nicht machen!«, empörte sich Rosi. »Du kennst den Fluss doch überhaupt nicht.«
Da hatte sie recht. Wir standen am Ufer des Schari, dem Grenzfluss zwischen dem Tschad und Kamerun. Drüben in Kamerun stand unser Unimog. Am Morgen hatten wir ihn am gegenüberliegenden Ufer stehen gelassen und die Fähre nach N'Djamena, der Hauptstadt des Tschad, genommen.
»Ich muss aber rüber«, entgegnete ich. »Sonst räumen sie uns in der Nacht noch den Wagen aus.«
Ich war in einer echten Zwickmühle. Der Fluss, den ich durchschwimmen wollte, war etwa 600 bis 800 Meter breit. Ich kannte die Strömung nicht, ich wusste nicht, ob es Krokodile oder Flusspferde gab. Außerdem stand die Sonne auf der anderen Seite schon dicht über dem Horizont. Im Gegenlicht konnte ich nicht einmal erkennen, wo unser Fahrzeug stand. In spätestens einer halben Stunde würde es stockfinster sein.
Die letzte Fähre war bereits um 17:30 Uhr nach Kamerun hinübergefahren, obwohl man uns gesagt hatte, dass eine Stunde später noch ein Schiff ablegen würde.
Wir hatten ja nur ein paar Stunden in N'Djamena verbringen wollen, unter anderem, um Post auf der Deutschen Botschaft abzuholen. Um der oft langwierigen Grenzkontrolle zu entgehen, hatten wir den Unimog in Kamerun stehen lassen und die Fähre über den Grenzfluss genommen. Grenzkontrollen in Afrika konnten entnervend sein, und wenn man auf frustrierte Grenzbeamte traf, dauerten sie schon mal einige Stunden.
Der Schari war der einzige Strom, der dem Tschadsee nennenswerte Wassermengen zuführte. Er brachte Wasser aus dem regenreichen Süden in Zentralafrika und von den Zuflüs-

sen aus Kameruns Bergen. Doch in den letzten Jahrzehnten ist der abflusslose Tschadsee am Südrand der Sahara stark ausgetrocknet.

Selbst die Pirogen, die einfachen Holzboote der Einheimischen, durften nach 17 Uhr nicht mehr über den Fluss setzen. Die bewaffneten Ordnungshüter wachten darüber, dass nach Sonnenuntergang keine Schmugglergeschäfte mehr getätigt werden konnten. Aber je dunkler es wurde, desto mehr Leben regte sich am Strand. Einige Männer hatten mitbekommen, dass wir die letzte Fähre verpasst hatten.

»Ihr wollt noch heute nach Kamerun? Für 600 Francs bringe ich euch auf die andere Seite.«

Es wurde immer dunkler, und der »Fährtarif« war inzwischen auf 1000 Francs, rund 13 D-Mark, gestiegen.

»Wartet noch 20 Minuten, dann können wir fahren«, sagte einer der Bootseigner. »Kommt mit! Ein Stückchen flussaufwärts hab ich mein Boot liegen.«

Es war stockfinster, als wir in den großen Einbaum stiegen. Die Gesichter der Männer waren in der Dunkelheit nicht mehr zu unterscheiden, Rosi und die Kinder konnte ich gerade noch erkennen. Taschenlampen verboten sich von selbst. Zwei junge Burschen stakten den Kahn ins Fahrwasser. Daraufhin paddelte der eine, während der andere unentwegt Wasser aus dem offensichtlich undichten Boot schöpfte. Die Strömung war so stark, dass wir das Gefühl hatten, überhaupt nicht von der Stelle zu kommen. Die Fähre, mit der wir morgens nach N'Djamena hinübergefahren waren, hatte höchstens zehn Minuten für die Flussüberquerung gebraucht.

»Wohin fahren wir eigentlich? Wir müssten doch längst drüben sein.« Rosi wurde misstrauisch und drückte unsere Töchter noch fester an sich. Tatsächlich war es unerklärlich, dass wir scheinbar nur flussaufwärts paddelten. Vom Ufer war in der Dunkelheit nichts zu erkennen.

»Klaus! Wohin fahren wir denn?« Rosi wurde immer unruhiger.
»Garcons! Wohin fahren wir? Sind wir nicht bald da?«, gab ich die Frage an den Bootsführer weiter. Auch mir war inzwischen ziemlich mulmig geworden.
»Wir sind gleich am Ziel«, erklärte er lapidar. »Gleich« ist in Afrika ein sehr dehnbarer Begriff. Ganz vage konnte ich nun ein Ufer ausmachen. Tatsächlich kam es allmählich näher, aber nicht vor uns, sondern backbords. Wir fuhren stromaufwärts an der Schilfkante entlang. Was wollten die mit uns im Schilf? Nach einer schier endlosen Zeitspanne – in der Dunkelheit verliert man das Gefühl für Raum und Zeit – legten wir schließlich am anderen Ufer an. Unser Unimog stand unberührt da. Es war das Ende eines höchst anstrengenden Tages, der zumindest für die beiden Mädchen eine schöne Überraschung bereitgehalten hatte. Denn unter der Post, die uns die freundliche Botschaftssekretärin ausgehändigt hatte, waren auch »Sesamstraßen«-Magazine gewesen.

Bei den Pygmäen in Zaire

Zaire – heute die Demokratische Republik Kongo – war 1973 das chaotischste und unregierbarste Land Afrikas. Ein Land, das zehnmal größer ist als die alte Bundesrepublik; ein Land, das nur Ausbeutung und Krieg kannte; ein Land, das der Entdecker Henry Morton Stanley für den belgischen König Leopold II. erforschte; ein Land, dessen unermessliche Bodenschätze der belgische König als sein Privateigentum betrachtete; ein Land, das dem belgischen König auf der Kongo-Konferenz 1884/85 als Privatbesitz bestätigt wurde und das er 1908 an den belgischen Staat verkaufte!
Zaire war allein aufgrund seiner Größe und seiner vielen unterschiedlichen Volksstämme unregierbar. Schon in der Sahara hörten wir immer wieder dieselben Schreckensmeldungen über

Zaire: »Die Beamten sind völlig korrupt. Ohne Bestechung kommt ihr dort nicht weiter.«

Um von der Zentralafrikanischen Republik nach Zaire einreisen zu können, musste ich die beiden Batterien aus dem Unimog ausbauen und diese mit einer Piroge über den Grenzfluss Ubangi auf die andere Seite bringen, denn die Fähre hatte keine Batterie, um den Dieselmotor anzuschmeißen. Die Jungs am Ufer stritten sich heftig, wer mich über den 200 Meter breiten Kongo-Zufluss rudern und dafür die 250 CFA-Francs – etwa 2,50 Mark – verdienen durfte. Nach einer guten Stunde waren wir mit unserem Unimog auf Zaire-Boden. Dichter, tropischer Regenwald bedeckte das Land. Die Menschen lebten in kleinen Siedlungen entlang der Erdstraße und nährten sich von dem, was sie selbst anbauten: Bananen, Maniok, Papaya. Es waren nur wenige Autos auf der Straße zu sehen. Die Menschen waren Selbstversorger. Straßen hatten hier keinerlei wirtschaftliche Bedeutung. Zaire war und ist auch heute noch eines der reichsten Länder Afrikas. Aber der Nordosten war eine völlig vergessene Region des Riesenreiches.

Der Uele war der zweite große Fluss, den wir zu überqueren hatten. Die Fähre kam glücklicherweise ohne meine Batterien in Schwung. Ohne Takt läuft kein Motor. Den Takt erzeugte hier ein Junge, der mit einer Keule auf eine riesige fellbespannte Holztrommel schlug. Seinem Rhythmus folgten zehn Männer, die das Fährschiff über den Fluss ruderten. Offiziell waren die Flussüberquerungen kostenlos. Die Männer waren Staatsdiener, doch ihr Salär aus der 1400 Kilometer entfernten Hauptstadt Kinshasa kam hier nie an.

60 Kilometer vor Duli begannen sie, die Schlammlöcher, vor denen wir so oft gewarnt worden waren. Doch schienen die tiefsten Löcher erst kürzlich mit Erde aufgefüllt worden zu sein. Wir kamen problemlos durch, mussten jedoch einen belgischen VW-Bus aus dem Schlamm befreien. Kurz darauf

sahen wir ihn wieder. Er kam nicht weiter, weil ihm eine Ente den Weg versperrte. Ein französisches Ehepaar war mit seinem Citroen 2CV zusammengebrochen. Drei französische Archäologen, die mit einem Peugeot 404 nach Äthiopien fahren wollten, sowie zwei Australier, die mit ihrem Bedford-Truck von London nach Südafrika unterwegs waren, wurden ebenfalls zum Anhalten genötigt. Das französische Pärchen musste tränenreich von seiner Ente Abschied nehmen. Das Fahrgestell und die Motoraufhängung waren gebrochen. Die Habseligkeiten der beiden wurden auf die anderen Fahrzeuge verteilt, die Ente mit vereinten Kräften in den Busch geschoben, und dann ging's weiter durch Schlamm und Schlaglöcher. Nach einer Stunde versperrte uns das nächste Hindernis den Weg. Ein Baum mit einem Meter Durchmesser war quer über die Straße gestürzt.

»Er ist gestern gefallen«, erzählten die Einheimischen, die schon versucht hatten, den Baum klein zu kriegen. Erste Axteinschläge zeugten davon. Im strömenden Regen schlugen wir eine Schneise um den Gefallenen. Afrikaner kamen und boten uns Papayas zum Kauf an. Ich polterte wütend: »Nous travaillons et vous ne travaillez pas! C'est la difference.« (Wir arbeiten und ihr arbeitet nicht. Das ist der Unterschied.) Doch mein Urteil war voreilig gewesen. Mit ihren Macheten fällten sie im Nu einige kleinere Bäume. Den Rest besorgten die Australier, lustige Typen, die gut anpacken konnten. Mit dem Unimog räumte ich die Bäume und Büsche weg. Nach einer guten Stunde war unsere Umleitung fertig. Jeder Afrikaner bekam eine Zigarre, und alle waren zufrieden.

Ach, wie gut zu wissen, dass die katholische Kirche auch sehr tolerant sein kann. Mitten im Busch – weit und breit waren keine Häuser zu sehen – begegneten wir einem Weißen mit einem VW-Bus. Es war der Augustinerpater Clemens. Er ließ von einigen Kindern eine riesige Trommel schlagen, die

aus einem ausgehöhlten Baumstamm bestand, um die Frommen zum Gottesdienst zu rufen. Der Häuptling kam mit seinen fünf Frauen. Zwei andere kamen barbusig und im Lendenschurz aus Grasbüscheln.
»Die Baströcke sind ein Zeichen der Trauer«, klärte uns Pater Clemens auf. Der Lehrer des unsichtbaren Dorfes versammelte auf Wunsch des geistlichen Hirten seine Schüler, die sehr hübsch für die Besucher sangen.
Die Menschen brachten uns Eier, Tomaten und zwei Stauden Bananen, die wir zunächst gar nicht annehmen wollten. Doch Pater Clemens beruhigte uns: »Nehmt sie nur. Das sind die Geschenke, die sonst ich bekäme. Ich kann das alles gar nicht essen.« Er betreute viele kleine Siedlungen in der Umgebung von Poko und bekam überall seine Kirchensteuer in Form von Naturalien. Etwas schüchtern fragten wir nach dem Häuptling: »Sind das alles seine Frauen?«
»Ja, aber dieser hat nur fünf«, antwortete er lakonisch. »Der Chef des Nachbardorfs hat 18 Frauen.«
Isiro war das größte Städtchen im Nordosten Zaires und geradezu hochmodern mit seinen zwei Kilometern Asphaltstraße im Zentrum. Die Sonne schien, und die Menschen winkten herzlich. Sie gehörten zum Stamm der Mangbetu und waren an ihren langen Hinterköpfen, die durch Abschnürung deformiert waren, leicht zu erkennen.
Welch eine Überraschung – die Straße wurde immer besser, von Schlaglöchern war nichts mehr zu sehen.
Epulu war bekannt durch seine Okapi-Station. Okapis, das sind die braun-gelb gestreiften Waldgiraffen. Als Urwaldbewohner sind sie kleiner als die Savannengiraffen und haben einen relativ kurzen Hals. Hätten sie einen langen Hals, würden sie im Urwald überall hängen bleiben. Es hieß, Epulu sei eine Zwischenstation für den Export der seltenen Tiere und der Verkäufer sei Präsident Mobutu persönlich. Das ist glaub-

haft. Vor knapp 100 Jahren war Kongo der persönliche Besitz des belgischen Königs Leopold II., und 1973 war das Land – so schien es zumindest – der persönliche Besitz von Mobutu Sese Seko. Als der Diktator mit der Leopardenfellmütze 1997 gestürzt wurde, zählte er zu den reichsten Männern der Welt. Doch auch seine Milliarden konnten nicht verhindern, dass der Despot wenige Monate nach seiner Entmachtung an Prostatakrebs starb.

Die Region um Epulu war auch das Land der Pygmäen, jenes kleinwüchsigen Volks, dessen Angehörige kaum jemals größer als 1,50 Meter sind. Sie waren sich ihrer Einzigartigkeit bewusst, die Trans-Afrika-Reisenden hielten gern in ihren Dörfern, um Fotos zu machen und Souvenirs einzutauschen. Für eine leere Flasche gab es eine Papaya, für ein leeres Glas einen Schamgürtel, den die Frauen aus Pflanzenfasern flochten. Fürs Fotografieren wollten die Pygmäen allerdings Bargeld sehen.

Claudia machte Zirkus, wie so oft, wenn in einer Siedlung Kinder waren. Hier bei den Pygmäen sang sie »Blindekuh, Blindekuh« und hielt sich bei jedem Wort kurz die Augen zu. Die kleinwüchsigen Kinder waren begeistert und versuchten es nachzumachen. Dann sangen die Kleinen ihre eigenen Lieder vor und warteten darauf, dass Claudia und Sonja sie nachsangen.

Aber so nett wie die Pygmäen waren nicht alle Leute in Zaire. Am nächsten Tag – wir hatten gerade angehalten, um mit Deutschen zu klönen, die in Südafrika gearbeitet hatten und Weihnachten wieder zu Hause sein wollten – warf eine Horde von Kindern kleine Erdklumpen durch das offene Seitenfenster unseres Wagens. Claudia und Sonja fingen an zu heulen. Rosi lief zu den Kindern, um sie zu verscheuchen. Die Meute rannte weg, aber nur für einen Augenblick. Dann kamen die Kinder zurück und bewarfen uns erneut – zuerst scherzhaft und zaghaft, dann immer dreister. Die Spannung wuchs. Was ich befürchtet hatte, traf ein. Als wir losfuhren, flogen richtige Steine. Einer traf die rechte Windschutzscheibe, durch die sich ein langer Riss zog. Als es einige Stunden später zu hageln begann, bangten wir, ob die Scheibe dies verkraften würde. Doch sie hielt.

Am Äquator kamen wir in eine der schönsten Landschaften Afrikas. Die Straße führte bis auf eine Höhe von 2000 Metern hinauf. An den Hängen klebten die Dörfer, in denen Obst und Gemüse im Überfluss angeboten wurde. Der Lavaboden der Virunga-Vulkane war überaus fruchtbar. An den Steilhängen von Kabasha fiel das Gebirge 1000 Meter zu einer riesigen Ebene hin ab. Wir fuhren hinab in den Virunga-Park. Aus halber Höhe erkannten wir Büffel- und Elefantenherden. Es war schon dunkel, als wir uns einen Platz für die Nacht suchten. Beim Abendbrot lauschen wir dem Konzert der Tiere: Hippogrunzen, gelegentliches Löwengebrüll und Froschquaken. Es war unsere schönste Nacht in Zaire.

Erst am nächsten Morgen erkannten wir so richtig, wo wir uns niedergelassen hatten. Nördlich der Straße war ein kleines Flusstal, und auf der anderen Straßenseite befanden sich die Weideplätze der Flusspferde. An einer Stelle floss eine heiße Quelle in den Rutshuru-Fluss. In dieser Wellnessoase fühlten sich die Fettwänste besonders wohl, rund 20 Hippos lagen dicht gedrängt in der warmen Badewanne.

Während der Mittagspause in den Bergen begegneten wir einer belgischen Lehrerin, die seit sechs Jahren in Zaire arbeitete. Es ging ihr wie allen Europäern, die wir in Zaire getroffen hatten – ihr Unbehagen, in diesem Land zu leben, wuchs ständig. »Mobutu lässt über seinen Rundfunk die Weißen verteufeln«, sagte sie. »Sie seien es, die das ganze Geld aus dem Land herausholten. In Zaire richtet sich der Hass nicht nur gegen weiße Händler, sondern gegen Weiße überhaupt.«

Zweifellos haben die ehemaligen Kolonialmächte ihre früheren

Kolonien auch nach deren Unabhängigkeit noch ausgebeutet. Aber der größte Ausbeuter seines Landes war Mobutu selbst, der nun nach einem Sündenbock suchte, um die eigenen Verbrechen zu kaschieren.
Heute ist die Provinz im Osten Zaires wohl die chaotischste Region Afrikas überhaupt, wo sich Offiziere zu Freiheitskämpfern erklären, um sich in Wirklichkeit an den Bodenschätzen des Landes zu bereichern.

Nichts geht mehr in der Serengeti

»Hier könnt ihr nicht durchfahren. Der ganze Westen der Serengeti ist überschwemmt. Dieser Eingang ist für Touristenfahrzeuge gesperrt.« Die Ranger in Ndabaka am Victoriasee schienen unerbittlich zu sein.
»Aber schaut doch mal! Ein Mercedes, made in Germany! Mit diesem Geländefahrzeug sind wir durch ganz Afrika gefahren. Da werden wir es doch auch durch die Serengeti schaffen«, versuchte ich die Parkoffiziellen von der Geländetauglichkeit unseres Wagens zu überzeugen. Um in die östlichen Parkgebiete zu gelangen, hätten wir einen Riesenumweg in Kauf nehmen müssen. Die Wildhüter hatten tatsächlich ein Einsehen und öffneten für uns die Schranken. Vor uns lag die überschwemmte Savanne. Der westliche Zipfel des weltberühmten Tierreservats war flaches Grasland zu beiden Seiten des Grumeti-Flusses.
Die kurze Regenzeit hatte so viel Wasser gebracht, dass der Fluss über die Ufer getreten war. Die Erdpiste war als helles Band knietief unter Wasser zu erkennen. Wir sahen, dass ein Rangerfahrzeug circa 100 Meter neben der Straße fuhr. Die Piste lag wie ein kleiner Damm über dem Grasland. Links und rechts der Straße führten Entwässerungsgräben das normale Regenwasser ins Grasland ab. Doch offenbar war es im Gras weniger glitschig als auf der Lehmspur. Wir fuhren ebenfalls in

die Botanik und kamen problemlos durch die Wassermassen voran. Die sanften Hügel der östlichen Serengeti kamen allmählich näher. Schließlich war die Piste wieder zu erkennen, die aus dem Schwemmland leicht den Hügel hinaufführte.
»Das ist ja super gelaufen. In ein paar Minuten haben wir die Straße erreicht«, freute ich mich und steuerte den Unimog in spitzem Winkel zur Straße hin. Plötzlich rumpelte es. Ich hatte einen Entwässerungsgraben übersehen und war mit der Hinterachse darin hängen geblieben. Nichts ging mehr.
»So ein Mist! Wie sollen wir aus diesem Dreck bloß wieder rauskommen?«
»Was ist denn, Papa?«, wollte Claudia wissen.
»Der Wagen sitzt fest. Ich bin hier in den Graben gefahren. Den hatte ich übersehen.«
»Wie willst du auch einen Graben erkennen, der völlig überflutet ist«, entgegnete Rosi und sprang nach draußen, während ich den Wagen aus dem Schlamm zu schaukeln versuchte. Vorwärts- und Rückwärtsgang, immer abwechselnd.
»Klaus, hör auf! Es hat keinen Zweck. Die Vorderräder graben sich immer tiefer in den Schlamm ein.«
Ein paar Giraffen platschten durch das Wasser, um an die frischen Blätter der Akazien zu kommen. Die Riesenherden der Serengeti, die Gazellen, Gnus und Büffel, grasten um diese Zeit im Osten des Nationalparks, der so groß ist wie Schleswig-Holstein. Rosi bewaffnete sich mit der Machete, ich griff mir den Speer. Wir konnten ja nicht wissen, ob irgendwo in den Akazien ein Leopard lauerte. Mit dem Buschmesser hackten wir Zweige ab. Das Gestrüpp sollte unserem Auto wieder auf die Beine helfen. Wir schoben es unter die Reifen und starteten den Motor. Doch die durchdrehenden Räder schleuderten die Zweige umgehend hinter sich.
»Hör mal! Sind das nicht Motorgeräusche?«
»Ja, da hinten. Ich glaub, das sind zwei Fahrzeuge«, sagte Rosi.

Ich sprang aus dem Auto und rannte in Richtung der Fahrzeuge, die nicht unseren Fehler machten und zu früh die Straße ansteuerten. Ich fuchtelte wild mit den Armen, aber die Fahrer nahmen keinerlei Notiz von mir.

»So was Blödes. Warum helfen die denn nicht? Die sehen doch, dass wir hier festsitzen«, schimpfte ich.

»Guck mal! Der zweite hält oben am Hügel!«, rief Rosi.

Ich rannte. Der Wagen hielt auf dem ersten Stückchen trockener Straße.

»Jambo!«

»Jambo sana! Habari?« Wie geht's?

»Wie soll es uns gehen? Wir sitzen hier bis zu den Achsen im Schlamm fest. Könnt ihr uns rausschleppen?«

»Sorry, Mister. Wir haben keine Zeit.«

Sonderbar – seit wann hat man in Afrika keine Zeit, fragte ich mich.

»Wir haben einen Toten auf dem Wagen da vorn. Morgen Abend müssen wir in Tanga am Indischen Ozean sein«, erklärte der Fahrer. »Wissen Sie, wie viele Kilometer das sind?«

»Von hier bis Tanga?«

»800 Kilometer, Mister! Verstehen Sie? Der Verstorbene muss einen Platz bei seinen Ahnen finden.«

Auf der offenen Ladefläche des Toyota saßen einige Trauernde im Sonntagsstaat; Frauen in bunten Kleidern, Männer in abgetragenen Anzügen.

»Könnten Sie nicht trotzdem versuchen, uns rauszuziehen? Ich hab ein kräftiges Seil.«

Er ließ sich überreden. Aber sein Wagen schaffte es nicht. Der Fahrer entschuldigte sich und rollte wieder dem Leichenwagen hinterher. Im Wegfahren rief er: »Ich sag den Rangern in der Seronera Lodge, dass sie ein Fahrzeug schicken.«

Not macht erfinderisch!

»Ich hab 'ne Idee. Wir bauen einen Damm um den Unimog he-

rum und legen ihn trocken. Wir brauchen nur das Wasser innerhalb des Damms rauszuschöpfen.«
Matsch hatten wir genug, um einen Ringwall um das Fahrzeug zu bauen. Claudia und Sonja langweilten sich. Seit 24 Stunden waren sie kaum aus dem Auto herausgekommen. Irgendwann wurde es ihnen zu viel: »Mama, warum dürfen wir nicht raus? Warum darf nur Papa im Matsch spielen?«
Der Damm war fertig, und wir begannen mit Wasch- und Abwaschschüsseln das Wasser innerhalb des Kreises rauszuschöpfen, etliche Kubikmeter Wasser. Nach Stunden hatten wir's geschafft, allerdings war der Graben nicht trocken, sondern voll durchgewühlter Pampe. Wir versuchten es wieder mit Zweigen und den Gummimatten, die im Auto lagen.
»Der Matsch muss erst einmal ein bisschen trocknen, sonst wird das nichts«, sagte Rosi ganz treffend. Während wir Essenspause machten, sahen wir, dass sich über dem Viktoriasee dunkle Wolken zusammenbrauten. Es ist ja eigentlich fantastisch von der Natur organisiert, dass es in den Tropen dann regnet, wenn die Sonne nahezu im Zenit steht und am intensivsten strahlt. Der Regen sorgt dann dafür, dass die Pflanzen nicht verbrennen. Ohne den Zenital-Regen wäre die Serengeti eine Wüste. An diesem Nachmittag verfluchten wir den Tropenschauer. Es wurde immer dunkler, Wind kam auf. Es dauerte vielleicht eine halbe Stunde, dann erreichte uns das Nachmittagsgewitter mit ganzer Wucht. Im Nu war unser Dammbauwerk randvoll mit Wasser gefüllt.
»Alle Arbeit war umsonst«, sagte ich resigniert, »jetzt können wir nur noch auf Hilfe warten.«

Die Hilfe kam am nächsten Mittag in Gestalt eines Landrovers mit drei Wildhütern.
»Jambo! Haben Sie hier Leute gesehen?«, fragte der eine.
»Gestern sind hier zwei Autos vorbeigekommen.«

»Nein, die suchen wir nicht. Die hatten uns erzählt, dass ihr hier festsitzt. Wir suchen Wilddiebe! 20 Kilometer von hier haben wir eine Elefantenkuh gefunden. Die Füße waren abgehackt und die Stoßzähne rausgebrochen.«

»Was wollen die denn mit den Elefantenfüßen?«, fragte Rosi.

»Einige Leute in Europa wissen nicht, was sie mit ihrem Geld anfangen sollen. Die lassen die Füße aushöhlen und präparieren und stellen sie dann als Papierkörbe in ihre Wohnung«, klärte uns der Ranger auf.

»Solche Leute sind doch krank!«, ereiferte sich Rosi völlig zu Recht. Tiere aus Spaß zu schießen, um sie sich als Trophäen in die Wohnung zu stellen, kann man nur als absolut hirnlos bezeichnen. Es hat nicht das Geringste mit der notwendigen Hege zu tun, die ein Jäger in seinem heimischen Revier praktiziert. In Afrika haben wir von Jagdtouristen gehört, die ihre zwölfjährigen Söhne dazu bringen, Großwild abzuknallen. Das ist zwar verboten, aber am Geld soll solch ein Vergnügen ja nicht scheitern.

Im Osten sahen wir nun riesige Herden: verrückte Gnus, die unerwartet umherspringen wie übermütige Pferde, als wollten sie einen unsichtbaren Reiter abwerfen. Im Englischen werden sie deshalb auch als *wildbeests* bezeichnet. Von diesen lustigen Paarhufern leben eine Million in der Serengeti, dazu kommen 500 000 Gazellen, 250 000 Zebras, 2500 Löwen und 500 Leoparden.

»Guck mal dort, die vielen Vögel!«, rief Claudia.

»Ja, da will ich gerade hin. Wo Geier sind, da sind auch Löwen oder Hyänen, die ihre Beute fressen. Die Geier warten, dass die Löwen ihnen etwas übrig lassen.«

Ein Rudel von sieben Löwen hatte ein Zebra gerissen.

»Das arme Zebra«, sagten die Kinder traurig.

»Die Löwen müssen doch auch satt werden. Aber sie fressen nur alte oder kranke Tiere«, tröstete sie Rosi.

Die Serengeti ist ein großes, funktionierendes Ökosystem. Im Uhrzeigersinn wandert das Millionenheer der Grasfresser im Lauf eines Jahres durch die Serengeti.

An einem Wasserloch stießen wir eines Abends auf einen englischen Wissenschaftler, der uns dieses wunderbare ökologische Zusammenspiel der Serengeti-Bewohner erklärte:

»Zuerst fressen Zebras und Büffel das Langgras herunter. Ohne diese Vorarbeit müssten viele Gnus verhungern. Und ohne die Gnus hätten die kleinen Gazellen nichts zu fressen. So ein Gazellenmagen ist nur auf das eiweißreiche Kurzgras eingerichtet.«

»Wir haben vorhin ein Löwenrudel beobachtet, das ein Zebra verspeist hat«, sagte ich.

»Ja, viele Touristen bezeichnen das als grausam. Aber das ist eine menschliche Betrachtungsweise. Die Fleischfresser sind notwendig, um das Gleichgewicht der Natur zu erhalten. Sie alle leben von kranken Tieren und den Jungtieren, die sich nicht schnell genug dem harten Leben der Savanne angepasst haben.«

Die größte Gefahr droht den Tieren der Serengeti durch den Menschen. Die Massai und auch andere Völker würden ihre Rinderherden gern im Nationalpark weiden lassen. Aber Rinder sind nicht so spezialisiert auf dieses Ökosystem wie die Wildtiere. Sie brauchen viel mehr Wasser und Nahrung. Sie würden dieses Paradies zerstören.

Wann immer Menschen aus wirtschaftlichen Gründen in intakte Ökosysteme eingreifen, zeigt sich die Kurzsichtigkeit des Homo sapiens, dieser angeblich so klugen Gattung Mensch.

In Südafrika hörten wir von einem treffenden Beispiel: In der Kapprovinz klagten Bauern über Leoparden, die hin und wieder eine Ziege oder ein Schaf rissen. Die Bauern wollten diesen Verlust nicht verschmerzen und knallten die Leoparden ab. Bei

Schafen und Ziegen herrschte Ruhe, aber es tauchte ein neuer Feind auf: Pavianhorden fielen in die Plantagen ein und verwüsteten die Feldfrüchte. Der Schaden war um ein Vielfaches größer, als es ein gelegentlich getötetes Schaf gewesen wäre. Immerhin lernten die Bauern schnell – es wurden wieder Leoparden angesiedelt, die sich fortan den Bauern von ihrer nützlichen Seite zeigten und die Anzahl der Paviane in Grenzen hielten.

Die Informationsbörse von Nairobi

Nairobi war *der* Treffpunkt aller Trans-Afrika-Reisenden, eine Metropole, in der die Traveler ihre Autos reparieren lassen und alles kaufen konnten, was ihr Herz begehrte, wo die Telekommunikation funktionierte, wo sich jeder von den Reisestrapazen erholen konnte. Als Erstes steuerten wir die Deutsche Botschaft an, um unsere Post abzuholen. Post von Freunden und Verwandten zu bekommen, das war – meistens – schöner als Weihnachten. Im Flur der Botschaft trafen wir »alte Bekannte«, die wir zwar noch nie gesehen, von denen wir aber schon in Nordafrika gehört hatten. Maria und Winfried Maushammer waren uns mit ihrem Borgward- Kübelwagen immer einige hundert Kilometer vorausgefahren.

»Ein Ehepaar mit zwei kleinen Kindern. Das können nur die Denarts sein!«, begrüßten sie uns in der Botschaft.

»Und ihr müsst die Maushammers sein«, entgegneten wir, nachdem wir ihren bayerischen Dialekt gehört hatten. Sie wohnten im legendären City-Park, wo auch wir uns für einige Tage erholen wollten.

»Wie kommt man da hin?«

»Fahrt's den Uhuru Higgwei bis zum zweiten großen Kreisel, und dann rechts« erklärte Winfried, der Bayrisch für eine Art Esperanto hielt. Der Uhuru Highway war der Prachtboule-

vard der kenianischen Hauptstadt. Dort nahm Präsident Yomo Kenyatta am Unabhängigkeitstag die Paraden ab, dort wurden auch bei Wasserknappheit die Golfplätze bewässert.
Der gepflegte City-Park war fast so groß wie ein Fußballfeld und der bunteste »Campingplatz«, den wir je gesehen hatten. »Urwald-Klaus« aus der Lüneburger Heide erzählte mit dröhnender Stimme von seinen Abenteuern, und je mehr Bier er intus hatte, desto lustiger wurden seine Geschichten. In Unterlüß in der Heide betrieb er die Gaststätte Zum Urwald. Ein Pärchen hatte unterwegs ein Äffchen, eine Meerkatze, gekauft, mit dem sich die Kinder stundenlang amüsieren konnten. Ein anderes Pärchen hatte einen wunderschönen Schäferhund dabei, mit dem sie in Südafrika Hündinnen gegen Bares beglücken wollten. Wachsame Hunde waren sehr begehrt in Südafrika. Maushammers bastelten an einer werbewirksamen Anzeige, um ihren Borgward-Geländewagen besser verkaufen zu können. Wer kannte schon die Marke Borgward in Nairobi? »Mercedes-Borgward« klang doch viel besser. Harry, ein cooler Farbiger aus der Karibik, sorgte dafür, dass niemand auf seinen Joint verzichten musste. In Südafrika hörten wir später, dass Harry in Nairobi ermordet worden war.
Und dann war da noch jemand, der uns bereits vom Hörensagen kannte: Werner Stephan war Designer, der nie Schwierigkeiten hatte, in Afrika einen Job zu finden. In Togo hatte er monatelang gearbeitet, in Nairobi hatte er gerade einen Job als Designdozent an der Uni bekommen. Später trafen wir ihn in Südafrika wieder, wo er für eine Firma einen Gaskocher mit Zubehör entwickelte.
Werners amerikanische Freundin Martha beichtete, dass sie in Togo an einer Werbekampagne für den Lebensmittelkonzern Nestlé mitgearbeitet hatte. Nestlé wollte den afrikanischen Markt erobern und erzählte den jungen Müttern, wie gesund

und praktisch es doch sei, die Babys mit Trockenmilch statt mit Muttermilch zu füttern.
»Ich habe die Piktogramme für große Schautafeln gezeichnet«, erzählte Martha. »Viele Frauen konnten ja nicht lesen. Doch die Kampagne wurde ein Fiasko. Die meisten Mütter hatten ja gar keine Gelegenheit, die Milchflaschen steril zu reinigen. Babys bekamen fürchterliche Durchfälle und starben daran. Als ich davon erfuhr, habe ich sofort gekündigt.«
Der City-Park war natürlich auch eine gefragte Informationsbörse: »Idi Amin lässt wieder Touristen nach Uganda einreisen. Der Tete-Streifen in Mozambique ist noch befahrbar. Den haben die Rebellen noch nicht besetzt.
In Zaire wird es immer schlimmer mit dem Hass gegen die Weißen. Ein paar Reisenden ist das Auto weggenommen worden.« All solche Dinge erfuhr man im City-Park.
In Nairobi lebte damals auch der Afrika-Korrespondent der ARD Rolf Seelmann-Eggebert. Von seinem Büro aus konnte ich Kontakt zur NDR-Redaktion in Kiel aufnehmen und Filmmaterial besorgen. Am folgenden Tag kam eine Nachricht von meinem Chef aus Kiel:
Lieber Herr Denart!
Ihr Vertrag liegt unterschriftsbereit beim Sender. Allmählich sollten Sie wieder nach Deutschland zurückkehren.
Die NDR-Pläne waren nicht meine Pläne. Wir waren gerade mal zehn Monate auf Reisen. Ein Zurück kam für mich nicht infrage.
Aber ich musste Geld verdienen. Und in Südafrika, so hatten wir immer wieder gehört, waren die Möglichkeiten in dieser Hinsicht günstig.

Ein ungewöhnliches Weihnachtsfest, Kenia (1973)

In Nairobi hatten wir Clarissa, eine deutsche Entwicklungshelferin, kennengelernt, die einen englischen Farmer geheiratet hatte. Dennis Kean besaß eine riesige Farm in den fruchtbaren White Highlands, in denen sich englische Siedler in der Kolonialzeit vorzugsweise niedergelassen hatten.

»Das ist ja unglaublich!«, rief Clarissa überschwänglich, als sie von unserem Abenteuer mit den kleinen Kindern hörte. Und nur fünf Minuten, nachdem wir uns kennengelernt hatten, lud sie uns ein, Weihnachten mit ihr und Dennis im Massai-Mara-Park zu verbringen.

»Wir treffen uns einen Tag vor Heiligabend um 16 Uhr fünf Kilometer vor der Mara-Brücke, einverstanden?«, fragte Clarissa.

Wir waren einverstanden.

Das Massai-Mara-Tierreservat schließt sich auf kenianischer Seite nahtlos an den Serengeti-Nationalpark in Tansania an. Dennis hatte am Mara-Fluss einen Geheimtipp, er kannte dort eine Flussbiegung, in der sich über 100 Flusspferde tummelten. Dieser paradiesische Platz lag abseits der Touristenrouten, und dort wollten wir über Weihnachten unser Zeltlager aufschlagen.

»Nachts kommen die Löwen gelegentlich ins Camp«, hatte Dennis uns vor der Abreise in Nairobi erzählt, »die haben schon mal unsere Kochtöpfe demoliert, weil die nach Fleisch rochen. Aber in die Zelte wagen sich die Löwen nicht rein«, fügte er beruhigend hinzu.

Kein Problem für uns. Wir hatten unseren Unimog, der wie eine Trutzburg in der Wildnis stand. Angst vor wilden Tieren mussten wir nie haben.

Einen Tag vor Heiligabend fuhren wir auf einer gut ausgebauten Asphaltstraße in Richtung Narok, der Hauptstadt der

Massai in Kenia. Die Sonne knallte vom Himmel. Wir freuten uns auf unser erstes gemeinsames Weihnachtsfest in Afrika, das außergewöhnlich zu werden versprach. Nach einer Weile begann es zu regnen. Am blauen Himmel hingen einige schwere Wolken, die es in sich hatten. Bald goss es in Strömen. Plötzlich und unerwartet endete die Asphaltstraße und wurde von einer rostroten Erdpiste abgelöst.
»Verdammt! Die Piste ist ja glatt wie Schmierseife!«, rief ich. Doch zu spät. Unser rollendes Zuhause schlitterte unaufhaltsam auf die linke Böschung zu, rutschte in den flachen Graben und kippte wie in Zeitlupe auf die Seite. Der Küchenschrank und der Kühlschrank rissen aus ihren Verankerungen und flogen durch den Aufbau. Die Kinder brüllten, schienen aber von den herumfliegenden Möbelstücken nicht getroffen worden zu sein.
»Klaus! Die Reise ist zu Ende!«, rief Rosi entsetzt.
Ich war sprachlos und peilte die neue Lage. Claudia und Sonja guckten verängstigt, waren aber unverletzt.
»Das ist das Ende der Reise«, wiederholte Rosi.
Wir drückten die Tür auf der Beifahrerseite nach oben, und ich kletterte senkrecht aus dem Fahrerhaus hinaus. Der Wagen, mit dem wir bereits über neun Monate in Afrika unterwegs waren, lag schräg auf der Böschung.
»Mensch, Rosi! Sieht doch gar nicht so schlimm aus!«
Für Rosi schien die Reise zu Ende zu sein, für mich noch lange nicht. Ich war geradezu begeistert, dass der Unimog auf den ersten Blick unbeschädigt aussah. Das einzige Problem war, dass der Wagen auf der Seite lag und in diesem Zustand nicht fahren konnte. Nacheinander kletterte die Familie aus dem Fahrzeug. Wir öffneten die Hecktür. In unserem »Wohnzimmer« sah es aus wie nach einem Erdbeben. Alles war
durcheinandergewirbelt worden. Das Schicksal hatte es gut

mit uns gemeint, dass die Kinder nicht vom Schrank erschlagen worden waren.
Die Wolken hatten sich inzwischen entleert, und die Sonne heizte uns wieder ein. Wir stellten Küchenschrank und Kühlschrank auf dic Straße. Irgendwo mussten wir uns Hilfe holen, um den Wagen wieder aufzurichten. Aber wie?
Es dauerte gar nicht lange, da kamen die ersten Helfer. Es waren Massai-Krieger. Die jungen Massai mussten nach Stammesbrauch zwei Jahre als Moran, als Krieger, leben. Ihre Aufgabe war es, die Rinderherden der Gemeinschaft zu schützen. Feinde gab es viele: allen voran die Viehdiebe der Nachbarvölker und die Löwen. Jeder junge Massai muss in seiner Zeit als Moran einen Löwen mit dem Speer erlegen. Die Morani umzingeln zu diesem Zweck mit zehn bis zwölf Mann einen Löwen. Das Tier versucht in seiner Todesangst auszubrechen. Der Löwe riecht, welcher Krieger am meisten Angst hat. Genau an dieser Stelle, beim schwächsten Glied der Gemeinschaft, greift er an. Doch natürlich hat er kaum eine Chance zu entkommen, wenn zehn Morani gleichzeitig ihre Speere in seinen Körper schleudern.
»Jambo!«
»Jambo sana,« grüßten wir die Krieger mit den wenigen Kisuaheli-Worten, die wir in den letzten Wochen aufgeschnappt hatten.
»Habari?« Wie geht's?
»Danke. Wie soll es uns schon gehen, wenn das Wohnhaus auf die Seite gekippt ist?«
Die hilfsbereiten Krieger versuchten daraufhin, das vier Tonnen schwere Fahrzeug mit ihren Speeren hochzuhebeln. Doch der Unimog bewegte sich keinen Zentimeter.
Die Morani trugen nichts weiter als ein loses blutrotes Tuch, das sie über eine Schulter geworfen hatten. Nur mühsam waren Po und Männlichkeit verhüllt. Mit nackten Hintern setzten sie

sich auf Kühlschrank und Küchenschrank, um sich über das Hilfsprogramm für die Denarts zu beraten.
Als sie aufsprangen, hinterließen sie rote Abdrücke auf den Möbelstücken, weil sie ihre Haut nach Stammessitte mit roter Erde eingerieben hatten. Ein weiteres Mal versuchten sie vergeblich, den Wagen mit ihren Speeren aufzurichten. Wenn man mit Speeren den König der Savanne erlegen kann, dann muss man damit doch auch ein Auto wieder auf die Räder stellen können, dachten sie vermutlich.
Schließlich hielt ein vorbeikommendes Auto. Die Massai erklärten dem Fahrer, er solle Hilfe aus dem 30 Kilometer entfernten Narok holen. Es wurde dunkel, und noch immer war kein Bergungsfahrzeug in Sicht. Wir schliefen auf provisorischen Unterlagen im Chaos des Unimogs.
Am nächsten Morgen kam ein Landrover der Polizei vorbei. Helfen konnten sie uns nicht, weil sie keine passenden Hilfsmittel dabeihatten. Was sollten Clarissa und Dennis nur denken, wo wir abgeblieben waren? Am späten Nachmittag kam ein Landrover, der lange Stahlseile an Bord hatte. Wie sollten wir damit den hohen Unimog aufrichten können?, fragte ich mich. Aber die Soldaten schienen Erfahrung mit dem Bergen von umgekippten Fahrzeugen zu haben. Sie warfen eine Schlinge über das Vorderrad und zogen auf der anderen Böschungsseite mit der Winde das Seil an. Der ganze Zug lastete jetzt auf der Vorderachse. Obwohl der Zugwinkel ungünstig war, kam Bewegung in den Unimog. Die arme Vorderachse! Würde sie die Belastung aushalten? Die Winde zog weiter an, und plötzlich sprang der Unimog wieder in die Senkrechte. Das Auto sah völlig unbeschädigt aus. Wenn das kein Weihnachtsgeschenk war!
Heiligabend verbrachten wir im Massai-Klub in Narok, einem einfachen Hotel mit Restaurant. Claudia und Sonja wurden mit Lego Steinen beschenkt und waren zufrieden. Rosi und

ich freuten uns über den jungen Massai, der uns bediente und sehr interessiert an unserer Reise war.
Erst am Morgen des Ersten Weihnachtstags fuhren wir weiter zu unserem eigentlichen Ziel. Aber wie sollten wir Clarissa und Dennis mitten in der Wildnis finden? Fünf Kilometer vor der Mara-Brücke sollte eine kaum zu erkennende Piste zum Fluss abzweigen. Wir hatten den richtigen Riecher. Drei bis vier Kilometer auf holprigem Pfad, da erblickten wir die Flussbiegung und davor auf einer kleinen Anhöhe das Camp mit mehreren Safarizelten.
»Da seid ihr ja endlich!« Clarissa sah uns an wie Außerirdische. »Kommt und stärkt euch erst mal.«
Es gab einen englisch-kenianischen Weihnachtsbraten, Wildschwein am Spieß über dem Lagerfeuer, wenn auch nicht selbst geschossen.
Das Camp glich einer Kulisse aus *Jenseits von Afrika*. Und tatsächlich – es war eine Reminiszenz an das koloniale Afrika, es fehlte nur der Union Jack am Fahnenmast. Ein Essenszelt, ein Küchenzelt und zwei Schlafzelte für zwei Ehepaare. Nur die schwarze Dienerschaft fehlte. Dennis erzählte etwas wehmütig von den guten alten Zeiten, als Kenia die Lieblingskolonie des Commonwealth war, als es für jeden Engländer noch zum guten Ton gehörte, die »big five«, die fünf mächtigsten Tiere der Savanne, selbst erlegt zu haben: Elefant, Nashorn, Büffel, Löwe und Leopard. Als sich die Engländer nachmittags im Norfolk-Hotel in Nairobi zum Tee trafen, in langen Shorts und Kniestrümpfen. Nach 17 Uhr verlangte die Etikette, dass Männer ihre Krawatte anlegten. Sie fühlten sich als Herren der Welt.
Wir verbrachten noch zwei wunderschöne Tage mitten in der Wildnis. Wir lagen oben am Steilufer und konnten stundenlang das Familienleben der Flusspferde beobachten. Mindestens 100 Hippos suhlten sich im Mara-Fluss und trompeteten lautstark,

wenn sie sich stritten. Die Kleinen kletterten auf die breiten Rücken ihrer Mütter und rutschten wieder herunter, sobald die Mütter untertauchten. In einer Schirmakazie beobachteten wir einen Leopard im wahrsten Sinne des Wortes beim Abhängen. Er lag mit dem Bauch auf einem dicken Ast und ließ die Beine seitlich hinunterbaumeln. Abends kamen Gazellen zum Trinken an den Fluss. In der Dämmerung brüllten Löwen und lachten Hyänen. Afrika zeigte sich von seiner schönsten Seite.

Einige Wochen später kamen Nehbergs zu Besuch. Gemeinsam fuhren wir in den Massai-Mara-Park, in dem wir uns ohne große Einschränkungen bewegen konnten. Wir angelten Welse in den Flüssen und campten, wo es uns gefiel. Diese Freiheit hatte man nur im Massai-Mara-Park, der noch nicht so richtig für den Tourismus entdeckt worden war.

»Guck mal! Was ist das da hinten?«, fragte Rüdiger.

»Das ist doch ein Büffelkalb!«

Wir sprangen aus dem Auto und liefen auf eine kleine Anhöhe. Tatsächlich, es war ein Kalb. Von der Büffelherde war weit und breit nichts zu sehen. Stattdessen kreisten die Geier in großer Höhe. Die kreisenden Aasgeier zeigten Löwen und Hyänen, dass da unten Beute zu holen war. Die Geier rissen niemals ein Tier selbst, sie warteten darauf, was die Beutejäger ihnen übrig ließen. Wenn die Löwen schon etwas träge wurden, weil sich die erste Sättigung einstellte, dann wagten sich die Geier in die Nähe der Beute und ergatterten schon mal den einen oder anderen Fetzen Fleisch.

Wir konnten zwar noch keinen Jäger entdecken, aber der würde bestimmt nicht mehr lange auf sich warten lassen. Rosi – das geborene Muttertier – rannte zurück zum Unimog und rührte Milchpulver für den kleinen Büffel an. Er war sehr jung, die Nabelschnur noch nicht abgefallen. Rosi steckte ihm die Hand ins Maul, und ich ließ die Milch in ihre hohle

Hand laufen. Nur so war der Kleine zum Trinken zu bewegen. Schnell merkte er, dass er bei uns an der richtigen Quelle war. Die Kinder waren begeistert und hatten keinerlei Angst vor dem Büffel. Wobei die Büffel als die gefährlichsten Tiere Afrikas gelten. Wenn eine Büffelherde angreift, dann überrennen sie alles, was ihnen im Weg steht.
Die Kinder hatten schnell begriffen, wie der kleine Büffel zu füttern war.
»Was machen wir mit dem Kleinen?«, fragten wir uns. In Nairobi gab es einen Tierpark für Tierwaisenkinder.
»Aber wenn wir ihn mitnehmen und in eine Polizeikontrolle geraten, dann werden wir der Wilderei beschuldigt«, wandte ich ein.
Schweren Herzens überließen wir ihn dem Kreislauf der Natur. Wir wussten nicht, warum er seine Mutter verloren hatte. War sie von Löwen gerissen worden? Oder war der Kleine von seiner Herde abgedrängt worden? Die Kinder weinten bitterlich, während die Geier auf ihre nächste Mahlzeit lauerten.

Krieg in der Danakil-Wüste, Äthiopien (Juli ’76)

»Nimm Platz!«, sagte Dr. Kalin zu der Patientin. Sie setzte sich auf den Rand der Behandlungsliege. Die Frau hatte einen Bauch wie eine Hochschwangere. Dr. Kalin stellte einen Zinkeimer zwischen ihre Beine, dann stach er ihr eine Kanüle von einem Millimeter Durchmesser durch die Bauchdecke – ohne Betäubung. Die Frau verzog keine Miene. Ihr ganzes Gesicht war das personifizierte Leid, der Ausdruck eines ganzen Lebens voller Leiden. Sie hätte siebzig sein können. Aber siebzig war sie mit Sicherheit nicht. Vielleicht war sie vierzig. Als Kind war sie verstümmelt worden wie alle Mädchen in der Danakil-Wüste. Einige Frauen aus dem Dorf hatten sie am Boden festgehalten, dann war die Beschneiderin mit einer alten Rasierklinge gekommen und hatte ihr bei vollem Bewusstsein die Klitoris und die Schamlippen abgeschnitten. Anschließend war die Scheide mit Akaziendornen zusammengeheftet worden. Ihr Leben lang bereitete ihr die »Operation« Schwierigkeiten: beim Beischlaf, beim Kinderkriegen. Aber fast alle Frauen hatten diese Schwierigkeiten. Wenn alle leiden, dann wird das Leiden nicht mehr als Leid empfunden, sondern als etwas Gewöhnliches, über das niemand klagt. Und keine Frau sah einen Zusammenhang zwischen der Verstümmelung im Kleinkindalter und den Leiden, die sie als Erwachsene zu erdulden hatten.

Die Blütezeit der Frauen ist kurz in der Danakil-Wüste. Sie sind von Natur aus wunderschön, aber die Hitze, das Wasserschleppen und Kinderkriegen hinterlassen bald tiefe Spuren.

Einmal im Monat kam die ausgemergelte Frau zu Dr. Kalin in die Erste-Hilfe-Station in Gewane. Sobald die Kanüle die Bauchdecke durchstoßen hatte, lief Flüssigkeit aus dem Bauchraum in den Zinkeimer. Die Frau hatte Bauchwassersucht infolge einer Lebererkrankung. Das Wasser staute sich in der Bauchhöhle, deshalb sah sie aus wie eine Schwangere. Eine gute Stunde saß sie bei Dr. Kalin auf der Liege, dann war der Eimer fast voll; rund sieben bis acht Liter Wasser waren aus ihrem Bauch geflossen.

»Helfen kann ich der Frau nicht. Ich kann ihr nur Linderung verschaffen«, sagte Dr. Kalin, der aus Wien stammte. Nach einer Stunde war der Bauch wieder flach. Die Krankenstation in Gewane war vor drei Jahren gebaut worden, als einige Regionen in Äthiopien von einer fürchterlichen Hungersnot heimgesucht worden waren. Gewane liegt eigentlich in der fruchtbaren Zone der Danakil-Wüste am Awash-Fluss, der ausreichend Wasser aus dem Hochland herunterbringt.

Ich war sofort wieder fasziniert von den Wüstenbewohnern.

Über zwölf Jahre waren vergangen, seit ich die Danakil-Wüste zum ersten Mal besucht hatte. Die Männer sahen noch genauso wild aus wie damals mit ihren Gille-Haumessern vor dem Bauch. Und auch die jungen Frauen sahen noch genauso schön aus wie damals. Claudia und Sonja wurden von den Kindern des Dorfes umringt. Blonde Mädchen hatten sie wahrscheinlich noch nie gesehen, obwohl Gewane an der Hauptstraße lag, der einzigen Asphaltstraße, die Addis Abeba mit dem Roten Meer verband. Es war die Lebensader des Landes. Und die war bedroht. Überall in Äthiopien herrschte Bürgerkrieg. Die Eritreer kämpften schon seit vielen Jahre für ihre Unabhängigkeit. Und seit Kaiser Haile Selassie 1974 gestürzt worden war, trachteten mehrere der großen Volksgruppen nach Macht und Unabhängigkeit. Die Provinz Tigre im Norden wollte selbstständig werden. Die große Gruppe der Oromo wollte einen eigenen Staat, und auch die Afar in der Danakil-Wüste wollten ihre Sultanate wieder aufleben lassen. Die Afar Liberation Front jagte Lkws auf der Lebensader in die Luft.
Am nächsten Tag in Mile wurden wir – wie erwartet – von einem Militärposten gestoppt. Alle Fahrzeuge, die zum Rotmeerhafen Assab oder nach Dschibuti fahren wollten, wurden zu einem Konvoi zusammengestellt. In Logia wurden alle Lkws in einem Militärcamp gesammelt, und am nächsten Morgen um fünf Uhr setzte sich die Karawane von 150 Fahrzeugen in Bewegung. Spähpanzer vorneweg, Spähpanzer mittendrin und am Ende. Leichtere gepanzerte Fahrzeuge fuhren als Patrouille auf und ab. An den Straßenrändern lagen ausgebrannte Lkw-Wracks, zerschossene Tankwagen. In Logia hatte ich einen Plattfuß gehabt, worauf mir circa 20 Leute halfen, den Reifen zu flicken. Wie war das noch mit den vielen Köchen?
Wir fuhren also ohne intaktes Reserverad im Konvoi durch Kriegsgebiet. In Ali Dar musste die Karawane stoppen, denn

vor uns lag eine gewaltige Basaltschlucht. Damit die Lkw-Motoren in der Mittagsglut nicht überhitzten, musste der gesamte Konvoi eine Pause einlegen, bis das Temperaturmaximum überschritten war.
In unserem VW-Bus fuhr auch ein junger Franzose mit, der mit dem Moped nach Dschibuti wollte. In Mile musste er sein Zweirad auf einen der Lkws laden, uns durfte er Gesellschaft leisten. Er wunderte sich über die vielen gepanzerten Fahrzeuge.
»Hier ist Krieg. In Assab haben eritreische Rebellen versucht, die ganze Raffinerie in die Luft zu sprengen, und auch die Afar wollen einen eigenen Staat«, klärte ich den Ahnungslosen auf.
Seine Antwort in elsässischem Dialekt hätte uns fast umgehauen: »Und isch dachte, die machen Spasss.«
60 Kilometer vor Assab lagen 20 ausgebrannte Tanklaster am Straßenrand, und wenige Minuten später bemerkten wir, dass einem unserer Reifen die Luft ausging. Das Reserverad, gestern geflickt, hielt die Luft nicht. Der Konvoi hatte es sehr eilig, aus dem Rebellengebiet herauszukommen, und raste weiter. Ein Militärjeep blieb zu unserem Schutz bei uns.
Wie die Weltmeister pumpten wir das Reserverad mit der Fußpumpe auf. Und tatsächlich schafften wir es bis Assab ohne nachzupumpen.
Assab gilt als der heißeste Hafen der Welt, die Wassertemperatur beträgt 36° Celsius, das Klima ist feuchtheiß. Wir wären gern mit einer *Dhau*, einem arabischen Segelboot, in den Jemen hinübergefahren. Das wären 60 Kilometer gewesen. Aber es scheiterte an der Maßlosigkeit der Kapitäne, die überwiegend Schafe und Ziegen auf die Arabische Halbinsel befördern. 700 Dollar verlangten sie von uns. Da zogen wir es vor, mit dem holländischen Frachter »Marijke Smit« für 1400 Dollar gleich nach Europa, nach Rotterdam zu fahren.
Nach dreieinhalbjähriger Reise waren wir zurück in Europa.

Doch als wir die deutsche Grenze überquerten, wurde ich irgendwie unruhig: »Du, Rosi. Wir fahren noch mal bei Nehbergs in Hamburg vorbei. Das ist ja kein großer Umweg.«
Rosi zog es eigentlich zurück zu ihren Eltern nach Kiel, aber schließlich machten wir doch einen Abstecher zu Rüdigers Konditorei in Hamburg.
Nach ausgiebiger Begrüßung kam ich zur Sache: »Rüdiger! Wir müssen unbedingt mal gemeinsam in die Danakil-Wüste fahren und sie auf Nesbitts Spuren von Süd nach Nord durchqueren. Wer weiß, wie lange man das noch machen kann.«
Ich erzählte von der Frau mit der Bauchwassersucht, von den hübschen Menschen und den wilden Kriegern. »Das ist das ursprünglichste Afrika, das wir in dreieinhalb Jahren gesehen haben!«
Schlagartig hatte ich Rüdiger mit meinem »Danakil-Bazillus« infiziert: »Super Geschichte!«, sagte er. »Dann lass uns am besten gleich nach Weihnachten aufbrechen.« Nur Rosi war wahrlich nicht begeistert.
Einen Monat nach unserer Rückkehr zogen wir nach Hamburg, weil ich mir in der Medienstadt bessere Arbeitsmöglichkeiten erhoffte. Meine Einstellungsansprüche beim NDR hatte ich nach dreieinhalb Jahren Abwesenheit verwirkt. Freiberuflich durfte ich für den Sender arbeiten, hatte demzufolge aber ein unregelmäßiges Einkommen. Zum Glück fand Rosi einen festen Job bei einer Schallplattenproduktionsfirma. Sonja wurde eingeschult, Claudia kam in die zweite Klasse.
Da ich mit Arbeit nicht überlastet war, konnte ich mich auf unser kommendes Abenteuer vorbereiten. Rüdiger hatte einen Chemiestudenten namens Horst Walther kennengelernt. Horst war dazu ausersehen, mit Hilfe hygroskopischer Chemikalien Wasser aus Luftfeuchtigkeit zu gewinnen. Silikagel kennt man von technischen Geräten; es ist ein Stoff, der Feuchtigkeit absorbiert. Die Steigerung sind Zeolithe, kleine Kügelchen, die

noch mehr Feuchtigkeit zu binden vermögen. Wir wollten die hohe Luftfeuchtigkeit der Danakil-Wüste nutzen, um Wasser zu gewinnen.

Danakil zum Zweiten – durchs Höllenloch der Schöpfung

»Where do you come from? What do you want here? Are you tourists?«

Ein Äthiopier in einem kleinen Landrover fuhr mit schleifender Kupplung im Schritttempo neben uns her.

Ein merkwürdiger Typ. Wir waren auf dem abendlichen Heimweg vom Restaurant Omar Khayam zu unserem Hotel in Addis Abeba.

»Einfach ignorieren«, sagte ich zu Rüdiger.

Im nächsten Moment sprach er uns in akzentfreiem Deutsch an: »Ich hab noch eine Frage!«

Rüdiger ließ sich hinter das Fahrzeug zurückfallen. Ich trat näher an die Fahrerseite heran: »Ja, bitte?«

Er druckste herum, dann sprach er wieder Englisch: »I have a problem.«

»Was für ein Problem?«

Ich ging direkt neben seinem Fenster und hatte die ganze Zeit nur auf sein Gesicht geguckt. Er bewegte seine rechte Hand, meine Augen folgten der Bewegung. Er griff zu einer Pistole, die neben ihm auf dem Mittelsitz lag. Verdammt! Was hatte der Typ vor? Ich sprang schnell hinter den Wagen und brüllte: »Rü! Der hat einen Ballermann!«

Das Herz schlug mir bis zum Hals. Der Wagen rollte weiter, während wir stehen blieben.

»Was wollte der von uns?«

Addis war eine sehr unsichere Stadt geworden. Nachts hörte man Schüsse, und die Europäer, die hier lebten, erzählten schaurige Geschichten von der Brutalität des Terrorregimes unter Mengistu Haile Mariam. Mengistu war einer der Offi-

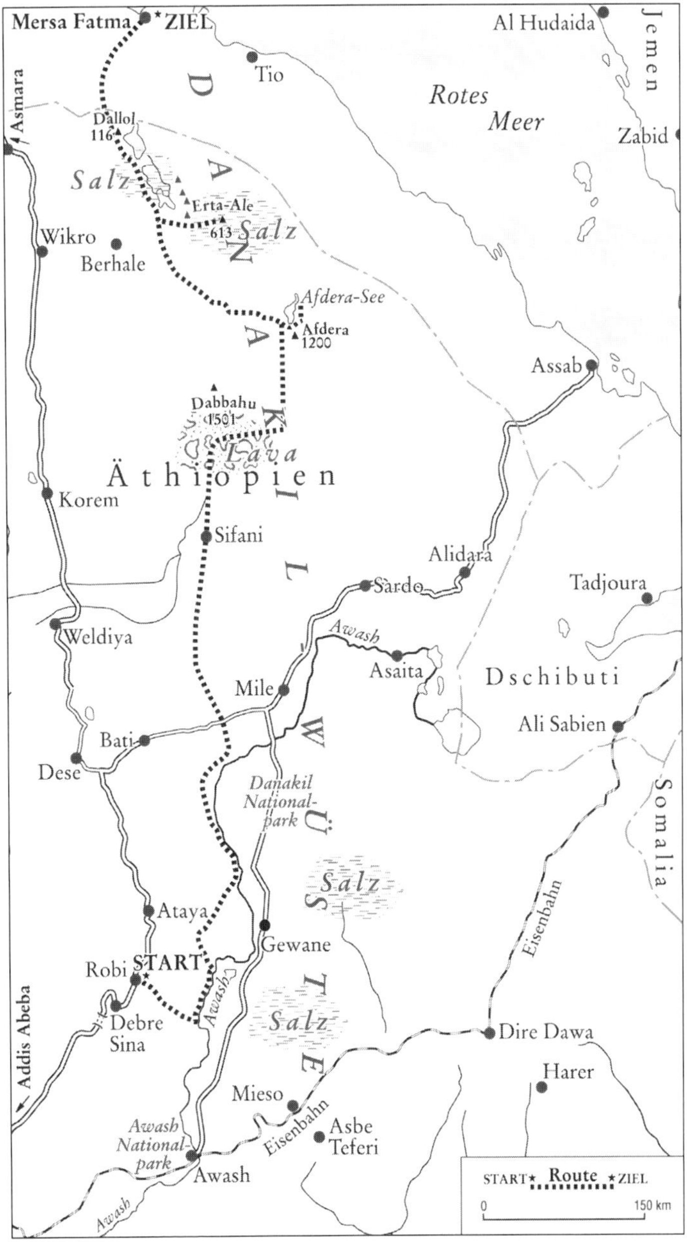
Mersa Fatma
ZIEL
Al Hudaida
Jemen
Tio
Rotes Meer
Zabid
Asmara
Dallol 116
DANAKIL
Salz
Erta-Ale 613
Salz
Wikro
Berhale
Afdera-See
Afdera 1200
Assab
Dabbahu 1501
Lava
Äthiopien
Korem
Sifani
Alidara
Sardo
Tadjoura
Awash
Weldiya
Asaita
Dschibuti
Mile
Ali Sabien
Bati
Dese
WÜSTE
Danakil National-park
Somalia
Salz
Eisenbahn
Ataya
Gewane
Robi
START
Awash
Addis Abeba
Debre Sina
Salz
Dire Dawa
Harer
Mieso
Eisenbahn
Asbe Teferi
Awash National-park
Awash
Awash
START Route ZIEL
0
150 km

ziere gewesen, die 1974 den Kaiser Haile Selassie gestürzt hatten.
Wir rätselten noch, was wir tun sollten, da kam der Landrover wieder zurück. Wir erkannten ihn an seinem defekten Scheinwerferlicht.
»In dieser Straße haben wir keine Chance. Aber ein Stückchen weiter runter ist so eine Art Polizeikaserne«, sagte ich.
Zwei Männer gingen gerade die Straße hinunter. Harmlose bäuerliche Gestalten.
»Lass uns vor den Männern gehen, die können uns Feuerschutz bieten.«
Ein Besoffener quatschte uns an: »Give me some money!«
Der Landrover folgte uns in 30 Metern Abstand. Der Trunkenbold wurde aufdringlicher: »Give me some money!
You are capitalists.«
Wir erreichten das Grundstück, auf dem ich die Polizei vermutete.
Tatsächlich, hinter einem Gittertor standen vier Polizisten.
»Bitte helfen Sie uns! Jemand bedroht uns mit einer Pistole.«
Die Polizisten öffneten das Tor. Sie glaubten, der Besoffene wolle uns an den Kragen.
»Nein, nein!«, sagte Rüdiger. »Es ist der Mann in dem Landrover. Er hat uns mit einer Pistole bedroht.«
Die Polizisten entsicherten ihre Gewehre. Der Wagen rollte näher heran. Wir versteckten uns hinter den Rücken der Polizisten. Der Landrover machte einen Bogen um die Einfahrt und gab Gas. Keiner der Polizisten hatte es gewagt, das Fahrzeug anzuhalten. Sie notierten sich die Nummer: AA 8081 – ein Regierungsfahrzeug. Immer wieder zeigten sie entschuldigend auf das Kennzeichen, das sie aufgeschrieben hatten.
Drei Polizisten brachten uns an die belebte Churchill Road und warteten, bis wir in einem Taxi saßen. Zurück im Hotel – wo Horst Walter schon ungeduldig auf uns wartete – riefen wir

Heiko Karels von der Deutschen Botschaft an, der sofort herbeigeeilt kam. Erst beim Gin wurde uns bewusst, wie nahe wir dem Tod gewesen waren.

»Peng! Ein Schuss, und du bist nicht mehr. Eigentlich ein schöner Tod«, stellte Rüdiger lakonisch fest. »Solch einen Tod wünsch ich mir mal.«

In Äthiopien wurde schnell und viel getötet im Januar 1977. Es herrschte blutige Anarchie. Bei Einbruch der Dunkelheit kochte jeder politische Hasardeur in Addis sein eigenes Süppchen. Kein schönes Land in dieser Zeit, und in diesem Land wollten wir in den nächsten Wochen die Danakil-Wüste durchqueren.

Starten wollten wir unseren Wüstentrip in Gewane, jenem kleinen Ort in der südlichen Danakil, wo ich mit meiner Familie vor einem halben Jahr beobachtet hatte, wie eine Frau mit Bauchwassersucht »operiert« worden war. Freunde brachten uns und unser Riesengepäck nach Gewane. Im Gesundheitszentrum arbeitete inzwischen Dr. Aebersold, ein Schweizer Arzt. Er war hier schon früher tätig gewesen und hatte ein sehr enges Verhältnis zu den Afar. Fatuma, eine Schönheit im heiratsfähigen Alter, hatte er mal nach Addis mitgenommen.

»Drei Dinge«, erzählte der Doc, »hatten sie besonders beeindruckt: die Eisenbahn nach Addis, die Autolichter bei Nacht und der Supermarkt. Die Fülle der Waren war ihr allerdings unheimlich gewesen. Die größten Schwierigkeiten hatte Fatuma mit den Lebensmitteln. Zu Hause leben die Afar überwiegend von Milch. Im Supermarkt fragte sie: ›Von wann ist die Milch?‹ Als ich ihr sagte, von gestern, da verzichtete sie.«

»Was macht die Frau mit der Bauchwassersucht?«, wollte ich von Dr. Aebersold wissen.

»Baku kommt jetzt einmal in der Woche, um sich den Bauch anstechen zu lassen. Sie hat eine Leberzirrhose infolge von Bil-

harziose oder Malaria. Die Flüssigkeit, die von der Leber nicht verarbeitet werden kann, läuft dann in den Bauchraum«, fuhr er fort.
Baku hatte zwei Kinder, acht und zehn Jahre alt. Die Frau, die uralt und abgemagert aussah, dürfte nicht älter als 35 gewesen sein.
Gewane war der ideale Startort für einen sanften Einstieg in die Wüste. Hier gab es einen landeskundigen Europäer, der uns helfen wollte, und die Menschen des Ortes waren mit Europäern vertraut. Hier wollten wir uns Kamele kaufen und Führer engagieren. Wir hofften, in sechs Wochen am Nordende der Wüste, an der Küste des Roten Meeres, anzukommen. Um überhaupt das Recht zu erhalten, durch das Land der Afar zu ziehen, wollten wir uns als Mediziner ausgeben, die den Menschen im Bürgerkriegsgebiet helfen wollten. »Sir Vival« Rüdiger hatte sich sehr viel praktisches medizinisches Wissen angeeignet, das er später in seinem Buch *Medizin-Survival: Überleben ohne Arzt* verarbeitet hat. Rüdiger konnte Wunden nähen, Zähne ziehen und vieles mehr. Außerdem hatten wir Kisten mit Medizin für unkomplizierte Wehwehchen dabei.
Wir dachten, Gewane sei der ideale Ort. Doch er lag zu dicht an der Straße nach Assab. Die Verwaltung der Region hörte von unserem Vorhaben und zwang uns, nach Addis Abeba zurückzukehren.
Zwei Wochen lang suchten wir nach Alternativen, um unauffällig in die Wildnis zu gelangen. Wir lernten Missionare der Red Sea Mission kennen, die sehr gute Kontakte zu den Afar haben. Der Missionar Gottfried Burchardt kennt viele der Bräuche der Danakil-Bewohner: »Nachdem unsere Tochter geboren worden war«, erzählte er, »spuckten uns die Afar-Frauen ins Gesicht. Was für eine Frechheit, dachten wir zunächst. Doch rasch begriffen wir den Grund. Die Afar wollten nur die Dämonen von dem hübschen Kind ablenken.«

Gottfried Burchardt wunderte sich anfangs, dass die Männer immer so interessiert auf seinen Ringfinger guckten.
»Wollen die etwa meinen Goldring stehlen?«, argwöhnte der Missionar. Aber der Grund war ein anderer: Ein Ring an der linken Hand bedeutete für die Afar, dass sein Träger fünf Feinde umgebracht hatte. Wer den Ring – wie Gottfried – an der rechten Hand trug, der hatte mehr als fünf Feinde getötet. Eine beachtliche Zahl für einen Gottesmann …
Im Geländewagen von Missionar Walter Greeuw gelangten wir nach Rassa Gubba, einem kleinen Ort, der 300 Kilometer nordöstlich von Addis liegt. Rassa Gubba thronte wie ein Adlerhorst in 1700 Metern Höhe am Rande des Hochlandes und war durch eine unwegsame Piste von der Hauptstraße getrennt. Die Fenster der christlichen Mission waren so hoch, dass niemand von draußen hineinschießen konnte. Tief unter uns lag die Danakil-Wüste. Die Mission besorgte uns den ersten Führer. Er war ein Hilfssanitäter, der von den Leuten Osman Hakim, »Osman Arzt«, genannt wurde. Er war ein kleiner, drahtiger Typ, der bei den Missionaren auch ein wenig Englisch gelernt hatte. In seinem Behandlungszimmer stand ein Bett, auf dem zwei Frauen saßen, die unermüdlich versuchten, ihre Babys zu stillen. Am Bett war eine Ziege angebunden. Ich bin nicht sicher – vielleicht war sie das Arzthonorar.
Osman Hakim war bereit, uns Kamele zu besorgen und die ersten Tage zu führen. Es war Ende Januar, und wir waren bereits seit vier Wochen in Äthiopien. In der Mission schrieben wir Briefe an unsere Frauen, es sollten die letzten Briefe für sehr lange Zeit sein. Osman hatte vier Kamele und noch vier weitere Afar-Führer besorgt.
Der steile Abstieg in die Wüste war ein Erlebnis. Auf felsigem Untergrund tasteten sich die schwer beladenen Kamele mit ihren Samtfüßen voran. Auf lehmigem Boden rutschten sie kontrolliert, ohne je das Gleichgewicht zu verlieren. Das

frische Grün der Akazien zeigte, dass es in den letzten Tagen kräftig geregnet haben musste, genau wie im Hochland. Am späten Nachmittag kamen wir zu einer winzigen Siedlung, die nur aus einem Kral bestand. Aus Dornengestrüpp hatten die Bewohner einen Schutzwall um ihre Hütten errichtet. Nachts wurden Ziegen und Schafe ins Innere des Krals geholt, um sie vor Leoparden oder Geparden zu schützen.

Osman und die anderen Männer gingen in den Kral hinein, wir drei mussten draußen warten. Wir sahen, wie sich die Männer endlos lange begrüßten. Es war ein Zeremoniell, an das wir uns in den nächsten Tagen noch gewöhnen würden. Meist dauerte es etwa 20 Minuten, in denen wir zur Untätigkeit verdammt waren; wir konnten weder die Kamele absatteln noch ein Camp aufbauen. Erst wenn die Männer vom Begrüßungsritual zurückkamen, wussten wir, dass wir willkommen waren. Die Leute waren sehr freundlich hier. Wie alle Weißen, die sie kennengelernt hatten, hielten sie uns für Ärzte. Der Sohn des Dorfchefs wurde herbeigeführt. Seit einem Monat klagte er über Kopfschmerzen. Er hatte gelbe Augen und blasse Augenlider. Wir tippten auf Blutarmut und Hepatitis und gaben ihm Kopfschmerztabletten.

»Osman! Mit Tabletten können wir ihm nicht helfen. Sag ihm, dass er unbedingt ins Hospital der Mission gehen soll«, empfahl »Hakim« Rüdiger. Noch ein anderer Mann hatte ein Problem – seine Frau bekam kein Kind.

»In der Mitte zwischen den Regeln muss er …«, wollte Rüdiger erklären, doch Osman winkte ab: »Die sind schon zehn Jahre verheiratet.«

Der Ehemann, der mit seinem Gewehr zwischen den Beinen auf dem Boden hockte, bedeutete Rüdiger, dass er seiner Frau ein Kind machen sollte. Aber für solche Fälle waren wir ja nicht in die Wüste gekommen.

Bei Sonnenuntergang kamen die Kühe zum Kral zurück, und

eine halbe Stunde später brachten uns die Männer drei große Töpfe mit frischer, warmer Kuhmilch. Wir lagen unter dem Sternenzelt, genossen die friedliche Abendstimmung, betrachteten den Orion und den zunehmenden Mond über uns.
Die Männer mit ihren fein gedrehten Locken waren ebenso wie die Frauen nur mit einem knöchellangen Lendentuch bekleidet, wobei die Männer meist die Gille quer vor dem Bauch trugen. Statt mit Waffen schmückten sich Mädchen und Frauen mit Perlenschmuck, den sie im Haar oder als Halskette trugen.
Die Landschaft wurde immer grüner und fruchtbarer. Wir waren im Tal des Awash, jenes Flusses, der aus dem Hochland hinabfließt und, kurz bevor er das Rote Meer erreicht, in einen Salzsee mündet. Hier in der südlichen Danakil-Wüste glich das weite Awash-Tal einer üppigen Parklandschaft; die Wüste lag auf der anderen Seite des Flusses. Je näher wir dem Ufer kamen, desto größer und imposanter wurden die Laubbäume.
Wir hatten am vergangenen Abend ein Huhn geschlachtet. Mit Hilfe des Hühnerkopfs und der Eingeweide versuchten wir, im Awash Welse zu fangen. Sie knabberten fleißig am Köder, bissen aber nicht an.
In der Nähe des Flusses trafen wir auf eine große Kamelherde, zu der auch mehrere Stuten mit ihren Fohlen gehörten. Ein Krieger mit umgehängtem Gewehr molk einige der Muttertiere und versorgte unsere Begleiter mit der frischen, sahnigen Milch. Unsere Kamele schienen noch überhaupt keinen Durst zu haben. Hätten die Treiber nicht ihre Köpfe zum Wasser hinuntergezogen, so hätten die Tiere gar nichts getrunken.
»Die trinken erst nach fünf Tagen«, erklärte Osman. »Die letzten beiden Tage haben sie ja viele frische Blätter gefressen. Das reicht ihnen.«
Wenn es sein muss, kommen Kamele auch 10 bis 15 Tage ohne Wasser aus. Mittags ereichten wir eine kleine Siedlung, in der wir nur Frauen antrafen. Unsere Begleiter standen den Frauen

zunächst schweigend gegenüber. Erst nach einigen Minuten brach der Schwall von Begrüßungsformeln hervor. Omar Ali, einer der Kameltreiber, schmiss eine Runde Kaffee, den die Frauen rösteten, zerstampften und kochten. Das ganze Dorf kam zusammen: bildhübsche, kokette Teenager und Frauen mit Ziegenlederbälgen. Schließlich tauchten auch drei Männer auf. Sie schleuderten die Säcke stundenlang hin und her, um das Milchfett von der Molke zu trennen. So wurde hier die Butter gewonnen. Die Mädchen brachten fette, saure Buttermilch, ein Festessen für uns. Eine Frau röstete Hirse, eine besondere Geste der Gastfreundschaft, weil sie das Getreide selbst kaufen mussten.

Osman sagte: »Das sind glückliche Leute. Die haben noch keine Straße. Die kennen noch keine Touristen.«

Mit Touristen meinte er wohl Regierungsleute aus dem Hochland, die bei den Afar nicht sonderlich beliebt waren.

»Meinst du, ich kann eine der Schönheiten heiraten?«, fragte ich ihn.

»Klar, wenn du ihrem Vater zwölf Kamele für sie gibst!«, antwortete er und lachte.

Wie schon auf meiner ersten Reise war ich ungeheuer fasziniert von der Schönheit der Menschen, die in der Danakil-Wüste leben. Sie wirken archaisch und wild und haben doch edle Gesichtszüge und schmale »europäische« Nasen.

Die Bewohner der nächsten Siedlung waren allerdings weitaus weniger gastfreundlich. Die Stimmung lockerte sich erst ein wenig, als ich den Männern des Dorfes mit dem Kompass die richtige Glaubensrichtung nach Mekka ermittelte. Beim Beten mussten sie sich ja mit dem Kopf nach Mekka wenden; bisher war das nur ungefähr der Fall gewesen.

Nasib, einer unserer Kameltreiber, lief ständig mit tränenden Augen herum. Wir untersuchten ihn und stellten fest, dass seine Wimpern nach innen wuchsen und ständig die Augäpfel reizten. Wir stülpten die Lidränder nach außen und schnitten mit der Schere des Schweizer Messers die Wimpern ab. Schon seit zehn Jahren hatte er diese Triefaugen, nur mit einer Operation hätte ihm dauerhaft geholfen werden können.

Überall, wo wir auftauchten, war eine der ersten Fragen: »Hakim? Seid ihr Ärzte?«

Als Gottfried Burchardt am Awash von einem Afar um Medizin gebeten wurde und entgegnete, er habe leider keine, bekam er zu hören: »Was? Ihr habt keine Medizin für uns? Dann verschwindet aus unserem Land!«

Auch Rüdiger erlebte seine erste Enttäuschung: Wir trafen unterwegs eine Gruppe von jungen Kriegern. Unsere Führer begrüßten die Männer nach Afar-Sitte mit Handkuss. Rüdiger wollte sich den Sitten der Wüste möglichst schnell anpassen, zog die Hand des Ersten zu sich und hauchte ihm einen Kuss auf den Handrücken. Dann streckte er ihm die Hand zum Gegenkuss hin. Der Afar führte Rüdigers Hand zum Mund, überlegte es sich dann jedoch anders und verweigerte den Handkuss. Mittags streikten unsere Kameltreiber. Sie hatten Angst, weiter als bis zum Robi River zu gehen.

»Diese Angsthasen! Die haben Angst vor ihren eigenen Leuten«, schimpfte ich. Vor uns im Norden kämpften angeblich Afar und Issa gegeneinander. Die Issa sind zwar verwandt mit den Afar, aber nicht mit ihnen befreundet.

»Wenn ein Afar einem Feind den Penis abgeschnitten hat«, erzählte Osman, »dann nimmt er ihn mit nach Hause und zeigt ihn seiner Freundin. Danach werden die Trophäen meistens weggeschmissen aus Angst, dass die Justiz sie bestrafen könnte.«

In Bohale ließen wir uns neben der Moschee nieder. Omar hatte den Männern offenbar erzählt, dass ich genau sagen konnte, in welcher Richtung Mekka liegt. Wieder ermittelte ich mit Karte und Kompass die korrekte Richtung zum Beten, und fortan galten wir als Freunde des Islam. Die Männer luden uns ein, mit ihnen zu beten. Aus Neugier ließen Rüdiger und ich uns darauf ein, Horst wollte weiterhin Christ bleiben. Ich sah das völlig undogmatisch. Eine Konkurrenz unter den Schöpfern des Universums kam mir einfach absurd vor. Schließlich predigen beide Religionen Toleranz und Vergebung. Jede Sure des Korans beginnt mit dem Satz: »Im Namen Allahs, des Erbarmers, des Barmherzigen.«

Außerdem verehren die Muslime Jesus als einen Propheten. Dem einen Gott der Christen und Muslime dürften die Rituale des Menschen völlig egal sein, ob ich nun einen Rosenkranz bete oder mein Haupt gen Mekka beuge. Er mag uns beobachten, aber er straft nicht. Warum sollte er strafen? Der Mensch straft sich schon selbst genug.

Wir wurden in das Ritual des Waschens eingewiesen, und Omar brachte uns das Prozedere des Betens bei: etwa eine Minute stehen und die Hände vor den Bauch halten. Dabei wird das muslimische Glaubensbekenntnis gesprochen: »La illah ila Allah wa Mohammed rasul ila Allah.« Es gibt keinen Gott außer Gott, und Mohammed ist sein Prophet. Dann nach vorn beugen, dabei die Hände auf die Knie legen. Aufrichten und kurze Pause, danach zweimal niederknien und mit der Stirn den Boden berühren. Das ganze Ritual wird dreimal wiederholt.

Rüdiger wurde in Abdallah umbenannt, ich erhielt den Namen Yassin. Unsere Bekehrung wurde sehr ernst genommen, schien den Afar aber auch Spaß zu machen. Die Moschee war eine einfache Hütte aus Stämmen und Zweigen. Anstelle von kostbaren Teppichen war die Wüstenmoschee mit Heu ausgelegt.

Am nächsten Tag wollten uns zwei unserer Kameltreiber – Nasib und Abrahim – endgültig verlassen. Sie verkauften uns ihre Kamele zu Wucherpreisen, doch uns blieb keine andere Wahl. Schließlich brauchten wir die Tiere, und so ließen wir uns zähneknirschend auf den Handel ein.

Dafür wurden wir von Scheich Hussein freudestrahlend als frisch gebackene Muslime begrüßt. Wir lernten, wie wir uns mit einem Minimum – praktisch mit einer Tasse Wasser – waschen konnten. Zum Schluss waren die Füße dran, bevor wir die Hüttenmoschee betraten. Nach dem Beten machte es sich jeder auf dem mit Heu ausgelegten Boden gemütlich. Gesalzener Kaffee und saure Dickmilch wurden gereicht. Die Männer sangen aus religiösen Büchern. Horst durfte nach dem Beten natürlich mit in die Moschee.
Scheich Hussein war krank. Er klagte über Schmerzen, hatte gelbe Augen, blasse Augenlider und einen schnellen Puls. Im Nu verwandelte sich die kleine Moschee in ein Lazarett. Jeder hatte ein Leiden. Das größte Problem schien hier, in der Nähe der Awash-Auen, die Malaria zu sein. Der nächste Fall verschlug uns allerdings die Sprache. Der Mann legte seinen Wickelrock ab. So etwas hatten wir noch nie gesehen: Er hatte einen Leistenbruch, die Eingeweide waren ihm in den Hodensack gerutscht. Er sah riesig aus, wie bei einem Stier. Der Patient legte sich hin und schob die Därme wieder in den Bauch zurück. Rüdiger legte ihm einen festen Verband an. »Osman, sag ihm, dass er nach Gewane gehen soll. Dr. Aebersold muss entscheiden, wie er operiert werden kann.«
Mit drei Begleitern und vier Kamelen zogen wir hinunter ins Arsu-Tal, zu einem der vielen kleinen Flüsse, die aus dem Hochland in Richtung Awash fließen, in den ersten Monaten des Jahres aber meist ausgetrocknet sind. Der Arsu führte reichlich Wasser. Wir waren seit sieben Tagen unterwegs, und zum ersten Mal hatten die Kamele das Bedürfnis, Wasser zu trinken. Wir aalten uns in dem sauberen Flüsschen. Rüdiger fing zwei Fische, die er mit einem Tausendfüßler geködert hatte.
Doch waren wir nicht die Einzigen, die die Kühle des Wasserlaufs genossen. Wir begegneten ein paar Männern, die Ge-

wehre bei sich trugen und finstere Mienen hatten. Gradmesser für unsere Grundstimmung waren stets unsere Führer. Sahen sie entspannt aus, wähnten wir uns in Sicherheit. Offensichtlich aber kannten sie die Männer nicht, und es gab nicht viel miteinander zu reden. Einer der Männer sprang uns sofort ins Auge. Er war eine stattliche Erscheinung und sehr sauber gekleidet. Auf dem Kopf trug er eine kostbar bestickte Pilgerkappe. Auch er hatte ein Gewehr und mindestens 30 Patronen im Gurt.

»Yunus ist der Sohn eines bekannten Scheichs«, erklärte Osman. »Für fünf Dollar am Tag will er uns bis nach Chifra begleiten, das etwa zehn Tage von hier entfernt liegt. Hinter Chifra beginnt das von der Afar-Befreiungsfront kontrollierte Gebiet.« Ich wollte Yunus auf vier Dollar herunterhandeln, weil auch unsere Führer seit ein paar Tagen versuchten, mit uns zu handeln, und plötzlich mehr Geld verlangten. Yunus wandte sich ab, schulterte sein Gewehr und watete durch das knietiefe Wasser ans andere Ufer.

»Mit mir kann man nicht feilschen!«, rief er im Fortgehen.

Unsere Führer wirkten irritiert. Gern hätten sie Yunus als Führer dabeigehabt.

Unser Weg führte durch dichtes, dorniges Gestrüpp, dessen Stacheln unsere Haut aufritzten und sich an unserem Gepäck verhakten. Es musste doch bessere Wege geben. Wir waren stinksauer.

»Was machen wir hier im Busch? Ihr wisst doch, dass wir zum Awash runterwollen.«

»Wir können leider nicht von hier aus nach Bahadu gehen«, entschuldigte sich Osman, »dort kämpfen die Afar.«

»Dann schlagen wir eben einen Bogen um Bahadu und laufen in Richtung Buri«, schlug ich vor.

»Aber wir dürfen nicht durch Gaila kommen. Dort hat Omars Bruder jemand umgebracht. Jetzt hat er Angst, dass man ihn tötet.«

Die vollständige Geschichte sollten wir erst einen Tag später erfahren.
Osman versprach, das Gelände würde bald besser werden, was jedoch stark übertrieben war: nichts als steinige Hügel und dornige Akazien. Keine Siedlung weit und breit. Erst am Mittag sattelten wir die Kamele ab, um zu rasten. Rüdiger legte sich in den Schatten zum Schlafen, Horst probierte erstmals seine Wassermaschine aus, den Hohlspiegel, mit dem wir Wasser aus Luftfeuchtigkeit gewinnen wollten. Der Hohlspiegel mit einem Meter Durchmesser bestand aus 24 einzelnen Lamellen, die wie Blütenblätter einer Blume aussahen. Dadurch ließ sich der Schirm klein verpacken. Durch die Nähe des Roten Meeres ist die Luftfeuchtigkeit in der Danakil nachts sehr hoch. Das wollten wir nutzen, um Zeolithe mit Luftfeuchtigkeit zu »beladen« und das Material dann in einen Glaskolben füllen. Als Zeolithe bezeichnet man eine Gruppe chemischer Stoffe, die Wasser und andere niedermolekulare Stoffe aufnehmen und beim Erhitzen wieder abgeben, ohne dass ihre Kristallstruktur dabei zerstört wird. In der Hitze des Tages wollten wir das gespeicherte Wasser aus den Zeolithen lösen. Indem wir den Glaszylinder in den Brennpunkt des Hohlspiegels stellten, sollten sich die hygroskopischen Mineralien durch die Brennglashitze vom Wasser trennen. Das Wasser sollte durch eine Kondensationsleitung in eine Flasche laufen.
Ich saß über meinem Tagebuch, als vier Männer strammen Schrittes nahten. Ich sagte nur beiläufig »Aleikum salam«, als sie in unser Camp kamen. Doch als ich hörte, dass sie im Gespräch mit Osman mehrfach von »worrakatt« sprachen, war ich hellwach. »Worrakatt« ist das amharische Wort für Papier, kann aber auch Erlaubnis bedeuten. Ich weckte Rüdiger. Hier braute sich etwas zusammen. Alle vier Männer trugen die Gille, zwei hatten zusätzlich noch Speere.
»Sie wollen eure Papiere sehen«, bestätigte Osman meine Ver-

mutung. Horst, der sich gerade seinen ersten Tee auf dem Solarkocher zubereitet hatte, unterbrach seine Arbeit und kramte ein Schreiben der Tourist Organisation hervor. Die hatte uns auf Empfehlung des Water Resources Departement ein Schreiben ausgestellt, das uns erlaubte, in der südlichen Danakil-Wüste Versuche zur Wassergewinnung durchzuführen.

»Können die überhaupt lesen?«, fragte Horst und reichte Osman das Schreiben. Der Anführer war etwa 35 Jahre alt, hatte einen robusten Körperbau und einen verwegenen Blick. Seine rechte Wange zierte eine gewaltige Narbe. Der Mann konnte lesen.

»Tourist? Was ist Tourist? Was wollen die Fremden hier?« Er fuchtelte mit dem »worrakat« in der Luft herum.

»Was ist das für ein Typ? Ist das ein Afar-Polizist?«, fragte ich Osman, als der Anführer eine Karte aus einem Fach seines Gürtels zog.

»Nein! Das ist kein Polizist. Der ist vor vier Wochen aus dem Gefängnis in Addis Abeba entlassen worden. Steht hier auf der Karte«, antwortete Osman.

»Alle zuhören!«, verschaffte sich der Anführer Gehör. »Ihr kommt jetzt mit nach Robi. Dort werden wir sehen, ob eure Papiere in Ordnung sind.«

Osman, Omar und Homed protestierten lautstark: »Den Weg, den wir gekommen sind, gehen wir nicht noch einmal. Lasst uns nach Ataye gehen. Dort ist die nächste Polizeistation«, schlug Osman vor. Die vier Männer zogen sich zur Beratung zurück. Omar nahm sich Rüdigers Gille und schlug mit einem Stein die Unebenheiten der Klinge gerade.

»Warum war er im Gefängnis, Osman?«

»Er hat viele Galla umgebracht. Deshalb hat er fünf Jahre im Knast gesessen. Dort hat er auch Amharisch gelernt.«

Osman war ein schlauer Taktiker: »Hört zu! Ataye liegt wie

Robi im Hochland. Aber in Ataye leben Galla, und wenn die Afar sehen, dann töten sie die.«

»Ja, und ihr? Ihr seid doch auch Afar?«

»Mich und Homed kennen die Galla. Uns werden sie nichts tun«, entgegnete er optimistisch.

Horst war so glücklich über seinen funktionierenden Sonnenkocher, dass er sich sogleich noch einen Pfannkuchen darauf backte.

»Keine Bange! Solange ich lebe, passiert euch nichts«, fügte Osman beschwichtigend hinzu. Was war denn das für eine Aussage? Und wenn er nicht mehr lebte, was würde dann mit uns passieren?

»Sind das Shiftas?«, fragte ich flüsternd. Osman antwortete nicht. Rüdiger und ich überschlugen unsere Kampfkraft. Wir waren zu sechst, hatten zwei Gilles und einen Speer, Rüdiger außerdem ein kräftiges Fahrtenmesser. Außerdem besaßen Rüdiger, Horst und ich je ein Signalgerät, dessen Abschuss zumindest einen Überraschungseffekt haben sollte.

»Und wir haben noch einen Spaten«, fiel mir ein, »der lässt sich zur Not auch als Waffe benutzen.«

Die beiden Älteren machten keinen besonders starken Eindruck. Mit einem kurzen Polizeigriff konnte man ihnen sicher die Arme auskugeln. Der Dritte war jung und hatte die typische Afar-Statur, sehnig und feingliedrig. Nur Yaissi Araro – so der Name auf seinem Entlassungspapier – war muskulös und kräftig gebaut, stolz und selbstbewusst. So wie er sahen nur wenige Krieger aus; allenfalls den Häuptlingen sah man an, dass sie besser im Futter standen.

Omar machte sich bereit zum Mittagsgebet.

»Sollen wir heute mitbeten?«, fragten wir Osman.

»Natürlich!«

Unsere Feinde beteten ebenfalls. Homed und Osman fingen die Kamele ein, wir packten das Gepäck zusammen zum Aufladen.

»Warten die nur darauf, dass wir ihnen die Kamele packen?«
Rüdiger hatte die gleiche Befürchtung wie ich.
Das Palaver begann von Neuem.
»Was hat er gesagt, Osman?«, fragte ich nervös.
»Macht euch keine Sorgen. Bevor sie euch umbringen, müssen sie erst mal mich töten.«
Rüdiger gab den Schlachtplan aus: »Lasst uns so dicht wie möglich zusammenbleiben. Versteckt euch hinter den Kamelen, wenn es losgeht.«
Osman, dieser zierliche Kerl mit der Figur eines Mannequins, wurde immer wütender. Er drohte dem Anführer: »Mein Bruder, Mohamed Said, wird euch alle umbringen.«
Die Männer schrien sich gegenseitig an. Auch unsere drei Führer brüllten, was das Zeug hielt.
Horst hatte instinktiv wohl den richtigen Riecher. Er zog Malariatabletten aus seiner Gürteltasche hervor und schluckte sie mit Wasser. Na, der hat Nerven, dachte ich mir und blickte fragend zu Rüdiger hinüber, dann betrieben wir ebenfalls Malariaprophylaxe.
Plötzlich waren unsere Widersacher sehr an unserer Medizin interessiert. Und so wie wir es in den letzten Tagen häufig erlebt hatten, beim Anblick von *Kinini*, von Medikamenten, fielen den Männern alle ihre Krankheiten ein. Ich erinnerte mich an den Rat von Dr. Aebersold in Gewane: »Gebt den Leuten nie ganze Tablettenschachteln. Die schlucken alles auf einmal. Das kann gefährlich werden.«
»Wir haben doch auch Schlaftabletten dabei«, fiel mir ein.
Rüdiger kramte ein Fläschchen mit 24 Tabletten hervor.
»Davon bekommt jeder sechs Stück!«, entschied er.
»Osman, frag sie mal, welche Beschwerden sie haben?«
Den einen zwickte es im Bauch, den anderen in der Brust, der Dritte hatte Kopfschmerzen. Malaria hatten sie alle immer mal wieder. Dagegen half *Kinini*, abgeleitet von Chinin, dem ural-

ten Malariamittel, das schließlich zum Synonym für Medikamente schlechthin geworden war.
»Damit die Tabletten besser wirken, lösen wir sie in Wasser auf«, ließen wir Osman übersetzen, den wir allerdings noch nicht darüber aufgeklärt hatten, dass wir die Banditen in Tiefschlaf versetzen wollten. Begierig tranken die vier ihre Medizin, während wir uns einen Tee machten. Als der Tee fertig war, rief ich: »Hey, Yaissi! Wollt ihr einen Tee?« Keine Antwort. Ich wiederholte die Frage, diesmal noch lauter. Wieder keine Reaktion.
»Osman! Die schlafen die nächsten Stunden. Lasst uns schnell aufbrechen«, sagte ich lächelnd, obwohl ich innerlich bebte. Osman hatte verstanden. Wir packten in aller Eile die Kamele und ließen die Shiftas im Tiefschlaf zurück.
Als wir eine gute Viertelstunde gelaufen waren, ließ Omar das Führseil seines Kamels los, sank auf die Erde und verbeugte sich in Richtung Mekka. Wir taten es ihm gleich.
So schnell wie in den folgenden Stunden waren wir noch nie gewesen. Osman wollte die *Burra*, die Hütte eines Scheichs, erreichen, den er kannte. Im Dunkeln liefen wir durch ein ausgetrocknetes Flussbett, stolperten über Steine und umgestürzte Bäume. Spätabends stießen wir auf einen Kral. Omar bat um Gastfreundschaft. Erst jetzt erzählte uns Osman die ganze Geschichte: »Die Banditen wollten, dass wir mit ihnen in Richtung Robi gehen. In einer Schlucht wollten sie uns laufen lassen. Sie hatten es nur auf euch, die Ferenjis, abgesehen. Ich habe ihnen gesagt, dass sie vorher erst mich töten müssten, und ihnen dann mit meinem Bruder Mohammed Said gedroht. Er ist ein bekannter Schmuggler zwischen Dschibuti und dem äthiopischen Hochland. Er hat damit sehr viel Geld verdient und besticht Polizisten. Im ganzen südlichen Afar-Gebiet haben alle großen Respekt vor Mohammed Said.«
Und Omar erzählte uns, warum wir uns gestern auf schmalen

Pfaden durch das Akaziengestrüpp schlagen mussten. Vor vier Jahren hatte das Unglück begonnen, als sein Vater mit seinem Vieh in Richtung Hochland gezogen war. Er wurde von Afar eines anderen Clans überfallen und ermordet. Omars Bruder hatte vor einem Jahr den Mord an seinem Vater gerächt. Jetzt fürchtete Omar die Vergeltung der Gegenseite.
Unser Gastgeber sprang plötzlich auf und kam nach einer Minute mit einem Karabiner zurück. Auch sein Clan hatte Ärger mit den Leuten in Bahadu am Awash. Das war der Ort, den Omar vor zwei Tagen unbedingt umgehen wollte.
Ein Menschenleben zählte hier offenbar wenig. Wenn Afar-Clans einander überfallen und töten, wie wenig war dann erst das Leben von drei Europäern wert?, fragte ich mich.
Während ich dies niederschreibe, fängt mein Puls an zu rasen, weil mir erneut bewusst wird, wie knapp wir damals dem Tod entronnen sind. Wenn ich in meinem Tagebuch lese, wird mir klar: 1977 war die Danakil-Durchquerung nicht sehr viel sicherer als 1928, als L.M. Nesbitt die erste Expedition durch das »Höllenloch der Schöpfung« gelang. Für Außenstehende mag dieses Abenteuer gar wie purer Leichtsinn aussehen.
Aber was bedeutet Abenteuer eigentlich? Wo fängt das wahre Abenteuer an? Ist es ein Abenteuer, wenn man in einer organisierten Gruppe mit einem Geländewagen durch die Sahara fährt und dann von Banditen gekidnappt wird, weil sie ein Lösegeld erpressen wollen?
Wahres Abenteuer beginnt für mich dann, wenn ich persönlich bereit bin, körperlich, doch vor allem psychisch meine eigenen Grenzen zu erkunden. Jede körperliche Höchstleistung ist auch eine psychische Höchstleistung. Lasse ich mich auf ein extremes Abenteuer ein, ist der Kopf mehr gefordert als der Körper. Man ist hellwach, wenn man sich mit allen Sinnen auf ein akutes Problem konzentriert. Alle Wahrnehmungsorgane

verständigen sich untereinander, wägen gemeinsam ab. Die Sinne spielen Schach gegen das Ungemach.

War das die große Freiheit, nach der ich mich immer gesehnt hatte? War es die große Freiheit, sich in Lebensgefahr zu bringen? Jede Grenzerfahrung, ob im Extremsport oder im extremen Abenteuer, ist auch eine Annäherung an das Undenkbare.

»Niemand hätte jemals den Ozean überquert, wenn er die Möglichkeit gehabt hätte, bei Sturm das Schiff zu verlassen«, folgerte der amerikanische Erfinder Charles F. Kettering.

Für mich war die Danakil eine große Herausforderung, die Erinnerungen an die großen Entdeckungsreisen des 19. Jahrhunderts wachrief und die 1977 wohl nur noch in dieser Wüste möglich war. Die Herausforderung war, auch in ausweglosen Situationen – trotz aller Angst und Anspannung – nicht in Panik zu geraten, kühlen Kopf zu bewahren, zu überlegen und erst dann zu handeln. Angst hatten wir alle, aber wir hatten auch stets die Hoffnung, doch noch eine Lösung zu finden.

Verglichen mit der Bedrohung vor einem Monat, als der Fahrer des Landrovers in Addis Abeba seine Pistole gezückt hatte, war dieser Zwischenfall in der Danakil erheblich dramatischer. In Addis war die Situation berechenbarer, die Fluchtmöglichkeiten waren größer gewesen. Hier saßen wir in der Falle.

Omar zog am nächsten Morgen los, um für uns einen bewaffneten Führer zu suchen. Nach drei Stunden kam er zurück – freudestrahlend! Er hatte Yunus getroffen, der sich uns am Arsu als Führer angeboten hatte. »Warum habt ihr mich gerufen?«, fragte Yunus, als er am Nachmittag auf der Bildfläche erschien.

»Wir hatten Schwierigkeiten mit Shiftas, mit Yaissi Araro.«

»Was wollt ihr mir zahlen?«

»Am Arsu hattest du fünf Dollar pro Tag verlangt«, erinnerte ihn Rüdiger.

Er war einverstanden. Yunus machte – was uns schon am Arsu aufgefallen war – einen ehrenwerten Eindruck.
Wir kamen in eine große Ebene mit fruchtbarem Boden. Ein paar Kühe grasten hier, Ziegen rupften immer mehr Gras mit Stumpf und Stiel aus dem Boden und leisteten Vorarbeit für die Bodenerosion. Es war eine Landschaft zum Träumen und zum Planen.
»Wenn hier Italiener wären, die würden im Vorgebirge das Wasser stauen, und unterhalb der Berge wüchsen Apfelsinen und Papaya. Hier in der Ebene wäre eine riesige Baumwollplantage«, fantasierte Horst.
Die Ebene ging in eine üppige Parklandschaft über.
»Hier hätten die Engländer längst einen Golfplatz angelegt«, fügte Horst hinzu.
Stattdessen machten die Afar gegen einen anderen Clan mobil. »In zwei Tagen wollen die Assaihemaras kommen«, erzählte uns ein Mann am Ataye-Fluss. »Eine Frau hat uns die Botschaft überbracht. Jetzt warten wir hier mit 40 Gewehren.«
»Was geschieht mit den Frauen und Kindern, wenn die Männer kämpfen?« fragte ich Osman.
»Die Frauen und kleinen Kinder werden verschont. Aber Jungen wie diese beiden«, dabei zeigte Osman auf zwei elfjährige Jungen, »die werden auch getötet. Die könnten ja im nächsten Jahr gegen ihre Feinde kämpfen. Wenn Afar gegen Amharen kämpfen, dann werden auch Frauen und Kinder nicht verschont.«
Das mutmaßliche Kampfgebiet lag zum Glück hinter uns. Doch was vor uns lag, entpuppte sich als ständiger Wechsel zwischen Aggression und Gastfreundschaft. In Kurrkurra sahen die bewaffneten Männer so finster aus wie Ali Baba und die 40 Räuber, aber sie waren erstaunlich gastfreundlich. Ihr Anführer, Scheich Ahmed, war ein »Bruder« von Yunus. Auch ein sehr guter Freund wird in islamischen Ländern Bruder ge-

nannt und wie ein Bruder behandelt. Scheich Ahmed sah eher südarabisch aus mit seiner Hakennase und dem schmalen Gesicht. Das ganze Dorf hatte sich um die Hüttenmoschee versammelt, die Gewehre lehnten draußen an der Wand.

Scheich Ahmed brachte uns einen großen Topf mit frischer Kuhmilch, dann ließen wir die Patienten kommen. Eine Frau mit verbrannter Hand, ein Kind mit geschlossenen, vereiterten Augen. Wir versorgten das Kind mit einer Augensalbe und überließen den Eltern die kleine Tube, befürchteten jedoch, dass sie die Salbe trotz unserer Dosierungsanleitung sofort verbrauchen würden.

Scheich Ahmed zeigte Interesse für meine Brille, denn er konnte die Schrift in seinem Koran nicht mehr lesen. Als Tauschobjekt bot er mir sein Radio an – das erste, das wir in der Danakil sahen oder hörten. Ahmed setzte meine Sehhilfe auf, hielt sich den Koran dicht vor die Augen und streckte die Arme dann weit nach vorn, doch zu meinem Glück konnte ihm meine Weitsichtbrille den Koran nicht näher bringen. So brauchte ich gar nicht erst um meine Brille zu kämpfen.

Ohne Yunus wären wir in dieser Region verloren gewesen. Als wir an einer einzelnen Hütte vorbeikamen, trat ein alter Mann heraus und fragte Yunus mürrisch: »Was wollen die Fremden hier?« Er wurde immer aggressiver und begann sich mit Yunus zu streiten: »Ihr dürft nicht durch mein Land, und ihr dürft nicht in meinem Haus schlafen. Verschwindet!«

Erst als Yunus zur Warnung eine Patrone in sein Gewehr schob, beruhigte sich der Alte, fluchte aber noch eine Weile hinter uns her.

Am Abend erreichten wir Kelalu. Yunus blieb circa 40 Meter vor dem Kral stehen, der Rest der Karawane hielt noch größeren Abstand. Wir warteten. Nach ein paar Minuten kam ein grauhaariger Mann aus dem Kral und musterte uns finster.

Wir hörten, dass Yunus das Wort »hakim« sagte. Nach zähen Verhandlungen wurde uns Aufnahme gewährt, doch sollten wir um den Kral herum zur Moschee am Nordende gehen. Es herrschte eine eisige Stimmung. Die Männer, die auf dem kleinen Platz vor der Moschee saßen, blickten misstrauisch zu uns herüber. Nach einer Viertelstunde tauchte ein Mann auf, der mit Yunus herzliche Handküsse austauschte. Es war der Scheich von Kelalu, der kurz darauf zum Abendgebet rief. Nach dem Beten kam ein Mann mit zerlumptem Sakko zu mir, zog meine rechte Hand zu sich und küsste sie. Ich erwiderte diese Geste der Freundschaft. Anschließend begrüßte er Rüdiger genauso herzlich. Derselbe Mann hatte uns vor dem Beten bewusst ignoriert. Osman schaltete sich ein: »Klaus! Der Mann sagt, dass du dein *Marto* länger tragen sollst.«
Mein Marto war mein Lendentuch, mein luftiger Wickelrock, den ich nach Afar-Sitte trug, allerdings nicht bis zehn Zentimeter über den Knöcheln. Meiner endete circa zehn Zentimeter unterhalb der Knie, genau wie bei Horst. Rüdiger dagegen zog es vor, in einem pyjamaähnlichen Anzug aus ehemals weißer Baumwolle der Hitze zu trotzen.
Es sei noch erwähnt, dass Horst niemals Schwierigkeiten bekam, weil er nicht mit allen betete, sondern sich als *Masihi*, als Christ, bekannte. Auch ihm wurde hier in Kelalu nach dem Beten literweise Milch in geflochtenen Bastgefäßen gereicht, die mit Lehm, Stroh und Milchfett abgedichtet und über dem Feuer »keimfrei« geräuchert waren.
Wir näherten uns der Straße, der Hauptader, die von Dese im Hochland nach Assab am Roten Meer führte. Nördlich dieser Straße begann das Rebellengebiet, bewohnt von Afar, die weder Yunus noch Osman noch Omar kannten. Wir mussten uns neue Führer suchen. Wir waren jetzt seit 16 Tagen in der Danakil-Wüste unterwegs und hatten rund 300 Kilometer zurückgelegt.

Noch 700 Kilometer bis zum nördlichen Ende des Afar-Dreiecks lagen vor uns. Wir beschlossen, unnötiges Gepäck in Bati, einem Marktflecken an der Hauptstraße, zurückzulassen. Außerdem wollten wir eines unserer Kamele verkaufen. In Bati waren eigentlich die Galla – oder die Oromo, wie der große Volksstamm heute bezeichnet wird – zu Hause. Doch Bati war so etwas wie ein befriedeter Handelsplatz, wo auch die Afar Ziegenhäute verkaufen und Hirse einkaufen konnten. Wir kannten in Bati einige deutsche Entwicklungshelfer, die dort ein Gesundheitszentrum betrieben, das 1974 mit *Stern*-Spendengeldern gebaut worden war. 1973 war der Norden Äthiopiens von einer fürchterlichen Dürre heimgesucht worden, der schätzungsweise 200 000 Menschen zum Opfer fielen.
Der Marktplatz von Bati wurde von einem Doppelgalgen überragt, der an jenem Tag allerdings nicht in Betrieb war. Unter der Henkersstätte verkauften Galla-Frauen Gemüse und Gewürze. Es wurden Salz, Felle, Öl, Butter, Getreide, Taschenlampen, Schafe, Ziegen und Kamele angeboten.
Homed wollte sein Dromedar dort ebenfalls verkaufen. Das Tier war zwar kräftig, aber alt und voller Wunden. Am linken Vorderbein hatte es ein riesiges Geschwür, auf dem die Fliegen ihre Orgien feierten. Am schlimmsten aber war es um sein Hinterteil bestellt. Unter dem Schwanz, dort wo die Schlinge der Sattelhalterung durchgezogen wird, war alles wundgescheuert durch die Belastung der letzten Wochen. Es stank erbärmlich. Wir hatten es Nessie getauft, denn wenn es nachts neben uns lag, rülpste und wiederkäute und den langen Hals gegen den Nachthimmel reckte, dann hätte es das Ungeheuer von Loch Ness sein können. Auch unser Kamel war kein Prachtstück, sondern ziemlich alt und mager. Idris, der Nachtwächter von den deutschen Entwicklungshelfern, machte uns mit einem Kamelhändler bekannt. Der hatte sich schweigend vor unsere Tiere gehockt und sie gemustert. Nach einigen Minu-

ten ging er auf Homeds Kamel zu und trat ihm so heftig auf den linken Vorderfuß, dass der Eiter herausspritzte. Wie jung und kraftstrotzend Kamele aussehen können, das sahen wir auf dem Marktplatz. Allerdings kosteten diese Tiere auch 600 bis 700 Dollar. Wir fanden an dicsem Tag keinen Käufer und überließen Nessie der Obhut der Entwicklungshelfer. Idris wollte die arme Kreatur aufpäppeln und dann verkaufen.
Die nächsten Tage bewegten wir uns am westlichen Rand der Danakil, in dem Gebiet, das vor vier Jahren besonders schlimm von der Hungersnot betroffen gewesen war. In Chifra, Uwa und Hidda waren Gesundheitszentren und Verteilstationen der Hungerhilfe entstanden. 95 Prozent der Tiere waren 1973 durch die Dürre verreckt, 40 Prozent der Bevölkerung waren gestorben.
Wo es Gesundheitsstationen gab, da waren auch Polizei und Militär nicht weit. In Chifra hörten wir von Dr. Tenambergen aus Münster, der das Gesundheitszentrum leitete, dass sehr viele Soldaten auf unserer geplanten Route unterwegs waren, um den Streit zwischen Galla (Oromo) und Afar zu schlichten. Angeblich hatte die Auseinandersetzung begonnen, weil die Afar den Galla 300 Kamele geraubt hatten.
Wir überholten eine Kamelkarawane mit 15 Tieren, die von Frauen geführt wurden. Die Kamele waren mit dem gesamten Hausrat beladen: den gebogenen Stangen für die Kuppelhütten, den Bastmatten, die als »Gehäuse« dienten, Ziegenledersäcken mit Butter und Töpfen. Die Frauen trugen kleine Kinder auf dem Rücken und Zicklein vor dem Bauch. Offensichtlich flüchteten sie vor den kriegerischen Auseinandersetzungen in die trockene Wüste.
Haté Haye, einer unserer neuen Führer, die uns Scheich Arba in Chifra organisiert hatte, redete immer wieder auf uns ein: »Die Menschen in Sifani sind *ma mäe* (nicht gut).« Sifani war das Ziel der nächsten Tage. Dort befand sich das Rückzugsge-

biet der von Sultan Ali Mira geleiteten Afar Liberation Front. Ali Ibrahim, der zweite Führer, machte uns angesichts dieser Bedrohung klar, dass sie ab sofort zehn statt fünf Dollar täglich haben wollten – Gefahrenzulage!

Nachmittags erreichten wir eine fruchtbare Ebene. Zur Linken im Westen befand sich das äthiopische Hochland, rechter Hand die Wüste. Hier in der Ebene grasten fette Rinderherden, und es war kaum zu glauben, dass die Menschen vor vier Jahren fast ihr gesamtes Vieh verloren hatten. Die Männer waren schwer bewaffnet, zum Teil mit Polizeigewehren. Einer der Kuhhirten trug eine Kalaschnikow.

Haté wollte Feierabend machen, obwohl es erst vier Uhr nachmittags war. Aber wahrscheinlich freute er sich auf Kuhmilch im Überfluss. Uns waren die bewaffneten Raubeine, die auch noch unangenehme Fragen stellten, ziemlich unheimlich: »Was wollt ihr eigentlich in unserem Land?«

Die finsteren, bewaffneten Gestalten inspirierten meine Kumpel zu merkwürdigen Gedanken. Rüdiger fragte mich: »Hast du eigentlich eine Lebensversicherung?«

»Natürlich, meine Familie ist gut versichert!«

Horst beruhigte sich mit der Erkenntnis: »Wenn der Schuss richtig sitzt, dann ist es jedenfalls schnell vorbei.«

Wir beschwichtigten die Kerle mit unseren Medikamenten, und fanden ein reiches Betätigungsfeld. Ein Halbwüchsiger war am ganzen Körper mit kleinen Geschwüren übersät, sein Pimmel war eine einzige eitrige Wunde. Was tun? Antibiotikaspritzen hatten wir nicht dabei, aber im rechten Moment fiel mir ein: »Wir haben ja noch Desinfektionsspray.«

Damit sprühten wir dem Jungen die eitrigsten Schwären ein, zur Belustigung der umstehenden Waffenträger.

Zum Dank trieben die Männer einige Kühe herbei, molken sie – zwei Stunden vor der eigentlichen Melkzeit – und brachten uns einen großen Topf mit warmer, nahrhafter Milch.

Waren das nun raubeinige Räuber, Viehdiebe oder einfach Rebellen?
»Habt ihr keine Angst vor Ali Miras Leuten?«, fragte Ali Ibrahim, der mit seinen kleinen listigen Augen wie ein Filou wirkte. Man wusste nie, ob er seine Frage ernst meinte oder im nächsten Moment eine weitere Gefahrenzulage beanspruchen wollte. Aber es ging ihm nicht ums Geld.
»Nein, ich hab keine Angst«, antwortete ich ihm und verdrängte, dass ich in Wahrheit ziemliches Muffensausen hatte.
Die Abendstimmung vertrieb unser Stimmungstief. Tausende von Rindern und Ziegen kehrten zu ihren Nomadensiedlungen zurück, wirbelten Staub auf und verschleierten die orangerote Sonne. Die Krieger begrüßten uns alle freundlich und wohlwollend. Der Scheich persönlich half uns beim Abpacken der beiden Kamele. Die Männer servierten uns Milch, so viel wir wollten. Unsere Führer verzichteten darauf, mit uns unseren Griesbrei zu teilen. Und noch viel mehr verzichteten sie auf unsere »Dattelknete«, wie Horst den schwer identifizierbaren Klumpen getauft hatte, der angeblich aus Datteln, wohl Güteklasse 5 C, bestand. Wahrscheinlich waren die nährstoffreichen Früchte am Ende der Saison in einem Lagerhaus zusammengefegt worden. Was alles daran kleben mochte, wollten wir uns gar nicht erst ausmalen. In jedem Fall waren die Datteln ummantelt mit Staub und Pflanzenresten.
Wir wanderten den ganzen Tag durch die fruchtbare Awra-Ebene. Der Fluss führte im Februar zwar kein Wasser, doch wenn es im Hochland regnete, füllten sich die unterirdischen Wasservorräte im Tiefland.
»Leban ketir«, hier gibt es viel Milch, frohlockte Ali auf Arabisch und hoffte, uns in dem Dörfchen mit dem malerischen Namen Nassarak Hadarmo zum Bleiben überreden zu können. Die Mädchen und Frauen waren ausgesprochen hübsch, die Männer wild und herzlich. Es war ein waffenstrotzender,

ausgelassener Haufen. Die Krieger alberten und lachten wie übermütige Halbstarke. Sie waren herzlich, aber aufdringlich, wie wir es bei den Afar bisher noch nicht erlebt hatten. Sie interessierten sich für alles – für meine Uhr, meinen Ehering, meinen *Birrd*, den Armreif, den ich wie die meisten Afar am Oberarm trug. Mohamed, einer von einem Dutzend Mohameds in Nassarak Hadarmo, versuchte mich zu überreden: »Du bist mein Bruder. Schenkst du mir deinen Birrd?«

Ali und Haté, die unbedingt in dieser Burra hatten bleiben wollen, schauten jetzt skeptisch drein. In einem Moment, als wir allein mit den beiden waren, flüsterte Ali: »Ma mäe! Shifta.«

Nun denn, vielleicht waren es Shiftas, aber warum sollte es nicht auch mal nette Räuber geben? Die jungen Kerle machten sich einen Spaß daraus, uns mit Milch vollzupumpen. Sobald einer von uns das Gefäß absetzte, wurde es uns sofort wieder an die Lippen gehalten. Die Männer vertrauten uns ihre Gewehre an, und wir verstanden nicht, wie wir diese Geste deuten sollten. Mit vollen Bäuchen trollten Rüdiger und ich uns zu unserem Lagerplatz, zogen unsere Baumwolltücher über die Augen und überließen Horst die weitere Konversation. Schlafen konnten wir zwar nicht, hatten aber auch keine Lust, uns weiterhin zum Gespött der ausgelassenen Kerle zu machen. Man konnte tatsächlich glauben, die Mohameds seien stocktrunken, so sehr lachten sie, wenn Horst ihnen immer und immer wieder seinen Namen vorsprach und sie Schwierigkeiten hatten, ihn richtig nachzusprechen. Eine Horde von Afar im Milchvollrausch …

Am nächsten Morgen erreichten wir die ersten Lavafelder, die ersten Vulkane. Im grünen Golina-Tal zwischen den Lavafeldern weideten Hunderte von Kamelen, bewacht von Kamelhirten mit Karabinern. Waren das die 300 geraubten Kamele? Während unsere eigenen Kamele sich an den Akazien satt fraßen und der Tee auf dem Feuerchen köchelte, kam mir eine Idee: »Jungs, wir brauchen ein Empfehlungsschreiben. Irgendjemand muss uns einen Schein ausstellen, der uns berechtigt, durch die Danakil zu ziehen.«

Rüdiger ließ sich nicht lange bitten und schrieb mit arabischen Schriftzeichen:

Bismillah, ir-rahman, ir-rahim!

Mein Name ist Ibrahim Nassar. Ich studiere Medizin in Deutschland und will Arzt werden. Ich stamme aus Thio am Roten Meer. Die drei Deutschen sind meine Freunde. Ihre Namen sind…

Als Afar bitte ich euch, den Deutschen zu helfen, weil auch sie uns helfen wollen im Kampf für die Freiheit. Sie sind Freunde der Afar und der Araber.

Ich danke euch. Gott sei mit euch.

Zu einem wichtigen Schreiben gehört natürlich auch ein wichtiger Stempel. Den hatte ich in Gestalt eines Fünf-Mark-Stücks in meinem Portemonnaie. Wir legten das Schreiben über die Münze und rubbelten mit einem Rotstift die Prägung des Bundesadlers aufs Papier. Wir bogen uns vor Lachen über unser hochoffizielles Dokument.

Am Nachmittag änderten Ali und Haté den Kurs. Statt weiterhin über die fruchtbare Ebene in Richtung Norden zu wandern, drehten wir nach Südosten ab und gingen im Zickzack durch die sandigen Flächen zwischen der Lava. Am späten Nachmittag stoppten unsere Führer. Zwischen den Lavafelsen auf einer Anhöhe entdeckten wir eine Burra. Der Kral wirkte in dem Gestein wie eine Burg. Haté ging hinauf, um wie üblich um Gastfreundschaft zu bitten. Doch er blieb verschwunden. Wir warteten 15 Minuten, eine halbe Stunde. Nach 40 Minuten kam er endlich zurück. Er blickte nach unten und sah noch finsterer aus als sonst.

»Wir müssen wieder umkehren. Keine guten Leute«, flüsterte er ängstlich, obwohl kein Fremder in der Nähe war. Was sollten wir jetzt tun? Wenn der Balabat uns die Gastfreundschaft verweigerte, darin waren wir uns einig, dann waren wir Frei-

wild für seine Krieger. Wir wollten gerade den Rückweg antreten, da kam ein Bewaffneter hinter uns hergelaufen.
»Halt, wartet!«
Mehrere Krieger eilten mit Gewehren den Hügel hinunter, dazwischen ging ein Mann, der augenscheinlich ihr Boss war: kariertes Lendentuch, weißes Hemd, eine bestickte Pilgerkappe auf dem Kopf, etwa 45 Jahre alt. Wir grüßten auf Arabisch, und er sprach uns auf Arabisch an: »Ihr seid Fremde. Ich kenne euch nicht, und ich kenne eure Führer nicht. Sie erzählen mir, sie kämen von Scheich Arba in Chifra. Aber sie haben nicht einmal ein Schreiben des Scheichs dabei. Es tut mir leid. Ich kann euch hier nicht durchlassen.«
Immerhin – er sprach mit uns und machte einen gebildeten, sympathischen Eindruck.
»Ich heiße Ali Mujahid«, fuhrt er fort. »Mein Vater war Sudanese, meine Mutter ist Afar. Ich bin im Afar-Land geboren und in Omdurman, im Sudan, aufgewachsen.«
Jetzt schlug Rüdigers große Stunde. Aus den hintersten Winkeln seines Schädels kramte er all seine Arabischkenntnisse zusammen, und die Kommunikation wurde immer herzlicher. Scheich Ali ließ Töpfe voll Milch bringen. Wir zeigten ihm unser Gepäck: Medizin, Filme, Tonbandgerät, auf dem wir in den letzten Tagen auch singende Afar gespeichert hatten. Scheich Ali begann Koranverse zu rezitieren und war völlig aus dem Häuschen, als er sich wenig später aus dem Lautsprecher hören konnte.
Ich jubelte leise: »Rü, die Sache ist gelaufen. Den Mann haben wir gleich auf unserer Seite.«
Vorsichtig tasteten wir uns an das Thema Politik heran. Ich zeigte Fotos vom mächtigen Häuptling Yayo Ali, den ich vor 13 Jahren am Afdera-See fotografiert hatte.
»In Afdera, da kämpfen Afar und Eritreer gemeinsam gegen die äthiopische Regierung«, sagte Rüdiger. »Und wo stehst du?«

Ali Mujahid antwortete sehr diplomatisch: »Ich bin alles.«
Ich vermute, er war der Verbindungsmann zwischen den Afar in Chifra und den Ortschaften, in denen die Menschen von den Annehmlichkeiten der Hungerhilfe abhängig geworden waren, sowie der Afar Liberation Front (ALF). Kein Afar liebte es, von den christlichen Amharen aus dem Hochland dominiert zu werden. Außerdem war anzunehmen, dass die 300 Kamele, die den Galla geraubt worden waren, auf dem Weg zu den Rebellen waren.
Ali Mujahid war der Imam, der Vorbeter der Region. Sein Bruder Mohamed Amin war der Häuptling. Allahs Diener Ali trug einen Colt unter seinem Gewand.
Nicht genug, dass er uns stolz seinen Ballermann zeigte, er rief auch noch seinen besten Soldaten herbei.
»Der hat eine Klatschnikak,« sagte Ali und meinte die Kalaschnikow.
»Was bezahlt man für solch eine Waffe?«, wollte Rüdiger wissen.
»Bezahlen? Die bekommen die Rebellen von den Russen geschenkt.« Damit hatte Ali preisgegeben, dass der Mann ein Befreiungskämpfer war.
Allah oder der Zufall wollte es, dass Alis Frau sich an der Schulter verbrannt hatte. Rüdiger, der sich als Medizinstudent vorgestellt hatte, musste helfen. Ali ließ seine Frau zu uns kommen. Rüdiger trug Brandsalbe auf die Verbrennungen auf. Scheich Ali fragte, ob wir auch Penicillin dabeihätten. Wir hatten.
Ali ließ ein Schaf bringen und fragte höflich: »Dürfen wir es nach islamischem Ritus schlachten?«
Der Scheich wollte uns offenbar weiterhelfen. Am nächsten Mittag saßen wir wieder unter unserer Akazie, unter der wir gestern auf Hatés Rückkehr gewartet hatten. Seltsamerweise wurden wir kein einziges Mal in die Burra eingeladen. Unter

der Akazie schrieb uns der Scheich einen Brief für Yayo Ali. Und zwei seiner besten Leute sollten uns begleiten: Hussein mit der »Klatschnikak« und ein weiterer Ali, der derb, geradezu brutal aussah.

»Einen zum Führen, einen zum Schießen«, erklärte Ali Mujahid. Hussein war tatsächlich ein guter Schütze – das bewies er am nächsten Tag, als er mit der Maschinenpistole eine Grant-Gazelle schoss und mit einem Schuss beide Vorderläufe traf! Das Tier röchelte noch. Es schien, als habe Hussein es bewusst in die Beine geschossen, damit er das noch lebende Tier nach islamischer Sitte schächten konnte.

In der Siedlung Digdiga lebten zwei Familien. Dort wurde der Nachmittag zu einem unvergesslichen kulinarischen Erlebnis. Die Gazellenleber – delikat. Das Gazellenfleisch – zart und würzig. Unsere Körper dürsteten regelrecht nach der salzigen Fleischbrühe. Zum Nachtisch gab's saure Milch mit Chilipfeffer und Curry sowie eingelegte Knoblauchzehen. Nur Wasser war knapp in Digdiga.

Als wir weiterzogen, wurde die Landschaft bizarrer, vulkanischer. Überall Schlacke, verbranntes Gestein. Der Berg vor uns sah aus, als sei er explodiert, teils rostrot, teils schwarz. Der ausgetrocknete Awra-Fluss hatte sich 20 Meter tief in die Lavamassen hineingefressen. Hinter diesem Flaschenhals weitete sich das Awra-Tal zur Teiru-Ebene. Das Flachland war umgeben von Bergen, und besonders aus dem Hochland flossen mehrere Wasserläufe herunter. Unser Weg führte durch hohes Grasland, wie wir es in der Danakil noch nicht gesehen hatten.

Es war der 28. Februar 1977. Seit genau einem Monat waren wir jetzt in der Wüste unterwegs. Ali und Hussein strebten aus dem Grasland auf das östliche Lavagebiet zu. Die kleinen Vulkane sahen wie Festungen aus. Vor einer dieser Festungen ließen wir uns unter einer Akazie nieder. Plötzlich tauchten

Männer mit Kalaschnikows auf, die freundlich und hilfsbereit waren. Unter den vielen Männern befand sich auch eine Frau mit hellbraunem Teint, die uns auf Englisch begrüßte. Sie wurde Fatima Hussein genannt und war erst seit wenigen Tagen in der Teiru-Senke. Sie war Mitglied der People's Revolutionary Party und wollte jetzt aus dem Untergrund gegen die Regierung in Addis kämpfen. Sie vertraute uns an, dass sie eigentlich Abeba Fekadu hieß und eine Amhara war. Die Männer boten uns Milch aus Ledersäcken an.
Die Revolutionärin Abeba alias Fatima interessierte sich auch für das harte Los der Afar-Frauen: »Ihre Männer trinken immer zuerst von der Milch«, erzählte sie. »Erst wenn sie satt sind, dürfen die Frauen trinken. Und die Frauen dürfen ihre Männer nicht beim Namen nennen.«
Das war natürlich empörend für eine Amhara. Die christlichen Frauen des Hochlands waren sehr selbstbewusst. Die ALF-Kämpfer achteten sehr darauf, dass Fatima ihre kurz geschorenen Haare mit einem losen Kopftuch bedeckte, schließlich war die 20-Jährige eine verheiratete Frau und hatte bereits zwei Kinder. Hussein mit der »Klatschnikak« wollte nicht glauben, dass sie schon zwei Kinder hatte. Immer wieder befühlte er ihre Brust, was bei den Afar keine sexistische Geste ist. Erst als Fatima ihre prallen Brüste aus dem viel zu warmen Plunder hervorkramte, gab sich Hussein zufrieden …
Einer der Afar-Rebellen machte einen sehr aufgeweckten, dynamischen Eindruck, trug eine dicke Armbanduhr und sprach fließend Arabisch. Ich zeigte ihm Fotos von meinem Danakil-Trip vor 13 Jahren. Er strahlte: »Abdul Kader war mein Onkel. Yayo Ali kenne ich natürlich. Und Antonio d'Alessandro habe ich unter Säcken versteckt nach Kenia gebracht, als ihm die politische Lage in Äthiopien zu heiß wurde.«
Nach einer Stunde kam der eigentliche Boss: etwa 35 Jahre alt, mit wilder Mähne und im Kampfanzug. Mohamed Abdul war

der zweite Mann in der Afar Liberation Front und in Ägypten zur Schule gegangen. Er war sehr nett und entgegenkommend, ein leiser, introvertierter Typ: »Die Afar werden von der Regierung in Addis Abeba unterdrückt«, sagte er. »Wir wollen demokratische Rechte, Schulen und Kliniken. Unser Hauptziel ist es, die Straße nach Assab unpassierbar zu machen. Dadurch wäre das Hochland vom Hafen Assab abgeschnitten.«
Wir waren überrascht von den Kämpfern. Es waren relativ disziplinierte Männer, die von gebildeten Afar geführt wurden. Beeindruckend war, dass die Kämpfer in dem Camp lesen und schreiben lernen konnten. Sie schrieben Afaraf, ihre eigene Sprache, in lateinischen Buchstaben.
Am nächsten Morgen durften wir die Rebellen bei ihrem Drill filmen. Fatima erwies sich als Revolutionärin, wie sie im Buche steht, schrie ihre Kommandos und fuchtelte mit der Maschinenpistole.

Ehe wir unseren Weg fortsetzten, ließ uns Mohamed Abdul neue Kamele bringen, wohlgenährte starke Tiere. Unsere eigenen Kamele konnten sich in der üppigen Vegetation der Teiru-Senke erholen. Mit Yussuf, unserem neuen Führer, kletterten wir über sprödes Lavagestein hinweg in Richtung Osten. Es war eine chaotische Landschaft, so weit das Auge reichte: Hunderte von Vulkanen sind hier im Lauf der Jahre explodiert und haben eine unwirkliche Landschaft geformt. Es gab Lava in Form spröder, scharfkantiger Schlacke und Lava, die als zähflüssiger Brei aus der Unterwelt ans Tageslicht geschoben worden war – als hätte ein Ungeheuer riesige Mengen an flüssigem Asphalt über dem Land ausgekippt, der in dicken Wülsten erkaltet war. Wir liefen durch die absonderlichste, aber auch großartigste Landschaft auf dieser Reise. Zeitweilig klang der Boden hohl unter unseren Füßen, oder es klafften große Risse zwischen den Lavablöcken. Das Faszinierendste war ein Ge-

biet mit Dutzenden kleiner Krater, deren Durchmesser stark variierte. Vom Mond unterschied sich diese Ödnis nur durch die Vegetation. Es hatte hier wohl kürzlich geregnet. Vereinzelt blühten Sträucher, die Büsche standen in sattem Grün.
Wir hofften darauf, dass einer der unzähligen kleinen Vulkane uns ein explosives Spektakel bieten würde. Aber keiner der Krater wollte an diesem Tag aktiv werden, nur weil drei verrückte Abenteurer es herbeisehnten.
Bewundernswert waren unsere beiden Kamele – mit stoischer Eleganz setzten sie bei jedem Schritt ihre samtweichen Füße zwischen die Steine, um möglichst die sandigen Stellen zwischen der Lava zu erwischen. Nach vier Stunden erreichten wir eine Burra. Ja, selbst in diesem Höllenloch der Schöpfung leben Menschen. Ziegen und Kamele sind ihre einzige Lebensgrundlage. Yussuf wollte Pause machen.
»Was, so früh? Es ist doch erst elf Uhr«, wandte ich ein.
»Wir müssen hier halten. Später gibt es kein Wasser mehr.«
Das war natürlich ein unschlagbares Argument. Wir sattelten ab.
Während Yussuf Siesta machte, wurden Horst und ich von einem jungen Mann zur Wasserstelle geführt. Zum Glück wehte eine angenehme Brise, nur so war die Hitze auf dem schwarzen Gestein zu ertragen. Vor uns ragte der 1560 Meter hohe Moina-Vulkan empor. Nach anderthalb Stunden Wartezeit stieg plötzlich Dampf aus dem Gestein am Fuß des Vulkans hoch. Der junge Afar deckte einige Steine ab und legte damit eines der vier Wasserlöcher einer Thermalquelle frei. Es war eine pissgelbe Brühe, die letzten Tage war das Wasser immer nur lehmig braun gewesen. Dass Horst und ich uns an der Quelle wuschen, fand unser Führer beleidigend. Viel schlimmer war, dass wir einen unserer Ledersäcke verloren hatten, den Yussuf offensichtlich nicht vernünftig am Sattel befestigt hatte. Dadurch konnten wir nur noch 30 Liter Wasser mitnehmen.

Yussuf hatte offenbar Heimweh bekommen und wollte uns nur noch bis zur nächsten Burra führen, die ganze drei Kilometer entfernt war. Ein älterer Mann aus dem Dörfchen redete wie ein Wasserfall auf uns ein – auf Afaraf, von dem wir kein Wort verstanden. Offenbar wollte er uns vor dem Weg warnen. »Klar! Ohne Führer kommen wir nicht weit«, machten wir uns bewusst. Heute Morgen ging es nur zickzack durch die Lava. Wir hatten nicht die geringste Ahnung, wo wir die nächsten Wasserlöcher finden würden. Yussuf und der Alte palaverten, während wir ganz langsam vorangingen. »Die lassen uns nicht alleine weiterziehen«, sagte Rüdiger optimistisch. »Schließlich hat die ALF-Führung Yussuf die Verantwortung für uns übertragen.«

»Abdallah!«, rief der Alte Rüdiger hinterher. »Salama! Frieden.« Die Männer in der nächsten Burra waren sehr nett, schon nach 20 Minuten brachten sie uns eine Riesenschüssel Kamelmilch, die nicht so herb, sondern süßer schmeckte als sonst. Doch unsere Wasservorräte gingen bedenklich zur Neige.

Eigentlich war heute Mohammeds Geburtstag, einer der höchsten Festtage des Islam, an dem die Muslime feiern und gut essen, und wir konnten uns nicht einmal mit Wasser volllaufen lassen. Wir waren jetzt seit fünf Wochen unterwegs, und es war das erste Mal in diesen fünf Wochen, dass wir Durst litten. Der Vollmond warf ein fahles Licht auf die Lava, der Durst gönnte mir keinen Schlaf. Die Kamele lagen neben uns, sie rülpsten und gurgelten, wenn sie ihr Vorgekautes aus dem Magen hochholten, um wiederzukäuen. Schrecklich schön, dieses satte, saftige Gluckern aus dem Inneren der Kamele, während uns die trockene Hitze die Kehle zuschnürte. Mitternacht. Immer noch 32° Celsius. Der Alte, der sich uns heute Morgen angeschlossen hatte, hatte es nicht für nötig gehalten, sich eigenes Wasser mitzunehmen. Wir hatten gestern an der heißen Quelle 30 Liter Wasser aufgefüllt. Einige Liter davon waren aus den Segeltuchsäcken verdunstet. Mit rund 52 Litern hatten wir gestern fünf Mann über Wasser gehalten, wenn ich mir diese maritime Redewendung hier in der heißesten Wüste der Erde erlauben darf. Vier, fünf Liter hatten wir uns heimlich in leere Zuckerbehälter abgefüllt, wovon unsere kopflosen Führer nichts mitbekommen hatten. Yussuf war der gedankenloseste Führer, den wir bisher gehabt hatten. Mit der Kamelmilch, die wir am vorherigen Abend genossen hatten, hatte jeder von uns in den letzten 30 Stunden rund acht Liter Flüssigkeit zu sich genommen. Dabei waren wir 32 Kilometer im Zickzack durch das Lavageröll gestapft.

Ich träumte vom Afdera-See, der zwar sehr salzig ist, aber rings um das Gewässer gab es heiße Quellen, die ich noch von meinem ersten Danakil-Trip in Erinnerung hatte. Wir hatten in den heißen Pools gebadet, und wenn man nach dem Baden aus dem Wasser stieg, empfand man die 40° Lufttemperatur als angenehm erfrischend. Dieser Afdera-See war unser nächstes Etappenziel. Zwischen der grasreichen Teiru-Senke, wo wir die ALF-Rebellen getroffen hatten, bis Afdera sind es rund 140 Kilometer. 140 Kilometer Lavageröll. Die Hälfte hatten wir bisher zurückgelegt. In drei Tagen. Mit fleißigen, fähigen Führern hätten wir die gesamte Strecke in vier Tagen schaffen können.

Nachdem der Tee, den wir am Abend gekocht hatten, ausgetrunken war, kam Yussuf zu uns und fragte nach Wasser.

»Wasser? Was für Wasser? Wasser ist alle.«

Yussuf staunte und setzte sich zu dem Alten. Sie wrangen ihre kleinen Zickleinbälge aus, in denen sie stets ihre eigenen Wasservorräte trugen, und begannen, fromme Lieder zu singen. Aus Angst oder zu Ehren von Geburtstagskind Mohammed? Normalerweise nehmen die Afar-Frauen ihren Männern das Denken ab, die Frauen sind für die Beschaffung des Wassers verantwortlich. Während unsere trotteligen Führer pennten, gönnten wir drei uns je einen kleinen Becher voll Wasser aus der Zuckerdose.

Um drei Uhr zog unsere kleine Karawane weiter, im Mondschein über die Lavafelder. Der Mond stand im Westen so tief über dem Horizont, dass er nur noch wenig Licht in die Finsternis brachte.

Nach genau einer Stunde schrie Yussuf: »Läe fi!« Es gibt Wasser. Donnerwetter! Wie hatten sich die Männer in der schwarzen Einöde nur orientieren können? Hatten die Kamele das Wasser gerochen? Der Alte musste zwar wissen, dass es hier eine Quelle gab, doch diese Orientierungsfähigkeit im gleichförmigen Dunkel nötigte mir Respekt ab. Im Schein der Taschenlampe erkannten wir eine braune wasserähnliche Flüssigkeit. Unsere Führer probierten und befanden es für genießbar. Es schmeckte ein bisschen nach Ziegenscheiße, aber egal, was gut für die Afar ist, musste auch gut für uns sein.

Wo Wasser ist, da mussten auch Menschen sein. Unsere Führer hielten Ausschau, doch außer Lava sahen auch sie nichts. In dem dunklen Gestein kam der Morgen sehr zögerlich. Plötzlich hörten wir Ziegengemecker. Zwischen der Lava sahen wir nun eine kleine Burra.

Ich schwärmte Rüdiger und Horst von der Milch in meiner Kindheit vor: »An heißen Tagen in den Sommerferien bei meinen Großeltern in Gelting, da halfen wir bei der Heuernte auf dem Bauernhof des Nachbarn. Und wenn unsere Kehlen so richtig ausgedörrt waren, ging Hans-Henning, der Sohn des Bauern, mit uns in die hinterste Speisekammer, wo es besonders kühl war. Dort stand eine Riesenkanne mit Buttermilch, richtige Buttermilch, dick und sahnig.«

»Gibt es nichts anderes, wovon du uns vorschwärmen kannst?«, fragte Rüdiger.

»Nee! Heute fällt mir nichts anderes ein.«

In diesem Moment kam der Chef der Burra und servierte uns –

na? Saure Milch mit frischer, fetter Milch gemischt. Nur nicht so kühl wie damals in meiner Kindheit.
»Das ist doch ein Jammer in der Danakil«, sagte Horst. »Die Tiere produzieren so viel Milch. Was könnte man hier an Käse herstellen? Ziegenkäse, Kuhkäse, Kamelkäse!«
Schon seit Tagen beschäftigte sich Horst gedanklich mit der Käseproduktion, sprach von Labferment, dem unerlässlichen Enzym zur Herstellung von Käseköstlichkeiten. Wahrscheinlich hatte er auch schon die Pläne für eine Meierei in der Teiru-Senke vor Augen.
Wir machten den angebrochenen Tag notgedrungen zum Schlemmertag, Yussuf wollte nach Hause. Mohamed, der Burra-Chef, war noch nicht aufbruchbereit. So verbrachten wir die Zeit mit Teetrinken, aßen Haferflocken mit Kakao und Zucker und tranken Wasser, in dem winzige Schnecken schwammen. Und wir badeten in einem der abflusslosen Becken, in denen sich bei gelegentlichen Regenfällen das Wasser sammelte. Diese von spärlichem Gras umgebenen Tümpel waren die Existenzgrundlage für die »Lava-Afar«. Es war faszinierend und tragisch zugleich, dass hier Menschen existieren konnten. Oder mussten!
In der Teiru-Ebene hingegen gab es so viel Grasland, dass sich dort noch die 20 bis 30 Familien hätten miternähren können, die wir in den letzten drei Tagen in der Lavawüste gesehen hatten. Wahrscheinlich aber hat es in der Teiru-Senke viele harte Kämpfe um die Weideplätze gegeben. Die vielen kleinen Pyramidengräber aus Lavagestein, die wir um Digdiga und Sifani herum gesehen hatten, waren die Ruhestätten der Krieger, die im Kampf getötet worden waren. Hier in der Lavawüste schienen die Männer erheblich friedfertiger zu sein als in den vegetationsreichen Landstrichen. Nur wenige »Lava-Afar« waren bewaffnet. Selbst mit der Gille liefen nur wenige Männer herum. Wer hier lebte, kannte nur einen Feind: die Natur. Weder

die Galla noch ein fremder Afar-Clan beneideten sie um diese Wasserlöcher. Auch Misstrauen gab es hier nicht. Gastfreundschaft war selbstverständlich.
Nachmittags um drei Uhr rief Mohamed, der grauhaarige Burra-Chef, zum Aufbruch. Allerdings mussten wir erst die Kamele suchen, die nicht im saftigen Gras in der Nähe der Burra geblieben, sondern irgendwo hinter den Lavahügeln verschwunden waren. Eine Dreiviertelstunde nach dem Abmarsch erlebten wir eine dicke Überraschung – vor uns tat sich ein lang gestreckter See auf, an dessen Ufer dicke Bäume standen. Es war wohl eine abflusslose Rinne, die Mohamed als Gasoli-See bezeichnete. Es musste hier erst kürzlich geregnet haben, das Wasser war glasklar, sogar winzige Fische schwammen darin. Wir schütteten die Drecksbrühe weg, die wir am frühen Morgen so dankbar getrunken hatten, und füllten die Säcke mit dem erquickenden Gasoli-Nass. Schon nach einer Stunde hatte Mohamed, der graue Greis, genug getan und steuerte eine Burra an, in der wir freundlich aufgenommen wurden. Es passte uns zwar nicht, für heute Feierabend zu machen, denn seit fünf Wochen hatten wir unseren Familien nicht mehr schreiben können und wollten unsere Tage nicht mit Rasten verbringen, doch wenig später waren wir glücklich über die Pause. Der Himmel verdunkelte sich, Sand flog durch die Luft, ein echter Wüstensturm brach über uns herein. Welch ein Glück, dass es hier in Kasereitu viel Lava und nur wenig Sand gab.
Später am Tag wanderten wir am Afdera-Vulkankegel vorbei, hinunter zur Danakil-Senke, die unter dem Meeresspiegel liegt. Ein berauschender Anblick – der Vulkan ist zwar nur 1400 Meter hoch, aber er steht auf ausgetrocknetem Meeresgrund, der einst Teil des Roten Meeres war. Sollte sich die Hypothese der Geologen bewahrheiten, dann wird hier in einigen hunderttausend Jahren wieder Meer sein. Das wäre dann die natürliche

Trennung des Afar-Landes vom äthiopischen Hochland. Die Afar Liberation Front müsste also nur lange genug warten…
Abends fanden wir eine armselige Burra am Fuße des Vulkans, wo die Menschen scheinbar zufrieden an der Glut saßen und Ziegenfleisch brieten.
Ein Zitat aus meinem Tagebuch:
Im Mondlicht kommt eine Karawane vom See heraufgezogen. Ein Junge stößt grelle Laute aus, offenbar das Signal dafür, dass eine friedliebende Karawane vorbeizieht. Die 20 Tiere sind mit Schilf beladen. Arbeitsmaterial für die Frauen. Daraus flechten sie Matten, damit sich die Männer besser auf die faule Haut legen können…
Wir liefen über den Meeresboden, 100 Meter unter dem Niveau des Roten Meeres. Der Boden war bedeckt von Myriaden kleiner Korkenziehermuscheln, mit versteinerten Korallen. In der Nähe des Afdera-Sees sprudelte klares, heißes Wasser aus dem Boden. Die Quelle nährte einige Doumpalmen. Das Seewasser selbst ist eine gesättigte Salzlösung, ein totes Meer. Hier irgendwo wohnte der stolze Häuptling Yayo Ali, den ich vor 13 Jahren kennengelernt hatte, als er dem Italiener Tonino d'Alessandro, der am Seeufer Salz gewinnen wollte, das Leben schwer machte. Wir mussten über Lavafelder zum Amharti-Vulkan am östlichen Seeufer klettern. Unsere Führer schienen etwas zu suchen. Vielleicht Wasser in einem kleinen Tal? Sie entdeckten eine Burra. Wir trafen nur Frauen und Kinder an, sehr hübsche Frauen. Während wir noch mit dem Abpacken der Kamele beschäftigt waren, kam ein Mann mit »Sakko« über einen steinigen Hügel auf uns zu. Ein kräftiges Mannsbild, so um die 45 Jahre alt, aber mit kleinen Korkenzieherlocken wie die jungen Krieger in den besten Mannesjahren.
»Der könnte glatt ein Bruder von Yayo sein«, erklärte ich meinen Freunden. »Wirklich, es ist das gleiche Gesicht, nur die Frisur ist anders. Und Ali war ein Temperamentsbolzen.«

Ich bat den introvertierten Mann, ihn fotografieren zu dürfen. Er stellte sich hin, als ob ich ihn für ein Fahndungsfoto knipsen wollte. Um ihn etwas aufzulockern, fragte ich nach seinem Namen.

»Yayo Ali!«

»Du bist Yayo Ali?« Ich konnte es nicht glauben.

Vor 13 Jahren hatte ich ihn als entschlossenen Kämpfer kennengelernt, auch wenn es im Kampf mit Signore d'Alessandro nur um die Profite der Salzgewinnung ging. Der Italiener war ja – wie wir von den ALF-Kämpfern gehört hatten – wegen der politischen Verhältnisse in Äthiopien nach Kenia geflüchtet. Nun hatte Yayo niemanden mehr, mit dem er sich messen konnte, um seinen Stammesbrüdern die eigene Stärke zu demonstrieren. Der kleine Häuptling Yayo Ali aus den kärglichen Lavabergen war erst durch das Kräftemessen mit dem Italiener und dessen Zahlungen zu einem großen Häuptling geworden. Er wirkte wie ein ehemaliger Boxchampion ohne Herausforderer. Auch seine große Klappe, seine verbalen Boxhandschuhe, hatte er gewissermaßen an den Nagel gehängt. Sic transit gloria mundi, dachte ich. So vergeht der Ruhm der Welt.

Als wir am nächsten Morgen aufwachten, hatte Yayo Ali bereits eine Kuh geschlachtet. Weit und breit hatten wir keine Kühe gesehen. Der Afdera ernährte Kamele und Ziegen, aber keine Kühe. Irgendjemand von einem grünen Flecken der Danakil musste Yayo eine Kuh verehrt haben, und die hatte heute dran glauben müssen. Nach dem Festmahl zogen wir weiter zum Südufer des Sees. Unser Führer war Abrahim Heiso, ein Tuchhändler, der sich uns in den letzten Tagen angeschlossen hatte und in jeder Burra seine grob gewebten Leinentücher anbot.

Schließlich erreichten wir die spiegelebene Kalksandfläche. Sie sah so hart aus, als wäre sie aus Beton. Mir war der Bogen, den Abrahim um die Südspitze des Sees schlagen wollte, zu groß.

Ich wollte auf dem kürzesten Weg zum ehemaligen Camp von d'Alessandro. Ich erwartete dort keine Menschenseele, war aber neugierig, wie es heute in der kleinen Salzmine aussah, in der ich vor 13 Jahren eine zwölftägige Zwangspause machen musste, weil Yayo Ali uns keine Kamele zur Verfügung stellen wollte. Mal sehen, dachte ich mir, vielleicht hat d'Alessandro ja noch eine Flasche Rotwein in seinem Haus aus Palmenzweigen zurückgelassen.

Rüdiger und Horst hielten sich an Abrahim, der weiter südlich lief. Ich hatte schon 300 Meter Vorsprung, da hörte ich plötzlich einen Schuss. Die Karawane konnte ich nicht mehr sehen. Ich lief zurück über einen winzigen Lavahügel und sah, dass eines der beiden Kamele offenbar Schwierigkeiten hatte voranzugehen. Wollte es nicht mehr? War es müde? Rüdiger hatte wohl einen Warnschuss mit seinem Signalgerät abgefeuert. Ich rannte los. Rüdiger hatte die Gurte des Packsattels durchgeschnitten. Das Kamel stapfte auf der Stelle und sank mit jeder Bewegung tiefer in den Schlamm ein. Es handelte sich um Salzschlamm, auf dem sich eine tückische Kruste gebildet hatte, die nur scheinbar steinhart war. Wir rissen das Gepäck vom Rücken des Tieres, doch es geriet immer mehr in Panik und schrie erbärmlich. Abrahim versuchte, es nach vorn herauszuziehen. Wir drei schaufelten mit den Händen – unsere Spaten hatten wir unterwegs an irgendwelche Gastgeber verschenkt – den Salzschlamm beiseite. Splitternackt, da die Kleidung uns bloß behindert hätte.

Es gab nur zwei Möglichkeiten: Entweder wir befreiten das Tier noch heute Abend, oder wir mussten ihm irgendwann die Kehle durchschneiden, um es zu erlösen.

Abrahim war außer sich, lief wie ein aufgescheuchtes Huhn umher, streckte die Arme gen Himmel und rief: »Bismillah, ir-rachman, ir-rachim …«

»Hör doch auf!«, brüllte Rüdiger, »Allah kann uns nur helfen, wenn du mit anpackst!«

Ein Kamel zu verlieren war für einen Afar das schlimmste Unglück. Wir versuchten, das Kamel mit Hilfe des zweiten Kamels aus dem Dreck zu ziehen. Es zog aber nicht, sondern witterte nur Gefahr. Das andere strampelte blökend und schiss wie eine Maschinenpistole. Bis zum Bauch steckte es nun im Schlamm und drohte immer tiefer zu versinken. Wir wühlten in einem einzigen Schlammbad. Das Salz brannte in den kleinen Wunden, die wir uns im Lauf der Reise an Füßen und Beinen zugezogen hatten.
»Lasst uns die Taktik ändern«, sagte Rüdiger. »Wir müssen versuchen, es auf die Seite zu wälzen, wo der Boden noch fest ist.«
Das war die Idee. Wir legten die rechte Seite frei. Das Kamel wurde immer stiller und röchelte verhalten. Mittlerweile war es dunkel, aber durch das Mondlicht hell genug, dass wir sahen, was wir taten. Die rechten Beine hatten wir freigelegt, schließlich bekamen wir auch die linken Extremitäten zu fassen. Wir knickten die unteren Gliedmaßen an den Gelenken ein und fixierten sie mit Seilen, sodass das Tier nicht mehr strampeln konnte. Dann wälzten wir das Kamel zu dritt über den Rücken auf die linke Seite. Mit einem Seil zog Abrahim an den Beinen, damit der Körper nicht ins Schlammloch zurückrollen konnte. Schließlich lag es flach auf festem Boden. Wir ließen es liegen, damit es sich beruhigen konnte, denn auch das Aufstehen würde eine heikle Aktion sein. Nach einer Viertelstunde schleiften wir das völlig erschöpfte Tier an allen vieren Zentimeter für Zentimeter vom Loch weg. Es fing an zu zappeln, richtete sich auf und sank wieder ein – Gott sei Dank nur wenige Zentimeter. Es hatte so viel Angst, dass es bewegungslos stehen blieb. Abrahim redete beruhigend auf das Tier ein und streichelte es am Hals. Es verharrte fünf Minuten, zehn Minuten. Dann griff er dem Tier unter den Schwanz und schob es aus der Schlammzone raus. Geschafft! Abrahim riss die Arme

hoch und dankte Allah. Wir brachten die Kamele zu einem der palmenumstandenen Plätze, an denen Wasser aus der Erde quoll. Dreckig und schlammverkrustet, wie wir waren, ließen wir uns auf den Boden sinken und schliefen sofort ein.

Von d'Alessandros Camp war nicht mehr viel übrig geblieben. Das Haus stand nicht mehr, Rotwein hatte er auch nicht zurückgelassen. Nur die Reste von alten Autos, Generatoren und Kompressoren rosteten in der salzigen Luft vor sich hin. In der Saline lagen noch Salzhaufen von damals. Nördlich des Camps entdeckten wir heiße Quellen. Mit 43° Celsius kam das Wasser aus dem Boden und lief in einen Pool, in dem Buntbarsche schwammen. Bei einer Temperatur, bei der Eiweiß normalerweise gerinnt, waren die fingerlangen Fische putzmunter. Horst fischte einen der türkisblauen Buntbarsche mit dem Kescher.

Das Quellwasser war ein wenig salzig, doch ein Stück oberhalb am nördlichen Hang des Afdera-Vulkans hatte sich in den Felsenpools genießbares Wasser angesammelt. Wir füllten unsere Wassersäcke auf und erholten uns mit einem ausgiebigen Bad von den Strapazen des Kamelunglücks.

Dann marschierten wir in Richtung Nordwesten. Vor 13 Jahren war ich gemeinsam mit Christian Monty in die entgegengesetzte Richtung gelaufen. Noch 50 Kilometer oder neun Tage, dann würden wir das Lavafeld hinter uns haben. 50 Kilometer ohne Wasser. Die Landschaft lag übersichtlich vor und hinter uns. Die größeren Vulkane boten gute Orientierung: Den Afdera hatten wir im Rücken, den Amaytoli und die Erta-Ale-Kette rechts vor uns, links hinter uns lagen Dabbahu und Alaita. Auf einem freien Feld inmitten der Lava rastete eine Karawane. Die Männer transportierten Butter aus dem Norden der Danakil nach Sardo an der Assab-Straße und backten sich in der Pause ihr eigenes Brot. In den Teig legten sie einen glühend heißen Stein. Dann formten sie ihn zu einer Kugel, die sie zum Durchbacken ins Feuer legten. Rüdiger war von den Fertigkeiten seiner Bäckerkollegen begeistert. Horst und ich auch, als wir von ihnen zum gemeinsamen Mahl eingeladen wurden: Es gab frisches, knuspriges Brot, das in flüssige Butter getaucht wurde. Einer der drei Männer wollte ein junges Kamel gegen eines unserer älteren tauschen. Die alten, erfahrenen Kamele, sagte er, hätten einen ausgeprägten Heimattrieb und gingen deshalb schneller.

Wie recht er doch hatte, erlebten wir am nächsten Morgen um 4.30 Uhr. Es waren noch gute dreieinhalb Stunden bis zum nächsten Brunnen, und wir hatten noch zehn Liter Wasser. Das sollte eigentlich reichen. Abrahim lief los, um die Kamele zu suchen, denen wir am Abend – wie immer – die Vorderbeine zusammengebunden hatten, damit sie nicht zu weit forthüpfen konnten. Aber die Tiere waren verschwunden. Wir suchten sie in der Dunkelheit. Doch erst als das Tageslicht anbrach, entdeckte Abrahim die Kamele. Sie hatten die Teiru-Senke angesteuert und waren trotz der Fußfesseln gut fünf Kilometer heimwärts in Richtung ALF-Camp gehoppelt, wo wir die beiden Tiere vor zwei Wochen von den Rebellen übernommen hatten.

»Erta-Ale uma!« Der Erta-Ale ist schlecht, versicherte uns Abrahim, der uns dringend davon abhalten wollte, auf den Vulkan zu steigen. »Wartet doch bis morgen. Heute Abend gibt es Milch zu trinken.«

»Wir sind aber nicht hier, um Milch zu trinken, sondern um auf den Vulkan zu steigen«, erwiderte ich.

Ungläubiges Staunen. Keiner in der kleinen Siedlung Durubu wollte begreifen, was wir auf dem »Berg, der raucht« (die wörtliche Übersetzung von Erta-Ale) wollten. Keiner sah einen Sinn darin, auf einen Feuer spuckenden Berg zu steigen. Betrachtet man die Geschichte des Alpinismus, so war es auch in den Alpen nicht selbstverständlich, dass Menschen auf die menschenfeindlichen eisbedeckten Gipfel kletterten. Der alpine

Forscherdrang setzte erst in der zweiten Hälfte des 19. Jahrhunderts ein. Die Bergbauern stiegen nur so hoch hinauf, wie es wirtschaftlich nützlich war, also auf die Sommeralmen. Nur die Jäger kletterten etwas höher, wenn sie Gämsen verfolgten.

Horst musste noch einmal fünf Kilometer ins Nachbardorf laufen, um Wasser zu besorgen. Während wir auf seine Rückkehr warteten, wurden wir zu einer Hütte geführt. Auf einer Matte lag eine alte, abgemagerte Frau, deren Bauch dick angeschwollen war. Es schien sich um dieselbe Krankheit zu handeln wie bei der Frau in Gewane: Bauchwassersucht aufgrund einer Leberzirrhose. Doc Rüdiger wollte – wie ich es in Gewane vor sieben Monaten gesehen hatte – den Bauch mit einer Kanüle anstechen und die Flüssigkeit ablaufen lassen. Rüdiger stach zu, aber es kam kein Wasser heraus. Die Spritze war zu dünn.

»Ihr müsst zum Krankenhaus. Wo ist das nächste?«, fragte Rüdiger ihren Sohn Mohamed.

»Das nächste Krankenhaus liegt in Äthiopien, in Mek'ele«, gab der zur Antwort. Doch für die kranke Frau war es unmöglich, dorthin zu gelangen. Für einen Gesunden wäre dies schon ein strammer Marsch von einer Woche gewesen.

»Wir helfen euch, wenn wir vom Erta-Ale zurück sind«, versprach Rüdiger den Leuten.

Es war schon 16 Uhr, als wir endlich aufbrachen. Einige Zeit später tauchte vor uns eine kleine Karawane auf: zwei Kamele, zwei Männer, ein Gewehr.

Die Verständigung war schwierig. Sie sprachen weder Arabisch noch Amharisch. Weit hinter uns sahen wir noch zwei weitere Männer kommen.

»Salam aleikum.«

»Aleikum salam.« Einer der beiden sprach ein wenig Arabisch. Ich ging mit den Kamelen einige Schritte voraus und hörte, wie Rüdiger sich abmühte, mit ihm ins Gespräch zu kommen.

»Kinini?«, fragte er. Doch den Großteil unserer Medizin hatten wir in Durubu gelassen.
Immer wieder dieselben Fragen: »Wie heißt du?«
»Abdallah.« Rüdigers muslimischer Name.
»Abdallah? Und der Name des Vaters?«
»Abdallah Mohamed.«
Plötzlich verlangte er Wasser von uns und traf uns damit an unserem empfindlichsten Punkt, da wir das Wasser ohnehin schon streng rationierten. Rüdiger rief mir zu: »Klaus, die Typen werden unangenehm!« Ich hielt an, die Männer ebenso. Wir gingen rechts auf eine Anhöhe hinauf, die anderen gingen geradeaus weiter. Plötzlich tauchten drei der vier Männer hinter einem Felsen auf, jeder von ihnen hielt ein Gewehr in der Hand. Der eine schrie uns etwas zu.
Rüdiger versuchte, sich in Ruhe zu verständigen, aber der andere brüllte ihn an. Rüdiger hatte Todesangst: »Leute! Der will mich abknallen!«
Die drei bezogen Position hinter dem Felsen. Wir suchten Schutz hinter großen Lavabrocken. Die Situation war aussichtslos. Viel aussichtsloser als bei dem Überfall vor fünf Wochen, als wir uns die Männer mit Schlaftabletten vom Hals geschafft hatten. Außerdem hatten unsere Führer damals sehr gut taktiert. Hier, am Fuße des Erta-Ale, hatten wir keinen Führer und waren somit vogelfrei.
»Wir müssen Ruhe bewahren. Nichts überstürzen.«
Rüdiger rief mit brüchiger Stimme den Anführer an: »Achi!« Mein Bruder, auf Arabisch. Unser Bruder bedeutete uns, dass wir die Gürteltaschen auf den Boden werfen sollten.
»Wir haben keine Waffen!«, rief Rüdiger. »Legt ihr eure Gewehre weg.«
Wir schnallten die Taschen ab. Ein Mann kam misstrauisch aus der Deckung. Ohne Gewehr. Die anderen beiden standen schussbereit hinter dem Felsen. Rüdiger hockte auf dem Boden

und sagte mit tränenerstickter Stimme: »Wir haben keine Waffen. Nicht schießen!« Der Mann robbte vor und griff sich Rüdigers Tasche. Er fand, was er haben wollte: 700 äthiopische Dollar und ein paar Medikamente. Die leere Tasche schmiss er wieder auf den Boden.

»Versteck dein Geld!«, rief ich Horst zu. Aber es war bereits zu spät. Der Anführer hatte sich seine Tasche geschnappt. Während er Horsts Habseligkeiten durchwühlte, gelang es mir, meinen Brustbeutel unter meinen Gürtel in die Unterhose zu schieben. Bei Horst fanden sie 500 äthiopische Dollar, ein bisschen Medizin und Vitamintabletten. Auch deutsches Geld.

Die beiden anderen Männer waren inzwischen aus der Deckung gekommen. Der vierte Mann, der die Kamele hielt, hatte die Sicherung mit der Knarre übernommen.

»Versuch, dein deutsches Geld wiederzukriegen«, rief ich Horst betont ruhig zu. Ich spürte, dass sich die Situation allmählich beruhigte. Sie guckten sich die deutschen Geldscheine an, konnten nichts damit anfangen und gaben sie Horst zurück. Die Augen des Anführers blitzten, er war zufrieden mit dem, was er bisher gefunden hatte. Nur dass er in meiner Gürteltasche kein Geld entdecken konnte, ließ ihm keine Ruhe. Er kam auf mich zu, brüllte mich mit weit aufgerissenen Augen an und tastete mich ab. Meine Hemdtaschen waren voll: Kompass, Belichtungsmesser, Portemonnaie. Der eine riss es auf und blickte ungläubig, weil es leer war. Der Anführer tastete mich erneut ab. Er schrie mich an, dass ich die Kamele abladen solle. An den Kameras war er nicht interessiert, aber in den Filmdosen, da hätte ja noch Geld versteckt sein können. Voller Wut zerrte er an meiner Uhr, aber die anderen beschwichtigten ihn. Ihre Beute war bereits ein Volltreffer, ein Lottogewinn: 1200 äthiopische Dollar und Medizin. Für das Geld konnten sie sich 100 Schafe kaufen. Alle vier schlugen sich die Bäuche mit unserem Wasser voll. Dann reichten sie uns die Hand und wünschten uns »Salam aleikum!« Friede sei mit euch! Freundlich, als sei nichts geschehen, verschwanden sie in Richtung Osten. Sie hatten es eilig, denn die Sonne war bereits untergegangen.

Wir waren um 1200 Dollar ärmer, aber wir waren am Leben. Wir hatten noch unsere Ausrüstung und unsere Kamele. Das erste Mal seit sechs Wochen waren wir ohne Führer unterwegs gewesen. Diese Schwäche hatten die vier skrupellos ausgenutzt. Hätten wir uns anders verhalten können? Anders verhalten sollen? Hinterher ging uns alles Mögliche durch den Kopf. Doch waren wir fest entschlossen, uns nicht von unserem Weg abbringen zu lassen. Wären wir nach Durubu zurückgekehrt, hätten wir den Überfall auch nicht rückgängig machen können.

Der Erta-Ale war ein wichtiges Ereignis auf unserer Reise. Ein Danakil-Film ohne Vulkane, das wäre wie ein Film über Sylt, ohne das Meer zu zeigen. Wir versuchten, im Sand zu schlafen, fanden aber keine Ruhe. Um ein Uhr morgens bekamen wir den abnehmenden Mond zu Gesicht. Wir hofften, noch vor Tagesanbruch den Krater zu erreichen. Das, was wie eine Piste aussah, hatten wir schnell wieder aus den Augen verloren. Rötlich loderte der Vulkan, unsere Positionslaterne. Quer vor uns lag ein lang gestreckter Hügel.

»Über den müssen wir rüber«, sagte ich. »Das muss ein Ausläufer des Amaytoli sein.«

Vor uns tauchte eine riesige schwarze Wand auf. Der vermeintliche Hügel erwies sich als Ungeheuer. Gigantische Brocken spröder Lava hat der Amaytoli hier ausgespuckt und vor den Erta-Ale geschoben. Wir irrten durch das blasse Mondlicht in Richtung Norden. Plötzlich spürten wir heiße Luft unter den Füßen, die aus einem Riss in der Lava aufstieg.

»Das ist ja unheimlich«, sagte Horst. »Man hat das Gefühl, als könnte sich das Ungeheuer jeden Moment in Bewegung setzen.«

Wir beschlossen, ein wenig zu schlafen und erst bei Tagesanbruch, wenn wir mehr erkennen konnten, weiterzulaufen.
Am Morgen sahen wir die Bescherung. Das Ungeheuer kroch den Amaytoli herunter und streckte uns seine riesige feurige Zunge entgegen, die aus meterhoher korallenartiger Lava bestand. Verdrossen machten wir uns auf den Weg um die Zunge herum. Die halbe Nacht waren wir umsonst marschiert. Horst, dessen Füße wund waren, setzten wir auf eines der Kamele. Wir hatten uns neulich im Salzschlamm die Sandalen versaut. Sie waren knochenhart geworden und scheuerten an den Knöcheln. Nach einer Stunde erreichten wir das Ende der Lavazunge und erkannten nun auch die Piste. Wir gönnten uns alle halbe Stunde einen kleinen Becher Wasser. Ohne eiserne Trinkdisziplin hatten wir keine Chance, den Aufstieg zu schaffen. Die Shiftas hatten uns einige Liter weggetrunken, ein Teil des Wassers war durch die Leinensäcke verdunstet. Und durch den Überfall war unser gesamter Zeitplan durcheinandergeraten. Der Weg war jetzt gut zu erkennen. Er bestand aus sprödem Gestein, dann wieder aus weichem, bröckeligem Tuff. Den Kamelen war es unheimlich, wenn der Tuff unter ihren Füßen zusammensackte. Heute Nacht hatten wir das letzte Mal Haferflocken mit Zucker und Wasser angerührt. Wir wollten kein kostbares Nass für den Haferbrei verschwenden. Der Hunger war kein Problem, aber der Durst quälte uns fürchterlich.
Um 10.30 Uhr erreichten wir den senkrechten Kraterrand, die Caldera. 40 bis 50 Meter unter uns war ein riesiger Brei aus zäher Lava. Noch konnten wir den berühmten Lavasee nicht sehen. Der Erta-Ale ist einer der wenigen Vulkane weltweit, in dessen Schlund ein Lavasee brodelt. Wir quälten uns noch ein wenig den Hang hinauf, bis wir den ganzen Krater überblicken konnten, der gut 300 Meter Durchmesser hatte. Ausgerechnet hier oben fanden wir leere Dosen mit der Aufschrift: »Camping, chasse, alpinism. Societé Anonyme d'eau Evian.«

Französisches Mineralwasser zeugte davon, dass Vulkanologen – unter anderen der berühmte Haroun Tazieff – hier gewesen waren. Wahrscheinlich waren sie mit dem Hubschrauber hier oben gelandet, hatten ihr Wässerchen aus den Kühlboxen geholt und über die unheimlichen Strapazen gestöhnt …
Wir suchten uns unterhalb des Kraterrands eine ebene Fläche, stellten einige Steinmännchen auf und spannten unsere Laken als Sonnenschutz darüber.
»Es hat keinen Sinn, jetzt Energie zu vergeuden. Lasst uns bis vier Uhr unter dem Schutzdach ausruhen«, schlug Rüdiger vor. So dämmerten wir dem Spätnachmittag entgegen. Um 16 Uhr war es immer noch glühend heiß, aber wir rafften uns auf, schleppten Kameras und Stative auf den Kraterrand und wurden mit einem einmaligen Schauspiel belohnt, einem Schauspiel von unwirklicher Schönheit! Wie der Kratersee so vor uns lag, sah er eigentlich ganz friedlich aus. Aber welch unberechenbare Energie steckte in der glühenden Masse! In dem See, der vielleicht einen Durchmesser von 50 Metern hatte, herrschte leichter Wellengang. Immer wenn das Brodeln an einer Stelle das übliche Maß überstieg, dann geriet der ganze Brei in Bewegung und schwappte über die Ränder. Nach Sonnenuntergang bot sich uns in der Dunkelheit ein unvergleichliches Feuerwerk, und wir waren dankbar, dass wir es erleben konnten.
Als wir uns sattgesehen hatten, brachen wir auf. Wir wollten, solange wir noch einen Hauch von Büchsenlicht hatten, das größte Gefälle hinabsteigen. Die Kamele ahnten, was ihnen bevorstand. Sie brüllten aus Protest und sträubten sich, als wir ihnen das Zugseil durch das Maul zogen. Das eine war so widerspenstig, dass es immer wieder den Kopf hin und her warf. Nur zu dritt ließ es sich bändigen. Wir kletterten und stolperten den schlimmsten Teil des Vulkans hinunter und legten uns dann schlafen.

Wenige Tage später schrieb ich in mein Tagebuch:
13. März 1977
Wir sind wieder Mensch, liegen bei Mohamed in der Burra und lassen uns von Eisa, seiner Frau, verwöhnen. Eisa bringt uns Wasser und dann noch – völlig unerwartet – säuerliche Milch. Nach den Entbehrungen der letzten Tage ist es eine Wohltat. (…) Wie bescheiden man doch wird – genug Wasser trinken zu können, im Schatten einer luftigen Burra zu liegen, sich den Magen mit Reis oder Gries füllen zu können, das stellt einen schon zufrieden.
Rüdiger sprang vor Freude in die Luft: »Al hamdulillah!«, rief er immer wieder. »Gott sei Dank, Wasser!« Rüdiger war auf Wasser gestoßen. Er war fündig geworden. Bei Mohameds Mutter mit dem Wasserbauch. Aber das Wasser kam nur tropfenweise aus der dünnen Kanüle. Die Frau lag auf einem einfachen Bett mit einem Lederstreifengeflecht statt eines Lattenrostes. Doc Rüdiger entschloss sich zu operieren, grenzte den OP-Bereich mit einem Seil ab. Er markierte die Stelle, wo er schneiden wollte. Dann gab er der Frau eine lokale Betäubungsspritze und schnitt ihr zehn Minuten später mit dem Skalpell in die Bauchdecke. Blut rann den runden Bauch hinab, aber die Bauchdecke öffnete sich nicht.
»Was soll ich machen?« Rüdiger war ratlos. Er traute sich nicht, noch tiefer zu schneiden. Er nähte den Schnitt mit ein paar Stichen wieder zu und versuchte es mit einer Einwegspritze. Mit dem Kolben zog Rüdiger die Flüssigkeit aus dem Bauch heraus, dann zog er den Kolben ab und entleerte die Flüssigkeit in eine Metallschüssel. Kolbenzug für Kolbenzug holte er die Flüssigkeit heraus. 200 Kolbenzüge für einen Liter. Die Familie entfachte ein Feuer, als es dunkel wurde.
»Mach du mal weiter. Ich kann nicht mehr«, sagte Rüdiger nach zwei Stunden zu mir. Rund sechs, sieben Liter zapften wir der Frau insgesamt ab. Sie fühlte sich sichtlich erleichtert,

obwohl im Bauch immer noch Wasser gluckerte. Wir wurden mit einem Topf voll Milch und einem frisch gebackenen Hirsebrot für die Arbeit belohnt. Wir erzählten Mohamed, dass seine Mutter ins Krankenhaus müsste, der Bauch würde sich wieder füllen. Die Menschen lebten für den Moment, und im Moment ging es seiner Mutter gut. Das war die Hauptsache.

Am nächsten Tag erreichten wir Gululu Ela, einen Trockenfluss, an dem Hochbetrieb herrschte. Hunderte von Kamelen wurden um die Mittagszeit an den Brunnen getränkt. Wir konnten uns endlich mal wieder ein wenig waschen. Am Nachmittag lieferte Abrahim uns bei Balabat Mohamed Ali ab. Der grauhaarige Häuptling war aus altem Schrot und Korn, wie man bei uns sagen würde. Er ließ uns Hirsefladen bringen und am Abend einen Riesentopf mit Kamelmilch. Sein Bruder Ali Halo erzählte uns, dass der Balabat 400 Kamele besitze.

Ali Halo sprach Arabisch und Italienisch. Er kannte Asamara, die Hauptstadt Eritreas. Er war für hiesige Verhältnisse ein Mann von Welt. Wir spürten, dass wir der Zivilisation näher kamen. Am nächsten Mittag, in Gabero, gab es schon ein Gemeinschaftshaus, in dem man auch Zucker kaufen konnte. Unser neuer Führer, Jasin, leitete nicht nur uns, sondern er hatte auch noch ein Kamel, auf dessen Rücken sehr nachlässig ein Kalb vertäut war. Jasin wollte zum Markt nach Badda, seiner Heimatstadt.

»Badda«, schwärmte Jasin, »ist eine richtige Stadt.« Wir freuten uns riesig: »Noch ein paar Tage, und wir haben unser Ziel erreicht«, frohlockte ich. »In drei bis vier Tagen können wir am Roten Meer sein. Wenn wir Glück haben, finden wir in Mersa Fatma ein Boot, mit der wir in den Jemen segeln können. Ende März sind wir zu Hause.«

Auch Kamele haben ein gutes Gedächtnis. Das merkten wir erneut, als wir die Salzsenke von Assale erreichten, wo täglich viele hundert Kamele mit Salz fürs Hochland beladen wurden.

Unser »gebranntes Kind«, das vor zehn Tagen im Salzschlamm versackt war, scheute beim Betreten der Salzfläche. Assale war noch mal ein Ort auf unserer Reise, an dem es kritisch werden konnte, mit sehr vielen Menschen, Salzbrechern, Kameltreibern und offiziellen Steuereintreibern. Und tatsächlich stand plötzlich ein Mann mit einer MP vor uns.

»Na, wird der uns Schwierigkeiten machen?«, sorgte sich Rüdiger. Aber nein, wir wurden herzlich begrüßt, bekamen für die Mittagsrast ein Haus aus Salzblöcken, das mit Palmenwedeln gedeckt war, zugewiesen. Der bewaffnete Mann kam mit einem Brot zu uns, einem Brot des Friedens. Er arbeitete für die äthiopische Regierung, war Eritreer, und sein Herz schlug für die eritreische Unabhängigkeitsbewegung. Wir zeigten ihm unser Empfehlungsschreiben von der Tourist Organisation, das uns Wassergewinnungsversuche in der südlichen Danakil-Wüste erlaubte. Jetzt befanden wir uns zwar am nördlichen Ende der Wüste, aber das störte ihn nicht.

Allerdings gab es andere Menschen in Assale, die uns nicht mochten oder irgendetwas im Schilde führten. Ans Filmen und Fotografieren war nicht mehr zu denken. Die Lage war äußerst gespannt. Auf Anraten des »Sheriffs« packten wir die Kamele und zogen schleunigst weiter.

»Ich werde dafür sorgen, dass euch nichts passiert«, versprach er beim Abschied und schenkte uns noch ein Kugelbrot. »Wenn ihr heute Nacht rastet, dann brecht morgen so früh wie möglich auf«, fügte er hinzu.

»Shiftas«, murmelte Jasin.

Wir liefen, was die Kamele hergaben. Eine Gruppe Männer kam uns entgegen. Wir blickten uns um. In der Ferne flimmerten Gestalten auf der Salzfläche. Unser Unglückskamel scheute erneut, als wir den glitschigen Salzrand erreichten, den Gürtel, in dem sich das Salz mit der heruntergeschwemmten Erde aus dem Hochland zu einem Brei vermischte. Die Männer kamen näher.

»Äthiopier«, flüsterte Jasin. Es waren Salzarbeiter, die ihr Wasser in Ziegenbälgen auf dem Rücken trugen. Von der Quelle am Gebirgsrand bis zur Salzmine in Assale waren es zwölf Kilometer. Normalerweise mussten die Salzkarawanen, die aus dem Hochland kamen, pro Kamel einen Sack Wasser und ein steingebackenes Kugelbrot für die Arbeiter mitbringen, die das Salz brachen. Welch ein Leben – Brot und Wasser! Doch diese Arbeiter schienen es auf uns abgesehen zu haben. Von ihrem langen Wortwechsel mit Jasin und Nosale, dem Hilfssheriff, bekam ich kaum etwas mit.

Zwei Tage später erfuhren wir über einen eritreischen Rebellen, der Jasins Bericht über den Zwischenfall in Assale ins Englische übersetzte, die volle Wahrheit. Die Salzarbeiter wollten uns tatsächlich ans Leder. Zunächst wollten sie unser Geld. Als Jasin ihnen erzählte, dass Shiftas unser Geld bereits am Erta-Ale geraubt hatten, wollten sie unser Gepäck. Das sei aber europäisches Gepäck und für sie wertlos, argumentierten Jasin und Nosale. Nosales MP und Jasins Loyalität hatten wir es zu verdanken, dass wir ungeschoren davongekommen waren.

Dallol, das ist dieser unglaublich bizarre Ort in der Salzsenke, wo aus den Resten eines Vulkans Mineralien und Salze aus dem Erdinneren an die Erdoberfläche gepresst werden und dort ein schillerndes Farbenspiel bieten. 1964 hatte ich diesen Ort das erste Mal besucht. Damals hatte die amerikanische Parson's Company am heißesten Platz der Erde Pottasche ausgebeutet. Vor 14 Jahren war das Unternehmen noch ein Erholungsort für Danakil-Besucher gewesen, mit klimatisierten Räumen, frischem Gemüse und kalten Fruchtsäften. Jetzt waren von dieser Herrlichkeit nur noch Trümmer übrig, offene Häuser ohne Türen und Fenster. Auf den Dächern quietschte Wellblech im Wind.

Aus zahllosen Quellen zischte es, aus kleinen Geysiren schoss Wasser empor. Schwefelverbindungen und andere Mineralien verfärbten sich an der Oberfläche. Rot, Grün und Gelb waren die dominierenden Farben. Es roch erbärmlich, aber dem Auge bot sich ein unwirklicher Farbenrausch in einer trostlosen, menschenfeindlichen Umgebung. Sobald die Miniquellen versiegten, verödete auch das Farbenspiel, erstarrte zu einer grauen, bröckeligen Masse. An anderer Stelle traten neue Quellen an die Oberfläche, blubberten, kochten und zischten wie brutzelnde Spiegeleier, bildeten zarte, eierschalendicke Zuckerhüte und ergossen sich über die Umgebung. Teils sah es aus wie krümeliger Quark, teils wie grüner Zuckerguss – gefrorene Kaskaden im Miniformat.

Badda war das nächste Ziel unserer Träume, nur noch 40 Kilometer von der Küste des Roten Meeres entfernt. Jasin hatte ja gesagt, es sei eine richtige Stadt. Unsere Vorfreude war grenzenlos. »Jasin, gibt es in Badda ein Funduk, ein Hotel?«, wollte Rüdiger wissen, der von einem sauberen, weichen Bett träumte. Seit sieben Wochen hatten wir auf dünnen Bastmatten geschlafen, mal auf der Salzkruste, mal auf Lava oder auf Sand. Nur Nagelbretter haben noch gefehlt.

»Funduk? Was ist Funduk?« Ein Hotel hatte Jasin nie kennengelernt.

»Gibt es Autos in Badda?«

»Ja, zwei.«

»Gibt es dort Gemüse?«

Jasin verneinte.

»Klar gibt's dort Gemüse. Jasin weiß nur nicht, was das ist«, trösteten wir uns.

»Aber es gibt dort viel Milch«, versprach unser Führer. Jasin zufolge musste Badda das Paradies auf Erden sein. Aber das Paradies war noch weit weg.

»Dort, hinter dem Berg. Noch zwei Stunden.«

Wir waren fix und fertig. 1008 Kilometer – so hatte ich in meinem Tagebuch vermerkt – hatten wir in 50 Tagen zurückgelegt. Die letzten acht Kilometer waren subjektiv gesehen die schwersten. Das erste Mal taten mir die Füße weh, weil die salzgetränkten Sandalen scheuerten.

»Das ist Badda!«, sagte Jasin plötzlich voller Stolz. Wir schauten uns fragend an, denn es war nicht viel zu sehen, ein paar Hütten, ein kleiner Fluss, ein moderner Pavillonbau, die Schule.

»Das soll Badda sein?«

»Badda ist groß. Dahinten geht's noch weiter«, erläuterte Jasin. Wir sprangen erst mal in den Bach. Er war nur flach, aber das Wasser klar und warm. Wir tummelten uns in der leichten Strömung, tranken das Badewasser im Liegen. Wir hätten uns stundenlang in dem Flüsschen vergnügen können. Aber Jasin drängte, er wollte nach Hause, und Badda war groß. Noch eine halbe Stunde liefen wir durch Tamariskenhaine, über Bewässerungsdämme und zwischen winzigen Feldern hindurch. Zu Hause ließ Jasin Bastmatten in einer offenen Laube auslegen und saure Milch bringen. Es war das gute Ende einer langen, schweißtreibenden, lehrreichen, gefährlichen, beglückenden, furchteinflößenden und zehrenden Reise.

Wir haben einmalige Landschaften und Menschen kennengelernt, die sprichwörtlich ums Überleben kämpften. Ständig wurden wir mit neuen Überraschungen und Herausforderungen konfrontiert. Nichts war vorhersehbar, und jeder Tag warf neue Fragen auf:

Würden uns die Menschen Gastfreundschaft gewähren?

Können wir uns auf unsere Führer verlassen?

Wobei unsere Führer grundsätzlich nach dem Lust-und-Laune-Prinzip verfuhren. Wenn es ihnen in einer Burra gefiel, dann machten sie schon um 16 Uhr Feierabend, obwohl wir eigentlich noch einige Stunden laufen wollten. Streitigkeiten wegen ihrer Entlohnung waren an der Tagesordnung, obwohl sie gut bezahlt wurden. Es fehlte ihnen wohl an einer realisti-

schen Einschätzung des Geldwertes. In Krisensituationen waren unsere Führer allerdings ausnahmslos loyal!
Die Danakil war jahrelang das größte Abenteuer meines Lebens, das Abenteuer, das mich am meisten fasziniert hat. Und in der Erinnerung wird jeder Tag in der Wüste zur reinen Freude. Es ist die bleibende Freude, die Herausforderung angenommen und bewältigt zu haben.
Wenn ich heute in meinem Tagebuch lese, muss ich feststellen, dass die Reise auch ein beharrlicher Überlebenskampf war. Ein Überlebenskampf, dem wir uns mit Unbekümmertheit und Enthusiasmus gestellt haben – zum Glück!
Mir ging es nie darum, ein Held zu sein, auch wenn das Danakil-Abenteuer manchem Leser wie eine Heldengeschichte erscheinen mag. Letzten Endes gehen die meisten Abenteurer nur für sich allein an ihre Grenzen, nur für sich allein überschreiten sie ihre Grenzen. Ich bin wohl nicht einzigartig mit meiner unterbewussten Motivation: Ich wollte mir selbst genügen, so wie sich jeder selbst genügen möchte. Der eine laut, der andere leise. Der eine braucht dafür eine Bühne, dem anderen genügt sein Arbeitszimmer mit einer Staffelei. Das ist das eigentliche Diktat der Evolution: Mensch, bewähre dich! Wir kommen auf die Welt mit dem Gefühl der Unzulänglichkeit. Das Wesen der Evolution ist, sich in jedem Lebewesen – ob Brennnessel, Ratte oder Mensch – optimieren zu wollen. Wir sind von der Evolution mit dem unterbewussten Gefühl ausgerüstet worden, unvollkommen zu sein und das Vollkommene anstreben zu müssen.

Als Gefangene bei den Eritrea-Rebellen

In Badda war unsere Reise noch lange nicht zu Ende. Nach fünfzig Tagen Danakil-Wüste folgten nochmals 50 Tage bei den Rebellen in Eritrea. Wir hatten ja gehofft, am Roten Meer ein Fischerboot zu finden, dass uns in den nahen Jemen hinüberbringen würde. Stattdessen nahmen uns die Rebellen der Eritreischen Befreiungsfront gefangen, weil sie uns für mögliche Spione hielten. Sie brachten uns ins Hochland in die Nähe der Hauptstadt Asmara, wo die ELF-Führer entschieden: »Ihr seid frei. Aber wenn ihr schon mal da seid, dann könnt ihr auch über unseren Befreiungskampf berichten.«
So brachten sie uns von einem Kampfschauplatz zum nächsten, zeigten uns versteckte Schulen und Kliniken. Zum Schluss erlebten wir, wie die Stadt Tessenei im Westen Eritreas befreit wurde. Wir erlebten, wie die äthiopische Garnison in Tessenei zusammengeschossen wurde und wie die Soldaten in die wasserlose Halbwüste flohen. Über den Sudan konnten wir schließlich ausreisen und unsere Familien erstmals nach drei Monaten informieren, dass wir noch lebten und gesund waren. Nach insgesamt viereinhalb Monaten kehrte ich nach Hamburg zurück.

Die Danakil-Wüste heute

Ich war 2010 erstmals nach 1977 wieder am Rande der Danakil-Wüste; in Berhale im Norden, dort, wo Rüdiger Nehbergs Hilfsorganisation Target sehr erfolgreich gegen die weibliche Genitalverstümmelung arbeitet. Wenn ich mir vor Augen führe, dass die Afar und die Somali ethnisch verwandt sind, und wenn ich sehe, dass in Somalia das absolute Chaos herrscht und es keine ordnende Verwaltung gibt, dann ist die Danakil-Wüste im Vergleich geradezu ein Hort des Friedens geworden. Für mich ist es absolut faszinierend, dass Rüdiger es mit Hilfe seines Afar-Freundes Ali Mekla Dibala im Jahre 2002 geschafft hat, 120 Stammes- und Clanführer des Afar-Volkes in Assaita zu versammeln. Das hatte es in der Geschichte dieses Volkes noch nie gegeben. Und dass alle Teilnehmer der 1. Target-Wüstenkonferenz sich einstimmig dazu bekannten, die weibliche Genitalverstümmelung zur Sünde zu erklären, das ist für mich ein kleines Wunder. Die Konferenz hat den Dialog innerhalb der früher verfeindeten Clans eröffnet und damit auch ein wenig zum Frieden in dieser Region beigetragen.

Zu Fuss durch den Urwald Mittelamerikas

Ich musste 38 Jahre alt werden, um meine Füße erstmals auf amerikanischen Boden zu setzen. Miami. Zwei Tage Zwischenaufenthalt vor dem Weiterflug nach Guatemala. Ich mietete mir einen amerikanischen Kleinwagen, etwa fünf, sechs Meter lang, um mir Hemingways Key Largo anzusehen.

Auch die vielen Motoryachten der Hochseeangler änderten nichts an meinem totalen Unverständnis: Warum, um Himmels willen, gilt das Hochseeangeln nur als Inbegriff der Männlichkeit? Um Fische zu fangen, gibt es Netze. Warum muss es stets der Kampf Mann gegen Bestie sein? Warum immer diese archaischen Rituale, wie zum Beispiel der Stierkampf, den auch Hemingway so sehr liebte. Der Sieg über die Bestie scheint ja so etwas wie das Gefühl der Unsterblichkeit zu vermitteln, wohl wissend, dass die Sterblichkeit so unabwendbar ist wie Ebbe und Flut, wie Sommer und Winter.

Die Realität ist eine andere – auf der Rückfahrt von Key Largo nach Miami hörte ich im Radio die Doug Kerrick Show und war entsetzt über die Aggressivität und Arroganz des Moderators. Die Hörer, die nicht seiner Meinung waren, pöbelte er an oder er legte den Hörer auf.

Einer fragte: »Habe ich eine Chance, nicht abgeschaltet zu werden, wenn ich nicht Ihrer Meinung bin?«

Arrogante Antwort: »Nur wenn Sie keine dämlichen Fragen stellen.«

So viel zur Schau gestellte Aggressivität kannte ich aus Deutschland nicht. Wenn das »unsere« amerikanische Leitkultur sein soll, dann gute Nacht, dachte ich schaudernd.

Sollte Demokratie nicht eigentlich ein Ausdruck der Toleranz

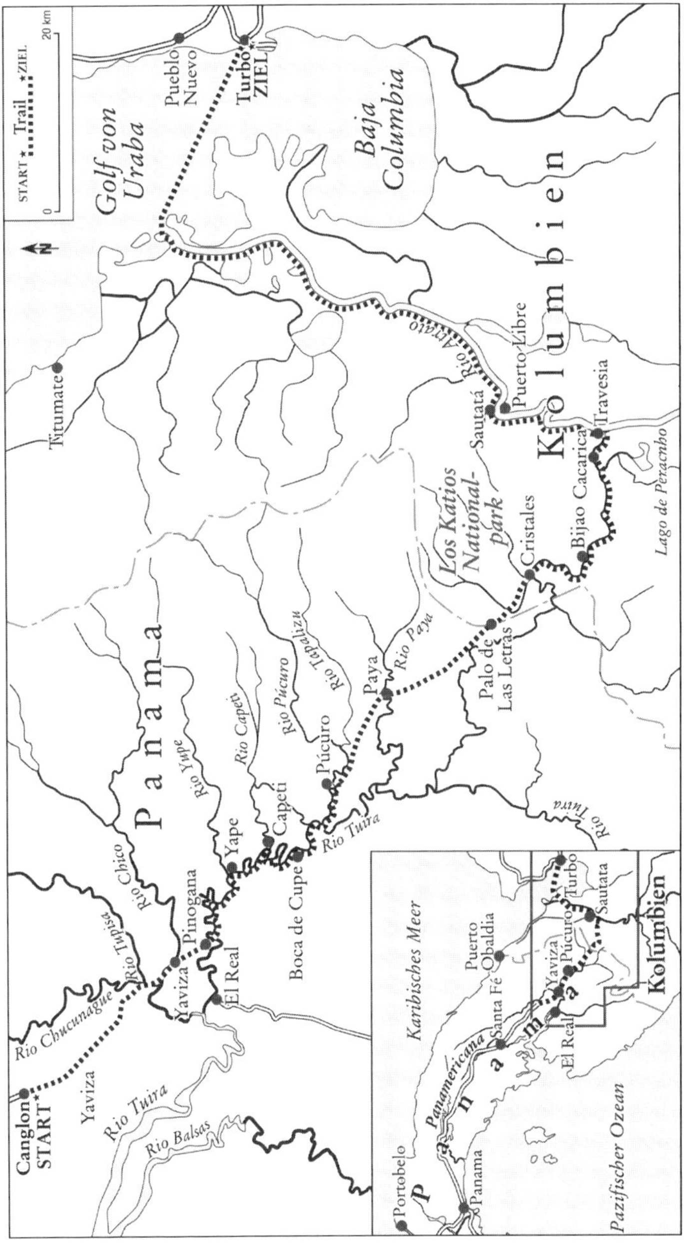

START
Trail
ZIEL
0
20 km
Golf von Uraba
Pueblo Nuevo
Turbo ZIEL
Baja Columbia
Titumate
Rio Atrato
Puerto Libre
Sautatá
Travesia
Kolumbien
Los Katios National-park
Cristales
Bijao
Cacarica
Lago de Peracnbo
Palo de Las Letras
Rio Paya
Paya
Rio Tapalizu
Rio Púcuro
Púcuro
Rio Capeti
Capeti
Rio Yupe
Yape
Panama
Rio Chico
Pinogana
Rio Tupisa
Yaviza
El Real
Boca de Cupe
Rio Tuira
Rio Chucunague
Canglon START
Yaviza
Rio Tuira
Rio Balsas
Karibisches Meer
Puerto Obaldia
Turbo
Sautata
Kolumbien
Yaviza
Púcuro
Santa Fé
El Real
Panamericana
Panama
Portobelo
Panama
Pazifischer Ozean

sein, statt andere Meinungen zu verteufeln? Offenbar herrschte bei vielen Amerikanern immer noch das vor, was sich bei der Eroberung des Kontinents nach und nach in ihre Köpfe eingebrannt hatte: das Recht des Stärkeren. Wer sich für Schwächere einsetzt, für sozialen Ausgleich, der gilt schnell als Kommunist. Es zeugt von wenig demokratischer Kultur, wenn man mit ansehen muss, wie Präsident Obama von erzkonservativen Kommentatoren heute als Nazi und morgen als Kommunist beschimpft wird. Das ist Meinungsfreiheit, werden sie ihre Tiraden verteidigen. Klar, es ist Meinungsfreiheit. Aber Demokratie sollte eigentlich mehr sein, als dass jedermann seine Klappe so weit wie möglich aufreißen darf. Demokratie sollte ein Streben nach sozialem Ausgleich sein; vom Streben nach Gerechtigkeit will ich hier gar nicht reden.

Egal – mein Reiseziel war nicht Washington, sondern Darien Gap, die Lücke von Darién im Südosten Panamas. Gemeint ist damit die Lücke in der Panamericana, diesem transkontinentalen Straßensystem, das sich auf einer Länge von 25 750 Kilometern von Alaska bis nach Feuerland an der Südspitze Südamerikas erstreckt. Die Carretera, der Panamerican Highway, hat auf dieser längsten Straße der Welt nur eine Unterbrechung: Im Osten Panamas endet die aus Norden kommende Route im Urwalddickicht der Provinz Darién, und im Norden Kolumbiens endet jede von Süden kommende Straßenverbindung in den Atrato-Sümpfen an der Grenze zu Panama. Diese Lücke von 200 Kilometern Länge wollte ich zu Fuß durchqueren.

Es war mein erster Urlaub seit der Gründung meines Unternehmens Globetrotter Ausrüstung vor anderthalb Jahren. Es war ein Balanceakt, die stark expandierende Firma zu leiten und zugleich den Kontakt zur Basis unseres Geschäfts, nämlich dem ungebundenen Herumreisen in der Weltgeschichte, zu bewahren. Schließlich lebte die Firma von den authentischen Erfahrungen ihrer Mitarbeiter, von deren Begegnung mit

anderen Menschen und Kulturen, mit Wüsten und Dschungeln und den höchsten Bergen der Welt sowie von der Tauglichkeit unserer Globetrotter-Ausrüstung in der harten Realität. Wir haben es in all den Jahren immer unterstützt, wenn sich Mitarbeiter eine Auszeit genommen haben, um ihre Träume zu verwirklichen. Wer nur träumt und seine Träume nie ausleben kann, der ist auf die Dauer frustriert.
Hier einige wenige Beispiele von Kollegen, die sich für längere Zeit auf den Weg gemacht haben:
Anja Vogel fuhr mit dem Motorrad durch Südamerika. Timothy Ritches kletterte auf den Mount Everest und den Cerro Torre in den Anden. Und Martin Radwanski verschwindet jedes Jahr für Monate, um Trekkingtouren im Himalaja oder in Südamerika zu führen.
Die praktischen Erfahrungen unserer Mitarbeiter sind das große Kapital unserer Firma.

Auf dem Weg nach Panama stand noch Guatemala auf meinem Reiseplan, wo ich die Ruinen von El Mirador aufsuchen wollte, die vor wenigen Jahren von Erkundungsflugzeugen einer Erdölgesellschaft entdeckt worden waren. Mit modernster Technik hatte man unter dichtem Urwaldgestrüpp Stufenpyramiden der Maya aufgespürt.
In El Mirador an der mexikanischen Grenze verbargen sich dem *National Geographic Magazine* zufolge die größten Pyramiden der Maya-Kultur. Ich flog also von Miami nach Guatemala-Stadt und von dort in die nördliche Provinz Péten nahe der mexikanischen Grenze.
Die zweimotorige DC-3, die mich von der Provinzhauptstadt Flores nach Carmelita fliegen sollte, hatte schon bessere Tage gesehen. Aber das Flugzeug von Douglas Aircraft war in den entlegensten Regionen der Welt ein legendäres Transportmittel. Die DC-3 war der zuverlässige Lastenesel der Lüfte. Von

Flores flogen wir über den Urwald der Provinz Petén nach El Naranjo im Westen. Neben der schmalen Startbahn lagen große runde Kugeln, jede von der Größe eines Medizinballs. Es war Chiclegummi, der Rohstoff für Kaugummi. Gewonnen wird er aus dem Saft der Sapotillbäume. Die Maschine wurde mit einigen Dutzend Chiclekugeln, mit Kartons und Chate-Palmenblättern beladen, erst danach durften die Passagiere einsteigen. Wer keinen Sitz mehr fand, der ließ sich auf Kartons oder Gummi nieder – natürlich ohne Sicherheitsgurt. Einem alten Indio auf einer Chiclekugel war sichtlich unwohl, als die DC-3 mit lautem Scheppern startete. Er bekreuzigte sich, während die Maschine dicht über den Dschungel hinwegflog, um sogleich den nächsten Kaugummi-Airport anzusteuern, Paso Caballos. Ihre Tragflächen streiften fast die Bäume, so schmal war die Piste. Weitere Chiclekugeln wurden in die Maschine verladen, und der alte Mann stieß nach dem Start ein erneutes Stoßgebet aus.

Mein Ziel, Carmelita, war nur weitere 30 Kilometer entfernt. Das Flugzeug war das einzige Verkehrsmittel im Norden Guatemalas. Keine einzige Autopiste führte in oder durch den Urwald. Die DC-3 wurde sofort nach der Landung von Neugierigen umringt. Was mochte die Maschine wohl heute an interessanter Ladung mitbringen? »Guckt mal, ein Gringo!«
Gringos verirrten sich sehr, sehr selten nach Carmelita. Links und rechts der Landepiste standen Hütten mit Strohdächern und bröckeligen Lehmwänden. Ich setzte mich in die kleine Kneipe neben dem Abfertigungshäuschen.
»Ich hätte gern *huevos al plato*, Spiegelei und einen Kaffee.«
»Wir haben gerade keine Eier«, bedauerte die Wirtin.
Ihr kleiner Sohn war geschäftstüchtiger – er kletterte auf das Dachgebälk und scheuchte dort oben eine Henne auf, die auf einem kleinen Absatz gerade ein Ei gelegt hatte. Verstört flat-

terte das Huhn auf den Boden und wirbelte eine Menge Staub auf. Der Junge fand dort oben in dem Nest genügend Eier für ein spätes Frühstück.

»Ich suche einen Führer, der mich nach El Mirador bringt«, ließ ich verlauten. Am Nebentisch saß José, ein Mann, dem ein Flachmann in der Brusttasche seines abgewetzten Jacketts steckte. Die Jacke trug er über dem bloßen Oberkörper.

»Warte!«, sagte er und lief nach draußen. Zwei Minuten später kehrte er mit Hugo zurück, einem etwas wilden, aber freundlichen Mann um die dreißig. Hugos schwarze Haare standen in alle Richtungen ab, und wenn er lächelte, zeigte er einen vergoldeten Schneidezahn, oben links. Hugo erinnerte ein bisschen an Jimi Hendrix.

»Ich kann dich nach El Mirador führen«, empfahl sich Hugo. »Ich hab schon zweimal amerikanische Archäologen dorthin begleitet. Und ich hab ein Muli für dein Gepäck.«

Wenn das keine Empfehlung war! In der *Tienda*, dem Krämerladen gleich nebenan, kauften wir Proviant für eine knappe Woche, Hugo verabschiedete sich von Frau und Kind, und eine halbe Stunde später waren wir unterwegs.

Der Weg bestand nur aus Matsch. Das Maultier sank zeitweise tief in den Schlamm ein. Ich hatte zum Glück französische Leinenstiefel an, Leder wäre hier völlig unbrauchbar gewesen. Bei diesem »Straßenzustand« wurde mir schnell klar, weshalb Hugo für die 50 oder 55 Kilometer nach El Mirador drei volle Tage angesetzt hatte.

Am späten Nachmittag erreichten wir ein hübsches kleines *campamento*, einen Bauernhof namens La Lucha (der Kampf). Eine Hundemeute begrüßte uns nicht gerade freundlich, den Schweinen dagegen waren wir wurscht, und der Familie, die hier wohnte, waren wir herzlich willkommen. Die Häuser bestanden nur aus Holzpfeilern mit Palmwedeldächern. Die Bauersleute bauten Mais und Bananen an. Der Teich vor dem

Haus war mit blühenden Seerosen bedeckt, ein schwarzer Reiher fischte im Trüben, und der Eber des Hofes sprang zur Abkühlung in den Weiher. Was Hugo allerdings nicht davon abhielt, mit diesem Wasser einen köstlichen Kaffee zu kochen. Die Frau des Hauses brutzelte uns Eier und Bohnen auf Tortillas, den allgegenwärtigen Maisfladen, die man in Guatemala morgens, mittags, abends und nachts isst. Es war ein wundervoller Dschungelabend – die Moskitos legten noch eine Schonfrist ein, Frösche quakten, Grillen zirpten und die Papageien kreischten um die Wette. Ich baute das Innenzelt meines North-Face-Domizils unter einem der Hausdächer auf, während Hugo sein Moskitonetz aufspannte.

Am nächsten Morgen blies der Herr des Anwesens auf dem Gewehrlauf zum Aufbruch. Seine Meute eilte herbei, bereit zur Wildschweinjagd. Unterwegs begegneten wir einem älteren Mann mit zwei Maultieren, der sich uns anschloss. An sich führte ein verhältnismäßig breiter Weg nach Norden, nur war er größtenteils so sumpfig, dass wir uns immer wieder in die Büsche schlagen mussten. Die *chicleros*, die Kaugummizapfer, haben überall kleine Schneisen in den Wald geschlagen, um an die Sapotillbäume zu gelangen. Ich beobachtete einen Chiclero bei der Arbeit. Mit Steigeisen war er drei Meter den Baum hochgeklettert und hackte mit der Machete schräge Wunden in den Stamm, es sah aus wie ein Fischgrätmuster. Der Baum begann zu »bluten«, der milchige Saft lief in eine große Tasche, die am Stamm festgebunden war. An der Luft verdickte sich die »Milch« zu einem zähflüssigen Klumpen. Mexiko und Guatemala sind die einzigen Länder, in denen die Kaugummibäume wachsen.

Ich war stehen geblieben, um einen der Sapotillbäume zu fotografieren. Plötzlich kamen die Maultiere des Alten angelaufen. Ein Stückchen voraus hörte ich Hugo mit ihm reden. Ich lief hinter den Mulis her, um sie festzuhalten. Doch immer, wenn ich sie überholen wollte, rannten sie vor mir davon. Blieb ich stehen, so blieben auch die Tiere stehen.

»Hugo! Hugo!«, rief ich. Keine Antwort. Ich wartete zehn Minuten und brüllte immer wieder. Aber der Urwald erzeugte kein Echo, im Gegenteil, er verschluckte meine Stimme. Allmählich war mir ziemlich mulmig zumute. Klar, dass die Männer auch nach den Tieren suchten, aber auf welchem Weg?

Wenn mir bloß nicht die Mulis abhauen, war mein einziger Gedanke. Zeitweise verlor ich die Tiere aus den Augen, doch sobald der Pfad geradeaus verlief, sah ich sie wieder vor mir.

Sollte ich Hugo nicht wiederfinden, überlegte ich mir, muss ich mich allein nach La Lucha durchschlagen. Das würde ich schon irgendwie schaffen. In meinem Tagebuch liest sich das so:

Der Hauptweg muss östlich von mir liegen. Aber sicher bin ich mir nicht. Ich stapfe weiter, teilweise durch knietiefes Wasser. Das ist der Urwald – und diese Landschaft haben die spanischen Eroberer durchquert. Das muss ja ein riesiger Tross gewesen sein, der sich durch diese menschenfeindliche Gegend gekämpft hat. Zuerst die Sklaven und Gefangenen, die das Buschwerk abgeholzt haben, dahinter die Spanier. Was für Schuhwerk haben die Leute getragen? Wie haben sie sich verpflegt? Immer wieder rufe ich: ›Hugo!‹ Plötzlich komme ich auf den Hauptweg, der ausnahmsweise mal nicht unter Wasser steht, weil es leicht bergauf geht. ›Hugo! Hugo!‹ Endlich bekomme ich Antwort. Die beiden anderen sind ein paar hundert Meter hinter mir. Nach einer Stunde haben wir uns wieder zusammengefunden.

Wenig später trennte sich der Alte von uns. Hier irgendwo im Wald, in der Nähe der Maya-Stätte El Tintal, lag sein Campamento. Von Pyramiden oder Tempeln war nichts zu sehen. Der Urwald verdeckte alles. Die ersten Zecken wollten sich mit mir anfreunden, zum Glück entdeckte ich sie noch rechtzeitig auf

den Klamotten. Die Nacht verbrachten wir in einem verlassenen Chiclero-Camp.
Am nächsten Morgen schien Hugo die Orientierung verloren zu haben. Er band das Maultier an einen dünnen Baumstamm und sagte, ich solle auf ihn warten. Dann lief Hugo davon und kam kurz darauf mit einem Mann und zwei Jungen zurück. Sie führten uns auf den richtigen Weg, der trocken, dafür aber völlig überwuchert war.
»Wir sind die Ersten, die seit dem letzten Sommer nach El Mirador laufen«, schloss Hugo daraus. Obwohl es stets schwül und heiß ist, verstehen die Einheimischen unter Sommer die Trockenzeit von Februar bis Mai. Ich marschierte voran und schlug uns mit der Machete den Weg frei. Hinter mir ging das Maultier, dahinter Hugo, der sein Tier mit Worten dirigierte: »Mirase.« Schau hin. Wenn es nicht aufpasste und mit dem Gepäck an den Zweigen hängen blieb, wurde sein Ton dunkler und schärfer: »Mirase! Hombre!« Pass doch auf, Mann! In einem Baum entdeckte Hugo *pizotes*, die putzigen Nasenbären, und ich stolperte über Jaguarspuren.
»El tigre! Ja, davon gibt es hier viele«, sagte Hugo. Als er hinzufügte, dass wir noch heute El Mirador erreichen würden, erinnerte ich mich daran, wovor mich die Leute im Krämerladen in Carmelita gewarnt hatten: »Die Soldaten, die die Ruinen bewachen, schießen sofort!« Und eine Frau hatte uns empfohlen: »Ihr müsst eine weiße Fahne zeigen.«
Als wir dem Ziel näher kamen, blieb Hugo in einigem Abstand hinter mir. »Zeig ihnen sofort deinen Pass«, hatte er mir geraten.
Schon von Weitem hörten wir die Soldaten grölen, als wären sie besoffen. Das kann ja heiter werden, dachte ich. Ich erinnerte mich an besoffene, unberechenbare Polizisten in Afrika. Mit denen war nicht zu spaßen. Aber die Soldaten in El Mirador waren Gott sei Dank nüchtern, sie spielten Fußball

auf einer Lichtung und lärmten aus Leidenschaft. Als sie uns zwischen den Bäumen entdeckten, stürzten sie zum Spielfeldrand, griffen sich ihre Maschinenpistolen und kamen auf uns zugeschossen. Ich hielt meinen Pass hoch über den Kopf und rief: »Soy turista de Alemania! No tireis!« Ich bin ein Tourist aus Deutschland! Nicht schießen! Nun trat auch Hugo auf die Lichtung und erklärte wortreich, dass ich extra aus Deutschland gekommen sei, um mir El Mirador anzusehen. Einer der Soldaten, offensichtlich der ranghöchste, prüfte meinen Pass und begrüßte mich schließlich per Handschlag. Erst danach entsicherten die Soldaten ihre MPs. Sie waren so misstrauisch, als wäre hier ein Goldschatz zu holen. Der Kommandant hieß Siegfriedo Fernandez. Na, wenn dieser Name keine Brücken baut! Siegfriedo, ein Name, der im Dschungel von Guatemala auf der Zunge zerging.

Seine Großeltern stammten aus Deutschland. Er fühlte sich geehrt, den Gast aus dem Land seiner Ahnen und dessen Führer zum Essen einzuladen. Es gab dicke Bohnen auf Tortillas und Kaffee. Dass ich mir versehentlich Salz statt Zucker in den Kaffee schüttete, sorgte für große Erheiterung unter den Soldaten, die wahrlich nicht viel Abwechslung hatten. Sie mussten zwei Monate hier Wache schieben, dann wurden sie abgelöst. Zwei Monate müssen eine lange Zeit sein, wenn man unter primitiven Umständen lebt und außer Fußball keinerlei Freizeitbeschäftigung hat. Siegfriedo war der einzige unter den 21 Wachsoldaten, der nicht indianisch aussah.

Schatzräuberei ist ein ganz großes Problem in Guatemala und Mexiko. Vor allem in entlegenen Urwaldregionen, in die nur Ortskundige vordringen, können Schatzräuber und Grabplünderer ungestört arbeiten. Doch erst wenn sie Figuren oder Stelen in die Zivilisation mitbringen, wird es für sie gefährlich. Vor einigen Tagen wurden in Flores, der Hauptstadt der Urwaldprovinz Petén, Dutzende von Händen aus den vergit-

terten Fenstern des Gefängnisses gestreckt. Neben dem Eingangstor hatte eine große konfiszierte Stele gelehnt. Der Markt für Maya-Kunstschätze in Europa und Nordamerika ist riesig. Und von den Tausenden Maya-Stätten können natürlich nur die allerwichtigsten wie El Mirador ständig bewacht werden.
»Du hast Glück gehabt«, sagte Siegfriedo. »Manchmal schießen wir schneller. Aber du hast es richtig gemacht und dich gleich zu erkennen gegeben.«
Am nächsten Morgen zeigten uns die Soldaten die größte Maya-Metropole der späten Präklassik. Die Bauwerke sind etwa 2000 Jahre alt. Alles war dicht überwuchert. Es gab 1981 und es gibt auch heute noch viele hundert historische Maya-Stätten, die unter dem Urwald verborgen liegen. Radarsysteme, die eigentlich für die Erforschung der Venus entwickelt wurden, um die dicke Wolkendecke dieses Planeten zu durchdringen, wurden in den letzten Jahrzehnten über den Dschungelwäldern Mittelamerikas erprobt. Dadurch sind viele Maya-Stätten entdeckt worden, die bisher unter dem Dickicht verborgen waren.
El Mirador war erst vor wenigen Jahren entdeckt worden, und viel war von den federführenden US-Archäologen im Jahr 1981 noch nicht freigelegt worden. Hier guckte eine meterhohe Kopfskulptur aus Gestrüpp und Lianen hervor, dort waren einige Treppenstufen freigelegt. Aber wir konnten die Konturen der Pyramiden unter dem Bewuchs deutlich erkennen. Die Soldaten kletterten mit uns auf die Jaguar-Pyramide sowie auf die Tapir-Pyramide, die aus einer Sockelpyramide besteht, auf der wiederum die nächste Pyramide ruht. Die Danto-Pyramide ist das größte bekannte Bauwerk der Maya-Kultur. Ich zählte 160 Stufen bis zur Spitze. Von hier oben sahen wir eine Unzahl von kleineren Bauwerken. Im Südwesten ragten in der Ferne markante Hügel aus dem Urwald heraus. Waren das die Pyramiden von Zacatal, die auch erst kürzlich aus der Luft entdeckt worden waren?

Es ist ein wahrhaft erhebendes Gefühl, über dem Blättermeer zu stehen und sich vorzustellen, dass hier vor 2000 Jahren bereits eine Hochkultur und städtisches Leben existierte. Um 1526 zog der spanische Eroberer Hernán Cortés durch diese Region, ignorierte und zerstörte uralte Kulturen, plünderte, mordete und predigte das Christentum. Alles, was Cortés und die Kirche interessierte, war das Gold. Selbst 1981 galten die Nachkommen der Maya in Guatemala meist als Menschen zweiter Klasse.
Unten in ihrem Camp hatten die Soldaten einen kleinen *monito*, einen Spinnenfinger-Affen, der etwa einen Monat alt war. Wahrscheinlich hatten die Soldaten die Mutter erschossen und zogen das niedliche Waisenkind nun mit Milch aus einer Spritze groß. Als unsere Gastgeber eine Bernado-Gazelle sahen, war die Aufregung groß. Zwei Mann schossen, keiner traf. Fleisch gab es für die Wachsoldaten nur, wenn sie Wild erlegten.
Ich wunderte mich, dass hier niemand die Energie entwickelte, etwas Vernünftiges aufzubauen, Wege zu verbessern, Wasserleitungen zu legen. Ich hatte zwar keine Hemmungen, Wasser aus Urwaldtümpeln zu trinken, doch wenn hier über 20 Menschen zusammenlebten und für einige Monate in der Trockenzeit auch noch Gringo-Archäologen arbeiteten, dann dürfte der Hygiene etwas mehr Beachtung geschenkt werden. Die Forscher schienen unter dem Wasser sehr gelitten zu haben – in einer der provisorischen Hütten lagen haufenweise leere Medizinflaschen gegen Durchfall herum.
Es wird wohl noch viele Jahre dauern, bis El Mirador freigelegt sein wird. Auch El Tikal, Guatemalas wunderschöne Maya-Metropole, war bis zu ihrer Entdeckung unter dickem Dschungelfilz verborgen gewesen.
Am nächsten Morgen machten Hugo und ich uns auf den Rückweg. Wir kamen gut voran, hatten wir doch auf dem Hinweg viel Unterholz abgeschlagen. Mehrmals sahen wir Jaguarspuren.

»Sie sehen uns, aber wir können sie nicht sehen«, stellte Hugo fest. »Hast du Angst vor el tigre?«

»Wenn du keine Angst hast, warum sollte ich dann Angst haben?«

»Der Jaguar geht dem Menschen aus dem Weg«, versicherte er mir. Hugo war ein versierter Waldläufer, der alle Früchte des Dschungels kannte und sämtliche Tierspuren lesen konnte.

»Hier war ein *tigrito pequeño.*« Ein kleines Tigerchen. Wenig später sah er die Tatzen von einem *tigre chiquito*, einem halbstarken Jaguarmännchen, auf dem weichen Waldboden. Affen beschimpften uns von einem Baumwipfel aus, einer schmiss sogar mit einem trockenen Ast. Wunderschöne große Schmetterlinge – dunkelblau an den Rändern, die Innenflächen fliederfarben – flatterten über den Weg.

»Schau mal, ein Kreuz!«, rief Hugo plötzlich. Es war ein einfaches Kreuz aus Ästen. Hugo riss einige Zweige ab und reichte mir einen davon. »Hier liegt ein Toter. Er ist an der Cholera gestorben.« Wir legten die grünen Zweige unter das Kreuz.

Hugo sah einfach alles – in Tintal fand er ein rostiges Blech. Auf diesem Blech zauberte er mit Hilfe des Maismehls, das uns die Soldaten in El Mirador geschenkt hatten, köstliche Tortillas. Hugos Maisfladen waren wirklich die besten, die ich bisher gegessen hatte. Zum Würzen pflückten wir uns wilden Chili. Dazu gab's gebratenes Corned Beef. Der Nachtisch hing in den Bäumen – Chiclos, die weichen, süßen Früchte der Sapotillbäume.

Wir bestiegen eine der Pyramiden von El Tintal, zwei bis drei Stunden nördlich von unserem Startpunkt Carmelita entfernt. Sie war mindestens so hoch wie die größte Pyramide in Tikal, aber völlig überwuchert. Archäologen werden bestimmt noch Jahrzehnte damit zu tun haben, die Hinterlassenschaften der Maya-Kultur ans Tageslicht zu bringen.

»Klaus! Wo ist mein Muli? Mein Muli ist weg«, weckte mich Hugo am Morgen. Wir suchten, aber wir suchten vergeblich. Das Tier hatte den Strick durchgebissen, mit dem es angebunden gewesen war.
»Wahrscheinlich läuft es alleine nach Hause«, sagte Hugo lapidar. Offensichtlich kannte er die Gewohnheiten seines Maultiers. Folglich mussten wir unser Gepäck selbst schleppen, ich meinen bequemen Rucksack, Hugo das Sattelzeug und seine Habseligkeiten. Der Weg führte wieder durch knöcheltiefen Morast, eine kraftraubende Plackerei.
In La Lucha, dem Gehöft, auf dem wir auf dem Hinweg campiert hatten, ließ Hugo sein Sattelzeug zurück. Er fühlte sich im wahrsten Sinne des Wortes erleichtert, während ich weiterhin bei 25° Celsius und drückender Schwüle mein 20-kg-Gepäck schleppen musste. Hugo zog es jetzt nach Hause, er war nicht mehr zu bremsen.
Aus meinem Tagebuch:
So, mir geht es wieder prächtig! Vor einer Stunde war ich noch wie erschossen. Aber jetzt hab ich geduscht, gegessen. Ich fühle mich wie neugeboren. Und endlich hab ich mal die Schuhe von den Füßen. War das eine Dusche – äußerst schlicht, aber erholsam, ein Bretterverhau auf einem Hof in Carmelita. Ein Wasserschlauch (immerhin) liefert Wasser. Aus dem Wohnhaus dröhnt Marimbamusik. Man lebt hier scheinbar ohne Sorgen, wie so häufig in Urwaldregionen. Musik und Bananen – was braucht man mehr zum Leben?
Carmelita – ein Ort wie aus einem Bilderbuch. Verwegene Gestalten mit Sombreros. Gesattelte Pferde vor den Türen. Und aus jedem Haus tönt laut Musik. Bei Hugo ist Stimmung. Es muss wohl so etwas wie eine Kneipe sein. Ein Tisch, zwei Stühle und ein paar lallende Gestalten. Einer erzählt mir immer wieder: »Es mi caballo.« Sein Pferd, das in der Tür steht.
Eine Frau redet ein paar Worte Englisch: »I'm drunk.« Der

klare Rum wird aus Plastikbechern gesoffen. Ein Typ mit Sombrero namens Juan Perez spielt Gitarre und singt dazu. Die Frau stimmt mit ein. Aber wie! So viel Leidenschaft in der Musik habe ich selten erlebt. Wenn die Spanier auch viel Unheil nach Lateinamerika gebracht haben, so viel muss man einräumen: Die Musik haben sie wirklich unters Volk gebracht. So viel Gefühl, wie die beiden bei Hugo in die Musik legten, erlebt man kein zweites Mal. Allein dieses Livekonzert war die Reise nach Carmelita wert. In den Texten geht es immer wieder um Tristessa, um Leidenschaft, um Hoffnungen.

Die Frau steigert sich so in die Musik hinein, dass sie sich mit der Hand auf die Brust schlägt, das Gesicht wie im Schmerz verzieht. Hin und wieder wischt sie sich mit dem Kopftuch Tränen aus dem Gesicht. Einer der Besoffenen spuckt mir immer auf die Schuhe, aber die sind ja sowieso dreckig. Nach einer Stunde ist die Frau so überwältigt, dass sie in einen Weinkrampf ausbricht. Die herumsitzenden Zuhörer scheinen das schon zu kennen. Einen der Betrunkenen schmeißt sie aus nichtigem Anlass vor die Tür. Sie ist hier Herr im Dorfe. Eine resolute Frau. Sie ballt die Faust, spannt die Muskeln und flucht wie ein Weltmeister. Puta (Hure) ist sowieso jedes dritte Wort hier. Wenn die Frau was will, dann springen die anderen. Der eine holt Schnaps, der andere hält seine Klappe, wenn sie es wünscht, und als sie ihren Sohn ruft, eilt der herbei. »Jorge, mi esperanza, meine ganze Hoffnung.« Sie heult und küsst den etwa 17-Jährigen. Er lässt es betroffen über sich ergehen. Zum Schluss ruft sie ein hübsches Mädchen herbei. Alva gehorcht und geht mit ihr in die Schlafkammer, die nicht mehr ist als ein »Zimmer«, das durch eine dünne Lehmwand und Stoffvorhänge von der Diele getrennt ist. Geheimnisse gibt es nicht in diesem Dorf. Alles spielt sich vor aller Ohren ab.

Die Lücke von Darién

Zitat eines gewissen Horst Walther, der Darién 1979 durchquert hatte, über die Moskitoplage:
Versuche, sie zu ignorieren. Denk daran, dass sie zuerst da waren und auch leben wollen. Füttere sie mit deinem Blut oder denk an Buddha oder töte sie. Klatsche sie, besprühe sie, setze Insektenschutzmittel ein. Sie werden es dir nicht übel nehmen, ihre Art wird überleben. Das Einzige, was sich verändert, bist du.

Ich lag in dem kleinen Motorboot der Majé-Gorgas-Forschungsstation und blickte in den Sternenhimmel. Der Orion stand direkt über mir. Ich musste an Rosi und die »Mäuse« denken und hoffte, dass meine Frau auch gerade das prächtige Sternbild vor Augen hatte. Flippernde Gedanken im Universum: Panama – Orion – Hamburg und zurück.
In den Winternächten ist der Orion, der himmlische Jäger, auch in Deutschland zu sehen. Allerdings war es in Panama erst früher Abend und in Deutschland schon weit nach Mitternacht. Doch die friedliche Stimmung ließ mich träumen und half mir, die letzten Tage noch einmal Revue passieren zu lassen.
Vor drei Tagen hatte mich der Biologe Señor de León von Panama City auf die Majé-Insel im Bayano-Stausee mitgenommen. Der Staudamm war 1976 fertig gestellt worden, und mit dem Aufstauen des Rio Bayano war die Rettungsaktion »Arche Noah II« gestartet worden. Zahllose Wildtiere mussten vor den Fluten gerettet werden.
»Wir haben Jaguare, Tapire und Faultiere eingefangen und in höher gelegene Gebiete gebracht«, erzählte der Biologe. »Viele Tiere haben wir auf unserer Insel behalten. Hier können wir sie sehr gut studieren. Vor allem interessiert uns aber die Ausbrei-

tung von Krankheiten. Alle sechs bis acht Jahre gibt es Gelbfieberepidemien. Dann sterben viele Affen und einige Menschen. Die überlebenden Affen werden immun. Erst wenn genügend Nachwuchs geboren ist, tritt eine neue Epidemie auf.«
Mit dem neuen Stausee bekamen viele Moskitoarten hervorragende Brutbedingungen, neue Krankheiten breiteten sich aus. Die Sümpfe in Panama waren immer schon die Hölle auf Erden. Beim Bau des Panamakanals starben 22 000 Menschen (mehr als sieben Menschen pro Tag) in den Urwaldsümpfen an Malaria, Gelbsucht, Chagasfieber, Encephalitis und Schlangenbissen.
»Wir haben hier zwei Fälle von Schlangenbissen unter unseren Mitarbeitern erlebt«, erzählte Señor de León. »In einem Fall wurde ein Mann vom Stamm der Chocós von einer Lanzenotter gebissen. Die Leute vom Gorgas-Institut wollten ihm ein Serum spritzen, er aber wollte nur vom Medizinmann (*jaibana*) behandelt werden. 30 Minuten später war er tot, ganz schwarz im Gesicht von inneren Blutungen.«
Diese hoch giftigen Schlangen gehören zu den Grubenottern. Der Name dieser Gattung bezieht sich auf ein besonderes Sinnesorgan. Mit den grubenartigen Öffnungen zwischen Augen und Nasenlöchern, in denen hoch empfindliche Wärmesensoren sitzen, vermag sie, sich ein Infrarotbild von ihren Beutetieren zu machen. Die Lanzenotter hat sehr lange Giftzähne, ihr Gift löst innere Blutungen aus. Bei den Indios ist sie gefürchtet, weil sie keine Warnzeichen von sich gibt wie eine Kobra, die ihren Kopf aufbläht, sondern sofort angreift, wenn sie sich in Bedrängnis fühlt.
Señor de León stellte mir seinen Ranger Claudio als ortskundigen Führer zur Seite. Claudio war 25 Jahre alt und Vater von vier Kindern. Er war ein Cuna-Indio, der die Geheimnisse des Urwalds mit der Muttermilch aufgesogen hatte.
»Schau mal da oben!« Claudio zeigte in die Krone eines Cecropiabaumes.

»Ich seh nichts!«
»Du siehst nichts? Dann schau noch mal genau hin!«
Ich fühlte mich an das Kinderspiel »Ich sehe was, was du nicht siehst« erinnert. Oder an die Vexierbilder aus meiner Kindheit, diese Suchzeichnungen, in denen sich Köpfe oder Figuren versteckten, die mit dem eigentlichen Motiv nichts zu tun hatten. Vielleicht sollte ich einen Kopfstand machen, um zu begreifen, was Claudio mir zeigen wollte.
»Siehst du es immer noch nicht?«, fragte er ratlos.
»Doch! Jetzt sehe ich es auch.« Es war ein Dreizehenfaultier, das regungslos an einem Ast hing. Graubraunes Fell an graubraunem Holz. Am nächsten Tag hing das Faultier immer noch im selben Baum, es hatte sich gerade mal einen halben Meter nach oben bewegt.
Claudio hatte viel Spaß daran, mir »seinen« Urwald zu zeigen.
»Hier! Dies sind Baumfrösche.«
In einem Terrarium hielt das Institut die farbenprächtigsten Frösche des Erdballs. Manche waren schwarz-rot oder schwarz-grün gemustert. Kein froschfressender Vogel würde sich an diese grell leuchtende Beute heranwagen. Claudio wusste, warum: »Die Cuna und auch die Chocós fingen früher diese Frösche, betäubten sie mit einem Schlag auf den Kopf und erhitzten sie in einem Löffel. Am Kopf trat dann das Gift aus, das sie als Pfeilgift für die Jagd benutzten. Heute wissen die Eingeborenen nicht mehr, wie das Gift gewonnen wird. Heute haben sie Gewehre.«
Das Nervengift der Farbfrösche wirkt innerhalb von Sekunden durch Muskel- und Atemlähmung. Ein Gegengift kennen auch die lokalen Medizinmänner nicht. So gehen viele der alten Kenntnisse und Fähigkeiten verloren.
Der Saft der Barbascopflanze hat eine betäubende Wirkung. Die Einheimischen nennen sie *diente de león* – Löwenzahn. Mit den meterlangen, schmalen Blättern schlagen die Indios

auf die Wasseroberfläche der Urwaldflüsse. Von dem Saft werden die Fische betäubt. Sie treiben an der Oberfläche, und die Fischer brauchen sie nur noch einzusammeln.
Hatte Claudio keine Zeit, so durfte ich auf eigene Faust die Insel erkunden. Es war herrlich, allein durch den Dschungel zu schleichen, an jedem Baum stehen zu bleiben, auf jedes Geräusch zu achten. Versunken stand ich an einem Hibiskusstrauch und beobachtete fasziniert, wie ein Volk von Blattschneiderameisen die Blätter zerteilte und auf scheinbar endlos langer Ameisenstraße die grünen Schnipsel zum Bau transportierte.
Plötzlich knackte es neben mir. Ich dachte, es sei einer der Cuna-Arbeiter der Station, aber statt des Indios kam ein Nasenbär neben mir aus dem Gebüsch gekrochen. Die üppige Natur begeisterte mich: Ein Specht mit feuerroter Haube, schwarze Vögel, so groß wie Krähen, durch deren Gefieder sich ein leuchtend gelber Streifen zog. Ich staunte, wie viel Reichtum an Farben, Formen und Pflanzen auf dieser kleinen Insel konzentriert war. Unheimlich und unheimlich schön war es, als sich der Blätterwald plötzlich in Bewegung setzte und 20 Nasenbären aus einem Baum purzelten, weil sie sich von dem Gringo aufgescheucht fühlten. Oder dem Gesang der Brüllaffen zu lauschen, die bei Einbruch der Dunkelheit heulten, indem sie heftig ein- und ausatmeten, wie beim Hyperventilieren. Abends im Boot liegend, den Orion über mir, durchlief mich ein andächtiger Schauer. Es war die Ehrfurcht vor der unfassbaren Größe und Vielfalt der Natur. Ich fühlte mich unendlich klein und doch geborgen, wie eine Nuss in der Schale.
Bevor ich am nächsten Morgen in Richtung Darién aufbrach, half ich Claudio und seinem Kollegen Carlos noch einmal beim Füttern der Tiere in den Käfigen. Plötzlich heulte und brüllte es aus Dutzend Kehlen über uns. Eine Horde Brüllaffen hatte sich in einem riesigen Feigenbau niedergelassen, direkt neben dem Turm B.

»Kletter auf den Turm. Die Affen werden nicht davonlaufen«, ermunterte mich Claudio. Ich kletterte die Sprossen an dem hölzernen Turm hoch, auf dessen Spitze in 15 Metern Höhe eine Henne in einem Käfig hockte. Sie ist die Versuchshenne, an der die Wissenschaftler herausfinden wollten, ob sie Überträger oder Zwischenwirt für irgendwelche Tropenkrankheiten ist. Die Affen machten ein Mordsgeschrei, beruhigten sich jedoch gleich wieder und fraßen die saftigsten Blätter. Einige saßen auf Zweigen über meinem Kopf und pinkelten respektlos herunter.

Draußen vor dem Tor der Forschungsstation saßen Cuna-Frauen vor ihren Hütten und nähten *molas*. Die Cunas sind berühmt für diese textilen Kunstwerke, mit denen Frauen ihre Blusen schmücken. Molas sind Baumwolltücher, auf die geometrische Muster oder Tiermotive genäht werden. Wie bei einer Collage werden die einzelnen Farbmuster ausgeschnitten und zu einem Motiv zusammengefügt, allerdings nicht geklebt, sondern genäht. Es heißt, früher hätten sich die hübschen Cuna-Frauen diese Muster auf die nackten Oberkörper gemalt. So viel barbusige Kunst war den katholischen Heilsbringern sicherlich ein Dorn im Auge. Auf Druck der Missionare sollen die Frauen ihre Kreativität auf textile Kunst verlagert haben – Blusen statt Busen. Ob sie dadurch leichter ins Paradies kommen, ist nicht bekannt. Schön waren die Cuna-Frauen mit ihren kunstvollen Molas und dem Goldring in der Nase, paradiesischer fand ich in jedem Fall die Chocó-Frauen, denen die Priester ihre Natürlichkeit noch nicht geraubt hatten.

On the road again. Herrlich war's, auf einem Pick-up zu stehen und sich den Wind um die Nase wehen zu lassen – auf der Fahrt in den Wilden Osten Panamas. Herrlich war's, nicht planlos, doch ohne Fahrplan zu reisen. Ich fühlte mich an frühere Tramperzeiten erinnert. Trampen ist ein Glücksspiel, das keinen Einsatz kostet. Hat man Pech, wird man im strömenden Regen auf einer verlassenen Landstraße abgesetzt, weil der Fahrer rechts abbiegen muss, und man wartet Stunden auf den nächsten Wagen. Hat man Pech, wird man als Nazi beschimpft und aus dem Auto geschmissen, was mir als 16-Jährigem in Jugoslawien passierte.

Hat man Glück (und Glück hat man sehr häufig beim Trampen), wird man von interessanten und interessierten Menschen mitgenommen, die einem mehr über Land und Leute vermitteln, als es ein Reiseführer je könnte. Hat man Glück, wird man von einem Araber in einem leeren Lkw von Belgrad bis Aleppo mitgenommen – was mir im Winter 1966 passierte, als ich Weihnachten in Bethlehem und Jerusalem erleben wollte. Trampen ist tatsächlich das einzige Glücksspiel, bei dem die Gewinnchancen erheblich größer sind als die Verlustmöglichkeiten.

Im Februar 1981 suchte ich mein Tramperglück auf der unbefestigten Carretera Panamericana. An der Kreuzung nach Santa Fé stand ich mir die Beine in den Bauch. Warten, warten und nochmals warten! Geduld gehört zum Glücksspiel Trampen. Nach einer Stunde kletterte ich auf den höchsten Punkt neben der Straße. Ich horchte auf Motorgeräusche und suchte den Horizont nach Staubfahnen ab. Vergeblich. Nach gut drei Stunden näherte sich tatsächlich eine Staubfahne, und der Wagen hielt sogar an. Es war der Straßenbauinspektor, ein Schwarzer vom Ministerium Obras Publicas, der die Straße nach Schäden absuchte. Sein Fahrer war ein untertäniger Weißer, der ständig im vierten Gang fuhr, auch wenn der Motor an Steigungen heulte und jammerte. Der Inspektor träumte davon, dass sein Kompetenzbereich einst bis an die kolumbianische Grenze reichen werde. In zehn Jahren, meinte er, werde man diese Region nicht wiedererkennen. Doch nach 50 Kilometern wurde der Inspektor jäh auf den Boden der Tatsachen zurückgeholt. Hinter einer Betonbrücke, die einen kleinen Fluss überspannte, war die Carretera Panamericana zu Ende. In den letzten Jahren war sie immerhin bis zu dem Örtchen Canglon ausgebaut worden, um neue landwirtschaftliche Flächen für die stark wachsende Landbevölkerung zu erschließen. Riesige Baumstämme, die Platz gemacht hatten für Bananenplantagen und Viehweiden, lagen zum Abtransport bereit. Kleinbauern waren die Pioniere, die sich entlang der Carretera niedergelassen hatten. Sie lebten in einfachen Hütten mit Strohdach und schienen damit zufrieden zu sein, hier eine Perspektive für ihre Zukunft gefunden zu haben. Sie hatten sich eine bescheidene Idylle geschaffen. Ein kleiner Junge zeigte mir einen jungen Ameisenbären. Vor einer anderen Hütte sah ich einen Papagei, und an der Tienda, dem Dorfladen, war ein junger, gefleckter Tapir angebunden.

Unter der Brücke in Canglon hatten sich einige Chocó-Indios angesiedelt. Hier hatten sie ein Dach über dem Kopf, frische Luft und Wasser. Am späten Nachmittag kehrten die *campesinos*, die Landarbeiter, verdreckt und verschwitzt von der Arbeit im Wald und auf den Feldern zurück. Die Männer luden mich zum Essen in der Tienda ein, die Kneipe und Kiosk in einem war. Einfache Stühle und Tische standen im Staub vor der himmelblau gestrichenen Holzbude, von der die billige Farbe abblätterte. Wir aßen Suppe mit Reis, Yucca-Wurzeln und Fleisch. Zu trinken gab es einen *jugo*, einen Fruchtsaft.

»Den Jugo musst du mit Ron (Rum) trinken«, meinte einer der Campesinos, »dann hast du keine Probleme.«

Gab es denn hier Probleme? Gerade hatte mir einer erzählt, dass die Erde hier sehr gut sei und es viel zu essen gebe: Reis, Yuca, Mais, Bananen und *platanos*, die Kochbananen.

Natürlich gab es in der Truppe auch einen Schreihals, der lauthals einem Papagei mit der Machete drohte. Aber der grün-rote Ara schien diesen lustigen Vogel zu kennen und antwortete in schönsten Tönen. Eine Flasche mit *seco* (Schnaps) kreiste, und bald war der starke Dialekt noch schlechter zu verstehen als nüchtern ausgesprochen. Einer der Männer warf ein brennendes Streichholz auf den Boden und rotzte das Flämmchen mit scharfem Strahl aus. Fernsehen kannten die Menschen im Wilden Osten Panamas nicht, für Unterhaltung mussten sie selbst sorgen. Das wäre doch mal was: Wetten, dass… Juan aus Canglon es schafft, 20 brennende Kerzen aus einem Meter Entfernung innerhalb von zwei Minuten kraft seiner Spucke zu löschen.

In Canglon nahm die Lücke von Darién ihren Anfang. Hier begann mein Fußmarsch. Nach Yaviza, dem ersten Etappenziel, waren es 26 Kilometer.

»Lauf runter zum Fluss und fahr mit einem Boot nach Yaviza«, riet mir ein alter Chocó. »Wenn du auf der Piste läufst, triffst du keine Menschen, es gibt keine Flüsse und keine Bäche.«

Eine alte schwarze Frau schenkte mir eine Motorölflasche, damit ich mehr Wasser mitnehmen konnte. Anfänglich war die Piste noch breit, geprägt von den Spuren der Raupenfahrzeuge der Holzfäller. Doch nach zwei Kilometern war alles überwuchert. Mit 28 Kilogramm Gepäck auf dem Rücken wurde mir erst so richtig bewusst, wie heiß es war. Der Waldboden war gut zum Laufen, aber es ging ständig bergauf und bergab. 35° Celsius, Luftfeuchtigkeit um die 90 Prozent. Ich schwitzte wie in der Sauna. Nur muss ich in der Sauna nicht auch noch einen Riesenrucksack mit mir herumschleppen. Der Gürtel, das Hemd, die Hose, selbst das Geld im Geldgürtel – alles war total durchgeschwitzt. Ab mittags wurden meine Pausen immer länger. Ich lief 20 Minuten lang, dann ließ ich mich einfach auf den Boden sinken und blieb 15 Minuten liegen. Ich war völlig fertig. Meine Arme und Hände waren vom schweren Gepäck geschwollen, weil mir die Rucksackgurte alles abgeschnürt hatten. Ich hatte zwar einen ganz modernen Lowe-

Rucksack mit Innengestell, aber viel zu viel Gepäck dabei. So konnte es nicht weitergehen. Bis Yaviza traf ich keine Menschenseele.

Der Februar ist eine regenarme Zeit in Panama. In einigen Bächen standen noch Pfützen, verdursten musste ich nicht. Aber später am Nachmittag hatte ich auch keinen Durst mehr, ich wollte nur noch schlafen, raffte mich aber immer wieder auf, um noch einen oder zwei Kilometer zu laufen.

Zum Glück kannte ich den zentralamerikanischen Urwald schon ein wenig. Es störte mich nicht, wenn es im Busch raschelte oder in den Bäumen röhrte, als wäre der Leibhaftige hinter mir her. Und die Angst, die die Leute in Canglon vor *el tigre*, vor dem Jaguar hatten, war wohl ein wenig übertrieben. Hugo, mein Führer in Guatemala, der mich vor knapp drei Wochen zu den Pyramiden von El Mirador geführt hatte, hatte mir ja die Angst vor dem Jaguar genommen.

Woher nahm ich das Vertrauen? Klar, wer viel auf Reisen ist, bekommt ein dickes Fell und wird nicht alles so verbissen sehen wie der Gartenzwergpedant daheim. Aber das allein erklärt noch nicht, wie Vertrauen entsteht. Wahrscheinlich spielt meine Intuition, die mich so häufig im Leben begleitet hat, eine wichtige Rolle. Zur Intuition gehört so etwas wie Urvertrauen. Man hört auf seine innere Stimme, die sagt: Yes, you can!

Wenn ich Hugo vertraute, dass der Jaguar den Menschen aus dem Weg geht, dann musste ich mir erst einmal selbst vertrauen. Alles andere wäre Abhängigkeit, und die ist das Gegenteil von Freiheit, die ich auf Reisen stets gesucht habe. Auf Abenteuerreisen muss man oft improvisieren, um Unvorhergesehenes meistern zu können. Ständig muss man abwägen, was geht und was nicht. Dieses Abtasten von heiklen Situationen macht frei und unabhängig.

Der Kompass zeigte, dass Yaviza nicht mehr allzu weit entfernt sein konnte. Kurz nach 18 Uhr erreichte ich einen Bach.

Ich schlug mein Zelt auf, machte ein Feuer und verbrannte mein gewichtiges Spanischlexikon, um Gewicht zu reduzieren; ich hatte ja noch ein kleines Wörterbuch dabei.
Mitten in der Nacht wachte ich auf. Es raschelte auf dem Zeltstoff und klang wie ein leichtes Tröpfeln. Hatte es etwa zu regnen begonnen? Doch falls es regnete, müsste doch das Wasser durch den Stoff des Innenzelts tropfen. Meine Taschenlampe hatte ich leider in der Forschungsstation vergessen. Ich fummelte eine Kerze hervor und rieb mir verwundert die Augen. Im Schein des Funzellichts sah ich, wie Tausende von Blattschneiderameisen geschäftig über den Zeltboden liefen. Ich hatte die überaus fleißigen Insekten in den letzten Tagen ja schon ausgiebig kennengelernt. Sie zerschneiden alle für sie schmackhaften Blätter und schleppen die Blattteile, die viel größer als sie selbst sind, auf den Ameisenstraßen zu ihren Bauten. Doch wie war die Armee in meine North-Face-Festung eingedrungen? Wollte sie mich zu ihrem Ameisenkönig machen? Hatte sie es auf die Blätter meines Reiseführers abgesehen?
Ich hob die Isomatte an, und siehe da: Mit ihren kräftigen Schneidwerkzeugen hatten sie sich durch den Zeltboden geschnitten. Circa anderthalb Meter weiter mussten sie sich wie Geisterfahrer gefühlt haben, die vom rechten Weg abgekommen waren. Also schnitten sie sich ein zweites Loch und verschwanden wieder unter dem Zeltboden. Da aber die Pioniere Duftmarken auf der neuen Straße hinterlassen hatten, folgte der ganze Strom des Ameisenvolkes. Offensichtlich hatte ich mein Zelt abends auf die Ameisenstraße gestellt, hatte aber nichts gesehen, weil das Volk wohl Feierabend hatte. Als die Frühschicht der Blattfresser begann, war ihnen mein Zelt im Wege. Als Gast eines Landes sollte man ja Rücksicht auf die Einheimischen nehmen. Ich leuchtete den Urwaldboden ab und suchte mir eine ameisenfreie Zone. Dann hob ich das Kup-

pelzelt in die Höhe und schüttelte den tierischen Inhalt heraus, setzte mein Heim auf die »saubere« Fläche und schlief, bis die Hähne krähten – Yaviza war also tatsächlich nicht mehr weit.
Nach einer Stunde Marsch erreichte ich das filmreife, wildromantische Städtchen. An den bunt gestrichenen Holzhäusern blätterte die Farbe. Auch Zerfall hat seine Ästhetik, und sichtbarer Zerfall gehört zum Dschungel. Yaviza mit frischer Farbe wäre steril gewesen.
Hohe Treppen führten zu den auf Stelzen stehenden Häusern hinauf. Überdachte Veranden luden zur Siesta im Schatten ein. Yaviza war im 17. Jahrhundert als Fort gegründet worden, um die Goldminen in Darién zu überwachen. Neben Chocó-Indios und Mestizen sind es vor allem die Nachfahren der Goldwäschersklaven, die hier leben.
Ich setzte mich vor das Postamt und schrieb Briefe, als ein Polizist erschien und mich aufforderte, mit ihm zu kommen. Auf der Wache stellte er fest, dass meine Papiere in Ordnung waren. Wenig später merkte ich, warum die Ordnungshüter solch ein strenges Auge auf die Gringos warfen: Ein Österreicher war ohne Visum aus Kolumbien gekommen und hatte unterwegs seinen Freund samt Gepäck und Geld verloren. Mit ihm wurden noch vier Südamerikaner von der *Guardia Nacional* festgehalten. Sie fegten die schmalen Betonstraßen und sammelten Müll. Dafür hatten sie freie Kost und Logis – im Knast.
»Wo bin ich hier eigentlich?«, fragte Lorenz, der Österreicher, der mehr als ahnungslos war. »Si« war das einzige spanische Wort, das er kannte. Ich schrieb ihm einen Brief für sein Konsulat in Panama City, damit die ihn aus der Haft befreien konnten.
»Es war eine Schnapsidee«, räumte Lorenz ein. »Wir hatten in Frankfurt Silvester gefeiert und beschlossen, einfach mal nach Ecuador zu fliegen.« Von Kolumbien aus waren sie mit sechs

Mann über die Berge im Norden marschiert, auf der Kokainroute, ohne ausreichendes Essen, ohne ausreichende Vorbereitung.

Am Mittwochnachmittag war Hahnenkampf angesagt, das war in Yaviza wichtiger als Fußball. Dic Zuschauer saßen um eine kleine Manege herum und wetteten eifrig, wenn die zwei Streithähne hereingebracht wurden. Ein Farbiger streichelte liebevoll seinen Hahn, aber es sah so aus, als ob er sich heute auf keinen Kampf einlassen wollte. Die Männer waren sich wohl nicht über die Kampfbörse einig geworden. Die andere Partei schrie hinter ihm her: »Feigling!«

Eine solche Beleidigung wollte er nicht auf sich sitzen lassen, er kehrte zurück, nahm einen Schluck Wasser und sprühte seinem Hahn, an dessen Füßen messerscharfe Sporen befestigt waren, mit spitzem Mund das Wasser über den Kopf. Er setzte seinen Lieblingshahn in die Arena, und in weniger als einer Minute zuckte der Herausforderer am Ringboden. Der Besitzer des Verlierers trug es mit Fassung – dann gab es am Abend eben Hühnersuppe.

Über dem ganzen Ort lag eine liebenswerte Gelassenheit. Die Menschen waren nicht reich, aber sie hatten genug zu essen. Den Schnaps brannten sie sich selbst, und die Obrigkeit war in der hintersten Provinz Panamas meist milde gestimmt.

»Hey, Gringo! Wohin willst du?«

Ich drehte mich um. Auf der Treppe ihres Stelzenhauses saßen gelangweilt einige Menschen. Da konnte so ein Gringo doch ein wenig zur Unterhaltung beisteuern.

»Ich will nach Kolumbien laufen. Auf der Carretera.«

Eine Frau fragte schelmisch: »Na, welches Mädchen willst du denn auf deine Reise mitnehmen?«

Sie zeigte auf eine schwarze Dicke und auf eine hübsche Braune. Ich wollte natürlich keine vor den Kopf stoßen:

»Das ist eine ganz schwierige Entscheidung«, redete ich mich

heraus. Aber meine Augen schienen es verraten zu haben, wen ich hübscher fand. Die ganze Clique ergötzte sich daran, dass sie mich durchschaut hatten.
Am Abend war die Luft voller Musik. Hier sang einer zur Gitarre von *amor* und *esperanza*. Ein paar Häuschen weiter war die Musik schwärzer, rhythmischer, begleitet von Trommelschlägen. Aus der Kirche drang mitreißender Gesang. Die Gläubigen klatschten und tanzten. Der Prediger las nicht einfach aus der Bibel vor, nein, er malte den Text gestenreich aus, und jedes Mal, wenn der Name Jesus fiel, bekundete die Gemeinde laute Zustimmung: »Venga! Venga!« Der Herr möge kommen. Sprach der Pater über etwas Böses, gaben die Gläubigen düstere Laute von sich, als wollten sie den Leibhaftigen davonjagen.
Ich hatte mein Zelt im Garten der *Guardia Nacional* aufgeschlagen und hörte, wie die Kolumbianer in ihrer Zelle Lorenz Spanisch beibringen wollen. Sie hatten mein Wörterbuch ausgeliehen, und ich hatte den Eindruck, sie lernten schneller Deutsch als er Spanisch.
Ach, Maria darf ich nicht vergessen. Señora Maria – eine strahlende Schwarze – betrieb ein kleines, ordentliches Restaurant, in dem die Polizei auch das Essen für die Gefangenen kaufte. Die alte Maria sprach ein wenig Englisch und fragte: »What's your name?«
»Klaus! Im Englischen spricht man es wie Santa Claus aus.«
Sie kicherte vergnügt: »Aahh. Like *close* the door.«
Die Clique aus dem Gefängnis hatte am Nachmittag Freigang, wir gingen gemeinsam baden im Rio Chucunaque. Ein Baumstamm trieb vorbei. Wir hängten uns an den Stamm und hatten unseren Spaß mit dem rollenden Holzkoloss. Plötzlich brüllte Roman: »Vamos!« Ohne Brille konnte ich nicht erkennen, wohin es Roman zog. Ich dachte, er hätte etwas Interessantes entdeckt. Doch als ich näher kam, sah ich, dass Jorge am Ab-

saufen war. Er ruderte wild mit den Armen und tauchte immer wieder unter. Ich kraulte zu ihm hin, zog ihn an den Haaren hoch. Seine Freunde wussten nicht, was sie machen sollten. Jorge umklammerte mich und zog mich unter Wasser, eine Reaktion, die ich vom Rettungsschwimmerlehrgang kannte. Ich tauchte unter ihm durch, packte ihn von hinten mit einer Hand unter dem Kinn und schwamm rücklings mit ihm ans Ufer. Oscar hatte am Abend ordentlich was zu erzählen: »Stellt euch vor! Jorge ist heute beinahe abgesoffen.« Die Dorfschönheiten, mit denen die Clique aus dem Knast beim Freigang immer flirtete, schütteten sich aus vor Lachen. Es war ja noch mal gut gegangen, also konnte man darüber auch lachen. Logisch!

Am Flugplatz hatte ich zwei Goldsucher kennengelernt. Doch die Amerikaner John und Robert schürften das Gold nicht mit Händen, sondern bewegten mit Riesenmaschinen das Erdreich. Vor einem Jahr hatten sie mit dem Aufbau der Mine am Rio Tuquesa begonnen und eine 60 Kilometer lange Straße ins Goldland gebaut. Robert Williams, der Ältere, stammte aus Georgia. In seinem Lastenboot mit starkem Außenbordmotor fuhren wir den Rio Chucunaque hinauf. Der knapp 50 Meter breite Fluss war hier die Hauptverkehrsader. Seine Ufer waren gesäumt von kleinen Dörfern und Feldern. Motorboote brachten Bananen und Papayas nach Yaviza. Als wir in den Rio Tuquesa abbogen, wurde die Welt viel ursprünglicher. Der Urwald reichte bis ans Ufer. Wir sahen viele Kuhreiher und Kingfisher, eine große Eisvogelart mit dunkelgrüner Oberseite und rotgelben Flügeln, sowie kleine Eisvögel. Sie alle lebten von den zahlreichen Fischen. Im Schilf bauten schwarz-gelbe Webervögel ihre Nester. Schmetterlinge von überirdischer Schönheit, die kobaltblauen Morphofalter, flatterten über dem Wasser. Die Unterseite dieser handgroßen Falter sieht wenig spektakulär aus, doch sobald sie aufsteigen, bricht sich das

Licht auf den Hautschuppen der Oberseite, und sie entpuppen sich als fliegende leuchtende Edelsteine.
Luis, der Vorarbeiter und Bootsmann, schoss einen *Iguana*, eine meterlange Echse.
»Der Iguana hat fantastisches Fleisch, eine wahre Delikatesse«, schwärmte Robert. »In Georgia hab ich eine Farm mit 700 Alligatoren. Aber die schmecken leider nicht so gut.«
Nur wenige kleine Siedlungen waren am Ufer versteckt. In Marraganti – nach sechs Stunden kurvenreicher Flussfahrt – wurden die Stromschnellen so stark, dass wir in ein Landfahrzeug umsteigen mussten, das mit seinen vier Achsen, dem Achtradantrieb und den enorm breiten Reifen wie ein Mondfahrzeug aussah. Mit sechs Meilen die Stunde ging es voran, in der letzten Stunde nur noch durch das Flussbett und über trockene Kiesbänke. Das Minendorf Paje lag wunderschön auf einer Anhöhe über dem Fluss. Pablo, ein elfjähriger Indiojunge, ritt auf seinem Pferd ohne Sattel dem Mondfahrzeug voraus.
Im Camp kamen gerade zwei Chocós von der Jagd zurück. Sie hatten mehrere Iguanas und einen truthahnähnlichen Vogel, den sie Pfau nannten, erlegt. Diese Vögel standen eigentlich unter Naturschutz, aber davon hatten die Indios in dieser Region noch nichts gehört. Sie schossen auf alles, was sich im Wald bewegte. Vor allem das Fleisch der Grünen Leguane (*zool.: Iguana iguana*) ist wegen seines guten Geschmacks bei den Einheimischen sehr begehrt. Am Abend rösteten die Indiojungen die Iguanas über dem offenen Feuer. Ein Weibchen trug 38 Eier im Leib, die gebraten eine Delikatesse sein sollten. Heute werden Iguanas auf Farmen gezüchtet, die Eier werden ausgebrütet, die jungen Echsen gehegt und gepflegt, damit keines der Jungen von anderen Tieren vernascht wird. Die erwachsenen Leguane sind dann wertvolle Fleisch- und Proteinlieferanten für die Armen. Die attraktiven Echsen mit dem ausgeprägten Rückenkamm können bis zu zwei Meter lang

werden. Sie leben auf Bäumen und ernähren sich ausschließlich von Pflanzen.
Die Jungen aus Paje zeigten mir, wie sie Fische fingen. Mit Taucherbrillen und dünnen Stahlspeeren tauchten sie in das glasklare Wasser. Mit den flachen Händen schlugen sie auf die Wasseroberfläche, scheuchten damit die Fische aus ihren Verstecken auf. Sobald sie einen erspäht hatten, gehörte er todsicher ihnen. Vor ihrem gezielten Speerstoß gab es kein Entrinnen. Innerhalb einer halben Stunde hatten zwei Jungen ein gutes Dutzend Fische aufgespießt. Allerdings brachte ich sie fast um ihre Beute, als ich versuchte, mit ihrem *cayuco* – dem Einbaum, der kaum mehr als ein ausgehöhltes Brett war – durch die Stromschnelle zu staken. Die Einheimischen hielten, auf den schwankenden Planken stehend, spielerisch das Gleichgewicht. Die Jungs kugelten sich vor Lachen, als ich ins Wasser flog. Für den Spaß nahmen die Chicos in Kauf, dass sie nach einigen Fischen noch mal tauchen mussten.
Die Goldsuche schien sich in Paje nicht zu lohnen. Die Arbeiter waren damit beschäftigt, die riesige Goldwaschanlage auseinanderzubauen. Sie sollte in Einzelteilen nach Marraganti gebracht werden und dort das große Glück bringen. »Schon in den 30er-Jahren haben Deutsche hier nach Gold gesucht«, wusste Robert, deshalb waren er und sein Kumpel John Gelvin an den Rio Tuquesa gekommen, um ihr Glück mit großem Maschineneinsatz zu suchen.
Die Goldjungs aus Germany hatten vor 50 Jahren aus einem Felsen eine Schneise herausgesprengt und dadurch den Fluss umgeleitet. In dem von den Deutschen hinterlassenen Trockenfluss hatten die Amis mit mäßigem Erfolg nach Gold gesucht.
Mit Vorarbeiter Luis fuhr ich zurück nach Yaviza.
Manchmal schaltete er den Außenbordmotor ab, weil er Iguanas zu überraschen hoffte, die er seiner Frau in Yaviza mitbringen wollte. Dann glitt das Boot einfach mit der Strömung weiter.

Noch nie habe ich in so kurzer Zeit so viele Schlangen gesehen. Schlangen reagieren ja auf kleinste Erschütterungen. Augen und Gehör sind bei diesen Kriechtieren verkümmert. Wenn ich durch den Wald laufe, spüren die Schlangen das »Erdbeben«, das ich mit meinen Schritten erzeuge. Sie ziehen sich zurück, und der Mensch merkt nicht, dass er in drei Meter Entfernung an einer hochgiftigen Lanzenotter vorbeiläuft.
Ich habe in Darién nur drei Schlangen gesehen, die vor mir davonglitten. Mich haben wahrscheinlich einige hundert Schlangen auf meinem Trip von Ostpanama nach Kolumbien wahrgenommen.
Das Boot trieb so ruhig flussabwärts, dass die Schlangen nichts spürten. Sie dösten regungslos in den sonnenbeschienenen Ästen, die über den Fluss ragten. Zwei Iguanas überraschten wir tatsächlich. Als sie das Boot erblickten, sprangen sie ins Wasser und verschwanden im Uferdickicht.
Zurück in Yaviza, setzte ich meinen Trip durch die Lücke von Darién fort. Auf gutem Waldweg lief ich nach Süden. Nach anderthalb Stunden traf ich auf den Rio Tuira.
»Bin ich hier auf dem richtigen Weg nach Pinogana?«, fragte ich einen alten Schwarzen, der gerade mit einer Machete den Busch abholzte, um hier ein kleines Feld anzulegen.
»Ja, das Dorf ist nicht weit! Immer am Fluss entlang.«
Schon nach 200 Metern stieß ich auf ein Hindernis, einen Bach, der in den Tuira mündet. Das breite Ufer sah so aus, als ob man bis zur Hüfte im Morast versinken würde. Ich zog es vor, eine Brücke zu bauen. Direkt am Ufer stand ein Baum mit circa 20 Zentimetern Durchmesser. Ich schlug mit meiner Machete in den Stamm, eine Sauarbeit bei der Hitze und hoher Luftfeuchtigkeit. Immer wieder musste ich Pausen einlegen, bis die Krone schließlich auf das andere Ufer fiel. Die Brücke war fertig, und ich konnte hinüberbalancieren.
Wenig später kam auf dem Rio Tuira ein großer Einbaum mit

Außenbordmotor vorbei. Vermutlich fahren die zum Chocó-Kongress nach Union Chocó, dachte ich mir. Richtig gedacht! Für mich war noch ein Platz im Einbaum. Ein Unterhäuptling lud mich ein mitzufahren. In Union Chocó traf ich den *Primero Kazike*, den Oberhäuptling dieses Indiostammes. Izidro Guainora erzählte mir, die großen Probleme der Chocós seien die schlechten Transportmöglichkeiten, die mangelnde Fleischversorgung und das teure Öl.

»Eine Straßenverbindung wäre gut für mein Volk, für die Versorgung. Aber eine Straße bringt auch neue Probleme mit sich. Neue Menschen, die in unser Stammesgebiet eindringen und sich hier niederlassen, bringen auch Raub und Totschlag. So etwas kennen wir hier kaum. Wir Chocós sind friedliebende Leute«, charakterisierte Izidro sein Volk. Die Chocós leben an den Ufern der Flüsse, wo auch ihre Felder liegen.

»Wir haben hier schwarze Einwanderer aus Kolumbien, die lassen sich einfach an den freien Plätzen am Ufer nieder. Für unsere Kinder bleibt kein Land mehr übrig. Früher durften wir noch Kühe halten. Aber vor sieben Jahren brach in Atrato (Kolumbien) die Maul- und Klauenseuche aus. Da hat unsere Regierung uns gezwungen, unsere Kühe in Darién abzuschaffen«, beklagte sich Izidro Guainora.

Diese Rinderseuche ist einer der Hauptgründe dafür, dass die Lücke von Darién bis heute nicht geschlossen wurde. Sie war und ist eine natürliche Pufferzone gegen diese hochansteckende Viruserkrankung. Die USA kontrollierten in ganz Mittelamerika die Transportwege der Rindviecher. Lkws mussten an Kontrollstellen durch Desinfektionsbecken in der Straße fahren, weil die Gringos eine Mordsangst vor Ausbreitung der Maul- und Klauenseuche von Südamerika nach Norden hatten.

Union Chocó ist die Hauptstadt der Chocós, mit 600 Seelen nicht gerade eine pulsierende Metropole. Die Frauen waren meist nur mit der *paruma*, einem einfachen Wickelrock, bekleidet. Viele der Männer trugen noch das traditionelle Schamtuch, das hinten an einem Hüftband festgebunden war und zwischen den Schenkeln hindurchgezogen wurde. Die Gringo-Hemden, die sie zum Lendenschurz trugen, ließen keinen Zweifel aufkommen, dass sich die traditionelle Lebensweise der Chocós immer mehr abschwächte.

»Hallo, Mr. Klaus!« Die Stimme kannte ich doch. Es war Paissa, einer der Knast-Kolumbianer aus Yaviza. Paissa hatte ein jungenhaftes Gesicht mit verschmitztem Lächeln. Die Behörden hatten die vier sowie den Österreicher Lorenz »abgeschoben«, ihnen also befohlen, nach Kolumbien zurückzulaufen. Lorenz und Roman hatten sich unterwegs abgesetzt und versuchten wahrscheinlich, sich auf Schleichpfaden nach Panama City durchzuschlagen. Paissa, Oscar und Jorge hatten ihren großen Traum, nach Nordamerika zu gelangen, vorerst aufgegeben. Arme Jungs! Zurück ging es in ein Land voller Armut und Arbeitslosigkeit. Die drei – alle Anfang bis Mitte zwanzig – waren in den nächsten Tagen meine Begleiter. Oscar trug stets ein Barett auf dem Kopf. Er war der Älteste und Ernsthafteste von den dreien. Wir liefen den ganzen Tag durch verlassenes Kulturland – Land, das mal abgeholzt und mit Gemüse bepflanzt worden war. Überall standen noch spärliche Stauden mit Mais, Zuckerrohr oder Bohnen. Dazwischen versuchte der Urwald, wieder Fuß zu fassen. Kurz vor Sonnenuntergang erreichten wir das Haus eines schwarzen Kolumbianers.

»Kann ich mein Zelt hier am Fluss aufbauen?«, fragte ich den Hausherrn.

»Das kannst du gern. Aber ich fürchte, dass euch die Schweine belästigen werden«, gab er zu bedenken. Die Familie hatte neun Kinder und noch mehr Schweine. Ich hatte ja mein Zelt, aber die Kolumbianer mussten im Freien schlafen, und mit den Schweinen die Nacht verbringen zu müssen, behagte den Jungs nicht. Also marschierten wir im Dunkeln weiter, besser gesagt, wir stolperten durch den finsteren Urwald. Schließlich fanden wir eine Arbeitshütte an einer Bananenplantage, eine provisorische Unterkunft für die Erntezeit. Dort ließen wir uns nieder, entfachten ein Feuer, kochten Maiskolben und brutzelten *Platanos*, in Scheiben geschnittene Kochbananen, die in der Pfanne geröstet wie leckere Bratkartoffeln schmeckten.

Boca de Cup war der letzte Ort in Darién, der mit Motorbooten noch gut zu erreichen war. Es war der letzte Ort, in dem es noch einen Shop gab. Er wurde von Don Antonio Ramos betrieben, dessen Aufgabe es auch war, mir den Ausreisestempel in den Pass zu drücken. Bei Don Antonio gab es fast alles, was die Urwaldbewohner begehrten: Zucker, Süßigkeiten, Maismehl, Rattenfallen, Moskitospray, Malariatabletten, Moskitonetze, Öl für die Außenborder, Taschenlampen, Petroleumfunzeln usw.

Die bekannteste Frau des Ortes war Maria »Dumplin«. Maria war eine Institution bei den Travelern, berühmt für ihre Dumplings – fluffige Mehlknödel – und für ihre fürsorgliche Art. Eine schwarze Mama.

»Nach Púcuro willst du?«, fragte Maria. »Da musst du dir ein Boot nehmen. Der Weg ist so zugewachsen, da kommt kein Mensch mehr durch.«

Ich ging also an den Fluss, um mir ein Boot zu suchen. Ein älterer Schwarzer bot mir an, uns für 15 Dollar nach Balzal zu staken. Eine Sauarbeit. Der Einbaum kam gegen die Strömung nur sehr langsam voran. Oscar und Paissa wollten sich nützlich machen und dem Alten helfen. Sie hatten jedoch keine Ahnung von der Technik des Stakens und Steuerns eines ausgehöhlten Baumstamms und noch viel weniger von der Technik des Balancierens. Beide flogen ins Wasser. Nach zwei mühseligen Stunden trafen wir ein Boot, das uns flussabwärts entgegenkam.

»Gib mir noch fünf Dollar dazu«, sagte unser Bootsführer, »dann bekommen wir einen Helfer von dem anderen Boot.«
Ich willigte ein. Welch ein Glücksfall! Es war eine Freude, diesem Mann bei der Arbeit zuzuschauen. Diese Ästhetik, diese Kraft, mit der der Schwarze das Boot durch die Stromschnellen stemmte. Pablo war nicht mehr der Jüngste und sah so aus, als habe auch er schon neun Kinder gezeugt. Auf dem Kopf trug er einen Strohhut, hatte einen dünnen Oberlippenbart und zwei goldene Schneidezähne. Betrachtete man nur das Spiel seiner Muskeln, glaubte man, einen Halbschwergewichtsboxer im besten Alter vor sich zu haben. Pablo entsprach dem Typus der Westafrikaner, die an der Küste vom Fischfang leben. Dort hat sich durch sehr proteinhaltige Kost und schwere körperliche Arbeit ein auffallend athletischer Menschenschlag entwickelt. Der ältere Bootsmann hatte sich im Boot hingesetzt. Er überließ dem Jüngeren die Arbeit, der sich klaglos für uns ins Zeug legte. So wie dieser Herkules von einem Mann, so könnte bei uns niemand mehr arbeiten. Für die Menschen in Darién war es selbstverständlich. Die Flüsse waren die Verkehrsstraßen, und wer sich keinen Außenborder leisten konnte, der musste körperlich hart arbeiten, um seine Bananen- oder Maisernte zu den Aufkäufern in Yaviza oder El Real zu transportieren. An den wildesten, aber ungefährlichen Stromschnellen mussten wir aussteigen und das Boot schieben. Doch eigentlich hatte Pablo den Ehrgeiz, diesen Job allein zu erledigen. Wenn es schwierig wurde, lächelte er, dass seine goldenen Zähne aufblitzten. Dann stemmte er sich gegen die Stakstange, die sich wie ein Flitzebogen durchbog. Seine Muskeln waren bis zum Äußersten gespannt, und ich hatte den Eindruck, dass Pablo sich an seiner eigenen Kraft erfreute.
Bei Sonnenuntergang erreichten wir Balzal, ein Nest mit 20 Häusern und sehr netten Menschen. Wir durften in der Schule übernachten. Ich schlug mein Innenzelt in dem offenen

Klassenzimmer auf, um vor den Moskitos geschützt zu sein. Im Nachbarraum spielten Schwarze und Chocós gemeinsam »*musica tipica*«: Einer zog sich die Mundharmonika durch die Lippen, alle anderen improvisierten auf Rhythmusinstrumenten. Einer trommelte mit den Händen auf einer alten Dose, der Nächste schlug mit einem Stein auf einen Plastikbehälter, ein anderer ratschte mit einem Löffel über ein geriffeltes Holzstück. Es klang genauso mitreißend wie die Musik, die in den Dörfern aus den Radios dröhnte, ein Mix aus Rumba, Reggae und anderen karibischen Rhythmen.

Die Bescheidenheit und Gelassenheit der Menschen, denen ich in den letzten Tagen in Darién begegnet war, beeindruckte mich zutiefst. Es gab weder reiche noch bettelarme Leute. Gerechtigkeit bedeutet ja, dass Machtverhältnisse oder soziale Unterschiede ausgeglichen sein müssen. Ihr da oben, wir hier unten – diesen krassen Gegensatz gab es in Darién nicht. Ich mochte diese Menschen in ihrer kindlichen Schlichtheit. Nie waren sie aufgeblasen, und wenn sich mal einer zu wichtig nahm, weil er nicht nur seinen Kampfhahn, sondern sich selbst für den Größten hielt, so wurde er von der Dorfgemeinschaft schnell durchschaut und mit einem derben Scherz auf den Boden zurückgeholt. Sie jammerten nicht, sie lebten von dem, was die Natur ihnen bot. Sie hatten sicherlich ihre Träume von einem besseren Leben, aber sie träumten anscheinend nicht vom Glitzerleben in Panama City, das für ahnungslose Campesinos ohnehin nur ein Leben in Elend und Gewalt bereithielt. Überall auf der Welt lockt die Glitzerwelt, überall auf der Welt gaukelt sie Glück vor, ob in Panama City oder Nairobi, in Kairo oder São Paulo. Überall landen die vom Licht Angelockten in den Slums und verlieren ihre Wurzeln.

Ich würde gerne wissen, ob die Bewohner von Darién die Beziehung zu ihren Wurzeln bis heute erhalten konnten.

Die gute Stimmung am nächsten Morgen fiel buchstäblich ins

Wasser, als unser Boot beim Übersetzen über den Rio Tuira gleich am Ufer kenterte. Da hätten wir doch gleich durch das hüfttiefe Wasser waten können. An das Rucksackgewicht hatte ich mich in den letzten Tagen gewöhnt, doch jetzt musste ich noch einige Kilo Wasser zusätzlich mit mir herumschleppen. Außerdem ging es ständig bergauf und wieder bergab. Ich schwitzte wie ein Stier. Nach drei Stunden erreichten wir Púcuro, das erste Dorf der Cuna-Indios, wo uns ein ziemlich schroffer Empfang bereitet wurde:

»Packen Sie alle Sachen hier vor der Hütte aus!«, befahl der Einwanderungsinspektor. Und es inspizierte nicht nur der Chef, sondern auch sein Stellvertreter, der Dorfsheriff, und schließlich die ganze Dorfgemeinschaft. Uns wurde ein Platz zum Schlafen vor der Missionsstation zugewiesen. Ein Dorfbewohner kam und verlangte zwei Dollar pro Kopf.

Am späten Nachmittag lernte ich die Gringo-Missionare kennen, James Browne samt Frau von der New Tribes Mission.

»Bis vor zwei Jahren spielte Geld hier fast keine Rolle«, erzählte James. »Die Leute hatten sowieso keine Gelegenheit, es auszugeben. Doch jetzt sind sie wie verrückt hinter dem Geld her.«

Komische Leute, die Cunas. Welch ein Unterschied zu den *happy people* der letzten Tage, den Chocós.

Als gerade mal kein Cuna in der Nähe war, murmelte der Missionar: »Der Immigrationsbeamte ist vom Staat eingesetzt. Er hasst alle Gringos und Kolumbianer, nur Cunas sind für ihn Menschen.«

Diese Überheblichkeit war nicht nur unter den Offiziellen anzutreffen. Die Cunas bezeichnen sich grundsätzlich als die wahren Menschen. Sie selbst nennen sich *dule* – das bedeutet Mensch.

Die meisten Cunas leben auf den St.-Blas-Inseln an der panamaischen Karibikküste. Sie sollen wenig Kontakt zu den Cunas auf dem Festland haben. Schon immer waren die Cunas sehr freiheitsliebend, ihren Siedlungsgebieten wurde Autonomie zuerkannt. Ihr Land kann nicht gekauft, verkauft oder verpachtet werden.

»Euch Gringos sollte man alle erschießen!«, hatte der Offizielle James Browne einmal gedroht und sich damit gebrüstet, schon Missionare erschossen zu haben. Ob die Missionare Gott auf ihrer Seite hatten, kann ich nicht beurteilen. Für ihre Sicherheit aber sprach, dass der Staatsbeamte bei seinen eigenen Leuten nicht sonderlich beliebt war. Für die Menschen des Dorfes war der *Saila* – wie die Häuptlinge bei den Cuna genannt werden – die anerkannte Autorität.

Der nächste Morgen begann mit einem Spektakel. Im Kasernenton ordnete der Sheriff an: »Du kommst mit! Und du! Und du auch!«

Alle vier parierten wir. Unten am Fluss lagen die Reste einer Kokosnuss.

»Wer war das?«

Paissa gestand, dass er nachts um vier aufgestanden war und im Mondschein mit meiner Machete Nüsse aufgeknackt hatte. Der Sheriff war stinksauer und schimpfte auf die Kolumbianer. Er verdonnerte die drei zum Unkrauthacken. Mich sprach er frei. Was er nicht wusste – Paissa hatte mich nachts geweckt: »Klaus! Hier, trink! Agua de coco!«

Zwei Stunden lang mussten die Kolumbianer schuften. Danach zeigte der Sheriff, dass er auch eine gute Seite hatte. Er schenkte den Jungs gekochte Bananen und ein bisschen Fleisch, das in dieser Gegend wirklich wertvoll ist. Dann durften wir weiterziehen.

Hinter Púcuro war von Landwirtschaft nichts mehr zu sehen. Hier gab es nichts als unverfälschten Urwald mit einer Fülle von Blüten und umgestürzten Bäumen, aus denen wieder neues Leben erwächst. Der Urwald lebt aus sich selbst heraus. Seine Humusschicht ist verhältnismäßig dünn. Alles, was die 300

Baumarten an Nährstoffen brauchen, das ziehen sie aus dem vermorschenden Totholz, aus verwesender Biomasse. Fünf Prozent der Bäume sterben ständig ab und schaffen dadurch einen neuen Mikrolebensbereich. Der Urwald ist eine große symbiotische Gemeinschaft, ein großes Räderwerk, in dem kein Rad überflüssig ist, in dem aber auch kein Rad fehlen darf. Es ist ein Gesamtorganismus aus Millionen von Einzelorganismen, die alle zusammen dem Gleichgewicht des großen Ganzen dienen.
Da gibt es die Strangulierfeigen mit ihren kleinen Stämmen, die sich an einer anderen Baumart hochranken. Wenn die Feigen groß genug sind, verbinden sich die einzelnen Stämme zu einem gemeinsamen Baum, wodurch der Wirtsbaum abgetötet wird. Zurück bleibt ein sehr bizarres Geflecht, das Kunstwerk eines Feigenbaums.
Die riesigen Soldatenameisen krabbeln täglich 300 bis 400 Meter weit durch den Wald. Das Millionenheer frisst alles, was ihm ebenfalls krabbelnd, kriechend oder tot in die Quere kommt: Insekten, Larven, Blattschneiderameisen; sie vertilgen selbst Säugetiere. Auch Häuser sind für die Ameisenarmee kein Hindernis. Die Menschen pflegen bei einer solchen Heimsuchung zu fliehen. Die Soldatenameise kann mit einem Biss eines Menschen Arm für Stunden lähmen. Der Vorteil: Die Bude ist nach dem Durchmarsch garantiert frei von Ungeziefer. Nach 20-tägigem Feldzug zieht sich der Ameisenstaat in seinen Bau zurück, um Nachwuchs zu produzieren. Sobald die Larven geschlüpft sind, wird die verheerende Wanderung fortgesetzt.
Eine andere Ameisenart bildet mit Wespen und dem Feigenbaum eine Lebensgemeinschaft. Die Stecher schützen die emsigen Arbeiterinnen vor dem Ameisenbär. Die Ameisen wiederum schützen den Feigenbaum vor den Blattschneiderameisen, die die Feigenblätter besonders schätzen. Auch die Wespen schätzen die Feigenblätter. Sie legen darauf ihre Eier ab, schädigen dabei aber nicht den Baum.

Natürlich gilt im Urwald auch das Prinzip des »Fressen und Gefressenwerdens«. Trotzdem ist alles im Gleichgewicht. Kein Lebewesen hat eine dominante Position, alles ist miteinander verwoben, ein biologisches Netzwerk, in dem alle miteinander leben können.
Dieses Miteinander ist dem modernen Menschen verloren gegangen. »Macht Euch die Erde untertan« – dieses Bibelwort hat der Mensch im Industriezeitalter allzu wörtlich genommen. Mir sagt der Schöpfer unaufdringlich und mitleidig, wann immer ich mit ihm rede: »Sägt doch nicht den Ast ab, auf den ich euch gesetzt habe. Ihr habt die Freiheit zu wählen.«

»Klaus! Wir sind auf dem richtigen Weg!«, rief Paissa. »Da vorne ist ein Tor.« Zwischen zwei riesigen Bäumen sahen wir eine Art Passage. Dieser Ort schien ein beliebter Rastplatz zu sein. Einige Backpacker hatten sich in der Rinde verewigt. Wir kreuzten einige trockene Bäche, die von den Bergen kamen. Der Pfad führte ständig bergauf und bergab. In einem stinkenden Wasserloch füllten wir sicherheitshalber die Trinkflaschen auf. Trinken mussten wir es zunächst nicht. Kurz vor Sonnenuntergang erreichten wir den Rio Paya. In den Bäumen lachte ein Papagei. Ich konnte es mir nicht verkneifen, selbst den Papagei zu spielen und sein Lachen zu imitieren. Wir übernachteten am Ufer. (Das gesamte Grenzgebiet zwischen Panama und Kolumbien ist inzwischen zum Darién National Park erklärt worden. Das gibt Hoffnung für den Erhalt dieser ursprünglichen Landschaft.)
Die Cunas im Ort Paya waren sehr nett. Bei der Guardia Nacional durften wir, nachdem die Polizisten unsere Papiere kontrolliert hatten, *maranones* aus dem Baum pflücken, köstliche hellrote Früchte. In den Bananenbüschen schlugen wir uns den Wanst mit überreifen, aromatischen Bananen voll. In der Tienda, dem Dorfladen, gab es außer Öl und Dosenmilch nichts Essbares zu kaufen.

Wir wateten durch den Rio Paya, verließen den letzten Ort in Panama, da stand plötzlich ein Typ vor uns, der aussah wie Klaus Kinski. Träumte ich? Mit weit aufgerissenen Augen starrte er uns an. Angst und Nervosität standen ihm ins Gesicht geschrieben. Er sprach mit leiser, gequälter Stimme:
»Soll ich euch führen? Ich kenne den Weg nach Kolumbien.«
Er sagte, er sei Kolumbianer, aber »meine« Kolumbianer glaubten ihm nicht.
»Wir brauchen deine Hilfe nicht! Wir kennen selbst den Weg«, versuchte Oscar den Sonderbaren abzuwimmeln. Den Weg kannte Oscar zwar nicht, aber meine Kumpel wollten den Fremden möglichst schnell wieder loswerden.
Unser Pfad war überwuchert und mit heruntergefallenen Ästen bedeckt. Ich blieb an einer Wurzel hängen, stürzte zu Boden und prallte mit dem Schlüsselbein gegen einen Ast. Doch für Schmerz blieb keine Zeit. Es musste weitergehen. Die Luft war stickig, der Boden teilweise glitschig. Zwei Bäche sollten wir bis zum Grenzpunkt Palo de las Letras queren, den ersten nach zwölf, den zweiten nach weiteren acht Kilometern südlich von Paya. So stand es jedenfalls im Reiseführer. Einen ersten Bach erreichten wir nach zwei Stunden, das zweite Rinnsal nach ebenso langer Zeit. Wir schienen tatsächlich auf dem richtigen Weg zu sein. Doch das Gelände war schwierig, und unsere Erschöpfung nahm zu. Obwohl es erst 16 Uhr war, schlugen wir unser Nachtlager auf. Wir hatten große Mühe, ein Lagerfeuer zu entfachen. Selbst das tote Holz war nass und klamm. Es dauerte eine Stunde, bis das Feuer einigermaßen brannte.
Als ich vom Feuer aufblickte, schrak ich zusammen. Da stand doch dieser irre Typ, dem wir morgens in der Nähe von Paya begegnet waren. Er hatte nichts weiter als eine Zuckerrohrstange bei sich, sprach kein einziges Wort und starrte uns aus hohlen Augen an. Erst nach vielen, immer gleichen Fragen gab er Antwort. Mal war er Kolumbianer, mal wollte er

aus Ecuador sein. Sein Verhalten war sehr mysteriös, und ich zeigte ihm, indem ich Holz spaltete, dass ich mit der Machete kräftig zuschlagen konnte. Auch meinen Kumpeln kam die Situation sehr sonderbar vor. Sie beschlossen, abwechselnd Wache zu halten. Ich legte mein Signalschussgerät unter der Isoliermatte bereit. Vielleicht lauerten ja seine Kompagnons irgendwo in der Nähe.

Ich glaubte aber eher, dass es sich um einen ausgehungerten, verängstigten Halbirren handelte, irre geworden an Einsamkeit und Orientierungslosigkeit auf seiner Odyssee durch den Dschungel. Wir gaben ihm von unserem bescheidenen Essen eine Dose Ölsardinen und einen Kanten Brot ab, das wir in Púcuro gekauft hatten.

Die Nacht war unruhig. Der Irre folgte uns am nächsten Morgen mit seiner Zuckerrohrstange. Zu unserer großen Überraschung erreichten wir den Grenzpunkt Palo de las Letras schon nach 15 Minuten. Ein umgekippter Grenzstein mit der legasthenischen Inschrift »Colmbia, Carretera Darién« markierte die Grenzlinie. Früher stand hier ein riesengroßer Baum, in dem sich im Lauf der Jahre alle Darién-Reisenden verewigt hatten. Darum hatte man ihm den Namen Palo de las Letras, Baumstamm der Buchstaben, gegeben. Wahrscheinlich haben ihm die vielen eingeritzten Buchstaben in der Rinde den Garaus gemacht.

Die Wasserscheide bildete die natürliche Grenze zwischen Panama und Kolumbien. Alles, was nach Norden floss, war panamesisches Gebiet, alle Bäche, die in südliche Richtung rannen, gehörten zu Kolumbien. Folglich ging es abwärts mit uns, zum Teil recht steil. Nach einer guten Stunde erreichten wir den ersten schmalen Fluss, der munter über kleine Felsstufen plätscherte. Nach vier Stunden erblickten wir die erste kolumbianische Hütte. In einer Reisebeschreibung hieß es, dort gäbe es riesige *tamales*. Doch hatten wir uns zu früh auf die leckeren Maispasteten gefreut. Die Menschen, die dort gelebt hatten, waren umgesiedelt worden. Das ganze Einzugsgebiet des Cacarica-Flusses war vor einem Jahr dem Los Katios Nationalpark zugesprochen worden. Wo keine Menschen mehr lebten, da gab es auch keine Boote mehr, und der einzige Weg flussabwärts führte durch den Fluss. Ein verdammter Fluss – keine Uferbänke, matschiger Untergrund, und obendrein schmeckte das Wasser nicht. Im teilweise metertiefen Wasser ging es nur langsam voran. Etwas unterhalb der ersten Hütte stießen wir auf die ehemalige Finca El Esfuerzo, was auf Deutsch sinnigerweise »Mühsal« bedeutet. Das Einzige, was die ehemaligen Besitzer vom Hausstand zurückgelassen hatten, war ein Nachttopf, den Oscar mit einem kräftigen Fußtritt in die Botanik beförderte. Die Natur hatten die Menschen allerdings nicht mitnehmen können – uns haben sie für eine Stunde einen Garten Eden hinterlassen. Auf der alten Plantage gab es reife Bananen und Platanos in Hülle und Fülle.

Doch der Fülle folgte wieder die Qual. Es war die beschwerlichste Teilstrecke auf der gesamten Carretera. Im Fluss stolperten wir über umgekippte Baumstämme und Äste, die im trüben Wasser nicht zu erkennen waren. Wir versuchten es wieder an Land. Aber die alten Wege der Finca waren total zugewuchert, mit der Machete mussten wir uns Stück für Stück den Weg frei schlagen. Nach ein paar Stunden erreichten wir Cristales, die erste Rangerstation im Los Katios Nationalpark. »Ab hier ist der Weg sehr gut«, teilte uns einer der Ranger mit. »Er führt durch drei verlassene Fincas. Da findet ihr alles an Früchten, was ihr wollt.«

Als wir die dritte Finca erreichten, machten wir Feierabend. Wir alle hatten eine Bombenlaune, die Schinderei schien endgültig hinter uns zu liegen. Oscar kochte wie ein Weltmeister: Platanos fritas, Platanos patagones, Bohnen, Reis und eine »Rennfahrersuppe« – Wasser mit vereinzelten Spaghetti darin. Eine Suppe, die so dünn ist, dass sie dem Rennradler nicht auf

den Magen drückt. Schon auf dem Marsch durch die Fincas hatte jeder von uns kiloweise Bananen verschlungen. Paissa fand in einer Hütte eine religiöse Schrift, stieg auf ein Podest und hob mit feierlicher Miene zu predigen an: »Der Herr hat es gegeben und der Herr hat es genommen. Und uns hat er alles genommen.« Paissa wurde aufbrausend: »Alles hat er uns genommen! Verflucht noch mal! Amen.«
»Paissa! Ich habe einen Job für dich. Du wirst Misionero in Púcuro«, schlug ich vor. Seine Kumpel waren von meinem Vorschlag begeistert und schütteten sich aus vor Lachen.
Doch mit der guten Laune war es schnell vorbei, als wir wieder auf der Piste waren. Was mal Wege gewesen sein mussten, hatte sich die Natur innerhalb von zwei Jahren zurückerobert. Manches sah nach einem Pfad aus, was nach wenigen Metern im Dickicht endete. Gelegentlich ging es steil hinab in Bachbetten, die völlig zugewachsen waren. Dann mussten wir uns mit der Machete einen Weg suchen und uns auf der anderen Seite an Lianen und Wurzelwerk wieder hochziehen.
»Zwei bis drei Stunden braucht ihr bis Bijao«, hatten uns die Ranger in Cristales erzählt. Die hatten mit Sicherheit noch nie versucht, zu Fuß nach Bijao zu gelangen. Meine Kolumbianer verließ der Mumm, ich musste uns mit Kompass und Machete und dem Riesenrucksack den Weg bahnen. Aber jedenfalls fanden wir auf einer ehemaligen Finca saftig-süße Guaven. Oscar zog alleine los, um einen begehbaren Pfad zu suchen. Als er nach einer Stunde immer noch nicht zurück war, begann Paissa, sich Sorgen zu machen. Immer wieder rief er in alle Richtungen: »Oscaaaar!« Plötzlich hörten wir Hundegebell unten am Fluss. Wir stürzten hinunter und brüllten. Irgendjemand antwortete. Flussabwärts. Dann sahen wir eine Gestalt, die mit den Armen ruderte. Es war Oscar.
»Ich konnte keinen Weg finden und bin dann den Fluss hinuntergeschwommen. Hinter dem nächsten Hügel liegt eine

Finca«, berichtete Oscar. »Gleich wird ein Junge mit einer *piragua* kommen und uns abholen.«
Und schon im nächsten Moment glitt der Junge um die Kurve, seinen Einbaum mühsam stakend. Die Familie wohnte nur zur Erntezeit auf der ärmlichen Finca, ansonsten in Bijao. Man stellte uns ein leeres Häuschen für die Nacht zur Verfügung, und die Frau des Hauses kochte uns eine Riesenportion Platanos – keine Delikatesse, aber die Pampe füllte die Mägen.
Zwei Jungs fuhren uns am nächsten Morgen mit ihrem Einbaum nach Bijao. Teilweise war der Cacarica durch Treibholz blockiert, und wir mussten unser Boot über die Holzstämme schieben. Die beiden 12-jährigen Jungs alberten herum und suchten nach Wörtern, die sich auf *culea* (auf gut Deutsch »vögeln«) reimten: »Culea, fulea, mulea, culebra.« Kaum hatten sie »culebra« (Schlange) ausgesprochen, da deutete einer der beiden auf zwei »culebras culiandos«, zwei vögelnde Schlangen auf einem Baumstamm im Wasser. »Muy peligrosa«, sehr gefährlich, versicherte mir Oscar.

Bijao ist das Tor zu den ausgedehnten Atrato-Sümpfen. Ich fand einen Bootsführer, der sich für 22 Dollar bereit erklärte, uns durch die Sümpfe zu fahren. Und der *loco* aus Ecuador – sei's drum – konnte auch mitfahren.
Zwischendurch fand der Irre seine Sprache wieder und teilte uns mit, er wolle seinen Bruder in Paris besuchen! Das war doch mal eine interessante Neuigkeit.
Die Fahrt auf dem Cacarica nach Travesia war grandios und entschädigte uns voll und ganz für den beschissenen gestrigen Tag. Wir fuhren durch einen Irrgarten, durch Tunnel dichter Vegetation. Wir sahen Iguanas und hörten eine Horde Brüllaffen, die den Dschungel zum Beben brachte. Die Strömung wurde immer langsamer, nur ein schmaler Wasserpfad führte durch ein Meer von Wasserpflanzen. Unser Einbaum glitt in

eleganter Fahrt hindurch. Wasservögel flogen auf. Kleinere schwarze Stelzvögel zeigten ihre gelbe Seite, sobald sie die Flügel ausbreiteten. In den Bäumen hockten Adler mit rötlichem Federkleid. Eine sagenhafte Wildnis, in der ich tagelang hätte herumfahren können.

Doch dem Paradies im Los Katios National Park folgte die Hölle von Travesia. Es war ein Drecksnest auf einer flutsicheren, nur 20 Meter breiten Landzunge an der Mündung des Cacarica in den Rio Atrato. Die Holzhäuser waren primitiv zusammengezimmert. Wir lagen auf dem Bretterboden der Schule, während uns Myriaden von Mücken umschwärmten. Irgendwann in der Nacht sollte ein Motorboot nach Turbo an der Karibikküste ablegen. Die Jungs flüstern etwas von »peligroso«, gefährlich.

»Willst du wirklich mitfahren, Klaus?«

»Ja. Wir müssen ja nach Turbo.«

Um ein Uhr nachts weckte mich Paissa: »Es geht los. Wir fahren alle mit.«

Zehn Passagiere machten es sich auf Holzbohlen und Säcken bequem. Ich fragte mich, ob die Säcke womöglich mit Kokain gefüllt waren, und legte mich auf ein Ölfass. In stockfinsterer Nacht und ohne Lampen fuhren wir nach Norden. Der Rio Atrato ist eingerahmt von einem riesigen Sumpfgebiet, das wohl annähernd so groß wie Schleswig-Holstein ist. Nie wird man hier die Carretera Panamericana vollenden können.

Gegen 4 Uhr morgens wurde eine Dose Öl für den Motor gesucht und nicht gefunden. Mit meiner Taschenlampe morste der Bootsführer eine andere *chalupa* an, die ebenfalls ohne Licht fuhr. Die andere Mannschaft konnte nicht helfen. Erst als sie sich keinen anderen Rat mehr wussten, suchten die Typen ernsthaft und fanden die kleine Dose unter dem Ölfass. Im Morgengrauen erreichten wir Turbo, den kleinen Bananenhafen am Karibischen Meer.

Habe ich Travesia als Drecksnest bezeichnet? Da kannte ich Turbo noch nicht! Hier gab es eine offene Kanalisation mit stinkender, schwarzer Brühe, in der die Abfälle schwammen. In der Regenzeit wurde der ganze Dreck wohl in den Golf geschwemmt. Wie kann eine Stadt den Politikern nur so gleichgültig sein? Die Menschen, die hier aufwachsen, lernen nicht, dass es so etwas wie ein soziales Gemeinwesen gibt. Woher auch? Sie haben keine Vorbilder.

Meine Kumpel – Paissa, Oscar und Jorge – brachten mich zum Flugplatz. Auf Planken balancierten wir durch den Matsch. Ich war froh, dass ich meine »Leibwächter« bei mir hatte. Die Typen, die hier wohnten, sahen mir nicht wie Klosterschüler aus. Zwei finstere Burschen folgten uns in zehn Meter Abstand, und erst nach einer halben Stunde wollten sie es wahrhaben, dass meine *Amigos* mich nicht im Stich lassen würden.

Ich hatte in den letzten Wochen sehr viele herzliche Menschen kennengelernt. Verwurzelte Campesinos, die bescheidene Träume von einem besseren Leben hatten. Entwurzelte *Desperados*, die sich keinerlei Gedanken machten, ob im reichen Europa jemand am Koks zerbricht. Wie sollten sie auch? Wer in Europa macht sich denn Gedanken um die Verzweifelten, um die *Desperados* in Kolumbien? Lateinamerika ist bis heute geblieben, was es seit der Eroberung durch die Spanier und Portugiesen ist – ein Kontinent der Ausbeuter und der Ausgebeuteten, ein Kontinent der Gottlosen und der Gebeutelten, für die Gott der letzte Strohhalm ist.

Kirche der Befreiung? War da mal was? Ernesto Cardenal?

Ach, die Kirche hat Wichtigeres zu tun. Sie muss Kondome verhüten.

Über Medellin und Miami flog ich zurück nach Hamburg und durfte mich darüber freuen, in Mitteleuropa geboren zu sein und das Gefühl zu haben, in einem freiheitlichen Land zu leben. Von Paissa, Oscar und Jorge habe ich nie wieder etwas gehört.

Globetrotter Ausrüstung – eine merk-würdige Firma

Mancher Leser mag sich fragen, wie ich mich vor 30 Jahren aus meiner misslichen Lage im Mittagswehr befreit habe. Dass es mir irgendwie gelungen ist, liegt auf der Hand, und soweit ich mich erinnere – immerhin befand sich mein Kopf einen halben Meter unter Wasser –, ging das folgendermaßen vonstatten: Da ich nicht in der Lage war, senkrecht nach oben zu tauchen, musste ich versuchen, mich seitwärts aus dem Strudel zu befreien. Es war wie beim Kreuzworträtsel: Wenn man senkrecht nicht weiterkam, dann gab es vielleicht in der Waagerechten eine Lösung. Ich streckte meinen Arm zur Seite. War da etwas? Ich drückte meinen Oberkörper ein paar Zentimeter weiter nach rechts, und plötzlich fühlte ich Gras, Gestrüpp. Ich griff zu und zog mich ans Ufer. Da der Sog an der Seite nicht so stark war, kam ich rasch an die Oberfläche und schnappte nach Luft. Der Rest war Routine. Ich hangelte mich am Ufer entlang aus der Gefahrenzone und konnte mich nach einigen Metern aus dem reißenden Wasser ziehen. Ich blieb der aufstrebenden Firma Globetrotter Ausrüstung erhalten.

Wie war es überhaupt zur Gründung des Unternehmens gekommen? Blicken wir zurück ins Jahr 1978. Der Spiegel veröffentlichte Ausgabenummer 50/1978, S. 228 ff., eine Reportage unter der Überschrift:

Ein Sarg schwimmt auf dem Blauen Nil

Gunnar Ortlepp berichtete über deutsche Abenteurer:

Ein neuer Globetrotter-Typ bummelt über die Kontinente und die Meere, ein neuer Schlag von Abenteurern haut sich durch dick und dünn. Sie haben nichts mehr gemein mit der spleenigen Lordschaft im karierten Anzug unterm Tropenhelm.

Kein Zweifel, es ist der uralte Wandertrieb, der hier wirkt, nur war er noch nie so leicht zu verwirklichen wie in diesen siebziger Jahren der Prosperität und der großen Freizügigkeit. Noch nie haben sich die Kinder des goldenen Westens aber auch derart unverhohlen ihres Wohlstands bedient, um seinen Segnungen zu entfliehen…

Ein Absatz elektrisierte mich besonders:

Auch der Ingenieur Bernd Tesch, der vergangenes Jahr seinen Beruf an den Nagel gehängt und in Aachen einen ›Globetrott-Shop‹ eröffnet hat, kann nicht klagen, weit weniger noch sein Kollege Klaus Därr, der in Heimstetten bei München, ganz in Flughafen-Nähe, seit 1976 einen »Expeditions-Service« betreibt. Hier, bei Därr wie bei Tesch, wenn nicht bei diesem, dann sicher bei jenem, ist so ziemlich alles zu haben, was der weithin Fahrende zum Überleben braucht: Wüstenkarten, Wassersäcke und Luftlandebleche zur Bergung des Rovers aus Sand und Morast; Benzinkocher und Buschmesser, Wagendachzelte und Baumsägen, Brenngläser, Anglerzeug, Wasser-Desinfektionstabletten und Schlangenbiss-Sets, dazu Sprach- und Reiseführer sowie Anleitungen fürs Survival-Training.

Es gab also tatsächlich Läden, in denen ein Globetrotter alles oder zumindest fast alles kaufen konnte, was sein Herz begehrte. Dass man mit seinem Hobby Geld verdienen konnte, war ein ebenso faszinierender Gedanke. Ich war zu dieser Zeit als freiberuflicher Journalist tätig. Wäre es nicht möglich, fragte ich mich, nebenbei einen Globetrotterladen zu betreiben?

Ich war so Feuer und Flamme, dass ich unmittelbar nach der Spiegel-Lektüre zu Rüdiger in die Konditorei fuhr und sogleich mit der Tür ins Haus fiel.

»Klingt ja ganz interessant«, entgegnete Rüdiger zögerlich, nachdem ich ihm meine Geschäftsidee vorgetragen hatte.

»Na also. Worauf warten wir dann noch?«, insistierte ich.

»Hör mal, ich habe meine Konditoreien, die sehr gut laufen.

Ich habe zuverlässige Mitarbeiter, die es mir ermöglichen, mindestens einmal im Jahr einen Survivaltrip zu machen. Was will ich mehr?«, wiegelte Rüdiger ab. »Aber frag doch mal Peter Lechhart.«
Rüdiger hatte bei Peter Lechhart klettern gelernt, um für die Höhlen am Blauen Nil trainiert zu sein, die nur mit professioneller Klettertechnik erreichbar waren. Peter war in Hamburg verheiratet und stammte aus dem Allgäu, wo er als Bergführer gearbeitet hatte. Wenn ich mich recht erinnere, dachte er damals darüber nach, in Irland Lachse zu züchten. Peter hatte reichlich Expeditionserfahrung: Er kannte die Alpen von zahllosen Hochgebirgstouren und hatte 1970 – auf den Spuren seines Vorbilds Fridtjof Nansen – Grönland auf Skiern durchquert. Außerdem war Peter Hochseesegler. Das passte!
Peter kannte sich ebenso in den Bergen wie in kalten Regionen aus. Ich war in heißeren Gebieten zu Hause. Damit deckte unser Erfahrungsschatz eine ganze Reihe von Klimagebieten und Landschaftsformen ab: Eiswüsten, Berge, Urwald, Steppen, Wüsten.
Doch waren wir mit unserem Traum nicht allein. In allen Universitätsstädten wurden damals – meist von studierenden Reisenden oder reisenden Studenten – sogenannte Trekkingläden gegründet.
Am 20. September 1979 war es so weit: Peter und ich eröffneten unseren Laden Globetrotter Ausrüstung – Norddeutschlands erstes Spezial-Geschäft für Expeditionen, Safaris, Survival, Trekking in der Wandsbeker Chaussee in Hamburg. Rüdiger servierte den Gästen sowie den zahlreichen Journalisten eine köstliche Survivalmahlzeit: gebratene Mehlwürmer. Für empfindliche Gemüter gab es Rustikales aus deutschen Landen.
Dass Sex sells, wissen Geschäftstüchtige seit der Steinzeit. Dass auch Ekel ein gutes Marketinginstrument ist, wurde uns durch

den Erfolg unserer Eröffnungsparty bestätigt, von der viele Zeitungen wohlwollend berichteten.
In der Anfangszeit waren Peter und ich unermüdlich damit beschäftigt, den Bekanntheitsgrad des neuen Ladens zu erhöhen. Wir verteilten Handzettel an der Uni oder klemmten sie hinter Scheibenwischer. Fehlte uns Ware am Lager, dann kaufte ich auch schon mal bei der Konkurrenz, nur um den Kunden zufriedenzustellen. Einmal fehlte uns so etwas Banales wie Camping-Gaz-Kartuschen. Ich fuhr sofort zu Ernies Camping Center, holte ein paar Kartuschen und flüsterte einem ratlos herumstehenden Pärchen zu: »In der Wandsbeker Chaussee gibt's einen tollen neuen Laden. Den müsst ihr euch unbedingt ansehen.«
Eine halbe Stunde später kamen die beiden zu uns in den Laden und staunten nicht schlecht, als sie mich hinter der Ladentheke sahen. Globetrotter Ausrüstung wurde schnell zu einem Insidertipp. Das Erfolgsgeheimnis der Trekkingläden im Allgemeinen und von Globetrotter Ausrüstung im Besonderen bestand darin, dass wir authentisch waren und bei der Kundenberatung auf persönliche Erfahrungen zurückgreifen konnten: »Die französischen Wüsten-Leinenstiefel sind eigentlich sehr nützlich, aber wenn du bei großer Hitze zu Schweißfüßen neigst, dann tu das deinen Füßen und deinen Nächsten lieber nicht an.«
Einmal kam Hans, mein Hufschmied, in den Laden und wollte eine allwettertaugliche Jacke kaufen. Er probierte einige Modelle an und fand Gefallen an einer neuartigen, hochwertigen Gore-Tex-Jacke.
»Wohin soll die Reise denn gehen?«, wollte der Verkäufer wissen.
»Wieso Reise? Ich will sie beim Arbeiten anziehen«, erwiderte Hans.
»Und was arbeitest du?«
»Ich bin Hufschmied. Ich hab draußen viel zu tun, bei jedem Wetter.«

»Hufschmied? Nee, für den Job verkauf ich dir keine Gore-Tex- Jacke. Die geht doch kaputt, wenn die Funken sprühen«, entschied der Verkäufer. Hans war zunächst perplex, doch im nächsten Moment begeistert davon, dass der Verkäufer ihn so uneigennützig beraten hatte, statt ihm die teure, aber ungeeignete Jacke zu verkaufen.

Das war einer unserer Grundsätze: Der Kunde muss die Ware bekommen, die für sein Vorhaben am besten geeignet ist.

Ich war nicht der kühl kalkulierende Kaufmannstyp, Gewinnmaximierung war nicht unser primäres Ziel. Was uns antrieb, war die Freude an interessanten Gesprächen mit weit gereisten Menschen oder mit Leuten, die von großen Reisen träumten. Kunden waren für uns potenzielle Reisegefährten. Oft genug trafen unsere Kollegen Globetrotter-Kunden in Alaska, in Kathmandu oder im schwedischen Sarek-Nationalpark wieder.

Wir waren ständig auf der Suche nach neuen Produkten, die wir oft auf internationalen Messen fanden. Und natürlich war unsere Freude groß, wenn wir Produkte entdeckten, die unsere Mitwettbewerber nicht im Programm hatten.

Wir wuchsen schnell und brauchten immer mehr Verkäufer. 1980 fingen die Alpenvereinsmitglieder Thomas Lipke und Andreas Bartmann als Wochenendaushilfe bei uns an. Heute sind sie unsere Geschäftsführer und manövrieren die Firma mit sicherer Hand durch die Klippen der Expansion.

Wenn Peter am Abend hinter dem letzten Kunden die Ladentür schloss, stellte er meist die obligatorische Frage: »Na, wie heiß war es heute?« Und ich antwortete: »Fast 30 Grad.«

30 Grad hatte nichts mit der Raumtemperatur zu tun, sondern war das Tagesergebnis, das die alte Registrierkasse anzeigte. In Tausendern. Es wurde immer heißer…

1982 erschien unser erster schmaler Katalog, der sich schnell zu einem Handbuch mauserte, in dem alle unsere Produkte aufgeführt waren. Sämtliche Vor- und Nachteile der Artikel wurden objektiv erläutert. Durch diese »Bibel« der Reiseausrüstung wurde unsere Firma immer bekannter. Das Handbuch wurde von Jahr zu Jahr dicker, die Qualität immer besser. Wir wuchsen an unseren Aufgaben. In den ersten Handbuchjahren machten wir die Fotos für die Sommerbekleidung im Winter mit blassgesichtigen »Models« vor der Haustür. Das ließ sich verbessern, also fuhr ich mit Ditmar Bosecke, seit 1985 Grafiker, Fotograf und später Artdirector, mit unserem VW-Bus nach Andalusien. Die Kollektion hatten wir im Auto, die Models mussten wir uns suchen. In der Uni in Granada sprachen wir eine hübsche, sportliche Studentin an: »Hast du Lust, für Fotoaufnahmen mit uns in die Sierra Nevada zu fahren?« Lust hatte sie schon, aber … »Ich muss erst meinen Vater fragen.« Papa war dagegen. Folglich fuhren wir in die Berge und suchten uns die Models unter den Bergsteigern und Wanderern. Meistens waren die Klamotten zu groß und die Spanier zu klein, aber mit Nadeln und Klammern wurden die Sachen passend gemacht. Ein Spanier versprach uns: »Ich kenne zwei hübsche Chicas, die haben bestimmt Lust, sich fotografieren zu lassen.« Hübsch sahen sie aus, als der Spanier am nächsten Morgen mit ihnen auf der Bildfläche erschien. Erst als uns die Mädchen zur Begrüßung anlächelten, sah ich, dass die größere der beiden vergammelte Schneidezähne hatte. Fotografieren kann Kunst sein – an diesem Tag war es die Kunst, ein freundliches Gesicht aufs Bild zu zaubern, auf dem die unansehnlichen Zahnstümpfe nicht zu erkennen waren.

Heute sind die Fototermine perfekt durchorganisiert, die Lieferanten stellen uns Fotomuster in normalen Größen statt in XXL zur Verfügung, und die Shootings finden in Südafrika oder Neuseeland statt.

Zusätzlich angetrieben wurden wir durch die Berliner Firma Alles für Tramper, mit deren Gründern – Carla und Martin Bato – wir trotz aller Konkurrenz gut befreundet waren.

Auch sie produzierten einen sehr ansprechenden Katalog. Es herrschte ein fairer, fruchtbarer Wettbewerb zwischen Hamburg und Berlin, und beide Seiten glaubten stets, die Nase ein wenig vorn zu haben. Was die Informationstechnologie betraf, hatten wir das definitiv. Als das zarte Pflänzchen Internet aufblühte, erklärte Thomas Lipke eines Tages: »Für einen guten Internetauftritt müssen wir 60 000 Mark investieren.« Für uns eine schier unglaubliche Summe. Doch Thomas konnte seine Kollegen in der Geschäftsführung überzeugen, und der Erfolg ließ nicht lange auf sich warten. Unser EDV-Vorsprung führte schließlich dazu, dass Carla und Martin ihre Firma verkauften.

Gegen Ende des letzten Jahrtausends entwickelten sich die Trekkingläden der Pionierzeit zu Outdoorshops für jedermann. Plötzlich schien alle Welt Gefallen an funktionellen Outdoorklamotten und innovativem Reisezubehör zu finden: Maglite-Lampen aus den USA, die bis dahin der amerikanischen Polizei als kombinierte Lichtquelle und Schlagstock gedient hatten, fanden reißenden Absatz. Unwettertaugliche Gore-Tex-Jacken wurden nicht mehr allein von Reinhold Messner und Co. getragen, und selbst Dackelbesitzer entdeckten den Vorzug einer stets trockenen Haut. Mobile Navigationsgeräte wurden zuerst in Outdoorläden angeboten, ebenso wie bruchfeste Biergläser aus Lexan für die Party am Lagerfeuer oder geschlechterspezifische Fahrradsättel. Bastler erkannten die Vorzüge von LED-Stirnlampen, die ursprünglich für den nächtlichen Gipfelsturm entwickelt worden waren.

Teva-Sandalen mit Silberionen halfen, die Umwelt vor stinkenden Füßen zu verschonen. Es war unübersehbar – Outdoorartikel hatten den Alltag erobert!

Und unsere Firma durfte sich über eine Reihe von Auszeichnungen freuen. Als Globetrotter Ausrüstung im Jahr 2002 in Berlin der Deutsche Handelspreis verliehen wurde, sorgte

Rüdiger Nehberg allerdings mit seiner Laudatio für Verwirrung, als er bemerkte: »Klaus Denart züchtet Araber.« Als er diesen Satz kurz darauf wiederholte, musste ich mich dann doch einschalten: »Meine Damen, meine Herren! Ich muss hier eines klarstellen: Ich züchte keine Araber. Ich züchte Arabische Pferde.«

Die nächsten Preise folgten: Gründerpreis Hamburg (2004), Forum Preis der Textilwirtschaft (2005), Entrepreneur des Jahres (2006), Versender des Jahres (2006), Preis für die Integration von Behinderten.

Die existenziellen Erfahrungen, die ich auf meinen abenteuerlichen Reisen sammeln konnte, waren mir bei Aufbau und Leitung des Unternehmens zweifellos eine große Hilfe. Doch letztlich bin ich stets auf Reisen gegangen, um meinen Drang nach Freiheit ausleben zu können. Ich wollte ungebunden, mein eigener Herr sein. Heute hier, morgen dort… Es war ein herrliches Gefühl, Länder und Kontinente zu durchstreifen, alle Konventionen abzulegen und sich ganz nebenbei der deutschen Wehrpflicht zu entledigen. Wenn mich einer schleift, dachte ich, dann mache ich das selbst. Reisen war und ist für mich der Inbegriff von Freiheit.

Freiheit war für mich gleichbedeutend mit Unabhängigkeit, mit dem Loslösen von überholten Traditionen, Kirche, war Ablösung von hohlen Ritualen. Was ja nichts Außergewöhnliches ist für Jugendliche, die sich von den Idealen ihrer Väter abheben, die ihre eigenen Ideen verwirklichen wollen. Freiheit war für mich die Ablehnung von Autoritäten, die mir kein Vorbild sein konnten.

Doch was hat mir mein Freiheitsdrang gebracht? Nun, ich habe mein Leben über viele Jahre selbst in die Hand nehmen können. Mein selbst gewähltes Leben hat mich geformt, und dafür bin ich dankbar. Möglich war das freie Reisen ja nur, weil ich in einem demokratischen Land geboren bin. Aber diese

Freiheit ist sehr fragil. Demokratische Freiheit ist nur dann stabil, solange die Menschen genug zu essen haben.
So hat mir das Reisen auch die Augen geöffnet für politische Willkür und soziale Ungerechtigkeit. Wenn heute Menschen aus ihren Heimatländern flüchten, dann flüchten sie, weil auch sie von Freiheit träumen, weil sie Bürgerkriegen, Korruption und Elend entfliehen wollen. Wäre ich in Kongo oder Liberia geboren, ich hätte mich mit Sicherheit aufgemacht, um in Europa meine Freiheit zu suchen.
Freiheit ist ein sehr weiter Begriff. Vielleicht sollte man zuerst fragen: Was ist Unfreiheit?
Armut ist Unfreiheit.
Angst ist Unfreiheit.
Gier ist Unfreiheit.
Sucht ist Unfreiheit.
Neid ist Unfreiheit.
Diese Unfreiheit zu überwinden, dafür reicht ein Leben nicht aus.

Zeittafel meiner Reisen

1954	mit dem Fahrrad nach Schweden zusammen mit meinem Cousin Johannes
1956	per Anhalter über Kopenhagen nach Stockholm
1958	per Anhalter nach Brüssel, Paris, London, durch England zur Nordspitze Schottlands
1960	per Anhalter über Österreich ins ehemalige Jugoslawien
1962–1963	9 Monate mit Fahrrad und per Anhalter durch Skandinavien
1963–1965	per Anhalter nach Äthiopien
1966	per Anhalter über Türkei, Syrien, Jordanien nach Israel
1968	mit dem Fischdampfer auf dem Nordatlantik
1968	Hochzeitsreise nach Teneriffa
1970	1 Monat Äthiopien mit Rüdiger Nehberg
1971	mit dem Fischdampfer nach Grönland
1973–1976	mit Rosi und den Kindern kreuz und quer durch 32 Länder Afrikas
1977	4 ½ Monate durch die Danakil-Wüste und Eritrea
1981	2 Monate Guatemala, Panama, Kolumbien
1982	6 Wochen Filmtour durch den Jemen
1983	1 Monat Ägypten, Jordanien
1984	Polen
1985	Ägypten
1986	mit Thomas Lipke und Andreas Bartmann den Mont Blanc bestiegen
1986	Ägypten, Israel
1987	Polen
1987	Ägypten

1990	Schweden
1991	Reittour in Mittelschweden
1992	mit Rosi und Weltumsegler Clark Stede 4 Wochen durch die Karibik gesegelt
1993	Spanien, Griechenland, Olymp bestiegen
1991	1 Monat Ägypten; Intensiv-Sprachkursus Arabisch in Kairo
1995	Jordanien, Israel, Ägypten
1996	beim Human Race in Australien Rüdiger Nehberg als Fotograf auf dem Pferd begleitet
1996	1 Monat Chile; Reittour bei Clark Stede in Patagonien
1997	Spanien, Ägypten
1998	Vereinigte Arabische Emirate
2002	USA
2002	Ägypten
2004	Vereinigte Arabische Emirate
2005	Bahrain
2006	Bahrain
2006	Target-Konferenz in Kairo
2007	Syrien
2007	Vereinigte Arabische Emirate, Oman
2008	Malaysia
2009	Oman
2009	Target-Konferenz in Addis Abeba

Baffin Ld.
Davis-Str.
K. Farewell
Hudson Bai
Labrador
Neu-Fundland
K. Race
Neu-Schottland
Azoren
Bermuda-In.
K. Hatteras
Florida
Golf von Mexico
Bahama-In.
Kapverdische In.
K. San Lucas
Grosse Antillen
Haiti
Puerto Rico
Kl. Antillen
Karibisches Meer
K. Gallinas
Trinidad
Mittel-Amerika
Nicaragua
Panama
Clipperton I.
Cocos-I.
Malpelo
Galapagos-In.
Äquator
Roraima
Fern. Noro
K.S. Roque
Illampu
Sajama
Itatiaia
Südl. Wendekreis
Sala-y-Gomez
Rapanui (Osterinsel)
S. Felix
Juan Fernandez
Aconcagua
La Plata
Chiloe
Patagonien
Falkland-In.
Magalhaes-Str.
Feuerland
K. Hoorn
Süd-Georgien
Dougherty-I.
Südl. Polarkreis
Süd Shetland-In.
Peter I. Land
Graham-Ld.
Süd Orkney-In.
Sandwich In.

Skandinavien
Nord-See
Finnl.
Ost-See
Kanal
Gr. Britan.
Irl.
E U R O P A
Alpen
Karpat.
Don
Wolga
Ural-Geb.
Ural
Aral-S.
Ob
K. Finist.
Pyrenäische H. I.
K. S. Vicente
Str. v. Gibraltar
Madeira
Kanar. I.
Cors.
Sard.
Sizil.
Italien
Mittel-
ländisches M.
Balkan H. I.
Schwarzes M.
Kaukasus
Elbrus
Kaspisches M.
Kl. Asien
Armen.
Turkestan
Iran
Demawend
Barka
Sinai
Suez-Kan.
Euphrat
Tigris
Pers. G.
Arabien
Arabisch Meer
Sahara
K. Blanco
Geb. Tibesti
Tsade
Niger
Sudan
Nil
Rotes M.
Abess.
G. v. Aden
Sokotra
K. Guardafui
Somal H. I.
Lakkadiv. Ia.
Busen v. Guinea
K. Palmas
Kamerun-B.
Fern. Poo
S. Thomé
Uelle
Ubangi
Rudolf-S.
Kenia
Victoria-S.
Kilima-Ndjaro
Kongo
Leopold II. S.
Tanganjika
Njassa-S.
Kuango
Kassai
Sambesi
Kubango
Kunene
K. Frio
Limpopo
Oranje
Drakens-Bge.
K. Agulhas
Str. v. Mozambique
Komoren
Madagaskar
Seychellen
Admiranten
Galega Ia.
Garayos
Maskarenen
Ascension
St. Helena
Tristan da Cunha
Gough I.
Bouvet I.
Pr. Edward Ia.
Crozet Ia.
Kerguelen
Enderby Ld.
Kemp Ld.
Südl. Polarkreis
A F R I K A
O Z E A N
I N D
Ö Z

Klaus Denart
Mr. Globetrotter